KB173731

중국발전비용론

중국발전비용론

초판 1쇄	인쇄	2018년 6월 10일
초판 1쇄	발행	2018년 6월 14일
지 은 이	호광우	
옮 긴 이	김승일	
발 행 인	김승일	
디 자 인	조경미	
펴 낸 곳	경지출판사	
출판등록	제2015-000026호	

판매 및 공급처　도서출판 징검다리
주소 경기도 파주시 산남로 85-8
Tel : 031-957-3890~1 Fax : 031-957-3889 e-mail : zinggumdari@hanmail.net

ISBN 979-11-88783-47-2 93300

本书受到中华社会科学基金
(Chinese Fund for the Humanities and SocialSciences) 资助

※ 이 책의 한국어판 저작권은 중국인민대학출판사와의 독점계약으로 경지출판사에 있습니다.
 (잘못된 책은 바꾸어 드립니다. *책값은 뒤표지에 있습니다.)

중국발전비용론

호광우 지음 | 김승일 옮김

🌳 경지출판사
Korea Wisdom China

제1부 중국 발전 비용의 제기

제1장 과학적 발전관의 학습과 실천 : 복지의 최대화를 과학적 치적관으로

제2장 미래 중국의 과학적 발전: 발전비용에 대한 '중국의 꿈'의 계시

제3장 창조 강국: 공동발전, 공동부유의 사회건설

제2부 중국경제의 발전비용

제4장 중국 경제성장의 비용

제9장 중국 정치제도 건설비용

제10장 중국 정치결책 시스템비용

제11장 중국 집권당의 건설비용

제12장 중국 정치협상과 정보격차를 뛰어넘는 비용

제13장 중국 민주건설의 비용

제18장 중국 사회진보의 비용

제5부 중국 문화발전의 비용

제19장 중국문명의 계승과 민족관습 보호의 비용

제20장 중국 의식형태의 변화와 현대 매체제도의 건설비용

제21장 중국 소프트파워 건설 및 국제문화 침략비용에 대한 대응

제30장 중국 재해비용

제31장 중국 기후변화비용에 대한 대응책

제32장 사람과 자연의 조화로운 존재의 비용

제8부 중국발전 비용론이 중국발전에 대한 계시

내용소개

《중국발전비용론》은 중국의 미래와 지속적 발전을 위하여 발전해 온 지난 시기에 발생했던 주요 비용에 내포되어 있는 요인, 표현형식, 원인, 대응책, 해당 법률 등을 종합하는데 노력했고, 향후 정책기구와 정책 입안자들의 과학적 통치술과 관리에 필요한 이론적 참고가 되며, 정책 결정을 하는데 자문할 수 있는 자료를 제공하기 위해 펴낸 책이다.

이 책은 중국의 국정과 발전의 특색에 근거하여 국가를 단위로 한 사례 식 연구를 통해 발전비용론의 개념과 국가발전비용론의 체계를 제시했다.

그 주요내용은 창조강국, 공동발전, 공동부유를 중심으로 국민의 복지 목표를 제기했고, 국가 발전에 있어서 경제발전의 비용, 정치발전의 비용, 사회발전의 비용, 문화발전의 비용, 대외개방 발전의 비용, 자연발전의 비용 등 분야에 대해 체계적으로 종합했다. 그리고 전체 분야별 생산율의 제고를 촉진시키고, 발전비용을 낮추며, 국가 발전비용의 지표체계의 기초를 건립하여 과학적 실적관리를 통한 이윤 창출의 근거를 제공하고자 하였다.

제1부
중국 발전비용의 제기

제1장

과학적 발전관의 학습과 실천 :

복지의 최대화를 과학적 치적관으로

제1절

과학적 발전관 : 중국의 발전비용에 대한 정밀한 고찰

발전관은 경제사회 발전과 인류발전에 대한 기본적인 견해이며 근본적인 관점이다. 발전관은 세계근대사에서 처음 출현했다. 이것은 발전은 이미 '자각적인 것'으로서 '자아'를 초월했다는 것을 보여준다. 근대는 이성 주도의 시대이며 이성주의(理性主義)는 낙관주의 정서의 흥기와 함께 사회발전의 평가 기준은 이성적인 진보라고 정의했다. 이성은 일반적으로 주관주의 이성(또는 가치 이성), 객관적 이성(또는 과학적 이성, 도구 이성) 등 두 부류로 나뉜다. 최근에 유행하는 것은 도구 이성이다. 가치 이성은 점차 잊혀져가고 있으며 인간의 생존 목적, 인생의 의의와 가치, 사회 책임, 인류 운명 등 최종 신앙의 발전은 이제 휴면기에 들어섰다고 할 수 있다.

도구 이성은 심지어 인간마저 수단과 도구로 삼고, 경제성장과 재부 축적만을 목적으로 하고 있다. 경제성장과 사회발전은 '물건을 중심'으로 한다. 그리고 인간은 아담 스미드(Adam Smith)가 정의를 내렸던 "물질 이익을 무한히 추구하는 경제인"이 되었고, 인간 본연의 인성을 도외시하게 되었다.

근대사에서 종교개혁, 계몽운동과 프랑스 대혁명 등 중요한 역사사건은 인간 주체의식의 각성과 주체 실천능력의 제고를 가져오고 '인류중심주의'로 '자연중심주의'를 대체했다. 현재는 자연계의 '매력의 제거' 과정이 한창 진행되고 있다. 하버마스(Habermas)는 인간 주체성 지위의 확립은 장기적인 과정이며, 그 중 중요한 조치는 종교개혁, 계몽운동과 프랑스 대혁명이라고 했다.[1] 돌메일은 인류 중심주의 목적은 "인류의 지고지상을 추구하는 것"이라고 했다.[2] 노풍은 "인류 중심주의 가치관은 인류 이성능력이 무한한 인식신념을 가지고 있음을 인정한다"고 지적했다.[3]

이런 발전관이 지향하는 것은 자연자원의 대규모 소모, 환경의 오염, 생태 파괴라는 흑색발전의 도경이다. 선진국이든 개발도상국이든 모두 이 발전단계를 피하지 못하고 나중에 반성과 재 탐구의 새로운 발전관과 발전도경의 단계에 들어선다. 흑색발전 도경의 가장 명확한 징표는 발전비용이 아주 크다는 것이다. 이 비용은 미시적인 것이 아니라 거시적인 개념으로서 더욱 확실하게 말하면 발전의 대가라고 할 수 있다. 여기에는 환경, 생태, 자원의 대가가 망라된다.

전통적인 발전관은 대가와 비용을 고려하지 않는 발전관이다.

중국은 세계에서 가장 큰 개발도상국으로서 발전모형의 선택에서 한 동안 발전을 단순한 경제성장이라고 여겼다. 따라서 경제성장과 모순의

1) 楊亮才 : 《從傳統發展觀到科學發展觀 : 發展觀的当代轉換》,
   《延安大學學報 (社會科學版)》 2004年 第5期.
2) 多爾邁 : 《主体性的黄昏》, 上海人民出版社1992年版, 第13頁.
3) 盧風 : 《啓蒙之后》, 湖南大學出版社2003年版, 第341頁.

축적은 동시에 진행되었다. 모순에는 인간과 자연의 모순, 인간과 인간의 모순(물건과 물건의 관계에 의하여 은폐되었다), 인간과 사회의 모순 및 경제, 정치, 사회, 문화 등 분야의 구조성 모순 등이 있다.

'좋은 사회'는 물질수준이 높고, 경제, 정치, 문화 등 면에서 전체적으로 진보한 사회를 건설하고, 발전문제를 해결하기 위해 제기한 전략이다. 마르크스주의의 인간발전 이론에서 지적한 인간의 각종 능력, 사회관계, 개성, 수요는 전면적으로 발전해야 하는데, 이러한 "전면적으로 발전한 인간"을 포용한 사회는 전면적으로 발전한 것이라 할 수 있다.

제16차 3중전회에서는 과학적 발전관을 명확히 제기하고 이 이론을 계승 발전시켰으며, 경제사회와 인간의 전면적인 발전을 강조했다. 그렇기 때문에 이런 발전관은 반드시 인간을 근본으로 해야 하는 것이고, 전면적인 것이어야 하며, 협조와 지속적인 것이어야 한다. 이른바 협조란 도시와 농촌 관계, 구역관계, 경제와 사회관계, 인간과 자연의 관계, 국내발전과 대외 개방의 관계가 협조해야 한다는 것이다. 오로지 전면적이고 협조하는 발전관만이 지속 가능한 발전관이 되는 것이고, 지속 가능성은 자원, 환경, 경제, 인간, 사회 등 5개 계통 속에 체현될 수 있는 것이다.

과학적 발전관은 경제사회의 각 분야에 침투할 수 있으며 공생하는 현상을 가지고 있다. 즉 발전한 곳에는 반드시 발전비용이 따르게 된다는 것이다. 발전비용을 과학적이고 전면적으로 인식하게 되면 발전의 진정한 복리(福利)를 과학적으로 얻어낼 수 있으며, 나아가 과학적 실적관을 형성할 수 있게 된다.(도1-1을 참고)

저자는 중국의 발전비용은 중국의 과학적 발전관 연구의 또 다른 학술적 시각이라고 말한다. 지속 발전하는 경제학은 완전한 시스템을 갖추고 있다.

즉 지속 발전의 평가와 지표, 인구 증가와 지속 발전, 자연자원과 지속 발전, 생태환경과 지속 발전, 농업의 지속 발전, 산업의 지속 발전, 구역의 지속 발전, 기술진보와 지속 발전, 인력자원과 지속 발전, 지속 발전의 가격조절 메커니즘, 지속 발전의 재산권 제도, 지속 발전의 문화건설, 경제발전비용 등이 그것이다. 과학적 발전관은 지속 발전이라는 기초 하에서 더욱 높은 차원을 추구하는데, 전면성과 협조성을 추구하는 것이 바로 그것이다. 따라서 과학적 발전관의 요구는 더욱 세부적인데, 그 세부적인 것은 그림 1-2가 설명해준다.

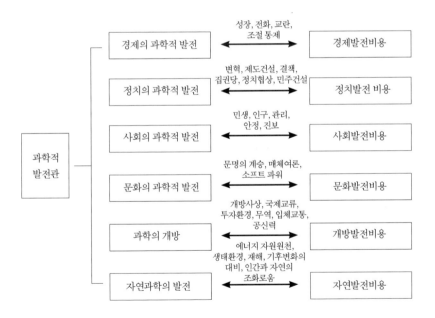

그림 1-1 과학적 발전관과 발전 비용

경제발전 물질문명	건강한 성장, 안정한 변화, 교란의 피면, 적당한 관리와 통제
정치발전 정치문명	정치의 안정, 제도의 건전, 결책실수의 감소, 시대에 발맞춘 집권당의 건설, 충분한 정치협상, 작은 정보격차, 양호한 민주건설
사회발전 정신문명	좋은 사회의 민생, 인구성장의 최적화, 조화로운 사회 관리, 사회의 안정, 사회의 진보
문화발전 정신문명	문명의 계승, 민족습관의 보존, 문화의 번영, 발달한 문화산업, 강대한 소프트 파워
대외발전 정치문명	성숙한 대외발전사상, 광범한 국제교류, 양호한 투자환경의 운영, 양호한 국제무역의 발전, 완벽한 입체교통, 높은 공신력
자연의 발전 생태문명	에너지 자원원천의 높은 이용효율, 생태환경의 회복과 보호식 개발운영, 기후변화의 적극적인 대비, 재해와 돌발사건의 효과적인 예방, 인간과 자연의 조화로운 존재

그림 1-2 과학적 발전관의 구체적 표현

제2절

발전비용 연구는 복지를 최대화하는 치적관을 세울 수 있다

순복지란 경제발전으로 인한 전체 경제복리에서 경제발전을 통해 산생한 역효과를 보상하기 위하여 소모한 부분을 덜어내고 남은 복지를 가리킨다.

현재 세계 각국에서는 국내 생산 총액(GDP)과 국민 생산 총액(GNP)을 경제를 계산하는 척도로 삼고 있다. 1992년 새뮤얼슨(Samuelson)은 "경제의 순복지"를 제기하고 GDP 또는 GNP에 대하여 시정했다. 왜냐하면 GDP 또는 GNP는 "더러운 공기", "붐비는 인구", "오염처리의 비용", "변하지 않는 도시생활" 등의 요소를 홀시했기 때문이다. 이런 요소는 엄중한 환경오염, 매우 악화된 생태의 표현이다.[4] 서구 경제학에서는 경제 순복지를 "민생의 순복지"라고도 부르며 경제수익에서 경제사회비용을 덜어내야 한다고 강조한다. 이런 비용에는 통화팽창요소도 포함된다.

중국의 전통적인 실적관은 GDP를 지향하고 GDP의 고속성장을

---

4) 張理智 : 《論"經濟淨福利增長" : "第四産業"与經濟增長的重新定義》, 《靑海社會科學》 2004年第 5期.

추구한다. 정부는 단기와 눈 앞의 이익을 중시하고 고투자 지표, 고수출 지표, 국내수요의 확대를 맹목적으로 추구했다. "투자, 소비, 수출"은 일정한 단계에 적극적인 역할을 했다. 하지만 문제도 비교적 엄중했다. 이를테면 수량을 추구하고 품질과 이익을 홀시하며 과학기술 창조동력이 결핍하고, 대규모 투자에서 국영기업과 제조업체들이 혜택을 보며, 많은 인간들이 취업할 수 있는 중소 민영기업과 봉사업의 발전은 불량하고, 수출과 자금 인입에서 부당경쟁을 하여 수출이익이 나날이 하강하고 이익이 외국으로 흘러들어갔다.

실적이란 정부의 성적, 공적과 실제성적을 가리킨다. 대중을 위하여 정치를 하고 인민에게 높은 복지를 창조해주는 실적관은 "나라와 인민에 이로운 것을 의거로 해서 나라를 강대하게 하고 인민에게 혜택을 주는 것을 기준으로 해야 하며, 나라를 부유하게 하고, 인민을 강하게 하는 것을 기준으로 삼아야 한다".[5] 과학적 실적관은 과학적 발전, 사회의 협조 능력과 수준의 제고를 촉진해야 한다. 때문에 종합적이고 관건적인 평가지표 시스템은 계속해서 완벽히 해야 한다.

저자는 GDP의 최대화로부터 복지 최대화로의 실적관 전환은 일종의 추이라고 인정했다. 순복지를 연구하려면 우선 경제사회발전의 비용을 연구해야 한다. 과학적 발전관을 학습, 실천하는 과정에서 비용에 대하여 정확히 인식, 연구, 관리, 통제, 조절하는 것은 과학적 발전에서 반드시 거쳐야 할 과정이다.

---

5) 李京京 : 《匡正政績觀以加快轉變經濟發展方式》, 《中國對外貿易》2011年12期.

발전비용은 비용 시스템으로서 각종 유형, 형식의 비용을 통일적인 틀에 넣고 탐구한다. 이것은 종합적이고 관건적인 색채를 띠고 있으며, 경제, 정치, 사회, 문화, 생태 등 발전에 심각한 영향을 주는 비용요소를 중시한다.

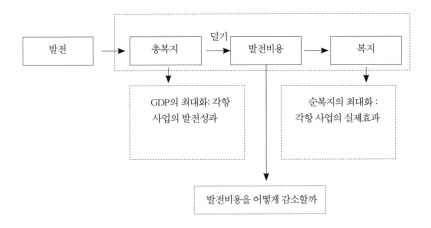

도표 1-3 연구이론

제3절

발전비용에 대한 평가는 종합국력을 평가하는
또 다른 판단 기준이다

　중국의 발전비용 연구에서는, 국내에서 복지 최대화의 실적관을 제창하고, 국제에서 다른 시각과 판단을 통하여 종합국력판단의 틀을 세운다면, 다음과 같은 결과를 얻을 수 있다. 즉 전통적인 관념의 슈퍼대국은 발전비용이 너무 높아서 지속적으로 발전할 수가 없다. 푸른 산과 맑은 물, 파란 하늘을 가진 행복한 국가는 GDP, 소프트 파워, 과학기술 실력이 강하지 않지만 지속적으로 발전할 수 있다. 발전비용연구는 다른 한 가지 판단시각을 개발할 것이다. 이것을 우리는 바라마지 않는 것이다.

　드오평이 주장한 종합국력 제고사상의 핵심내용은 경제건설을 강화하고 사회생산력의 발전수준을 전면적으로 제고하자는 것이다.[6] 그는 다음과 같이 말했다. "우리는 국가이익을 최고 준칙으로 하여 문제를 토론하고

6)　　顧棟：《鄧小平增强綜合國力思想的深遠歷史意義》，《南通紡織職業學院學報（綜合版）》 2007年 第3期.

처리해야 한다."[7] 종합국력 경쟁의 기초는 과학기술창조와 인재의 양성이다. 종합국력을 제고하고, 부강, 민주, 문명의 사회주의 현대화 강국을 건설하는 것은 중국의 근본 이익이다.

종합국력은 영어로 comprehensive national power라고 하며 일반적으로 주권국가 생존과 발전에 필요한 물질력, 정신력, 협동력의 합력을 가리키는데, 이는 한 국가를 가늠하는 표준 또는 척도이다.[8][9] 표1-1은 근대 종합국력연구의 4개 학술유파를 표시한다. 현대와 금일에는 종합국력 연구의 극성기라고 할 수 있는데, 그 대표 인물과 사상은 표1-2와 같다.

7) 《鄧小平文選》第三卷, 人民出版社1993年版, 第330頁.
8) 施祖輝: 《國外綜合國力論研究》, 《外國經濟与管理》2000年 第1期.
9) 施祖輝: 《國外綜合國力論研究》, 《外國經濟与管理》2000年 第1期.

표1-1 근대 종합국력 연구의 4대 학파

	학파	대표인물	주요관점
1	국세학(國勢學)	독일 콘링	국가대사의 4개 결정요소: 국가 토지와 인구(품질요소), 국가체제와 정치체제(형식요소), 국가 재정과 군사역량(동력요소), 국가 인구(품질요소), 국가체제와 저치체제(형식요소), 국가 재정과 군사역량(동력요소), 국가 건설목적(목적요소)
2	정치산술학파	윌리엄 페터	현실적 역량과 잠재적 역량의 비교분석, 선구성 비교분석
3	중상재경학파	아담 스미스	재정금융 실력과 강권정치 사이에 아주 중요한 연계가 존재하며 재정대출 실력은 국가 상대적인 감당능력의 척도이다.
4	지연경제학파	알프레이드 마한,매킨더	마한: 바다권리 중시 국력론, 매킨더: 육지권리 중시 국력론

자료 출처 : 시조휘: 《국외종합국력론 연구》 《외국경제와 관리》 2000년 제1호.
　　　　　저자가 개괄정리했음

저자는 종합국력의 영향요소는 경제요소(공업, 농업, 상업, 금융, 과학기술, 재정), 정권요소(정치, 정책, 주권, 응집력 등), 사회요소(인구, 민심 등), 문화요소(민족, 사상, 종교, 도의 등), 개방요소(기초시설, 국제화, 외교 등), 자연요소(국토, 에너지자원, 지리 등)라고 했다. 발전비용은 종합국력 연구의 다른 시각이 될 것이다. 그 어느 국가나 모두 역사의 발전비용 또는 현재 진행 또는 이미 발생한 발전비용이 있다. 국제 비교연구, 세계 치리 공동인식의 제정, 발전방식의 참고, 발전결과와 발전성과 등 면에서 발전비용 연구는 중국 과학적 발전관에 새로운 시각을 제공했다. 그리고 역사연구, 비교 연구의 틀을 종합하고 종합국력 연구에 "과거 - 현재 - 미래"라는 맥락을 제공했다. 미래에 발전비용이 낮은 국가가 가장 선진적인 국가가 될 수 있다고 단언했다. 이것이 바로 발전비용 연구의 국내외적 의의인 것이다.

표1-2 현대와 당대의 종합국력 연구 요약

	시기	대표인물	주요관점
1	1차 대전 후 "베르사이유-워싱턴" 시스템	영국: 리델 하트	국가의 각종 역량을 종합적으로 응용하여 국가경제의 구정한 정치목표를 달성한다. 여기에는 국가 정치, 군사, 외교, 민족소질, 사상, 도의, 다중 정신요소 등 다중 역량이 망라된다.
2	2차 대전 후 얄타 시스템	미국: 한스	모든 국가실력에는 물질요소(지리와 자연지원), 인력요소(인구, 국민성, 민심, 의료 품질과 정부역량), 인간과 사물 결합요소(공업실력과 군비) 등이 포함된다.
4	"냉전" 시기 위협 전략	독일: 포르크스	강국공식: Mt=[(Ms)t+(Me)t](1/2), Ms=Pa*Sb, Me=Pa*Eb 그 중 Mt는 t시기 종합국력지수이고 (Ms)t와 (Me)는 각각 t시기 강철과 에너지 원천지수이며 Pa, Sb, Eb는 각각 인구, 강철산량과 에너지산량이다.
5	"냉전" 시기 위협 전략	미국: 클레인	국력평가 "국력방정식" Pn=(C+E+M)*(S+W) Ph은 종합국력지수이고 C는 인구와 영토구성이 기본실체이며 E는 경제실력(GDP, 에너지 원천, 관건적인 비연소성 광물질, 공업생산능력, 식품생산과 대외무역)이고 M은 군사실력이다. S는 전략목표이고 W는 국가전략의지이다.
6	"냉전" 시기 위협전략	일본: 후루시마 강이	"국력방정식" 을 수정: P=(C+W+M)*(C+D) C=인구+영토+자연지원 E=(GNP+평균GNP+GNP실제성장율)+(공업, 농업, 과학기술, 금융, 재정, 대외활동 등 실력) D=국가외교능력 "다원화" 시기 종합국정정략 일반종합평가구소 "종합 3요소" 국력측정에는: 국제공헌능력(기초, 경제, 금융, 과학기술, 경제, 대외활동, 우호동맹), 생존능력(인구, 지리, 자원, 경제실력, 방위실력, 국민의지, 우호동맹), 강제능력(군사실력, 전략물자와 기술, 경제실력, 외교능력) 3개 차원의 종합평가 시스템이다.
7	"다원화" 시기 종합경정 전략	미국: 조지프 나이	"물질실력, 소프트 파워" 국력평가시스템: 물질실력에는 기본자원, 군사역량, 경제와 과학기술 역량이 포함된다. 소프트 파워에는 국가 응집력, 문화의 감수정도, 국제기구 참여정도 포함
8	"다원화" 시기 종합경정 전략		로버트는 "국제경쟁력" 연구모식과 "4월1세" 국력은. "국제경쟁력" 연구모식: 경제실력, 국제화정도, 정부 역할, 금융환경, 관리정도, 과학기술과 인구조조소질 등이다. "4원 1체": 경제, 과학기술, 군사와 문화 가치관의 유기적인 통일이다.

자료 출처: 시조화: 《국외종합국력 연구》《외국경제체 관리》 2000년 제1호, 저자가 개편정리했음

제1부

중국 발전비용의 제기

제2장

미래 중국의 과학적 발전 :

발전비용에 대한 '중국의 꿈'의 계시

제1절

미래의 중국: 고수익, 첨단과학기술, 높은 복지와 고도의 인류발전[10]

과학적 발전관의 실현 시기는, '11.5시기'는 기초적으로 과학적 발전관 궤도에 들어서고, '12.5시기'는 기본적으로 과학적 발전관에 들어서며 '13.5시기'는 전면적으로 과학적 발전관 궤도에 들어서게 될 것이다. 다시 말하면 2020년에 중국은 사회주의 화해(和諧)사회와 좋은 사회의 건설 목표를 전면적으로 실현하고 단계성 사명을 완수할 것이다.

등소평의 '3걸음 전략'에 의하면 '세 번째 걸음'은 21세기 중엽으로 1인당 평균 국내생산 총액이 중등 선진국 수준에 도달하여 인민생활은 비교적 부유하고 현대화를 기본적으로 실현하게 될 것이라고 했다. '앞의 2걸음'과 비교하면 '세 번째 걸음'은 비슷한 구상을 가지고 있다는 것을 알 수 있다. 강택민은 '새로운 3걸음'을 제기하고 다음과 같이 지적했다. 2010년

---

10) 높은 인류발전이란 인류발전지수를 가리키는데, 2008-2009년 사이에. 인류발전지수 HDI(Human Development Index)가 연합국 개발계획서(UNDP)가 1990年부터 발포하기 시작한 각국 사회경제 발전정도의 형량을 표준으로 하여 각국을 "극고(極高), 고(高), 중(中), 저(低)" 등 네 부분으로 나누었다.

전에 국민생산총액이 2000년의 배가 되고, 인민생활은 더욱 부유해질 것이며, 비교적 완벽한 사회주의 시장경제 시스템을 건설하게 될 것이다. 2010~2020년, 2020년에 국민생산총액이 2000년의 두 배가 될 것이며, 2020~2050년 사이의 황금30년 동안은 분투를 통하여 현대화를 기본적으로 실현하게 될 것이다. 이 '현대화 목표'는 부강, 민주, 문명의 사회주의 현대화 국가에 이르는 것이다. 2050년의 "중국의 꿈"은 '현대화의 꿈'이고 '대동세계를 이루는 꿈'이다.

일반적으로 선진국의 표준은 1인당 GDP와 사회발전수준에 있다. 1995년의 표준에 의하면 1인당 GDP 8,000달러 이상(명목환율[nominal rate]로 계산), 일정한 사회발전 수준에 도달하면 선진국라고 할 수 있다. 2005년의 표준에 의하면 10,000달러가량일 것이다. 2010년의 선진국은 전문코너 2-1에 표시한 것과 같다. 유엔의 선진국 표준에 의하면 인류 발전지수가 0.9보다 낮지 않으면 선진국라고 할 수 있다. 저자는 미래 중국은 고수익, 첨단과학기술, 고복지, 고도의 인류 발전의 현대화 국가라고 인정한다.

고수익이란 "경제발전비용이 합리적이고, 경제발전의 순복지와 순수익이 높음"을 가리킨다.

고등과학기술(첨단과학기술)이란 "창조적 강국을 건설한다. '과학과 기술'의 대오에 들어서고, 일부 중요한 과학기술 분야에서 세계 선두에 선다"는 것을 가리킨다.

높은 복지란 "교육수준과 건강수준이 높은 국가"를 가리킨다.

고도의 인류 발전이란 "인류 발전지수가 0.8을 초과하고 0.9보다 낮음"을 가리킨다.

2010년 선진국

유엔개발계획(UNDP)의 2010년 11월 4일 "2010년 인문발전보고"에 의하면, 선진국 또는 선진지역의 수는 2009년의 38개로부터 2010년 44개로 4개 증가했다. 여기에는 경제합작과 발전기구의 선진경제체제(28개 국가), 비경제합작과 발전기구의 선진경제체제(16개 국가 또는 지역)이 포함된다.

경제합작과 발전기구의 발달경제체제(28개 국가)
오스트레일리아, 오스트리아, 벨기에, 캐나다, 체코, 덴마크, 핀란드, 프랑스, 독일, 그리스, 헝가리, 아이슬란드, 아일랜드, 이탈리아, 일본, 한국, 룩셈부르크, 네덜란드, 뉴질랜드, 노르웨이, 폴란드, 포르투갈, 슬로바키아, 스페인, 스웨덴, 미국, 영국.

비경제합작과 발전기구의 발달경제체제(16개 국가 또는 지역)
안도라, 바레인, 바베이도스, 브루나이, 키프로스, 에스토니아, 중국 홍콩, 이스라엘, 리히텐슈타인, 몰타, 모나코, 카타르, 산마리노, 싱가포르, 슬로베니아, 아랍에미리트.

제2절

발전비용에 대한 '중국의 꿈'의 계시

'중국의 꿈'은 '부흥의 꿈'이다. 즉 중화민족의 위대한 부흥을 말하는 것이다. 근대 이전에 중국은 경제, 정치, 사회, 문화발전에서 세계의 선두를 점했었다. 그렇기 때문에 여기서 말하는 '부흥'이란 전면적인 부흥을 말하는 것으로 경제, 정치, 사회, 문화뿐만 아니라 근대 공업문명이 일으킨 생태문제를 해결하는 '부흥'을 말한다. 당의 18차 대표대회 보고에서는 다음과 같이 강조했다. 과학적 발전관은 '5위 1체'여야 하는데, 경제, 정치, 사회, 문화, 생태 건설 5대 건설을 모두 강화해야 하는 것이며, "아름다운 중국 건설"을 의제에 넣어야 한다.

이밖에 '부흥'은 과학의 개방이고, 세계 민족의 대오에 설 수 있다는 자신심의 부흥이다. 이 자신감에 대하여 시진핑은 "중국 특색 사회주의 이론에 대한 자신감, 나아갈 길에 대한 자신감, 제도에 대한 자신감"이라고 요약했다. 우리는 '부흥'으로 향하는 도정의 발전경험과 발전비용을 요약해야 한다. 여기에는 경제, 정치, 사회, 문화, 생태, 대외개방 등 대내 '5항'과 대외 '1항'이 포함된다. 대외개방은 체계적인 공정으로서 경제, 정치, 문화 등 각 방면과 연관성을 가지고 있다.

'중국의 꿈'은 '탐구의 꿈'이다. 중국 공산당이 인민을 영도하여 미래를 개척하는 꿈이다. 어떻게 발전해야 하는가 하는 것은 영원한 관심사이다. 현재 시대특징을 가장 잘 반영하고 있는 '중국의 꿈'은 인민들의 다채로운 생활 기회를 강조하고, 애국주의, 개혁창조의 단결과 분투를 강조한다.

이 '탐구의 꿈'은 탐구의 주도권을 소수의 위인과 영도자로부터 14억 인민의 지혜와 역량에게 주었다. 강유위, 손중산, 모택동은 중국에서 '대동세계'의 실현형태를 탐구했다. 오늘날 '중국의 꿈'은 낙착성과 실제성을 가지고 있다. 이것은 발전비용 연구에 다음과 같은 계시를 준다. 모든 인간들의 창조능력으로 각종 발전비용에 대비한다. 이것은 참여성의 발전비용 연구로서 '중국의 꿈'의 실현에는 수많은 비용이 들어간다는 계시를 준다. 각 업종의 인간들은 자아 역량을 발휘하여 불필요한 비용을 발견하고 이를 감소시켜야 하며 나아가 없애버리도록 해야 할 것이다.

제1부
중국 발전비용의 제기

제3장

창조강국 :

공동발전, 공동 부유의 사회건설

제1절

공동발전과 공동 부유형 사회

당의 15대, 16대 보고에서는 '공동발전'을 명확하게 제기하고 다음과 같이 강조했다. 공유제를 주체로 다양한 소유제 경제가 공동으로 발전하는 사회주의 시장경제시스템을 견지하고 완벽히 해야 하며, 각종 소유제 경제가 시장경쟁에서 우세함을 발휘하고 서로 촉진토록 하며 공동으로 발전하게 해야 한다. 이것은 국제관계와 대외교류에서도 흔히 볼 수 있는데, 서로 포용하고 이견은 미루어두고 공동적인 것을 실시해야 하며 공동발전해야 한다.

모택동은 각 민족은 공동발전해야 한다고 강조했다. 그는 소수민족을 도와주고 "그들이 정치, 경제, 문화의 해방과 발전을 가져오게 해야 한다"[11]고 강조했다. 공동발전에는 부단한 발전을 통해 각 민족의 공동발전, 지역 사이의 공동발전, 도시와 농촌의 공동발전, 자연과 사회의 공동발전, 국가사이의 공동발전 등을 포함하고 있다.

---

11) 《毛澤東選集》第三卷. 人民出版社1991年版. 第1084頁.

마르크스주의는 혁명적, 과학적, 엄밀한 인간 발전이론을 창립하고 인류 대다수 인간들의 공동발전을 강조했다.

공동발전의 유래는 길고 이론적인 기초가 있다. 저자는 《공동강령 (共同綱領)》에 공동발전 사상이 있는데, 이는 중국공산당, 각 민주당파, 각 민족인민들의 신중국 건립 지지의 공동인식을 반영한 것이라고 인정했다. 공동 강령의 발전목적은 생산을 발전시키고 경제를 번영시키는 것이다. 그 수단으로는 공과 사를 모두 돌보고 노사(勞使) 서로에게 유리하게 하며, 도시와 농촌 간의 상호 협조, 내외의 교류, 민족단결, 정치협상 등이 있다.

마르크스 · 엥겔스의 공동 부유사상은 자유자본주의가 충분히 발전한 기초 위에서 건립되었다. 여기에는 다음과 같은 3개 방면이 포함된다. 첫째, 미래 사회발전의 목적은 모든 인간들이 부유해지게 하려는 것이다. 둘째, 고도로 발전한 생산력이 없다면 공동의 부유를 실현할 수 없다. 셋째, 공동 부유의 실현 경로는 생산 자료를 사회에 귀속시키는 것이다.[12]

1955년 7월 모택동은 "농업합작화의 문제에 대하여"라는 보고에서 처음으로 "공동 부유"개념을 제기하고 다음과 같이 지적했다. "사회주의 공업화, 수공업과 자본주의 공상업에 대한 사회주의 개조를 점차 실현하고, 전반적인 농업의 사회주의적 개조를 점차 실현시켜야 한다. 즉 합작화를 실현해야 한다. 농촌에서 부농경제제도와 개인경제제도를 소멸시켜 전 농촌 인민들이 공동으로 부유하도록 해야 한다."[13] 그는 공동 부유 실현의 기본

---

12) 居偉, 《社會主義共同富裕的歷史考察及其啓示》, 《宁夏党校党報》 2001年第1期.
13) 《毛澤東文集》第六卷. 人民出版社, 1999年版, 第437, 496, 329頁.

경로는 생산력의 해방이며, 공동 부유는 하루아침에 이루어지는 것이 아니라 장기간의 역사과정을 거쳐야 한다고 지적했다.

등소평은 가난은 사회주의가 아니며 사회주의 우월성은 공동 부유라고 했다. 그는 차이를 인정하고 차이를 소멸시켰는데 이는 모택동의 '공동 부유'를 초월한 것이다. 그는 먼저 부유해지는 것, 후에 부유해지는 것, 공동으로 부유해지는 길을 설계했다. 그는 생산력을 대대적으로 발전시키고 빈부차이, 지역차이를 축소시켜야 한다고 제기했다. 1979년 12월 6일 일본 수상 오히라 마사요시를 접견했을 때, 중국의 국정에 근거하여 처음으로 '좋은 사회개념'을 제기하고 20세기 말에 '4대 현대화'를 실현하고 '좋은 사회'에 진입하겠다는 구상을 밝힌 바 있다.

당의 12대에서는 '좋은 사회'개념을 인용하고 당의 16대에서는 21세기에 도달하기 이전 20년 안에 '좋은 사회'를 전면적으로 건설할 것을 제기했다. 강택민은 '공동 부유'의 내용을 더욱 풍부히 했다. 호금도는 등소평의 공동 부유사상을 더욱 발전시키고, 공동 부유형 사회의 건설을 사회주의와 화해사회를 향하는 목표로 삼았다. 즉 도시와 농촌, 지역간 발전 차이의 확대 추세를 전환시키고, 합리적이고 질서가 있는 수입 분배 국면을 기본적으로 조성하며, 가정의 재산을 보편적으로 증가시켜 인민이 더욱 풍족한 생활을 누리게 한다고 했던 것이다.

제2절

창조 강국 : 경제사회 발전비용의 관리와 통제

2050년 중국은 "과학과 기술 강국"의 대열에 들어서고, 일부 중요한 과학기술 분야에서는 세계의 선두 수준에 이르며, 과학기술 면에서 세계에 공헌하는 중요 국가가 될 것이다. 첨단 과학과 기술 분야에서 중요한 고지를 점령하고, 국가경제의 안전과 국방 안전을 보장하며, 세계 평화와 발전을 수호하기 위해 중요한 작용을 발휘하게 될 것이다. 과학기술은 우리나라 경제발전과 사회의 진보를 추진하는 중요 역량이 될 것이다. 과학창조를 충분히 하여 경제와 사회의 지속적인 발전, 인민생활의 지속적인 질적 제고와 수요에 만족을 주게 할 것이다.[14] 이처럼 이를 달성하기 위한 창조는 인류발전을 우해 반드시 걸어야 할 길인 것이다.

창조는 경제사회 발전비용 하강의 주요한 동력 메커니즘이다. 창조는 기업과 개인의 미시적인 비용을 낮출 뿐만 아니라 경제사회의 거시적인 비용도 낮출 수가 있다. 창조는 과학창조 뿐만 아니라 관념의 창조, 관리의

---

14) 王勇 : 《2020年 : 科技大國2050年 : 科技强國》, 《文匯報》2003年1月17日.

창조 등도 포함한다.

마르크스주의 창조관은 노동관에서 체현되며, 창조노동은 노동의 단계성 발전이고 동일한 품질 노동을 초월하는 노동 형식이다. 여기에는 다음의 내용이 포함된다. 인류가 자아를 창조하는 행위는 바로 창조의 질적 변화가 중복 되고, 축적으로부터 양적 변화를 실현하는 것이다. 즉 창조노동의 근본문제는 노동자 자아 소질의 제고와 창조이고, 사회창조는 사회인의 사회관계에 대한 창조적 발전인 것이다.

1912년 슘페터(Joseph A. Schumpeter)는 '경제발전개요'를 발표하고 창조개념을 해설했다. 그는 창조의 가장 기본적인 개념은 새로운 생산요소와 생산조건을 결합하여 생산시스템에 활용하는 것이라고 했다. 여기에는 새 산품의 인입, 새 생산방법의 인입, 새 시장의 개척, 원료 또는 반제품에 대한 새로운 공급원천의 획득, 새로운 공업조직의 실현 등이 포함된다. 창조에는 기술성 창조와 비기술성 창조가 망라된다.

1995년 강택민은 전국 과학기술대회에서 창조는 한 민족 진보의 영혼이고, 국가 부흥, 발달의 불멸의 동력이라고 지적했다. 즉 "창조능력이 없는 민족은 세계 선진민족 대오에 우뚝 설 수 없다. 10여 년 동안 창조는 국가의 공동 인식으로 되었다. 경제발전은 다른 한 개 차원에서 보면 전 사회가 부단히 새로운 조합을 실현하는 창조이다"라고 했다.[15] 창조와 경제발전, 정치발전, 사회발전, 문화발전, 대외개방, 자연발전 등 여러 면과 연관성을 가지고 있다. 기술창조, 관리창조, 문화창조, 제도와 시스템

---

15) 裴森森：《熊彼特創新理論与新發展觀》，《鹽城工學院學報（社會科學版）》2005年第3期.

창조, 발전방식의 창조, 관념과 사상의 창조 등은 모든 방면에 침투되었다. 창조는 자원에너지 소모의 하강, 환경오염과 생태 파괴의 하강, 기후변화 위험의 하강, 재해손실의 하강 등 자연발전에 유리한 중요한 요소일 뿐만 아니라, 경제발전, 정치발전, 사회발전, 문화발전, 대외발전 각항 건설비용의 하강, 교역비용, 전이비용, 안정비용, 지속적인 발전의 비용 등의 하강에도 유리하다. 창조강국은 창조를 수단으로 발전과 부유를 실현해야 할 뿐만 아니라, 전 요소 생산율의 제고를 실현하고, 발전비용의 하강, 빈부 격차와 양극분화의 소멸, 인류 복지가 내포하는 의미와 의의의 제고를 실현해야만 한다.

명사(名詞) 해설

(1) 경제발전비용: 넓은 의미에서 한 개 국가(또는 지역)에서 발전에 지불한 전체의 비용을 가리킨다. 즉 인류사회 발전진보의 자본지출은 이미 지불한 것, 아직 지불하지 않은 것을 포함한다. 좁은 의미에서는 한 개 국가(또는 지역)에서 경제발전에 지불한 비용이다. 이 채에서는 경제시스템에서 발생한 성장 촉진, 전화 촉진, 교란 방지, 관리와 통제, 안정 유지 비용 등의 합을 가리킨다.

(2) 정치발전비용: 한 개 국가(또는 지역)에서 정치적 진보와 발전에 지불한 비용이다. 여기에는 건설비용(제도건설, 집권당 건설, 민주건설), 변혁비용, 결책비용, 정보비용(협상비용) 등이 망라된다.

(3) 사회발전비용: 한 국가(또는 지역)에서 사회적 진보와 발전에 지불한 비용이다. 여기에는 현재 존재하는 문제해결비용, 인구전이대비비용, 관리비용, 안정비용, 진보와 발전 촉진비용 등이 망라된다.

(4) 문화발전비용: 한 국가(또는 지역)에서 문화발전과 문명계승에 지불한 비용이다. 여기에는 문명계승과 민족습관 보존비용, 현대 매체 여론건설과 관리비용, 의식형태의 변화비용, 소프트파워 건설비용 등이 포함된다.

(5) 개방발전비용: 한 국가(또는 지역)에서 개방에 지불한 비용이다. 여기에는 사상변혁비용, 국제교류와 공동인식의 형성 및 유지비용, 투자환경 건설과 유지비용, 무역촉진과 발전비용, 입체교통 건설과 유지비용, 공신력의 수립과 유지비용 등이 포함된다.

(6) 자연발전비용: 한 국가(또는 지역)에서 경제사회 발전이 조성한 자연자원과 환경손해의 비용보상, 인간과 자연의 조화로운 존재에 지불한 전체 비용을 말한다.

제2부

중국경제의 발전 비용

제4장

중국경제 성장의 비용

제1절

중국경제 성장이의 의미

일반적으로 경제성장이란 비교적 긴 시간 동안 한 국가의 1인당 평균 생산(또는 1인당 수입) 수준의 지속적인 제고를 가리킨다. 경제성장률의 높고 낮는는 한 국가 또는 지역의 일정한 시기 경제 총량의 증가속도를 가리키는데, 이는 한 국가 또는 지역이 총체적인 경제실력의 증가속도를 가늠하는 표징이다. 경제성장의 속도를 결정하는 직접적인 요소는 투자량, 노동량, 생산율 수준 등이다. 현재 가격으로 계산한 GDP는 한 국가 또는 지역의 경제규모를 반영할 수 있으며 불변가격으로 계산한 GDP로 경제성장 속도를 계산할 수 있다.

개혁개방 이래 중국경제의 안정과 고속성장은 세계의 보편적인 인정을 받고 있으며 국내외 학자들에 의해 "중국의 기적"이라는 평가를 받고 있다. 경제성장이란 한 국가의 생산 상품과 노무시장 능력의 확대를 가리키며, 국내생산 총액(GDP)의 성장은 경제성장을 가늠하는 기초성 지표로 삼을 수 있다. 경제의 안정, 고속성장으로 인하여 중국 GDP의 총 수치는 부단히 증가해 왔다. 1978년부터 2009년까지 30여 년 동안 GDP는 3,645.2억 위안에서 340,506.9억 위안으로 증가하여 93배가 늘었으며, GDP는 1년에 평균 9.83% 성장했다. 그 동안 경제성장에 잠시의 파동이 있었지만 총체적으로 안정, 고속 성장의 추세를 유지했다.

점진적인 개혁의 길은 성장과 안정의 관계를 비교적 잘 처리했다. 연구결과에 의해 1978년부터 2008년까지 4개 단계의 매년 GDP와 CPI 1년 평균 성장률의 시간 순서 궤도를 그려냈다. 1978년 개혁개방 이래 중국 GDP 매년 평균 성장률은 9.8%이고, 평균 파동 폭은 0.07%였다.

경제성장의 두 차례 극성기는 각각 1984년과 1992년에 나타났는데 GDP성장률은 각각 15.2%와 14.2%에 달했다. 3차례의 저조기는 각각 1981년, 1989년, 1990년에 나타났는데 GDP성장률은 5.2%, 4.1%, 3.8%이고, 마이너스 성장은 나타나지 않았다. 개혁개방 4단계는 표 4-1과 같다. 경제성장은 단계에 따라 점차 가속화하는 특성을 보였는데 각각 9.6%, 9.6%, 9.9%, 10.3%이다.[1] 경제는 줄곧 고속성장의 궤도에서 운행 중이며 이는 전형적인 지수화 성장이었다.

해방 후부터 1970년대까지 중국은 길고도 굴곡적인 발전의 길을 걸었다.[2]

---

1) 张平, 《改革开放30年中国经济增长与结构变革》, 《现代经济探讨》 2008年第7期.
2) 1949년 중국은 근대 백년의 내외 전란과 혼란을 끝내고 혁명의 승리를 거두면서 새로운 역사를 시작했다. 이 때부터 중국은 점차 경제비약에 필요한 사회, 정치, 제도의 틀을 만들었다. 1950년대 전반기부터 중국은 경제 비약을 시작했다. 그러나 여러 가지 원인으로 인해 그 후 몇 십 년 동안 중국경제는 우여곡절을 겪었고 복잡 한 발전의 길을 걸었다. 10년간의 '문화대혁명'을 지났고 1970년대 중기에 중국경제는 붕괴의 변두리에 이르 렀다. 1970년대 말기, 중국은 개혁개방 정책을 실시하고 몇 십 년 동안 정치위주의 시대를 끝내고 새로운 경제발전 시대에 들어섰다.

표 4-1 중국 개혁개방 발전 각 연도 GDP 수치

연도	1979	1980	1981	1982	1983	1984	1985	1986	1987	1988
GDP 성장률	7.6%	7.8%	5.2%	9.1%	10.9%	15.2%	13.5%	8.8%	11.6%	11.3%
연도	1989	1990	1991	1992	1993	1994	1995	1996	1997	1998
GDP 성장률	4.1%	3.8%	9.2%	14.2%	14.0%	13.1%	10.9%	10.0%	9.3%	7.8%
연도	1999	2000	2001	2002	2003	2004	2005	2006	2007	2008
GDP 성장률	7.6%	8.4%	8.3%	9.1%	10.0%	10.1%	10.4%	11.6%	13.0%	9.0%

자료 출처: 국가통계국 수치 수정조정 공고, 국가통계국 전국 각 연도 통계 공보를 정리하여 얻음.

1978~2007년 30년 동안 중국의 경제는 9.85%의 고속성장을 하였고, 발전도상국가의 신분으로 세계 주요경제체의 하나가 되었다. 이는 세계 경제발전 역사에서 아주 드문 현상이었다. [3]

개혁개방 이후 중국경제는 점차 고속성장 궤도에 진입했고 지속적인 성장을 보존하고 있다고 할 수 있다. 다시 말하면 개혁개방 이후에 중국경제는 사이먼 쿠즈네츠(Simon Smith Kuznets)가 말한 근대 경제성장 단계 또는 월트 로스토(Walt Whitman Rostow)가 말한 경제비약 단계에 들어섰다. [4]

개혁개방 정책을 실시한 후, 즉 1980년대 초 현대화 건설의 '세 걸음'이라는 발전목표를 제정했다.[5] 1987년, 중국은 국민총생산액 배를 달성하는 목표를 3년 앞당겨 실현했다. '첫 걸음'의 발전목표를 실현한 후, 1990년 제정한 "국민경제와 사회발전 10년 전망계획"에서는 2000년에 이르는 10년 사이에 국민총생산액의 평균 성장률 6%를 유지하며 '두 번째 걸음' 발전목표를 실현할 것을 확정했다.

사실 1995년에 2000년 국민총생산액을 배로 올린다는 발전목표를 앞당겨 완수했다. 국가통계국 수치에 의하면 2000년 중국 국내총생산액은 99,215억 위안에 달했고 1인당 국내총생산액은 7,858위안에 달했다. 세계은행의 수치에 의하면 1998년 중국 국민총생산액 규모는 세계 7위를 차지하고 발전도상국가의 맨 첫 자리를 차지했다. '세 걸음' 발전전략에 근거하여 중국은 2010년 국내생산 총액은 2000년을 기초로 해서 배를 초과한다는 목표를 제기했다.[6]

3) 张建刚, 《改革开放以来我国经济高速增长的原因和展望》, 《经济纵横》 2009年 第3期.

4) 尹豪, 《改革开放后中国经济增长, 劳动市场变化及未来展望》, 《人口学刊》 2001年 第5期.

5) 발전 목표의 첫 걸음은 다음과 같다. 약 10년 시간 동안에 국민경제 총액이 1980년의 1배가 되게 하고 인민 의 먹고 입는 문제를 기본적으로 해결한다. 두 번째 발전 목표는 다음과 같다. 20세기 말기에 국민경제 총액 이 다시 1배를 초월하고 인민의 생활수준을 더욱 제고한다. 세 번째 발전 목표는 다음과 같다. 21세기 30년 대부터 50년대까지 1인당 국민경제 총액이 중진국 수준에 도달하고 국민경제의 현대화를 기본적으로 실현한 다.

6) 尹豪, 《改革开放后中国经济增长, 劳动市场变化及未来展望》, 《人口学刊》 2001年 第5期.

개혁개방과 전환의 시기에 경제시스템을 발전시키는 데에도 비용이 필요했다. 여기에는 경제성장의 비용, 경제 전환의 비용, 경제 관리와 통제의 비용 등 주동성(主動性) 경제시스템 내부의 교란과 위험 즉 경제교란의 비용(피동성 비용)이 포함되었다.

제2절

중국경제성장비용의 표현 형식

완전한 의미의 '3대 마차'는 지출법 정산의 최종 소비지출, 고정자본 형성의 총액, 산품과 서비스의 수출을 가리킨다. 최종 소비지출은 소비수요를 반영하고, 자본형성 총액은 투자수요를 반영하며, 순유출은 화물과 서비스의 유출량에서 유입을 덜어낸 순액수로서 외부의 수요를 반영한다.[1] 이 '3대 수요'가 바로 경제성장을 이끄는 '3대 마차'인 투자 확대, 내부수요 확대, 수출 확대이다.

중국경제의 고속성장으로 인하여 해당 발전비용도 발생하고 있다. 본문에서는 주로 경제성장을 이끄는 3대 수요과정에서 산생된 비용, 즉 투자 확대비용, 내부수요 확대비용, 수출 확대 비용인데, 이에 대하여 토론한다. 표 4-2를 참조.

---

1) 曹美芳, 《什么是拉动经济增长的"三驾马车"》, 《统计科学与实践》 2011年第4期.

표 4-2 중국경제 성장비용의 표현형식

비용분류	표현형식	구체적인 내용
경제성장비용	투자확대비용	중국경제성장 제고를 위한 투자 확대, 내부수요 확대, 수출 확대 등 일련의 비용
	내부수요확대 비용	
	수출확대비용	

1. 투자 확대비용

투자 확대비용이란 투자로 인한 해당 화폐의 지출 또는 주동적인 투자 확대로 인한 해당 문제, 지불한 대가를 가리킨다. 개혁 개방 이래 중국의 고정자산 투자 총액은 성장추세를 보이고 있다. 투자율이 비교적 높고 투자 총액의 증가속도가 빠른 것으로 인해 중국 투자 총액의 운행은 시종 규모팽창의 압력을 받고 있으며, 정도 상에서는 국력 허용의 범위를 초월했다. 이런 상황에서 대규모 투자를 통한 경제성장 촉진의 여지는 심각한 제약을 받고 있는데 그 구체적인 것은 도표 4-2와 같다.

중국의 경제 발전 과정을 보면 투자확대는 경제과열 문제를 일으키고, 경제과열 문제는 경제의 큰 파동을 초래하며 국민경제에 거대한 역효과를 주었다. 1949년 이래의 중국경제 운행상황을 살펴보면 중국경제는 대체적으로 9개의 발전주기를 거치고 매개 주기 마다 투자과열의 교훈이 있었다. 매개 주기에서는 대량의 기본건설 투자를 시작으로 연도 투자와 항목건설 총투자가 돌격 식으로 확대를 하고, 대량의 새 항목건설을 시작했다. 투자 품목의 공급과 수요 모순이 두드러지고, 투자 품목의 가격이 급격히 올랐으며, 거꾸로 투자의 생산부문과 시공부문의 확장을 자극했다. 동일한 발전단계의 외국과 비교해 보면, 중국의 투자파동 빈도는 많고 그 폭도 비교적 크다.[2) 몇 십 년 동안 중국의 투자건설은 이 악순환을 벗어나지 못하고 경제파동의 폭이 갈수록 커졌으며 그 주기도 갈수록 짧아졌다. 이것은 정상적인 경제운행의 객관적인 법칙과는 정반대였다.

또한 중국은 장기간의 투자에서 외연확대 위주의 광범위한 관리를 하여 투자의 한계이익이 부단히 하강했고 경제성장의 투자기여도도 대폭 하강하고 있다. 시장경제 조건에서 기초시설투자는 다른 투자와 마찬가지로 당장 또는 미래에 이익을 얻는 일종의 방식이었다. 기대한 투자효과를 거두지 못하면 그 투자는 경제에서 의의가 없다.[2) 그것은 투자융자체계의 큰 변화가 없는 상황에서 대규모의 기초시설 건설을 하면 중복건설과 경제거품을 초래할 수 있기 때문이다.[3) 도표 4-1은 위의 내용을 요약한 것이다.

---

2) '8.5기간'에 100원의 투자는 국민생산 총액의 50원 가량 밖에 증가하지 못했다. 투자의 총액을 보면 1억 위안을 투자했을 때 창조한 국민생산 총액은 다음과 같다. '6.5기간'은 3.2억 위안, '7.5기간'은 2.2억 위안, '8.5기 간'은 2억 위안이었다. 아래에 국제통용 투자계수로 투자이익을 평가해보면, 1994년 이래 이 비율은 줄곧 상 승선을 그었고 투자 수익률은 갈수록 낮아졌다. 1994년에는 1.04 다시 말하면 1원을 투자하면 GDP가 약 1 원이 성장했다. 1996년에는 이 비율이 1.92 즉 약 2원을 투자해야 1원을 얻을 수 있었다.

2) "8.5"을 보면 연도 투자규모 파동이 아주 크다. 성장속도가 제일 큰 연도와 제일 작은 연도 차이는 거의 40 퍼센트 포인트나 된다. "6.5", "7.5", "8.5"기간에 투자성장의 불안정으로 하여 부동한 정도에서 국민경제는 큰 기복을 이루고 처리, 정돈할 수 밖에 없었다.

3) 李宇兵:《关于扩大投资拉动经济增长的几点思考》,《山东社会科学》2000年第1期.

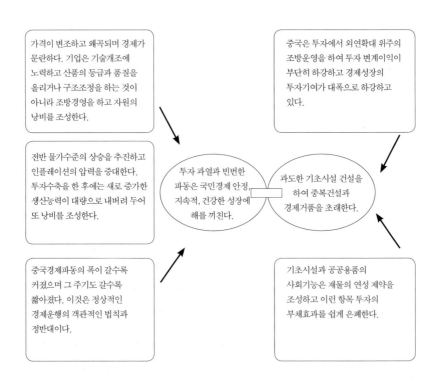

가격이 변조하고 왜곡되며 경제가
문란하다. 기업은 기술개조에
노력하고 산품의 등급과 품질을
올리거나 구조조정을 하는 것이
아니라 조방경영을 하고 자원의
낭비를 조성한다.

중국은 투자에서 외연확대 위주의
조방운영을 하여 투자 변계이익이
부단히 하강하고 경제성장의
투자기여가 대폭으로 하강하고
있다.

전반 물가수준의 상승을 추진하고
인플레이션의 압력을 증대한다.
투자수축을 한 후에는 새로 증가한
생산능력이 대량으로 내버려 두어
또 낭비를 조성한다.

투자 과열과 빈번한
파동은 국민경제 안정,
지속적, 건강한 성장에
해를 끼친다.

과도한 기초시설 건설을
하여 중복건설과
경제거품을 초래한다.

중국경제파동의 폭이 갈수록
커졌으며 그 주기도 갈수록
짧아졌다. 이것은 정상적인
경제운행의 객관적인 법칙과
정반대이다.

기초시설과 공공용품의
사회기능은 재물의 연성 제약을
조성하고 이런 항목 투자의
부채효과를 쉽게 은폐한다.

도표 4-1 중국의 투자확대 비용

2. 내부수요 확대비용

내부수요 확대비용이란 일정한 경제이익을 가져오는 동시에 내부수요로
인한 재정지출, 해당 사회문제, 해당 대가 등을 가리킨다. 국내수요는 투자로
인한 수요와 소비로 인한 수요를 포함한다.

세계 경제위기에 대처하기 위해 중국정부는 4만 억 위안에 달하는 내부수요 투자계획을 세웠는데 그 중 정부의 직접적인 투자가 1조 2천억 위안이며 은행과 기업 투자 2조 8천억 위안을 이끌어냈다. 그러나 내수 확대는 일정한 사회적 비용에 상응하는 것이다.

첫째, 투자확대의 내부수요는 재정지출 증가가 필요하다. 이는 재정압력을 증가한다. 전 사회 고정자산 투자규모는 1998년에 28,852억 위안이고 2008년에는 4만억 위안을 투자하여 내부수요를 촉진했다. 그리하여 그 해의 재정적자가 증가했다. 이것은 인플레이션 압력을 가져올 뿐만 아니라 국가 신용등급을 낮출 수 있다.[1]

둘째, 투자확대 내부수요는 화폐 공급량을 증가하여 M2를 증가하고 화폐 초과 발행 형 인플레이션을 초래했다. 수요로 인한 인플레이션이란 경제 발전과정에 총수요가 총공급보다 많아서 일반적 물가수준의 지속적인 상승을 초래하는 것을 가리킨다. 경제 취업이 충분하지 않을 때 사회에는 이용할 자원이 있다. 이때 내부수요 확대는 물가상승과 함께 생산량의 증가를 촉진할 수 있다.

경제에 여유 자원이 없을 때 총수요의 확대는 생산품의 증가를 촉진하는 것이 아니라 물가의 상승을 촉진한다.

---

1) 유럽의 채무 위기는 재정 위기로 인해 부분적으로 정부가 투자를 늘려 적자가 5%의 건강 기준을 초과하기 때문에 발생했다.

이런 인플레이션을 "너무 많은 화폐가 너무 적은 상품을 추구"하는 것이라고 한다.[2] 2008년 금융위기 이후 중국은 대규모 경제 자극정책을 펴고 대량의 화폐를 발행했는데 이론상 GDP의 2배를 초과했다. 과도한 시장의 유통화폐는 물가상승을 이끌었다. 환율이 평형을 잃고 대량의 외국 투기자본이 중국에 흘러들어 과도한 화폐유통을 초래하여 인플레이션을 조성한다.

또한 내부수요의 확대 투자는 초과 건설, 중복 건설, 맹목적 건설, 특히 기초건설 투자를 부추겼다. 내부수요의 확대는 보호 무역주의를 초래하고 중상주의(重商主義)를 일으켰는데, 이는 세계화 과정에 불리하였다. 상대적으로 소비수요는 '건강'했지만, 그러나 초과 소비, 과도한 소비, 대량의 대출 소비는 불량한 결과를 가져온다.

3. 수출확대 비용

수출확대 비용이란 중국에서 수출 확대를 위하여 해당 조치를 취하고 거기에 지출한 화폐성과 비화폐성 대가의 합을 가리킨다.

경제의 세계화는 국가들이 수출을 확대 할 수 있는 기회를 제공했다.

---

2) 태나(秦娜): "중국 인플레이션 원인의 몇 가지 사고" 《과학과 관리》 2011년 제3기.

모든 국가는 이 개발 기회를 놓치기를 꺼려하여 각종 국제기구, 지역 동맹에 참가하고 수출을 확대했으며 발전 기회를 얻었다. 그런데 수출 확대를 통한 경제부흥은 심각한 사회문제를 일으킬 수 있다. 일부 학자들은 높은 대외의존도는 경제성장에 지연역할을 한다고 지적했다. 대외의존도가 높을수록 대외 수출 또는 수입이 자국의 경제발전에 주는 영향이 크다. 다시 말하면 발전도상국가의 선진국 의존도가 높을수록 부단히 초급 생산품을 수출해야만 자국 경제발전을 유지할 수 있으나 이는 반드시 빈곤화 성장을 초래하게 된다.[1] 따라서 수출 확대로 인하여 중국경제는 과거보다 대외의존도가 높아지고 민족경제의 발전 공간이 줄어들었으며, 수출구조를 조정하기 어려운 현상이 나타났다.

또한 수출확대로 인해 무역흑자가 나타나서 인민폐 가치 상승의 압력이 커지고 국제무역 마찰이 증가했다. 무역흑자로 인해 국내 외환시장의 외국화폐 공급이 수요를 초과하고 외국화폐 가치하락과 인민폐 가치상승의 예상이 점쳐졌다. 인민폐 가치상승의 예상은 외국자본의 유입과 무역흑자의 확대로 이어지고 인민폐 가치상승의 압력을 더욱 부추겼다. 이밖에 무역흑자는 국제무역 마찰을 확대했다.[2] 무역흑자로 인한 중국 무역마찰은 해마다 증가하고 있다.

---

1) 徐倩, 《出口扩大与经济增长》, 《北方经贸》 2005年第7期.
2) 무역흑자는 중국과 무역하는 국가에 무역적자가 발생했다는 것을 의미한다. 무역적자국은 WTO 규칙에 근거하여 중국산품의 수입을 제한하고 자국 산업을 보호한다. WTO에 가입한 후, 중국과 미국은 무역격차가 비교 적 크기에 미국은 반덤핑을 많이 실시하고 중국은 반덤핑을 많이 받고 있다. WTO 구성원으로서 중국은 반덤 핑 조치를 받는 사례가 해마다 증가하고 있다.

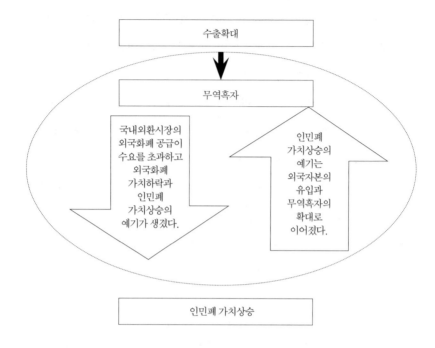

도표 4-2 수출 유발 무역 흑자 비용 확대

　그밖에 무역흑자는 화폐정책의 효과를 약화하고 사회자원의 이용률을 저하시켰다.[1] 무역흑자와 국내 주민의 저축은 사회자원 이용률의 저하를 일으켰다.[2] 외환비축의 쾌속 성장은 본국 화폐 공급량의 증가로 이어지고 국내경제에 유동성 과잉이라는 문제를 일으키고 인플레이션 압력을 조성했다.[3] 무역 확대는 외환비축 비용을 제고하고 자금유출을 촉진시켰다.

　국제금융시장의 외환 조작은 모험이 따르는데 가장 명확한 것은 환율 모험이다. 중국은 달러와 연동하는 환율을 실시한다. 달러 가치가 하락하고 미국에 인플레이션이 발생할 때마다 중국 외환비축(보유액)은 이에 따라 가치가 하락하고 외환비축의 손실이 발생한다.[4]

　마지막으로, 무역흑자는 국내 금융 산업의 금리 시장화 과정에 영향을 미친다. 이율 시장화 조건에서 무역흑자는 국내 화폐공급의 증가를 의미한다. 2003년 하반기 이래 중국경제는 인플레이션의 압력을 받았다. 경제에 대한 인플레이션의 소극적인 영향을 배제하기 위해 중앙은행은 현행 저축 관제 이율과 대출 변동 이자율을 유지할 수밖에 없었는데 이는 이자율의 시장화 진척을 지연시켰다.

---

1) 외환이 무역흑자의 증가에 따라 증가하고 화폐의 투입이 외환유입의 증가에 따라 증가하고 있다. 대량의 인민 폐가 피동적으로 유통영역에 투입함에 따라 중앙은행의 기초화폐 계좌는 외환유입의 제약을 받으며 중앙은행 화폐정책의 효과는 떨어지고 있다.

2) 무역흑자로 인한 외환비축은 4억 달러 이상에 달하며, 국내 주민 저축은 11조 위안에 이르는데 이 양자를 합 치면 14조 위안 이상이 된다. 이 돈은 효과적인 투자로 이어지지 않고 사회의 여유 자금으로 남아있다. 이 여 유자금과 서로 대응한 것은 생산자료와 인력자원의 방치, 사회자원 이용률의 저하이다.

3) 왕소소(汪潇潇): "중국 국가 외환비축 상황을 논함" ≪中國商界≫ 2008년 제4호.

4) 무역흑자가 많을수록 국제금융시장에서 거래할 외환도 많아지고 국가 외환비축 비용도 증가한다. 무역흑자는자금의 유출을 증가한다. 환매매 결제 제도에서 유입되는 외환비축이 많고 외국채무가 많을수록 자금유출도 더 많아지게 된다. 이것은 내부모순을 조성한다. 무역흑자는 외부자금 유입을 인도하고 수출이 많을수록 외국 직접 투자가 더 많고 또 자금유입이 더 많아진다. 무역흑자는 외환비축(보유액)을 증가하고 외환비축이 많을 수록 자금유출이 더 많아진다.

제3절

중국경제성장 비용의 형성 원인

1. 중국의 구조적 모순이 날로 심해지고 있다.

중국경제는 30여 년의 개혁개방을 통해 구조적 모순이 날로 뚜렷해졌는데, 주로 공급구조의 불합리[1], 소비구조의 불합리[2], 산업구조의 불합리[3] 등의 측면에서 나타났다.

2. 경제성장에 영향을 주는 제도 원인[4]

개혁의 심화에 따라 일부 제도모순이 부단히 나타나고 경제의 진일보 성장에서 반드시 해결해야 할 문제로 되었다. 현재 중국경제성장에 영향을 주는 제도원인은 주로 정부기구 개혁의 미흡[5], 사회보장제도의 불완전[6] 등이다.

---

1) 중국의 일상용품 등 경공업 상품 생산능력은 과도한 과잉상태이고, 정밀기계, 첨단과학기술상품 등 일부 업종 은 생산능력이 부족하여 장기간 수입에 의존하고 있다. 이것은 중국의 외환지출 부담을 증가하고 이런 업종이 선진국의 제약을 받게 하고 있다.
2) 중국의 내부수요 확대를 통한 경제성장 촉진 정책은 시종 효과를 발휘하지 못하고 있다. 경제성장에 대한 소 비의 기여는 줄곧 높지 않았다.

3. 경제건설 과정의 정책결정 실수

중국에서 상당한 경제 정책결정권은 각급 정부에서 장악하고 있는데 일부 영도자는 경제를 모르고 자신의 경험, 좋아하거나 싫어하는데 따라 정책을 결정하고 있다. 그들은 정책결정의 실수로 인한 손실을 감당하지 않고, 악성부채에 대하여 책임지지 않으므로 사전에 평가를 거치지 않은 항목을 대량으로 건설하고 있다.

정책결정 후에 대량의 투자를 하는데 정책결정의 성공여부는 많은 정도에서 경제이익과 보답에 의하여 결정된다. 그렇기 때문에 정책결정의 실수는 대량의 자금낭비로 이어진다. 세계은행의 예측[7]에 의하면 '7.5기간'부터 '8.5기간'에 중국 투자정책 결정 실수율은 30%가량으로 자금낭비와 경제 손실이 약 4,000~5,000억 위안에 달할 것이라고 한다.

---

3) 중국경제에서 제2산업의 비중은 아직도 높은 편인데 이는 중국경제발전에 더욱 많은 에너지 소비가 필요하다 는 것을 말해 준다. 에너지 소비에 의한 성장 방식은 장기간 지속될 수 없다

4) 米建惠, 《我国经济增长速度趋缓的原因及对策探讨》, 《商业时代》 2011年20期. 5) 첫째, 정부 관리가 너무 넓고 세밀하다. 둘째, 정부의 경제서비스성이 부족하다.

6) 이것은 중국의 소비가 너무 낮은 원인의 하나이다. 장기적인 관점에서 보면 경제성장은 국내소비에 중점을 두고 경제성장에 대한 국내소비의 기여가 너무 낮은 문제를 해결해야 한다. 이것은 중국경제성장에서 시급히 해결해야 할 문제이다.

7) 토지자원은 기본적으로 정부가 장악하고 있으며, 그 배치는 미시적 행위자 사이의 시장교역에 의하여 진행되는 것이 아니라 정부의 행정수단에 의하여 진행되었다. 자금을 끌어들이기 위하여 많은 지방에서는 토지를 저 렴한 가격 또는 무상으로 개발상에게 공급하고 있다. 일부 지방정부는 저렴한 가격으로 농민 토지를 징수하고 집단소유토지를 전민소유제로 바꾼 후 개발상에게 팔고 있다. 정부는 시장가격에 근거하여 농민에게 보상을 해주는 것이 아니라 해당 규정에 근거하여 주고 있다.

4. 생산요소 시장화 정도가 아직 높지 않다

장기간의 시장화 개혁을 통하여 중국경제운행의 미시적 기초에는 근본적인 변화가 일어나고 시장경제의 기초 틀이 초보적으로 조성되었다. 그러나 요소시장 분야에서는 시장화 정도가 아직도 낮다.

정부는 토지, 자본, 각종 광물자원에 대하여 아주 강한 통제력을 가지고 있으며 이런 자원의 배치 방향, 용도를 결정하고 있다. 그리하여 토지, 자금, 자연자원의 가격시스템이 심각하게 왜곡되었다[1]. 그 구체적인 표현은 토지시장의 불완전[2], 자본시장의 불건전[3], 자연자원 유상 사용시스템과 가격형성 시스템의 결핍[4] 등이다.

---

1) 국유상업은행의 대출행위는 많은 정도에서 각급 정부의 영향을 받고 있다. 정부는 아주 쉽게 은행대출을 받기 에 중국 대출은 아주 명확하게 정부에 쏠려 있다. 정부의 권력과 신용을 고려하여 은행에서는 정부의 대출을 아주 적게 제한하고 있다. 하여 도시건설 부채경영은 적당한 범위를 벗어나고 도시규모 건설은 통제를 잃으며 건설채무가 너무 높은 모험을 부를 수 있다. 현재 국유은행 불량자산은 18,000억 위안에 이르고 대출의 25% 를 차지하고 있다. 표면상 은행경영의 무능으로 악성부채가 증가한 것 같지만 사실은 정부주도의 대출경영, 도시건설규모의 명목적인 확대가 조성한 것이다.

2) 현재 전국 대다수 지방에서 기업은 각종 광물채굴권의 취득에서 의연히 계획경제시기의 "심사비준방법"을 사 용하고 있다. 기업은 경영권을 취득한 후에 소량의 광산자원세를 내는 외 거의 무상으로 광산자원을 사용하고 있다. 그밖에 중국의 물가는 외국의 1/3 내지 1/10밖에 안 되고 휘발유 가격은 유럽의 절반이며 코크스 가격 은 국제시장의 50%밖에 안 된다. 자원의 무상사용 또는 저가 사용은 무거운 경제성장 생태 대가의 근본원인 이다. 이것은 자원의 심각한 낭비, 자원 이용률의 저하를 조성할 뿐만 아니라 불법적인 광산 채굴, 광산업종 질서의 문란, 안전사고의 빈번한 발생을 조성하고 있다.

3) 国有商业银行的信贷行为在相当大程度上受各级政府的影响,政府可以很容易向银行借取资金,因此我国经济的信贷总量明显向政府倾斜.考虑到政府的权力和信用,银行很少会限制政府借贷,由此极易推动城市建设负债经营超出适度范围,引发城市建设规模失控,建设债务过高的风险.目前国有银行还有18000亿元的不良资产,占其贷款的25% 左右.表面上看,是银行经营不善导致不良资产增多,实质是政府主导信贷经营,盲目扩大城市建设规模造成的

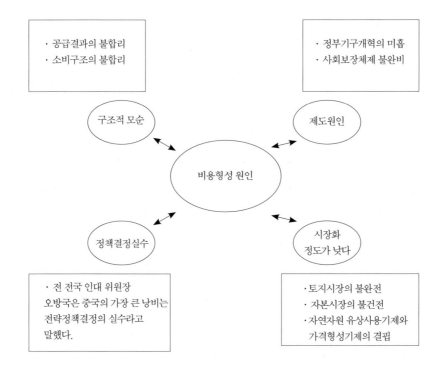

도표4-3 중국경제성장 비용의 형성 원인

---

4) 目前,在全国多数地方,矿山企业取得各类资源采矿权仍然沿用计划经济时期的"审批制"办法. 企业
在取得了经营权以后,除了缴纳少量的矿产资源税以外,基本上可以无偿使用矿产资源. 此外,我国水
价格是国外水价的1/3到1/10,汽油价格不到欧洲一些国家的一半,焦炭价格比国际市场便宜50%. 资源
无偿或低价使用是经济增长生态代价沉重的根本原因,它不仅造成资源浪费严重,资源利用效率低,
而且造成私挖滥采严重,矿业秩序混乱,全事故频发.

중국경제성장 비용에 대한 대응책

1. 산업구조의 조정, 최적화로 경제의 조화로운 발전을 촉진시켜야 한다

현재 중국 제1, 2, 3산업 사이의 불균형 상황을 변화시키려면 산업구조의 조정, 최적화를 실시하고 3차 산업의 발전을 조정해야 한다.

2. 경제체제 개혁을 계속 심화해야 한다

경제체제 개혁은 계속 진행되고 있으며, 중국의 경제성장은 속도가 늦어지고 있다. 우리는 반드시 경제체제 개혁을 심화하고 깊은 차원의 문제를 해결해야 하며, 중국경제의 장기적인 발전에 양호한 환경을 조성해야 한다.

3. 경제건설 과정의 맹목적인 정책결정을 방지해야 한다

맹목적인 정책결정은 간혹 실적이 올라갔지만 부실공사를 조성한다.

그렇기 때문에 반드시 항목정책결정의 실수에 대한 사직 제도를 건립하여 민주정책결정을 보장하고 정책결정의 실수를 방지해야 한다. 만약 영도자가 개인의 정책결정 실수 또는 사업 착오로 인해 중대한 경제손실이 발생했다면 그 책임을 지고 사직해야 한다.

4. 자원성 산품의 유상 사용시스템을 건립해야 한다

자원의 유상 사용을 실시하고 자원사용 비용을 높여야 "고투입, 고소모, 고배출, 저효율" 조방형(粗放型) 경제성장 방식을 근절하고 경제성장의 대가를 줄일 수 있다. 다시 말하면 기업은 광산채굴권, 자원 사용권을 유상으로 획득하고 합리적인 세금표준을 확정해야 한다. 건전한 경제 분야의 체제는 발전방식 전환의 필요한 조건이다.

5. 외부의 자금을 마구 끌어들여오던 데서 외부자금을 선택해서 들여와야 한다

개혁개방 이후 중국은 줄곧 외부자금을 끌어들이는 것을 주요한 경제발전 동력으로 삼았으며, 각 지방에서는 외부자금 들여오기 증가를 실적 평가의 중요한 지표로 삼았다. 선택적인 자금의 인입은 대내외적으로 적합하다.

부록 표 4-1 중국 개혁개방 정제발전간 연도 국내총생산(단위: 억위안)

연도	국민총수입	국내총생산	제1산업	제2산업	제3산업	1인당 국내총생산(원)
1978	3645.217	3645.217	1027.535	1745.2	872.4829	381.23
1979	4062.579	4062.579	1270.192	1913.5	878.8875	419.25
1980	4545.624	4545.624	1371.593	2192	982.0308	463.25
1981	4889.461	4891.561	1559.463	2255.5	1076.598	492.16
1982	5330.451	5323.351	1777.401	2383	1162.95	527.78
1983	5985.552	5962.652	1978.387	2646.2	1338.064	582.68
1984	7243.752	7208.052	2316.089	3105.7	1786.262	695.20
1985	9040.737	9016.037	2564.397	3866.6	2585.04	857.82
1986	10274.38	10275.18	2788.691	4492.7	2993.788	963.19
1987	12050.62	12058.62	3233.041	5251.6	3573.974	1112.38
1988	15036.82	15042.82	3865.362	6587.2	4590.261	1365.51
1989	17000.92	16992.32	4265.923	7278	5448.396	1519.00
1990	18718.32	18667.82	5062	7717.4	5888.422	1644.00
1991	21826.2	21781.5	5342.2	9102.2	7337.099	1892.76
1992	26937.28	26923.48	5866.6	11699.5	9357.376	2311.09
1993	35260.02	35333.92	6963.763	16454.43	11915.73	2998.36

연도						
1994	48108.46	48197.86	9572.695	22445.4	16179.76	4044.00
1995	59810.53	60793.73	12135.81	28679.46	19978.46	5045.73
1996	70142.49	71176.59	14015.39	33834.96	23326.24	5845.89
1997	78060.83	78973.03	14441.89	37543	26988.15	6420.18
1998	83024.28	84402.28	14817.63	39004.19	30580.47	6796.03
1999	88479.15	89677.05	14770.03	41033.58	33873.44	7158.50
2000	98000.45	99214.55	14944.72	45555.88	38713.95	7857.68
2001	108068.2	109655.2	15781.27	49512.29	44361.61	8621.71
2002	119095.7	120332.7	16537.02	53896.77	49898.9	9398.05
2003	135174	135822.8	17381.72	62436.31	56004.73	10541.97
2004	159586.7	159878.3	21412.73	73904.31	64561.29	12335.58
2005	185808.6	184937.4	22420	87598.09	74919.28	14185.36
2006	217522.7	216314.4	24040	103719.5	88554.88	16499.70
2007	267763.7	265810.3	28627	125831.4	111351.9	20169.46
2008	316228.8	314045.4	33702	149003.4	131340	23707.71
2009	343464.7	340506.9	35226	157638.8	147642.1	25575.48

자료 출처 : 중국통계연감2010》을 정리한 것임

제2부

중국경제의 발전 비용

제5장

중국경제의 전환의 비용

제1절

중국 경제의 전형 및 그 비용의 의미

중국경제의 전환 과정에서 지속적인 고속성장을 한 것을 "중국의 기적" 또는 "중국의 수수께끼"라고 부르고 있다. 계획경제 체제의 형성, 발전, 계획경제의 시장경제체제의 전환은 21세기 인류발전에 영향을 준 가장 중요한 정치사건 중의 하나이다.[1]

전환발전은 대다수 국가 발전의 주요선율이다. 경제 전환이란 경제발전단계 또는 경제체제의 전변과정을 말한다. 이를테면 농업사회의 공업사회 전환, 계획경제체제의 시장경제체제 전환 등이 그것이다.

중국경제는 전환 30년 동안에 크나큰 성취를 거두었다. 1978-2007년 사이의 연도별 평균 성장률은 9.79%로서 세계에서 발전 속도가 제일 빨랐다.

주민의 거주 조건, 사회교통 기초시설, 통신시설, 도시 공중시설의 보급률은 뚜렷하게 개선되었고, 주민의 생활품질이 부단히 제고되었다. 이것은 1978년 이후 중국경제 전환이 단계적 수익을 얻었다는 것을 설명해준다.[2] 그렇지만 소득 뒤에 비용문제를 무시할 수는 없다.

왜냐하면 비용은 "지연, 경시, 은폐"되고 있기 때문이다.[3] 더욱 두려운 일은 이것이 "축적, 전이" 방식으로 전환단계에 부단히 나타나고 난도를 높이고 있다는 점이다. "전환이 난관 돌파단계에 진입"했다는 말은 일리가 있는 것이다.

---

1) 保建云, 《经济转型的自然过程与政治控制理论假说及其对经济转型方式与绩效差异的一个新的经济解释》, 《制度经济学研究》 2006年第1期.
2) 吕炜, 《中国式转轨:内在特性,演进逻辑与前景展望纪念中国改革开放30周年》, 《财经问题研究》 2009年第3期.
3) 陈丹丹, 《中国经济转型成本的测度:1978 - 2008年》, 《数量经济技术经济研究》 2010年第2期.

표 5-1 경제 전환비용의 문헌 종합 서술

학자	관점
가한·무스타 (1995)	전환비용이란 새 제도 창시자들이 사회계급집단 이익 평형을 위하여 정책 제정에서 감당할 정치비용이다.
루이스· 카로스 등 (1997)	전환 국가는 경제개혁에서 단기적 개혁비용을 유치한다. 경제 대리인이 현재 제도소비에 더욱 강한 편애를 하면 개혁을 지연한다. 지연비용과 개혁비용의 곡선은 전환과 개혁이 더욱 이성적인 균형을 이루게 한다.
신장수(申章秀) (2002)	경제 전환비용은 제도 변화의 객관적 존재의 중요한 내용이다. 급진적 제도변화는 경제체제 내부의 충돌을 일으켜 비교적 높은 경제 전환비용을 초래한다. 경제 전환의 비용이 비용의 보상으로 인한 수익보다 훨씬 작아야 경제 전환은 효과적이고 합리적인 제도변화라고 할 수 있다.
번강(樊綱) (1993)	새 제도변화는 사회성원의 불안 또는 수입 격차의 급격한 확대, 소비자의 불만, 사회의 동요 등을 유발할 수 있다. 이런 불만, 원망, 요동이 국민수입의 실제 손실을 조성하지 않았다면 개혁비용라고 할 수 없다. 국민수입이 손실을 입어야 개혁 비용라고 할 수 있다.
성흥(盛洪) (1994)	경제 전환비용은 체제변화의 비용이다. 여기에는 개혁포기로 얻은 최대 수익 즉 전환의 기회비용, 낡은 체제결합을 조정하지 않아서 전환의 최적화시기를 잃은 비용이 포함된다. 그 구체적인 표현은 국민수입의 손실, 사회성원의 불만, 소극적인 내공, 사회 동요, 전쟁으로 인한 사회성원의 이익과 복지의 손실이다.
서빈(徐彬) (2003)	경제 전환비용은 경제제도 변혁과 운행과정의 모든 대가이다. 그 구체적인 표현은 생산비용의 상승, 교역비용의 제고, 외부 비용의 증가 등이다.
진단단(陳丹丹) (2010)	경제 전환비용은 계획경제제도의 균형상태가 시장경제제도의 균형상태로 과도할 때 발생하는 비용 지불 또는 효율의 손실이다.

자료 출처: 진단단: "중국경제 전환 비용의 측정도: 1978-2008년" 수량경제기술 경제연구 2010년
제2호

이 책에서 경제 구조조정 비용이란 계획경제에서 시장경제로의 전환, 전통 경제구조의 현대 경제구조로의 전환, 조방한 발전방식의 집약적 발전방식으로의 전환, 폐쇄형에서 개방형 경제로의 전환과정 비용과 대가라고 규정한다. 경제 전환은 사회주의 사회의 특유한 현상이 아니라 모든 국가 현대화 실현과정에 나타날 수 있다. 시장경제체제가 완벽하고 경제가 아주 발달한 서구국가도 경제체제와 경제구조에 아무런 흠집이 없는 것이 아니며, 더욱 합리적이고 완벽한 경제제도로 전환하는 과정, 모종의 경제구조가 다른 한 가지 구조로 과도하는 과정이 있다. 중국은 제9차 5개년 계획을 실시할 때 경제 전환문제를 제기했다.

점진적 경제 전환의 유형은 중국경제 전환의 모든 특징을 해설할 수 있다. 중국경제의 전환 유형은 중국 기본국정에 의하여 결정된 것이다. 중국의 점진적 경제 전환을 다음과 같이 개괄할 수 있다. 전략적으로 경제적 전환을 한 후에 정치적 전환을 하고 계획체제가 제일 약한 농촌 경제체제에 대한 개혁을 한 후에 도시에서 실시했다. 원래 체제 외부에서 증량요소의 배육과 발전의 방식으로 경제 전환을 적극적으로 유도하고 증량으로 보존량을 이끌었다. 분배분야에서 돌파를 하여 음울한 경제에 "긴급히 산소공급"을 한 후에 점차 심입하여 제도와 체제개혁을 했다.[4]

1978년부터 2007년까지 중국경제체제 전환의 기본적인 절차는 다음과 같다.

---

1) 徐彬, 《对中俄经济转型及其成本的比较研究》, 《西伯利亚研究》 2011年 第2期.

표 5-2 중국경제 전환 체제목표의 선택과정

시간	체제목표	기본특징/목표	주해
1978년 이전	계획경제	고도의 집중정책결정을 한다. 기업은 행정기관의 부속물이며 평균분배를 한다.	
1978년 11회 3중전회	가치법칙을 발휘하는 계획경제	"보이지 않는 손"으로 경제발전을 자극하고 자원배치를 보조적으로 진행한다.	사회주의시장경제 이론과 실천 탐구의 시작
1982년 12대	계획경제를 위주로 시장조정을 보조로	전국 공농업 총산치 2배를 이루기 위하여 노력한다.	핵심 술어: 계획경제
1984년 10월 12회 3중전회	중국 사회주의 경제는 공유제 기초의 계획적 상품경제이다.	계획경제와 사회주의를 동등시하고 상품경제와 계획경제를 대립시키는 전통관점을 돌파했다.	핵심 술어: 시장경제
1987년 13대	국가에서 시장을 조정하고 시장이 기업을 인도한다.	시장경제의 직접성과 거시적 조정의 간접성을 결부하고 다음 세기 중엽에 1인당 국민생산 총산치를 중등선진국 수준에 끌어올리고 현대화를 기본적으로 실현한다.	계획과 시장 두 가지 수단을 동시에 응용한다.
1989년	계획경제와 시장조정의 유기적인 결합	계획경제와 시장조정의 유기적인 결합	계획경제와 시장조정은 자원배치의 수단이다.
1992년 10월 14대	사회주의 시장경제 체제	시장경제의 일반적인 특징을 가지고 있고 사회주의 기본경제제도의 특징도 가지고 있다. 당의 기본노선을 견지하고 개혁개방을 다그치며 정력을 집중하여 경제건설을 강화한다.	핵심 술어: 시장경제

시간	체제목표	기본특징/목표	주해
1993년 14회 3중전회	사회주의 시장경제 체제	"전반 추진, 중점 돌파"의 개혁전략을 취하고 사회주의 시장제도 건립의 간고한 전투를 시작했다.	
1997년 9월 15대	사회주의 시장경제 체제	공유제를 위주로 여러 가지 소유제 경제가 공동으로 발전하며 "과학교육의 국가부흥" 전략과 지속발전전략을 실시한다.	비공유제 경제는 중국 사회주의 시장경제의 중요한 조성부분이다.
2002년 11월 16대	사회주의 시장경제체제	신형의 공업화 길을 걷고 "과학교육의 국가부흥" 전략과 지속발전전략을 실시하며 도시화 과정을 가속화 하고 국유자산 관리 체제 개혁을 심화한다. 현대 시장체계와 사회보장 체계를 건전히 하고 대외개방 수준을 전면적으로 제고하고 천방백계로 취업을 확대한다.	좋은 사회를 전면적으로 건설한다.
2003년 10월 16회 3중전회	사회주의 시장경제 체제	중국경제 전환의 심화시기. 중국경제성장과 경제체제전환에서 본질적인 발전을 가져왔다.	

시간	체제목표	기본특징/목표	주해
2007년 10월 17대	사회주의 시장경제 체제	조금도 동요없이 공유제 경제를 공고, 발전하고 비공유제 경제발전을 고무, 지지, 인도하며 평등을 견지한다. 물권을 보호하고 각종 소유제의 평등경쟁을 조성하며 상호 추진의 새로운 국면을 조성한다. 발전의 협조성을 제고하고 사회주의 민주를 확대하며 문화건설을 강화하고 사회사업 발전을 가속화 한다. 생태문명을 건설하고 에너지 자원절약과 생태보호 산업구조, 성장방식, 소비유형을 기본적으로 조성한다.	

자료 출차 서빈, "중국경제 전환 비용의 단계성 특징 분석" 《가치공정》 2011년 제5호

제2절

중국경제 전환 비용의 표현 형식

중국경제 전환 비용은 다음과 같은 특징을 가지고 있다.

(1) 국부성이다. 30여 년의 경제 전환에서 커다란 정치 동요, 사회 위기와
경제 쇠락현상이 나타나지 않았고 국부성 단기적 비용문제는 경제
전환에 위협을 주지 않았다.

(2) "걸음의 나눔, 추후 추진, 평균" 등 비용분담 방식을 기본적으로
취했는데 그 효과가 비교적 좋았다.

(3) 경제 전환 후기에 비용 요소 축적이 비교적 많고 비용 요소 해결의
국내외 환경이 열악하여 거대한 경제 전환 비용이 정부를 테스트했다.
정부는 관리체제의 전환을 돌파구로 새로운 경제 전환 전투를 벌여
비용 요소를 해결하고 경제 전환의 최후 완수를 추진했다.[1]

---

1) 徐彬, 《对中俄经济转型及其成本的比较研究》, 《西伯利亚研究》 2011年 第2期.

표 5-3 중국경제 전환 비용의 표현 형식

비용 분류	표현형식	구체내용
경제 전환 비용	체제 전환 비용	체제 전환 비용 논리는 다음과 같은 두 개 면을 포함한다. 경쟁체제의 인입으로 비공유제 경제를 발전시키고 원래 재산권의 내부구조를 개혁하며 국유기업의 개혁을 추진한다. 체제전환 비용은 제도공급 비용, 체제변혁비용, 공평성 손실 등을 포함한다.
	구조 전환 비용	도시와 농촌 구조, 산업구조, 구역발전 구조 등 발전 부조화 현상
	발전방식 전환 비용	시장경제 체제의 불건전, 요소가격의 상대적인 왜곡, 환경보호에 대한 기업의 고무 부족 등으로 인한 효율의 손실, 환경의 악화 등.
	세계화 전환 비용	세계화는 중국에 기회를 주고 경제체제에 탄성이 있게 했다. 그러나 시장 손실과 모험도 주었다. 이를테면 다국적 기업의 중국시장 점령 등이다.

1. 체제 전환 비용

번강(樊綱, 1993년)은 중국경제체제 전환은 제도의 대체와 전환 과정으로서 이것은 "두 궤도의 과도와 개혁의 제고"라고 했다. 실천에 의하면 다원화 재산권 제도는 비교적 좋은 선택이다. 그런데 제도변화의 각도로 보면 이것은 균일하지 못한 제도상태로서 아주 큰 불확실성을 가지고 대량의 마찰비용, 인식비용, 실시비용, 보상비용 등을 산생한다.[2]

정성적으로 체제 전환 비용을 연구하면 이 책은 단계론의 시각으로 볼 때 체제 전환 비용은 유실성 법칙을 가지고 있다고 인정한다. 중국 체제 전환 변화특징은 도표 5-1과 같으며 기본적으로 4단계로 나눌 수 있다.

체제 전환 비용을 정량적으로 분석하면 체제 전환 비용에는 제도공급 비용, 체제개혁 비용, 공평성 손실이 포함된다. 제도 공급 비용에는 국유기업 손실에 대한 정부의 보조금, 기타 정책성 보조금 등이 있다. 체제개혁 비용에는 국유 상업은행의 불량대출, 퇴출 노동자 비용 등이 포함된다. 경제체제 전환은 제도조정으로 다른 주체가 감당하고 획득한 수익도 다르다. 때문에 대량의 공평성 손실이 발생했다. 일반적으로 지니계수 [3] 와 타일지수(Theil index) [4] 로 불평등의 정도를 가늠한다.

도표 5-2는 1998-2006년 정책성 보조금의 상황이다. 이 도표에서 정책성 보조금은 상대적으로 안정된 액수를 유지하고 있으며, 일부 연도에만 대폭 증가했다는 것을 알 수 있다. 그 조정 역할은 구체적인 상황에 따라 변한다.

---

2) 陈丹丹, 《中国经济转型成本的测度:1978 - 2008年》, 《数量经济技术经济研究》 2010年 第2期.

3) 지니계수는 한 국가와 지역의 재부분배 상황을 표현한다. 유엔 해당 기구의 규정에 의하면 지니계수가 0.2이 하이면 수입격차가 비교적 작고 0.5이상이면 수입격차가 매우 크다.

4) 타일지수는 개인 또는 지역 사이의 수입격차(또는 불평등 정도)를 가늠하는 지표이다. 가장 큰 장점은 총 격차 에 대한 소조 내 격차와 소조 사이 격차의 공헌을 가늠할 수 있다는 점이다. 이 지수는 지니계수와 일정한 상 호 보완성을 가지고 있다. 지니계수는 중등 수입수준의 변화에 특히 민감하고, 타일지수는 상층 수입수준의 변화에 특히 민감하다.

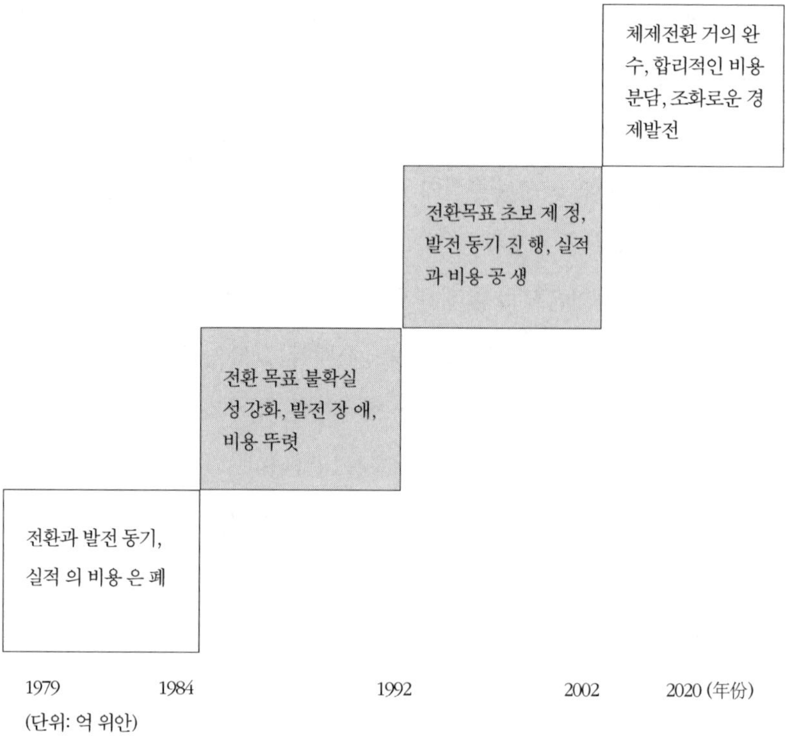

체제전환 거의 완
수, 합리적인 비용
분담, 조화로운 경
제발전

전환목표 초보 제 정,
발전 동기 진 행, 실적
과 비용 공 생

전환 목표 불확실
성 강화, 발전 장 애,
비용 뚜렷

전환과 발전 동기,
실적 의 비용 은 폐

1979   1984   1992   2002   2020 (年份)
(단위: 억 위안)

도표 5-1 체제전환 비용의 단계성 특징

도표 5-3은 2002-2009년 중국 상업은행 불량대출 상황이다. 불량대출은 기본적으로 해마다 줄어들고 있다. 이는 불량대출의 치리 상황이 양호하다는 것을 말해준다.

2. 구조 전환 비용

중국경제 비약의 시작조건은 발전단계의 낙후, 발전수준의 저하, 산업구조의 낙후이다. 중국경제 전환, 발전 과정에 구조의 조정과 진급은 중요한 의제이다. 낙후한 국가 국민경제 운행에서 경제구조의 전통적인 부문의 현대 부문 발육은 아주 어렵다. 경제체제와 발전단계의 불일치는 각종 구조의 폐단, 도시와 농촌 구조, 산업구조, 구역구조 발전의 불일치, 불합리적인 자원배치 등을 조성한다.

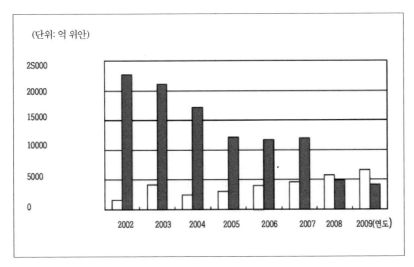

도표 5-3 중국 주요상업은행 불량대출 상황(2002-2009년)
자료 출처: 《중국 금융연감 2010》 수치에 근거하여 정리, 계산함.

이 책에서는 도시와 농촌 구조, 산업구조, 구역구조 문제 전환 비용에는 도시와 농촌 2원 구조 전환 비용, 산업구조 조정전환, 구역구조 변동비용이 포함된다고 인정한다. 도시와 농촌 2원 구조 전환비용 2개의 징표성 지표는 도시와 농촌 수입격차 비례와 엥겔계수이다. 이것은 직관적으로 화폐가치 가늠의 비용을 계산할 수는 없지만 비용의 심도를 반영할 수는 있다.

표 5-4 도시와 농촌의 수입격차 비례

연도	1978	1990	2000	2008	2009
도시와 농촌 주민 1인당 가처분소득(위안)	343	1510	6280	15781	17175
농촌 주민 1인당 가처분소득(위안)	134	686	2253	4761	5133
도시와 농촌의 소득격차.	2.56	2.20	2.79	3.31	3.35

자료 출처 : 《중국투자연감 2010》 수치에 근거하여 정리, 계산함.

도시와 농촌의 엥겔계수는 도표 5-4와 같다.

산업구조조정 비용은 다음의 2개 징표성 지표를 가지고 있다. 각 업종 평균 노임의 비례 특히 금융업과 제조업의 평균 노임의 비례이다. 다른 하나는 국가재정의 농업지출 비중이다.

표 5-4는 각 부문의 평균 임금 비율

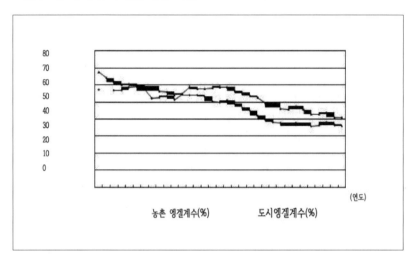

도표 5-4　도시와 농촌 엥겔계수(1978-2010년)

자료 출처 : 《중국민정통계연감2011》 수치에 근거하여 정리하고 그렸음.

표 5-5 19개 산업의 평균 임금 비율 (2003-2009년)

연도	2003	2004	2005	2006	2007	2008	2009
합계	13969	15920	18200	20856	24721	28898	32244
1 농, 임, 목, 어업	6884	7497	8207	9269	10847	12560	14356
2 광산업	13627	16774	20449	24125	28185	34233	38038
3 제조업	12671	14251	15934	18225	21144	24404	26810
4 전력, 가스, 물의 생산과 공급업종	18574	21543	24750	28424	33470	38515	41869
5 건축	11328	12578	14112	16164	18482	21223	24161
6 교통운송, 물류, 우정	15753	18071	20911	24111	27903	32041	35315
7 정보전송, 컴퓨터 서비스와 소프트웨어	30897	33449	38799	43435	47700	54906	58154
8 도매와 소매	10894	13012	15256	17796	21074	25818	29139
9 주숙과 식당	11198	12618	13876	15236	17046	19321	20860

분류							
10 금융업	60398	53897	44011	35495	29229	24299	20780
11 부동산	32242	30118	26085	22238	20253	18467	17085
12 임대와 상업서비스업	35494	32915	27807	24510	21233	18723	17020
13 과학연구, 기술서비스, 지질탐사	50143	45512	38432	31644	27155	23351	20442
14 수리, 환경, 공공시설관리	23159	21103	18383	15630	14322	12884	11774
15 주민서비스와 기타 서비스업	25172	22858	20370	18030	15747	13680	12665
16 교육	34543	29831	25908	20918	18259	16085	14189
17 위생, 사회보장, 사회복지업	35662	32185	27892	23590	20808	18386	16185
18 문화, 체육, 오락	37755	34158	30430	25847	22670	20522	17098
19 공공관리, 사회조직	35326	32296	27731	22546	20234	17372	15355

자료 출처 : 《중국통계연감 2011》 수치에 근거하여 정리함.

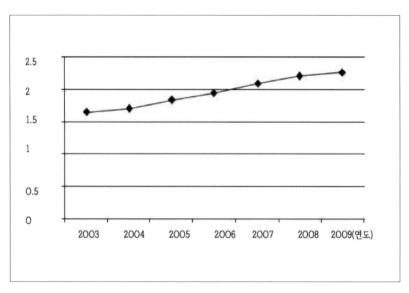

도표 5-5 금융 산업과 제조업 부문의 평균 임금 비율 (2003-2009년)
자료 출처 : 《중국통계연감 2011》 수치에 근거하여 정리, 계산함.

금융 산업과 제조업 부문의 평균 임금 비율은 2003년의 1.64에서 2009년의 2.25배로 상승했다.

또한, 지표산업 구조에 대한 또 다른 지표, 즉 농업 지출에 대한 국가재정의 비율은 도표 5-6, 5-7과 같다. 국가재정의 농업 지출은 1952년부터 1985년까지 변동 폭이 비교적 크다. 1985년부터 2010년까지는 비교적 안정적이고 국가재정의 농업 지출은 기본적으로 8%의 파동을 보였다.

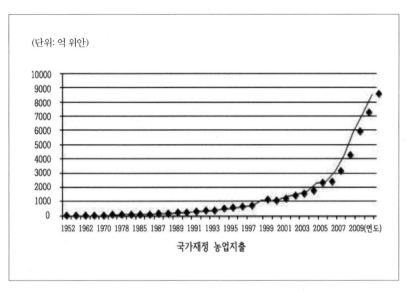

(단위: 억 위안)

국가재정 농업지출

도표 5-6 국가재정의 농업 지출 (1952-2010년)
자료출처 : 《중국농업통계연감 2011》 수치에 근거하여 정리, 계산함.

지역구조 변동비용은 동, 중, 서부 지역의 전국 GDP 비중 등 지표에
근거하여 가늠할 수 있다. 동부 GDP는 줄곧 전국 GDP의 60% 이상을
차지하고 있다. 구체적인 상황은 표 5-6과 같다.

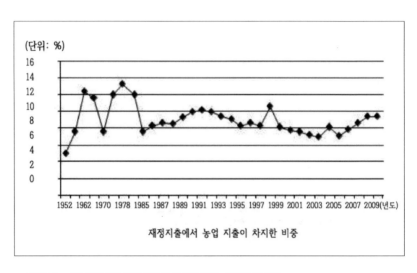

(단위: %)

재정지출에서 농업 지출이 차지한 비중

도표 5-7   재정 지출에서 농업 지출이 차지한 비중 (1952-2009년)
자료 출처 : 《중국농업통계연감 2011》 수치에 근거하여 정리, 계산함.

표 5-6   동, 중, 서부 GDP 전국 GDP에서 차지하는 비중(단위: %)

	2006년	2007년	2008년
동부	61.8	61.4	60.6
중부	25.3	25.6	26.2
서부	12.9	13	13.2

자료 출처 : 《중국통계연감 2009》 수치에 근거하여 정리, 계산함.

3. 발전방식의 전환비용

발전방식 전환 비용이란 시장경제 체제의 불건전, 요소가치의 상대적 왜곡, 환경보호 등 전환 발전 고무의 결핍 상황에서 조성된 효율의 손실, 환경악화, 발전의 불균형 등 대가를 가리킨다. 일반적으로 도시화 지연 산업화율[1], 소비율 지연 투자율로 가늠한다.

중국의 도시화율과 산업화율 대비 상황은 도표 5-8과 같다. 2003년 이후 도시화율은 산업화율에 접근, 초월했다. 도시화가 장기간 산업화에 뒤졌는데 그 시간이 25년이나 되었다.

투자율과 소비율 수치대비로부터 중국 투자율은 줄곧 소비율보다 작았는데 2010년에 소비율에 접근, 초월했다.(도표 5-9를 참조.)

---

1) 산업화의 속도는 총 GDP 대비 산업 부가가치의 비율을 말한다.

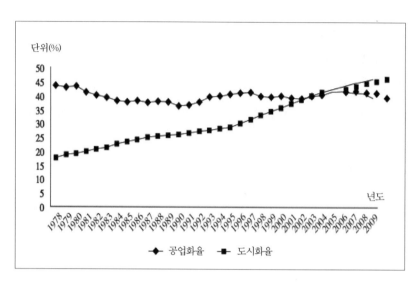

단위(%)

도표 5-8 중국 역대 도시화율과 공업화율(1978-2009年)
자료 출처: 《중국통계연감 2010》을 정리, 계산함.

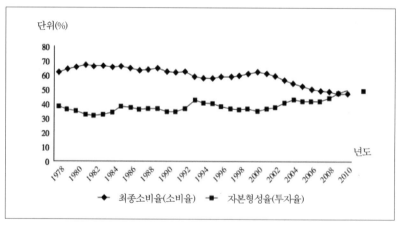

단위(%)

도표 5-9 중국 역대 소비율과 투자율(1978-2009)
주: 자본 형성율이란 자본 형성 총액 지출이 프랑스 국내 생산 총액에서 점한 비중을 가리킨다.
  최종 소비율이란 최종 소비지출이 프랑스 국내생산 총액에서 차지한 비중을 가리킨다.
  《중국통계연감 2010》을 정리, 계산함.

4. 세계화로의 전환비용

세계화는 양날의 칼이다. 이는 중국경제체제를 더욱 건전하고 민활하게
했다. 반면에 일정한 손실과 모험을 가져왔다. 이를테면 다국적 회사의
중국시장 점유는 민족기업을 위협했다. 이밖에 세계에 융합하는 과정에서
세계 파동은 중국에 직접적인 영향을 줬다. 미국의 대출위기로 인한
금융위기는 중국경제에 대한 파동과 손실을 일으켰다. 일반적인 세계화
전환비용의 지표에는 대외무역 의존도, 자본의 유출 등이 포함된다.

대외무역 의존도는 개혁 개방 개시로부터 2006년까지 줄곧 상승하여
2006년에 최고봉에 달했는데 65.17%였다. 2006-2010년은 조정시기였다.
대외무역 의존도는 경제의 건강한 신속한 발전에는 불리하다. 구체적인
상황은 도표 5-10를 참조할 것.

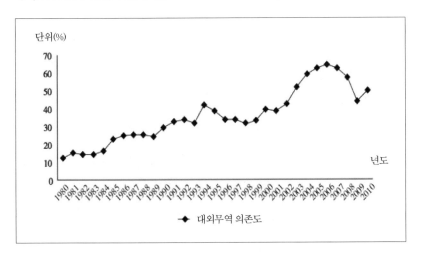

도표 5-10 대외무역 의존도(1980-2010)
자료 출처: 《중국상무연감 2011》, 《중국무역외경통계연감 2011》 수치를 정리, 계산함.

표 5-7 1985-2008년 중국 자본이탈 추산 결과와 해당 수치(단위: 억 달러)

연도	직접 핫머니 2	간접 핫머니 3	총합	자본유입	실제 이용 외국 직접투자 순유입	외채증가	
1985	-1.40	-31.67	-23.55	-18.87	16.59	10.30	37.4
1986	1.65	-14.03	9.03	-1.12	18.75	14.25	57.50
1987	8.24	-2.27	15.11	7.03	23.14	16.69	87.20
1988	22.76	14.00	13.51	16.76	31.94	23.44	98.00
1989	5.38	7.18	2.30	4.95	33.93	26.13	13.00
1990	34.32	36.73	33.75	34.93	34.87	26.57	112.50
1991	67.24	64.89	70.78	67.64	43.66	34.53	80.10
1992	149.50	150.07	87.02	128.86	111.56	71.56	87.60
1993	149.42	118.92	104.01	124.12	275.15	231.15	142.50
1994	145.32	109.89	101.55	118.92	337.87	317.87	92.40
1995	176.08	168.18	177.33	173.86	358.49	338.49	137.80

연도							
1996	172.15	154.71	161.94	162.93	401.80	380.66	96.90
1997	189.82	120.39	627.83	312.68	442.36	416.74	146.80
1998	309.64	346.97	576.41	411.01	437.52	411.18	150.80
1999	320.52	432.85	527.44	426.94	387.52	369.78	57.90
2000	217.77	257.68	670.99	382.15	383.99	374.83	-61.00
2001	-26.61	167.45	47.51	62.78	442.41	373.56	390.70
2002	-114.70	-11.28	74.27	-17.24	493.08	467.90	15.30
2003	54.47	-59.80	-34.36	-13.23	470.77	472.29	224.30
2004	-363.92	-560.82	-354.42	-426.39	549.36	531.31	387.30
2005	162.78	212.10	877.69	417.52	791.27	678.21	335.60
2006	35.34	710.91	1512.01	752.75	780.95	569.35	419.38
2007	870.04	683.32	1343.09	965.48	1384.13	1214.18	506.30
2008	882.72	456.12	963.67	767.51	1477.91	943.20	10.82

자료 출처 : 尹偉華, 張煥明 :《중국 자본이탈의 규모 추산 1985-2008》,《금융발전연구》2009년 제8호

일반적으로 자본이탈이란 한 나라 또는 경제체 경내 및 경외 투자자들이 그 나라의 경제 쇠퇴 또는 기타 경제 또는 정치의 불확정성으로 인해 그 나라의 금융자산을 팔아버리고 자금을 경외로 전이하는 상황을 가리킨다.

자본이탈의 원인은 주로 불법소득, 횡령, 관제의 도피, 위험의 회피, 개인자산의 전이 등이다.

중국 자본이탈 총액은 비교적 많고 명확한 상승추세를 보이고 있다. 자본이탈과 유입 현상이 동시에 존재하고 자본이탈 폭은 명확한 단계성 특징을 가지고 있으며 거시적 경제 환경에 강한 민감성을 가지고 있다. 단기간에 자본이탈 규모는 감소하거나 없어지지 않을 것이다. 구체적인 수치는 표 5-7을 참고할 것.

제3절

중국경제 전환비용의 형성 원인

　중국은 경제 전환으로 인하여 한 때 세계에서 1인당 국내 생산총액 성장률이 제일 빠른 국가의 하나가 되었으며, 거의 모든 인간, 부문과 지역은 개혁의 수익자였다. 동시에 세계에서 지니계수 상승속도가 제일 빠르고 그 폭이 제일 큰 나라의 하나가 되었다[1]. 경제 전환은 구조와 방식을 조정하는 것인데 국내제도와 국제시장을 대상으로 해야 하는 힘든 임무였다.

　형성 원인은 다양하고 경제 전환은 장기적인 과정이었다. 경제 지속적인 성장의 보증은 정부와 인민이 추구하는 수입 제고와 빈곤 감소라는 목표를 실현하는데 아주 중요했다. [2]

　전환비용의 표현은 바로 전환 가운데서 나타난 문제의 표현이다. 아래 도표에서 경제 전환에서 나타난 경제 전환 비용 원인을 요약해 본다.

---

1) 王绍光:《中国:面对不平等的挑战与响应》,《国情报告》1998年第34期.
2) 李光耀는 《제3세계로부터 제1세계로: 1965년-2000년 싱가포르》라는 책에서 싱가포르의 발전 을 해설하고"41년 전 독립한 싱가포르는 앞길을 알 수 없는 여정을 시작했다. 실업률은 줄지 않고 공업은 없었으며 전도 는 암담했다"고 했다. 그는 "나는 불안한 마음을 어디로 통해할지 모르고 남들이 가지 않은 오솔길을 따라 출 발했다"고 썼다.

도표 5-11 중국경제 전환 비용 형성의 원인

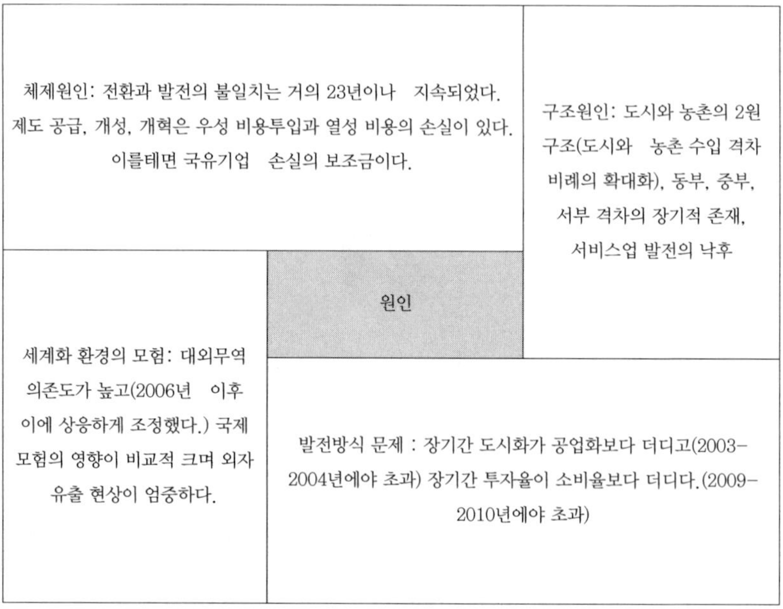

체제원인: 전환과 발전의 불일치는 거의 23년이나 지속되었다. 제도 공급, 개성, 개혁은 우성 비용투입과 열성 비용의 손실이 있다. 이를테면 국유기업 손실의 보조금이다.	구조원인: 도시와 농촌의 2원 구조(도시와 농촌 수입 격차 비례의 확대화), 동부, 중부, 서부 격차의 장기적 존재, 서비스업 발전의 낙후
	원인
세계화 환경의 모험: 대외무역 의존도가 높고(2006년 이후 이에 상응하게 조정했다.) 국제 모험의 영향이 비교적 크며 외자 유출 현상이 엄중하다.	발전방식 문제 : 장기간 도시화가 공업화보다 더디고(2003-2004년에야 초과) 장기간 투자율이 소비율보다 더디다.(2009-2010년에야 초과)

제4절

중국경제 전환비용에 대한 대응책

마이클 스펜스(Michael Spence, 2008)는 고속성장은 예기할 수 없는 난관을 초래한다고 했다.[1] 중국 성장전략의 성공은 부분적으로 난관 또는 속박에 대한 쾌속 반응으로 표현되었다. 추지장(2002)은 다음과 같이 평가했다. 중국경제의 전환은 많은 정도에서 중국경제 현대화 실현의 정부 행위이다.

비록 개인의 이윤동기가 역할을 했지만 말이다.[2] 그렇기 때문에 정부는 경제 전환비용의 높은 현상에 대하여 다스릴 의무가 있다. 사실 정부는 4개면에서 이런 비용문제를 해결하고 있다.

구역정책, 산업정책, 대외개방 정책, 점진 식 개혁정책 등을 통하여 새로운 문제와 과거 문제를 해결하고 있다. 경제 전환비용의 통제는 계통식 공정이다. 왜냐하면 개혁과 경제 전환은 정치준비, 문화준비 등 많은 준비를 해야 하기 때문이다. 그 수익은 아주 뚜렷하다. 때문에 비용도 적을수록 좋은 것이 아니다. 비용을 합리적인 범위에서 통제해야 한다.

특히 열성 비용 확대화의 통제, 공평성 손실의 감소 등 면에서 더욱 많은 노력을 해야 한다.

도표 5-12   중국경제 전환비용의 대응책

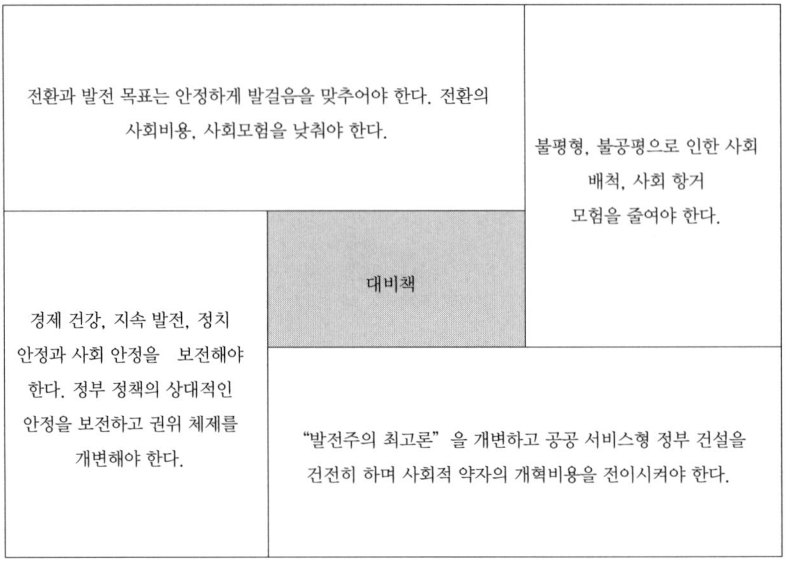

전환과 발전 목표는 안정하게 발걸음을 맞추어야 한다. 전환의 사회비용, 사회모험을 낮춰야 한다.		불평형, 불공평으로 인한 사회 배척, 사회 항거 모험을 줄여야 한다.
경제 건강, 지속 발전, 정치 안정과 사회 안정을 보전해야 한다. 정부 정책의 상대적인 안정을 보전하고 권위 체제를 개변해야 한다.	대비책	"발전주의 최고론" 을 개변하고 공공 서비스형 정부 건설을 건전히 하며 사회적 약자의 개혁비용을 전이시켜야 한다.

---

1) 迈克尔·斯彭斯, 《中国改革开放的成功经验与新挑战》, 《海外中国研究》 2008年 第8期.

2) [美]邹至庄, 《中国经济转型》 中文版, 中国人民大学出版社, 2005年版 第2页

부록 표 5-1 중국 주요 연도 별 국가재정의 농업지출 통계 (1952-2010년)

연도	농업지출(억 위안)	농업지출의 재정지출 점유율(%)
1952	9	5.1
1957	23.5	7.7
1962	38.2	12.5
1965	55	11.8
1970	49.4	7.6
1975	99	12.1
1978	150.7	13.4
1980	150	12.2
1985	153.6	7.7
1986	184.2	8.4
1987	195.7	8.7
1988	214.1	8.6
1989	265.9	9.4
1990	307.8	10
1991	347.6	10.3
1992	376	10
1993	440.5	9.5
1994	533	9.2
1995	574.9	8.3
1996	700.4	8.8
1997	766.4	8.3
1998	1154.8	10.7
1999	1085.8	8.2
2000	1231.5	7.8
2001	1456.7	7.7
2002	1580.8	7.2
2003	1754.5	7.1
2004	2337.6	8.2
2005	2450.3	7.2
2006	3173	7.9
2007	4318.3	8.7
2008	5955.5	9.5
2009	7253.1	9.5
2010	8579.7	9.5

주: 1. 1998년부터 "농업기본 건설 지출"이 국채 배치 지출에 포함되었다. 2. 2007년부터 국가재정 농업지원 지출은 도표제도의 조정으로 인해 왕년과 다르게 되었다. 이 표의 농업지원 지출은 중앙재정의 '3농'지출만 포함했다.

자료 출처 : 《중국 농촌통계연감 2011》 수치에 근거하여 정리, 계산함.

부록 표 5-2   중국 역대 공업화율, 도시화율, 소비율과 투자율 (1978-2010년)

	공업화율(%)	도시화율(%)	소비율(%)	투자율(%)
1978	44.1	17.9	62.1	38.2
1979	43.6	19	64.4	36.1
1980	43.9	19.4	65.5	34.8
1981	41.9	20.2	67.1	32.5
1982	40.6	21.1	66.5	31.9
1983	39.9	21.6	66.4	32.8
1984	38.7	23	65.8	34.2
1985	38.3	23.7	66	38.1
1986	38.6	24.5	64.9	37.5
1987	38.0	25.3	63.6	36.3
1988	38.4	25.8	63.9	37
1989	38.2	26.2	64.5	36.6
1990	36.7	26.4	62.5	34.9
1991	37.1	26.9	62.4	34.8
1992	38.2	27.5	62.4	36.6
1993	40.2	28	59.3	42.6
1994	40.4	28.5	58.2	40.5
1995	41.0	29	58.1	40.3
1996	41.4	30.5	59.2	38.8
1997	41.7	31.9	59	36.7
1998	40.3	33.4	59.6	36.2
1999	40.0	34.8	61.1	36.2
2000	40.4	36.2	62.3	35.3
2001	39.7	37.7	61.4	36.5
2002	39.4	39.1	59.6	37.8
2003	40.5	40.5	56.9	40.9
2004	40.8	41.8	54.4	43
2005	41.8	43	52.9	41.6
2006	42.2	43.9	50.7	41.8
2007	41.6	44.9	49.5	41.7
2008	41.5	45.7	48.4	43.9
2009	39.7	46.6	48.2	47.5
2010		49.6	47.4	48.6

자료 출처: 《중국통계연감 2010》 수치에 근거하여 정리, 계산함.

부록 표 5-3   중국 역대 GDP, 수출입 총액, 대외무역 의존도 계산(1980-2010).

	GDP(억 위안)	수출입총액 (억 위안)	대외무역 의존도(%)
1980	4545.6	570	12.54
1981	4891.6	735.3	15.03
1982	5323.4	771.3	14.49
1983	5962.7	860.1	14.42
1984	7208.1	1201	16.66
1985	9016	2066.7	22.92
1986	10275.2	2580.4	25.11
1987	12058.6	3084.2	25.58
1988	15042.8	3821.8	25.41
1989	16992.3	4155.9	24.46
1990	18667.8	5560.1	29.78
1991	21781.5	7225.8	33.17
1992	26923.5	9119.6	33.87
1993	35333.9	11271	31.90
1994	48197.9	20381.9	42.29
1995	60793.7	23499.9	38.66
1996	71176.6	24133.8	33.91
1997	78973	26967.2	34.15
1998	84402.3	26849.7	31.81
1999	89677.1	29896.3	33.34
2000	99214.6	39273.2	39.58
2001	109655.2	42183.6	38.47
2002	120332.7	51378.2	42.70
2003	135822.8	70483.5	51.89
2004	159878.3	95539.1	59.76
2005	184937.4	116921.8	63.22
2006	216314.4	140974	65.17
2007	265810.3	166863.7	62.78
2008	314045.4	179921.5	57.29
2009	340902.8	150648.1	44.19
2010	401202	201722.1	50.28

자료 출처 : 《중국상무연감 2011》, 《중국무역외경통계연감 2011》 수치에 근거하여 정리, 계산함.

제2부

중국경제의 발전 비용

제6장

중국경제 교란의 비용

제1절

경제교란 개요

교란이란 행동이나 절차에 대한 간섭 또는 방애를 가리킨다. 통계학에서는 불필요한, 여유의, 강제적인 '수입'을 계통의 교란이라고 한다. 수입의 절감, 수출의 제약, 과도한 수출은 모두 교란이다. 교란에는 정치교란과 경제교란이 망라된다. 경제교란이란 외부 경제활동의 경제주체에 대한 해로운 영향을 주거나 경제계통의 수입, 수출을 방해하는 현상을 가리킨다.

이를테면 환율변동이 과도하면 국제수지의 불 평형을 조성하고 시장 투기행위가 많이 나타나게 하며 실체경제 형성에 과도한 충격을 줄 수 있다. 인민폐의 피동적인 가치 상승, 환율정책 투명도의 부족 등 문제는 흔히 정상적인 경제운행에 영향을 준다.

세계경제와 연결되면 그 나라 또는 지역는 외부 충격을 쉽게 받는 처지에 놓일 수 있다. 즉 국외 사건의 경제교란을 받을 수 있다.[1] 외부 충격에 의한 경제교란의 주요 원인은 도표 6-1과 같다.

---

1) 王丽琳:《论发展中国家面临外部冲击的抵御对策》,《青海师范大学学报(哲学社会科学版)》 1999 年第4期.

이 책에서는 환율변동과 경제위기는 국가와 지역 간의 외부충격을 조성하고 경제교란을 할 수 있다고 인정한다. 이밖에 인플레이션은 수입형 인플레이션이고 경제계통 경제수출의 중요한 요소이다. 때문에 이 책에서는 아래 장에서 인플레이션, 환율변동, 경제위기 영향 등의 요소를 중점요소로써 분석할 것이다.

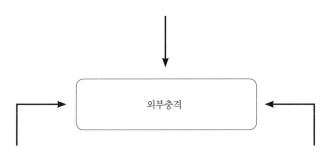

도표 6-1　외부 충격의 경제교란의 형성.

제2절

중국경제 교란비용의 표현형식

이 책에서 경제교란 비용의 표현형식은 3가지이며, 그 구체적인 내용은 표 6-1과 같다.

표 6-1   중국경제 교란 비용 표현 형식

비용 분류	표현 형식	구체적 내용
경제교란 비용	인플레이션비용	과도한 화폐공급은 화폐가치 하락, 물가상승의 비용이다.
	환율변동비용	화폐 대외가치 파동(화폐가치의 하락과 상승을 포함)은 중국경제발전의 비용을 조성한다.
	경제위기모험	일정한 기간에 외국 경제위기는 중국경제성장 모험을 조성한다.

1. 인플레이션 비용

인플레이션이란 화폐유통의 조건에서 화폐의 공급량이 실제 수요보다 많고 즉 현실 구매력이 공급량보다 많아서 화폐가치가 하락하고 물가가 지속적이고 보편적으로 상승하는 것을 가리킨다. 인플레이션이 너무 높거나 낮으면 인플레이션(생산요소의 영향을 통하여)은 경제성장에 악영향을 준다. 그렇기 때문에 인플레이션을 일종의 비용이라고 한다.[2]

2009년 금융위기 이후 불량영향에 대처하기 위해 중국에서는 일련의 경제자극 계획과 조치를 취하여 비교적 짧은 기간에 경제성장 속도를 끌어올렸다. 그런데 주민의 인플레이션 예상이 지속적으로 강화됐다. 학술계에서는 인플레이션과 경제성장 관계에 대하여 3가지 관점이 있다.

표 6-2 인플레이션과 경제성장 관계의 3가지 관점

관점	해설
영향이 없다	경제성장과 인플레이션은 현저한 상관성이 없다.
토빈효과(Tobineffect) effect)	인플레이션은 경제성장에 정면 영향을 준다.
반토빈효과	인플레이션은 경제성장에 역효과를 준다.

1) 侯青, 《中国是否存在最优通货膨胀区间———通货膨胀与经济增长关系实证研究》, 《价值工程》 2010年第2期.

표6-3 인플레이션과 경제성장은 비선형 관계가 존재한다는 관점

관점	해설
사렐(Sarel, 1996)	인플레이션이 8%를 경제성장에 악영향을 주고 8%이하일 때에는 정면 영향을 준다.
크리스토 퍼슨과 도엘 (Christoffersen, Doyle, 1997)	전환국가 연구에서 인플레이션이 경제성장에 다른 작용을 하는 임계점이 13%라는 것을 알 수 있다.
(한국) Jaerany Lee (미국) Karyinwong, 2005)	일본의 연구에서 일본의 최적화 인플레이션 구간은 2.5%에서 9.7%이며 인플레이션이 9.7%를 초과하거나 2.5%를 밑돌면 경제성장에 악영향을 준다는 것을 알 수 있다.
유금동(劉金東)과 사위동(謝偉東)(2003)	인플레이션과 경제성장 사이에는 한계 효과가 있다. 인플레이션이 일정한 정도를 초과하거나 밑돌면 경제성장에 방해를 준다. 즉 최적화 인플레이션은 경제의 적당한 성장을 보증하고 악성 인플레이션을 방지할 수 있다.
후청(侯靑) (2010)	중국경제의 최적화 인플레이션 구간은 1.4~5.1%이다. 인플레이션이 5.1%를 초과하거나 1.4%를 밑돌면 인플레이션(생산요소의 영향을 통하여)은 경제성장에 악영향을 준다.

자료 출처: 저자의 요약과 정리

주민가격지수의 구체적인 상황에서 보면 중국의 인플레이션 상황은 도표 6-2와 같다. 주민가격지수의 최고점은 1994년에 나타나고 최저점은 1999년에 나타났다.

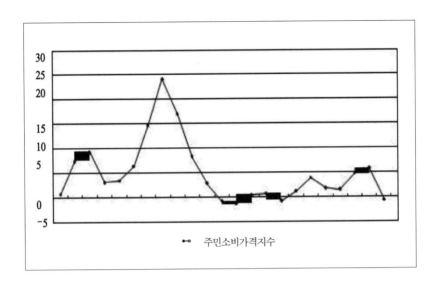

도표 6-2 주민가격지수(1978-2009년)
자료 출처: 《중국통계연감 2011》 수치에 근거하여 정리, 계산함.

도표 6-2를 보자. 1978-2009년 30년 동안에 후청(2010)의 연구결과를
따른다면 5.1%를 초과 또는 1.4% 이하인 연도가 16개로서 절반 이상의
연도가 최적화 구간에 속하지 못했다.

인플레이션의 위해성은 도표 6-3과 같이 표현된다.

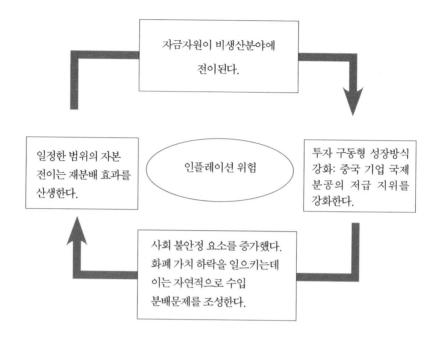

도표 6-3 인플레이션의 위험

2. 환율변동 비용

우선 환율변동 상황을 연구해보자. 아래의 수치는 1981-2010년 인민폐 시장 환율 통계에 근거하여 분석한 것이다.

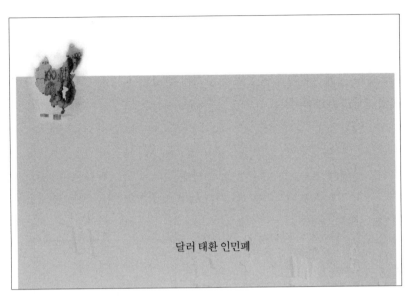

달러 태환 인민폐

도표 6-4 달러 태환 인민폐(1981-2010년)
자료 출처: 《중국무역외경통계연감 2011》 수치에 근거하여 정리, 계산함.

도표 6-4에서 1994년부터 2010년까지 인민폐의 가치는 상대적으로 상승하고 1994년에서 2004년까지는 비교적 안정하며, 2005년부터 가치 상승 압력이 커졌다는 것을 알 수 있다.

2005년 7월 21일 인민폐 환율 형성시스템 개혁의 시작으로 인민폐 관리변동환율제도에서 인민폐 환율 폭은 명확하게 커졌다. 인민폐 환율의 탄성이 증가한 배경에서 국내기업 특히 외국무역기업의 환율 파동 위험 대비는 기업 위험관리의 중요한 내용으로 되었다.

환율 위험은 양날의 칼이다. 환율의 위험은 세계 환율 파동의 불확실성에서 기인하며 기업에 손해를 끼치기도 하고 수익을 주기도 한다.

따라서 기업은 적극적인 책략을 제정하고 정확한 환율예측의 기초 위에서 환율파동을 이용하여 수익을 챙겨야 한다.

중국의 화폐정책목표는 인민폐 가치의 안정이다. 인민폐 가치 상승의 위해성은 다음과 같다.

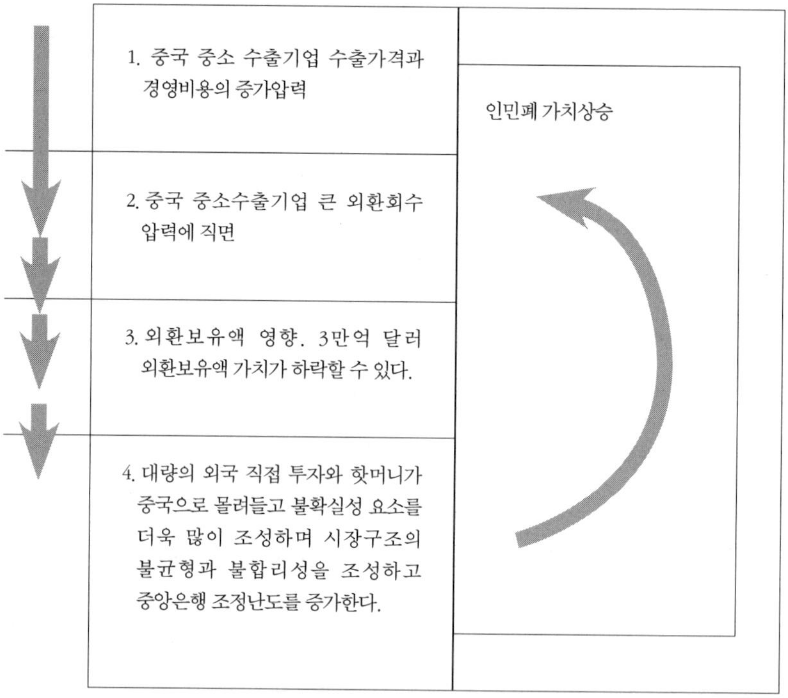

	인민폐 가치상승
1. 중국 중소 수출기업 수출가격과 경영비용의 증가압력	
2. 중국 중소수출기업 큰 외환회수 압력에 직면	
3. 외환보유액 영향. 3만억 달러 외환보유액 가치가 하락할 수 있다.	
4. 대량의 외국 직접 투자와 핫머니가 중국으로 몰려들고 불확실성 요소를 더욱 많이 조성하며 시장구조의 불균형과 불합리성을 조성하고 중앙은행 조정난도를 증가한다.	

도표 6-5 인민폐 가치상승의 역효과

3. 경제위기의 위험

1840년대, 마르크스는 자본주의의 주기적, 보편적 생산과잉의 경제위기를 연구했다. 『자본론』의 출판은 마르크스 경제위기이론의 형성을 보여준다. 그는 다음과 같이 말했다. "자본의 생산과잉은 자본집행 기능을 할 수 있다는 것을 가리킨다. 즉 일정한 착취정도로 노동의 생산자료 - 노동자료와 생활자료의 생산과잉을 착취한다.

이 착취정도가 일정한 한도 아래로 내려가면 자본주의 생산과정의 혼란, 정지, 위기, 자본의 파괴를 일으킬 수 있다." [1] 마르크스는 경제주기는 위기, 불황, 부활, 번영 4개 단계로 이루어지고, 경제위기는 자본주의 경제발전의 필연적인 법칙이라고 했다. 『노임, 가격과 이윤』이라는 책에서 마르크스는 "자본주의 생산은 일정한 주기순환을 반드시 할 것이며, 불황, 활약, 번영, 생산과잉, 위기와 정지 등 단계를 거칠 것이다"라고 지적했다. [2]

경제위기(Economic Crisis)란 한 개 또는 여러 개의 국민경제나 세계경제 전반이 비교적 긴 시간 동안 부단히 축소(마이너스 경제성장률)되는 것을 가리킨다.

개혁개방 이후 중국은 금융위기의 영향, 주로 1998년 아시아 금융위기와 2008년 미국 모기지론 위기로 인한 세계 금융위기의 영향을 받았다.

---

1) 《马克思恩格斯全集》第25卷,人民出版社1974年版,第285页.
2) 《马克思恩格斯全集》第25卷,人民出版社1974年版,第285页.

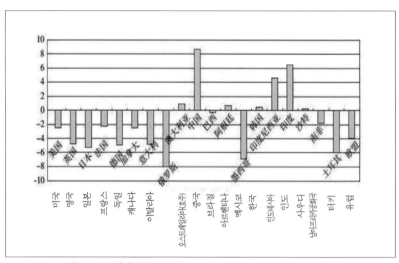

도표 6-6 2009년 G20국가 경제성장률
자료 출처: 국제화폐기구 (ＩＭＦ) 의 수치에 근거하여 정리, 계산함.

2008년 4분기 이후, 국제금융 위기는 신속하게 만연하고 세계경제는 심각한 쇠퇴에 빠졌다. 외부환경의 급격한 악화로 인해 중국경제는 심각한 충격을 받고 대외무역이 별안간 줄었으며 기업생산경영이 어렵고 실업인구가 대량으로 증가했으며 재정수입이 줄고 경제발전 증가 속도가 급감했으며 사회적 믿음이 심각한 영향을 받았다.

그리하여 당중앙과 국무원에서는 내부수요 확대의 결정을 신속하게 내리고 세계에서 제일 처음으로 "중국의 새로운 정책"을 실시했다.

중국은 위기대비의 일련의 경제자극 계획을 제정했는데 거기에는 4개 중점, 7개 방면이 포함되었다. 그 내용은 표 6-4와 같다.

표6-4 일련의 경제자극 계획 "4개 중점, 7개 방면"

4개 중점.	정부투자를 대규모로 늘리고 4만억 위안 인민폐의 2년 투자계획을 실시한다. 그 중 중앙정부는 1.18만억 위안을 새로 증액하고, 구조적 세금 감면의 시행, 내수를 확대한다.
	큰 범위에서 산업진흥 계획의 조정을 실시하고 국민경제 경쟁력을 제고한다.
	자주적인 창조를 대대적으로 추진하고 과학기술의 지지를 강화하며 발전 동력을 증강한다.
	사회보장수준을 대폭 증가시키고 도시와 농촌 취업을 확대하며 사회사업발전을 촉진한다.
7개방면	거시적 통제를 강화, 개선하고 민첩하고 신중한 통제방침을 견지하며 적극적인 재정정책과 적당하게 느슨한 화폐정책을 실시한다.
	국내수요 특히 소비수요를 적극 확대하고 경제성장에 대한 내부수요의 견인역할을 제고시킨다.
	농업의 기초지위를 공고히 강화하고 농업의 안정한 발전과 농민의 안정된 수입증가를 촉진시킨다.
	발전방식 전환을 촉구하고 경제구조의 전략적 조정을 심도 있게 추진한다.
	개혁개방을 계속 심화시키고 과학적 발전에 유리한 체제시스템을 더욱 완벽히 한다.
	사회사업을 대대적으로 발전시키고 보장하는데 노력하며 민생을 개선한다.
	정부건설을 추진하고 전반적인 경제사회발전에 대한 관리능력을 제고시킨다.

제3절

중국경제 경제교란 비용의 형성 원인

중국 인플레이션의 원인은 두 개 차원으로 나눌 수 있다. 비교적 표면적인 원인은 인플레이션 압력의 직접적인 표현은 과도한 화폐 발행량이다. 경제발전이 너무 빠르고 대출이 너무 많으며 실제 이자가 마이너스이고 투자비용이 비교적 낮아 과도한 투자를 더욱 촉진시킨다. 과도한 투자로 인해 상류 산품의 생산가격이 상승하고 상류 산품의 가격은 하류 산품 가격에 다음과 같은 두 가지 영향을 줄 수 있다. 가격의 전달이 유창하면 생산가격의 고속성장은 소비가격에 전달되어 전면적인 인플레이션을 일으킬 수 있다. 최종 소비수요의 제약 등 원인으로 인해 상류와 중류 산품의 가격 상승이 최종 산품에 전달되지 않으면 생산능력의 과잉이 발생한다.

깊은 차원의 원인은 다음과 같다. 낮은 투자효율은 현재 중국경제 분야의 주요문제이고 인플레이션의 근본원인이다. 중국경제는 줄곧 고투입, 고소모에 의존하고 있다. 미국 세계자원연구소의 최신 통계에 의하면 세계 선두 10개 경제대국 중 1달러 국민생산 총액의 에너지소모는 중국이 제일 많은데 일본의 7.78배, 프랑스의 4.98배, 독일의 4.71배, 미국의 3.1배, 인도의 1.65배나 된다고 한다.

매 단위 생산액 에너지소모가 선진국의 몇 배가 될 뿐만 아니라 발달도 상국가보다 훨씬 많은 것이다.[1]

인민폐 환율변동에 영향을 주는 요소는 다음과 몇 가지 면이 있다. 중국경제 총량 지위의 상승, 지속성장의 예측은 인민폐 가치의 완만한 상승을 추동하는 심층적인 원인 때문이다. 인민폐 환율은 '일괄 화폐'를 참조하여 결정하기에 달러에 대한 환율은 달러의 국제시장 환율의 영향을 받는다. 현재 인민폐 환율은 심각한 도전을 받고 있다. 최근 국내외 시장에서 인민폐 가치 상승의 목소리가 아주 높다. 이런 비이성적인 예측의 주요 근거는 국외 인민폐 평형 환율 연구와 중국 국제수지의 불 평형 때문이다.

외환저축의 규모변동과 국내의 화폐 공급량, 외환시장의 추세는 밀접한 연계를 가지고 있다. 외환저축의 증가, 중앙은행의 외환점유의 증가는 현재 중국 기초화폐 투입의 주요경로이며 화폐정책 통제효과의 중요한 요소이다.

현재 세계경제 위기의 원인은 다음과 같은 몇 가지가 있다.

(1) 경제체제 운행 차원의 직접적인 원인은 아래와 같다. 실체경제와 비교해보면 가상경제가 너무 팽창했다. 파생금융상품이 너무 많고 지렛대 조작 배수가 너무 높으며, 금융 감독과 관리가 느슨하고 교역정보가 투명하지 않다.

---

1) 唐静:《当前我国通胀压力形成的原因及缓解对策》,《青年思想家》2004年第3期.

세계화시대에서 금융시스템 취약성이 심화하고 있고, 미국금융을 중심으로 한 세계 경제성장 유형은 심각한 폐단을 보이고 있다.

자유시장제도는 개별 기업생산의 조직성과 전 사회 생산의 무정부상태 사이에서 모순을 일으켰다.

(2) 자본주의 기본 경제제도는 위기의 근원이다. 이윤 극대화의 자본주의 생산목적은 생산의 무한한 확대추세와 광범한 노동자 지불능력 수요의 상대적인 축소 사이의 모순을 초래했다.

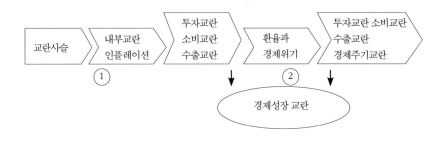

도표 6-7 경제교란은 경제성장에 영향을 준다

제4절

중국경제 교란비용에 대한 대응책

경제구조와 낮은 효율로 인한 인플레이션에 대하여 구조격차를 확대하는 역효과를 충분히 중시하고 시장경제 방법으로 시장자원 배치문제를 해결해야 한다. 그리하여 너무 뜨거운 경제의 열기를 식히고 속박이 없거나 속박이 약한 투자행위를 제거해야 한다. 우선 사전에 인플레이션 압력을 해소해야 한다. 각 분야에서는 소비수요가 부족한 상황에서 투자와 생산 가격의 상승 압력에 주의를 기울여야 한다.

투자분야에서는 중복투자, 맹목적 투자의 물가상승 압력을 중시하고, 생산 유통분야에서는 기업 상품 가격의 파동압력에 주의를 기울여야 한다. 투자인도를 강화해야 한다. 현재 주로 생산형 인플레이션 압력이 비교적 크다는 것에 비추어 일부 업종의 과도한 투자를 통제해야 한다. 그러지 않으면 점차 소비물가에 전달되어 물가의 전면적이고 지속적인 상승을 촉진할 수 있다. 그리고 인플레이션의 인도를 강화해야 한다. 가장 기본적이고 주요한 것은 개혁을 전면적으로 추진하고 투자효율을 제고시키는 것이다.

인민폐 환율변동의 경제효과의 이점을 취하고 폐단을 극복하려면 다음과 같은 대책을 취할 수 있다. 적당히 긴축하는 재정과 화폐정책을 실시하고 화폐 투입과 수요의 확장을 통제하며 인플레이션을 억제하고 인민폐 환율의 기본안정에 양호한 거시적 경제 환경을 창조한다. 인민폐 환율의 점진적 상승의 효과를 더욱 공고히 하고 제고시키며, 외국무역관리 체제를 더욱 개혁하며, 외국무역 기업경영의 수준과 응변 능력을 제고시킨다.

자본항목의 외환관리를 더욱 강화하고 외국자본의 유치 규모를 적당히 통제하며 인민폐 환율 상승의 압력을 줄인다. 인민폐 환율 형성 메커니즘과 조정방식을 더욱 완벽히 하고, 외환시장의 환율조정 작용을 더욱 잘 발휘토록 하며, 국내의 필수적인 기술 · 설비 · 원료의 수입을 적절히 증가시키고, 외환의 과도한 공급으로 인한 인민폐 환율에 대한 상승 압력을 경감시켜야 한다.

경제위기가 남긴 문제에 대비하여 중국의 경제개혁과 발전 책략은 큰 전환을 해야 하는데, 그 중 관건적인 것은 아래의 두 가지이다. 첫째, 기본경제제도 차원에서 소유제구조를 제때에 조정하고 공유제의 주체적 지위와 국유경제의 주도적 지위를 회복하고 견지해야 한다. 국민수입의 분배국면을 조정하고 노동에 따라 분배하는 정책을 견지해야 하며, 양극분화를 점차 해소시켜야 한다.

초급분배의 노동보수 비중을 대폭 제고시켜 직원들이 저임금 곤경에서 벗어나도록 해야 한다. 국민수입 재분배에서의 주민수입의 비중을 대폭 제고시키고, 정부수입과 자본소득의 비중을 축소함으로써 중국인구의 20%에 달하는 제일 빈곤한 인구가 4.7%의 국민수입을 차지하고, 총인구 20%의 부유한 인구가 50% 이상의 국민수입을 차지하는 비정상적인 상태를 개변시켜야 한다. 둘째, 경제체제와 경제운행 차원에서 케인즈주의와 새자유주의 정책을 철저히 포기하고, 스태그플레이션(stagflation)현상의 출현에 고도의 경각성을 높여야 한다. 중국 특색의 사회주의를 공동적으로 향유해야 한다는 이론을 지도로 하여 반(反) 스태그플레이션(stagflation) 경제발전의 메커니즘을 독립적으로 건립해야 한다.

부록 표 6-1 각종 가격지수(지난해 = 100)

연도	주민소비 가격지수	도시주민소비 가격지수	농촌주민 소비가격지수	소매 상품가격지수	공산품 출고가격지수	연료,동력 구입가격지수	고정자산 투자가격지수
1978	100.7	100.7		100.7	100.1		
1980	107.5	107.5		106.0	100.5		
1985	109.3	111.9	107.6	108.8	108.7		
1990	103.1	101.3	104.5	102.1	104.1	105.6	
1991	103.4	105.1	102.3	102.9	106.2	109.1	109.5
1992	106.4	108.6	104.7	105.4	106.8	111.0	115.3
1993	114.7	116.1	113.7	113.2	124.0	135.1	126.6
1994	124.1	125.0	123.4	121.7	119.5	118.2	110.4
1995	117.1	116.8	117.5	114.8	114.9	115.3	105.9
1996	108.3	108.8	107.9	106.1	102.9	103.9	104.0
1997	102.8	103.1	102.5	100.8	99.7	101.3	101.7
1998	99.2	99.4	99.0	97.4	95.9	95.8	99.8

1999	98.6	98.7	98.5	97.0	97.6	96.7	99.6
2000	100.4	100.8	99.9	98.5	102.8	105.1	101.1
2001	100.7	100.7	100.8	99.2	98.7	99.8	100.4
2002	99.2	99.0	99.6	98.7	97.8	97.7	100.2
2003	101.2	100.9	101.6	99.9	102.3	104.8	102.2
2004	103.9	103.3	104.8	102.8	106.1	111.4	105.6
2005	101.8	101.6	102.2	100.8	104.9	108.3	101.6
2006	101.5	101.5	101.5	101.0	103.0	106.0	101.5
2007	104.8	104.5	105.4	103.8	103.1	104.4	103.9
2008	105.9	105.6	106.5	105.9	106.9	110.5	108.9
2009	99.3	99.1	99.7	98.8	94.6	92.1	97.6

자료 출처 : 《중국통계연감 2010》 수치에 근거하여 정리함.

부록 표 6-2   100달러, 유로화, 일본 엔, 홍콩 달러, 영국 파운드 대 인민폐(1981-2010년)

연도	달러	유로화	일본 엔	홍콩달러	영국파운드
1981	170.5		0.77		30.41
1982	189.25		0.76		31.15
1983	197.57		0.83		27.36
1984	232.7		0.98		29.71
1985	293.67		1.25		37.57
1986	345.28		2.07		44.22
1987	372.21		2.58		47.74
1988	372.21		2.91		47.7
1989	376.51		2.74		48.28
1990	478.32		3.32		61.39
1991	532.33		3.96		68.45
1992	551.46		4.36		71.24
1993	576.2		5.2		74.41
1994	861.87		8.44		111.53
1995	835.1		8.92		107.96
1996	831.42		7.64		107.51
1997	828.98		6.86		107.09
1998	827.91		6.35		106.88
1999	827.83		7.29		106.66
2000	827.84		7.69		106.18
2001	827.7		6.81		106.08
2002	827.7	800.58	6.62		106.07
2003	827.7	936.13	7.15		106.24
2004	827.68	1029	7.66		106.23
2005	819.17	1019.53	7.45		105.3
2006	797.18	1001.9	6.86		102.62
2007	760.4	1041.75	6.46	97.46	1522.13
2008	694.51	1022.27	6.74	89.19	1286.64
2009	683.1	952.7	7.3	88.12	1071.97
2010	676.95	897.25	7.73	87.13	1045.72

자료 출처 : 《중국무역외경통계연감 2011》 수치에 근거하여 정리함.

제2부

중국경제의 발전비용

제7장

중국경제의 조정비용

제1절

중국경제 조정의 의미

거시적인 경제 관리와 통제란 정부에서 각종 정책조치를 실시하여 시장경제 운행을 조정하는 것을 가리킨다. 시장경제에서 상품과 서비스 공급과 수요는 가격법칙, 자유시장 기제의 영향을 받는다.

시장경제는 경제성장을 가져올 뿐만 아니라 인플레이션도 일으킨다. 고조 이후의 쇠락은 경제를 멈추거나 심지어 후퇴하게 한다. 이런 주기적 파동은 사회자원과 생산력에 심각한 영향을 준다. 거시적인 경제 관리와 통제는 전 사회의 경제운행에 역점을 두고 공급과 수요의 인위적인 조정을 통하여 경제계획 목표를 달성한다.

표 7-1 경제 관리와 통제의 3단계

단계	주요 조정, 통제 수단	주해
1978년 이전	중국은 단일한 계획경제 체제를 실시하고, 정부의 거시적 경제 관리와 통제는 주로 행정과 계획수단으로 실현했다. 비록 재정, 대출 수단은 정부의 경제통제의 중요 도구였지만 진정한 재정, 대출정책 실천을 형성하지는 못했다.	
1978 ~1991년	전통적 계획경제라는 낡은 체제의 개혁단계에서 중국은 어려운 경제 상태에 있었다. 거시적 경제 관리의 주요임무는 인플레이션을 다스리는 것이었다. 주로 행정과 계획의 방법을 사용하고 재정, 화폐정책 개념과 방법을 인입하기 시작했다.	이 단계는 1978~1981년, 1982~1986년, 1987~1991년 3차례 경제파동을 겪고 1980~1981년 조정, 1986년 "연착륙", 1989~1990년 "치리(治理) 정돈", "2가지 긴축정책"을 채용했다.
1992년 부터 지금까지	시장경제체제를 초보적으로 건립하고, 부족한 경제를 점차 끝내며 일부 면에서 과잉현상이 나타났다. 인플레이션의 압력이 존재했을 뿐만 아니라 디플레이션의 가능성도 존재했다. 정부의 거시적 경제 관리는 직접적 행정과 계획 수단을 위주로 하던 것으로부터 경제, 법률 등의 간접적 수단을 위주로 했다. 그리고 필요한 행정, 정부 투자 등 직접적 수단을 보조로 했다. 재정, 화폐정책의 작용이 갈수록 더 커졌다.	1993~1996년 인플레이션, 1997~1998년 아시아 금융위기, 1999~2002년 디플레이션, 2003~2004년 국부 과열, 2005년부터 지금까지 구조성 인플레이션, 비교적 뜨거운 경제운행을 진행했다. 1993~1997년 긴축과 적당히 긴축하는 재정화폐정책, 1998~2003년 적극적인 재정정책과 견실한 화폐정책, 2004~2007년 견실한 재정정책과 화폐정책, 2007년 12월 견실한 재정정책과 화폐 긴축정책이다.

제2절

중국경제 조정비용의 표현 형식

  중국의 경제 관리와 통제비용은 그 유형에 근거하여 경제수단의 관리와
통제, 법률수단의 관리와 통제, 행정수단의 관리와 통제로 나눌 수 있는데
구체적인 내용은 표 7-2와 같다.

표 7-2 중국경제 관리와 통제비용의 표현 형식

비용 분류	표현형식	구체적인 내용
경제 관리와 통제 비용	경제수단의 관리와 통제	국가는 재정정책과 화폐정책을 통하여 비용을 조정, 통제했다.
	법률수단의 관리와 통제	국가는 경제입법과 사법을 통하여 경제운행 비용을 강제적으로 조정, 통제했다.
	행정수단의 관리와 통제	국가 행정기구는 강제성 명령, 지표, 규정, 명령성 임무의 하달 등 행정방법을 경제운행 비용 조정으로써 통제했다.

1. 경제수단의 관리와 통제비용

경제수단은 시장경제 조건에서 거시적 관리와 통제의 주요 수단이다. 이것은 정부에서 경제 지렛대(이를테면 가격, 세금, 대출, 환율, 이자 등)를 통하여 기업의 경제행위와 국민경제 운행을 제약 또는 인도하는 방법이다. 주로 재정정책과 화폐정책을 통하여 관리와 통제를 한다.

표7-3 중국 재정정책 작용 공간의 변천

	계획경제시기 (1956~1977년)	개혁개방 제1단계 (1978~1997년)	개혁개방 제2단계 (1997년부터 지금까지)
경제운행 환경	국민경제는 "긴장되게 운행" 했고, 경제발전의 주요 제약요소는 체제제약이었다.	국민경제는 "긴장되게 운행" 했고, 경제발전의 주요 제약요소는 자원과 공급 제약이었다.	경제는 고속으로 발전했으나 구조성 모순이 갈수록 첨예해졌다.
재정정책	재정은 국민 수입 분배의 주체였고, 재정정책은 "혼자서 하늘을 받들었다".	재정의 빈곤화로 인해 재정정책은 목소리를 내지 못했다.	중앙정책, 재정권은 고도로 집중하고 재정정책이 다시 궐기했다.

자료 출처 : 최건군(崔建軍), "재정, 화폐정책 작용공간의 역사변화 및 그 계시 -중국 재정, 화폐정책의 실천에 기초" 경제학자 2008년 제3호

경제의 고속성장에 따라서 재정정책 관리, 통제 공간이 확대되는 추세를 보였다. 재정 수입도 고속으로 성장하고 GDP에서의 비중이 날로 커졌다.(표 7-4를 참조) 그밖에 세금의 강제성은 재정정책 조정과 통제 작용을 발휘케 하는데 유리했다.[1]

표7-4 중국 재정 수입이 GDP에서의 비중 변화

	1978년	1990년	2000년	2009년	2010년
GDP(억 위안)	3645.2	18667.8	99214.6	340902.8	397983.3
재정수입(억 위안)	1132.3	2937.1	13395.2	68518.3	83080.3
재정수입이 GDP에서의 비중 변화	31.06%	15.73%	13.50%	20.10%	20.88%

자료 출처: 2011년 중국상무연감 해당 수치에 근거하여 정리, 계산함.

유동성 과잉이란 말 그대로 과도한 화폐의 투입을 가리킨다. 이것은 "과도한 자금 화전"이라고도 부른다. 미국 경제학자 골드 스미스는 한 국가의 화폐화율(M2/GDP)이 높을수록 그 나라의 금융발전 정도가 높다고 했다.

해당 통계수치에 의하면 중국의 화폐화율은 165.3%인데 이는 세계에서 제일 높은 화폐화율이다.[2] 이것은 중국 유동성의 과잉, 금융자원 배치의 저하를 설명해 준다.

---

1) 2007년 5월 8일,신용화폐의 지나친 증가와 주식시장의 투기를 억제하기 위해, ,중국인민은행은 3부문에 대 해 관제했다. 즉 준비금의 이율을 높이고 이자를 증가시켰고, 인민폐의 달러에 대한 파동폭의 정도를 확대시 켰다. 그러나 주식시장은 거꾸로 활성화 했고 곤두박질 치지 않았다. 2007년 5월 30일,재정부는 주식 교역 시의 인화세(印花稅)를 1000/1에서 1000/3으로 조정한다고 선포했다. 그러자 주식은 이에 상응하여 주식은 떨어지기 시작했고, 주식지수는 900여 아래로 떨어지면 멈췄다.

2최건군(崔建軍): "재정, 화폐 정책 작용공간의 역사변화 및 그 계시 - 중국 재정, 화폐 정책의 실천 기초" 《경제학자》 2008년 제3호.

표 7-5 중국 화폐정책 작용 공간의 변천

시기	계획경제시기 (1956~1977년)	개혁개방 제1단계 (1978~1997년)	개혁개방 제2단계 (1997년부터 지금까지)
경제운영 환경	국민경제는 "긴장되게 운행" 했고, 경제발전의 주요 제약요소는 체제제약이었다.	국민경제는 "긴장되게 운행" 했고, 경제발전의 주요제약요소는 체제제약이었다.	경제는 지속적으로 고속성장을 했고 구조적 모순은 날로 심해갔다.
재정정책		재정은 국민수입 분배의 주체이고 재정정책은 "혼자서 하늘을 받들었다".	통화긴축과 유동성이 과잉됐고, 화폐정책의 조정 및 통제 기능은 약화되었다

자료 출처 : 최건군, "재정, 화폐정책 작용 공간의 역사변화 및 그 계시 - 중국 재정, 화폐정책의 실천 기초" 경제학자 2008년 제3호

그리고 1995년부터 중국 금융기구에는 저축율 차이가 지속적으로 나타났는데 2006년에 저축과 대출의 비율은 148.89%나 되었으며 금융기구 자금은 아주 충족했다. 그 해 중국의 외환저축은 10,000억 달러를 돌파했는데, 실제로는 10,663.44억 달러에 이르렀으며 세계에서 제일 큰 외환비축 국가가 되었다. 그러나 유동성 과잉이라는 조건 하에서 화폐정책의 조정, 통제능력은 약화되었다.

표7-6 중국 금융의 거시적 조정과 통제의 두 개 단계

제1단계 (1984~1997년)	제2단계 (1998년부터 지금까지)
상업은행 시스템의 초과액은 소극적 가치이며, 자금 면에서 중앙은행에 지나치게 의존했다. 중앙은행은 강력한 거시적 금융조정, 통제 능력을 가졌다.	상업은행 시스템의 초과액은 적극적 가치이며, 초과액이 많을수록 유동성도 충분해졌다. 중앙은행 법정 준비금율 도구는 강력한 거시적 금융조정, 통제능력을 잃었다.

자료 출처: 저자가 정리함.

새 중국 재정정책은 "강(强), 약(弱), 강" 3단계를 거치고 화폐정책은 "약, 강, 약" 3가지 상태를 거쳤다. 재정정책과 화폐정책 작용 공간은 서로 반대되는 모순을 가지고 있었다.

7-1 재정과 화폐정책의 후유증

1) 재정정책의 후유증

거시적 경제가 쇠퇴에 빠질 때마다 정부의 총수요의 증가를 통한 경제자극 기본 방식은 재정정책을 통하여 진행되었다. 정부의 주요 투자는 사회기초시설의 건설에 집중되고, 정부 투자는 단일성 특징을 가지고 있다. 이런 경제자극 방식은 즉각적인 효과를 볼 수 있다. 하지만 사회 기초시설의 투자 규모가 적당하지 않고, 그 용도가 합리적이지 않으면 일반적으로 효율을 거둘 수가 없다. 정부지출로 총수요를 확대하는 과정에서 정부의 채무 위험은 '정책 후유증'의 중요한 표현형식이다. '정책 후유증'의 위해는 정부채무가 심각한 경제 사회문제를 일으킨다는 점이다. 중화인민공화국 심계서(審計署)의 통계에 의하면 2009년 말까지 지방정부의 채무는 2.79만 억 위안이나 된다고 했다. 채무 잔고와 당년의 가용 재정력 비율을 보면, 성· 시급과 서부지역의 채무위험이 비교적 컸다. 조사한 지역 중, 7개 성, 10개 시, 14개 현의 채무가 100%를 초과했는데, 제일 많은 것은 364.77%나 되었다. 따라서 정부 채무위험에 대하여 각급 정부는 고도로 중시를 돌리고 합리적인 수준에서 통제함으로써 '정책 후유증'을 피해야만 한다.

2) 화폐정책의 후유증

화폐정책에서 이자 조정을 "이러지도 저러지도 못하는" 처지로 인해 정책

조정과 통제 방향이 왜곡되었는데, 이는 화폐정책의 '정책 후유증'에 의하여 비롯된 것이었다. 이른바 이자 조정의 "이러지도 저러지도 못하는" 처지란 경제 쇠퇴 또는 경제 쇠퇴가 예상됐을 때 중앙은행이 이자를 줄이는 것을 말한다. 인플레이션 또는 인플레이션이 예상될 때 중앙은행은 흔히 이자를 높인다. 그러나 실질적 면에서 이자를 높이거나 낮출 때 모두 '정책 후유증'이 발생했다.

(1) 이자 감소의 '정책 후유증'은 주식시장 또는 부동산 시장에서 특별히 명확하게 나타났다. 국제금융위기를 대비하기 위하여 중국은 적절하게 느슨한 화폐정책을 실시했다. 이 정책은 경제성장을 자극했다. 하지만 대출금은 이 기회에 부동산 시장에 몰려들어 부동산 가격의 지속적안 상승을 부추겼다. 국가통계국의 자료에 의하면 2009년 전국의 개발투자 완수는 36,232억 위안으로 지난해보다 16.1% 증가했다.

(2) 저 이율 실시 목표의 염가 화폐정책은 흔히 '정책 후유증'을 유발한다. 일부 경제학자들은 다음과 같이 지적했다. 중앙은행은 비교적 낮은, 진실한 이율 목표의 염가 화폐정책을 실시해야 한다. 즉 진실한 이율을 비교적 낮은 수준에 안정시켜야 한다는 것이다. 중앙은행은 "진실한 이율 규칙"을 준수해야지 화폐 성장규칙 또는 인플레이션 규칙을 준수해서는 안 된다. 이것은 중앙은행이 설정할 수 있는 위해성이 제일 작은 임무이다. 1984년 이전 중국의 저이율 정책은 진정한 의미의 화폐정책은 아니었지만 그 목적은 지속적인 저이율 운행과정을 통하여

투자를 낮은 비용으로 확장시키고 공업화의 과정을 가속화하려는 것이었다.[1] 2003년 이후 중국의 이율 수준은 종합적으로 낮은 수준에 머물러 있었다.

(3) 고이율 정책도 '정책 후유증'을 일으킬 수 있다. 중국의 1988년, 1989년 CPI는 각각 18.8%와 18.0%였다. 이론계에서는 보편적으로 이 인플레이션은 수요가 일으킨 유형이며 경제 치리정책은 사회 총수요의 억제라고 인정했다. 하지만 당시 중앙은행은 아주 어려운 선택을 해야 했다. 투자규모 축소를 통하여 총수요를 억제하면 생산이 하강하고 소비품의 공급이 부족하게 되며, 금방 겪은 대량예금인출 사태와 상품사재기 바람이 다시 일어날 수 있었다. 그리하여 이율 제고정책을 선택하고 2번에 걸쳐 저축이율과 대출이율을 올렸으며, 가치보존저축을 실시하고 예금지급준비율을 올렸다. 그것은 저축경향을 통하여 소비경향을 낮추려는 것이었다.

자료원천: 유수광, "거시적 조정, 통제과정의 '정책 후유증'-사회비용의 거시적 조정, 통제의 일종 해설" 오읍대학(五邑大學) 학보(사회과학 판) 2011년 5월 제13권 제2호

---

1) 刘秀光, 《利息率运行机制论》,福建人民出版社,2006年版,第163-165页.

2. 법률수단 조정(관리), 통제의 비용

법률 조정(관리), 통제 수단이란 국가에서 법률수단을 이용하여 각종 경제관계와 경제활동을 조정하는 것을 가리킨다. 이것은 권위성, 규범성, 강제성, 상대적 안정성 등의 특점을 가지고 있다. 법률 조정, 통제 수단의 내용은 법률 보호와 제재이다. 경제 입법 비용이란 경제 입법 과정의 전부 또는 노동과 물질화 노동 소모를 가리킨다. 즉 경제 입법 활동의 인력, 재력, 물력과 시간, 정보 등 자원의 소모를 말한다. [2] 그 비용 조성은 다음과 같다.

경제 입법 비용=경제 입법 기관 및 사업인원 사무와 생활 비용 + 경제 입법 정보 수집과 경제 입법 초안형성의 비용 + 경제 입법 초안 심의와 경제 입법 문건의 수정 비용 + 경제 법규 문건의 제작과 공포 비용 + 경제 법규 정보의 전파 비용 1994년 6월 말까지 전국 인대 및 상무위원회, 국무원과 그 소속 부(部), 위(委), 국(局)에서 제정 발포한 현재 효력이 있는 경제 법규는 1,581인데, 그 중 1987년 12월 이전에 발표한 것은 12건이었다. [3] 2009년 3월까지 중국 효력이 있는 법률은 231건인데 그 중 223건은 당의 11회 3중전회 이후에 제정한 것들이다.

---

2) 周显志, 《关于降低经济立法成本与提高经济立法质量的思考》, 《暨南学报(哲学社会科学)》 1999年 第5期.

3) 李胜兰, 周林彬, 邱海洋, 《法律成本与中国经济法制建设》, 《中国社会科学》 1997年 第4期.

이런 경제 법규의 발포는 중국 사회경제 생활법률이 없던 국면을 기본적으로 끝내게 했으며 사회주의 시장경제 체제의 건립을 추진했다. 그런데 중국경제 입법이 신속하게 발전하는 동시에 주의해야 할 문제도 나타났다. 이를테면 경제법률 공급과 수요의 불균형, 경제법률 실시효과와 입법 예상의 편차, 경제법률 운행과 사회 재력 지지의 상대적 부족의 모순 등이 두드러지게 나타났다.

일반적으로 중국 입법정책 결정비용은 비교적 적기에 비교적 높은 입법정책 결정제도의 이익을 볼 수 있다. 입법 수익은 주로 다음과 같은 면에서 체현된다. 입법 건의는 공식적인 법률 제안으로 확정된 후에야 입법 심의절차에 들어간다. 일방적 입법절차로 인하여 중국 입법초안은 전국 인대 상무위원회 회의에서 "한 번 열독"과 그 후 전문위원의 심의와 수정절차를 거치면 된다. 이밖에 입법 이익의 독립성은 이익 충돌과 조정비용을 결정한다. 비교적 낮은 입법 정책결정비용은 절차 효율을 가져오는 동시에 비교적 높은 제도비용을 가져온다. 그리고 경제 법률운행과 사회 재력 지지의 상대적 부족 모순은 비교적 크다.

개혁개방 이후 경제입법, 사법, 법 집행 대오의 부단한 확대, 해당 재정 지출, 사회재력의 지출이 갈수록 증가하고 있지만, 경제법률의 정상적인 운행은 부족하다. 불완전한 통계에 의하면 1987-1995년 국가와 지방재정예산 내, 예산 외 사법과 행정사건 처리 지출이 해마다 25% 이상 증가하고 있다.

그러나 법 집행 강도의 부족, 사건 처리 경비의 결핍 등으로 인해 법 집행이 제대로 되지 않는 현상이 아주 보편적으로 존재했다.[1] 법률 수단 조정(관리), 통제 문제와 열성 비용문제에 대하여 각별한 주의를 기울여야 할 것이다.

3. 행정수단의 조정(관리)과 통제비용

행정수단이란 행정기구에서 강제적 행정명령, 행정지시, 행정규정 등 행정방식으로 경제활동에 대하여 조정(관리) 통제하여 조정(관리) 통제목표를 실현하는 수단을 가리킨다.

경제의 행정 수단 조정(관리), 통제는 주로 다음과 같은 문제가 있다.

흔히 독점은 사회복지의 손실을 조성한다. 독점기업에 대한 행정수단 조정(관리) 통제는 직무유기 현상이 더욱 큰 손실을 조성한다. 조정(관리)과 통제 부문의 투자증가는 아직도 안정적으로 성장하고 있다(도표 7-7을 참조)

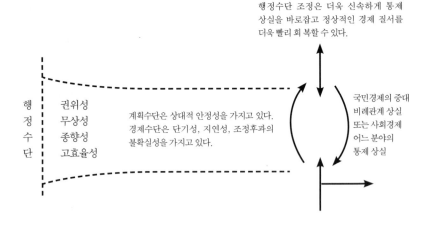

도표 7-1 행정 수단의 경제회복 질서 작용

1) 李胜兰, 周林彬, 邱海洋: 《法律成本与中国经济法制建设》, 《中国社会科学》 1997年第4期.

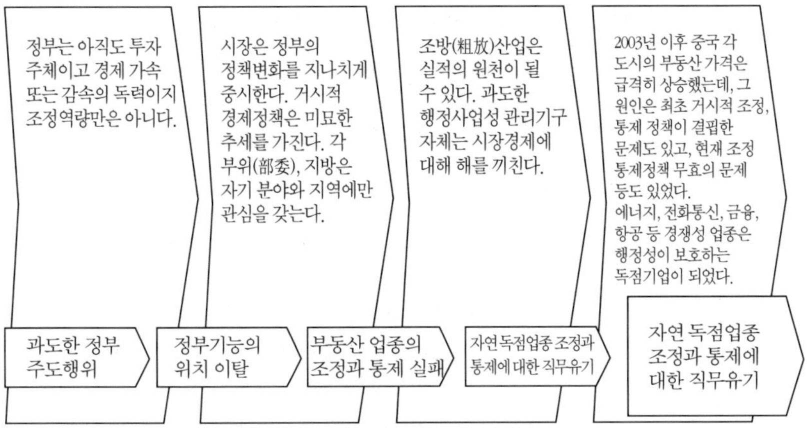

정부는 아직도 투자 주체이고 경제 가속 또는 감속의 독력이지 조정역량만은 아니다.	시장은 정부의 정책변화를 지나치게 중시한다. 거시적 경제정책은 미묘한 추세를 가진다. 각 부위(部委), 지방은 자기 분야와 지역에만 관심을 갖는다.	조방(粗放)산업은 실적의 원천이 될 수 있다. 과도한 행정사업성 관리기구 자체는 시장경제에 대해 해를 끼친다.	2003년 이후 중국 각 도시의 부동산 가격은 급격히 상승했는데, 그 원인은 최초 거시적 조정, 통제 정책이 결핍한 문제도 있고, 현재 조정 통제정책 무효의 문제 등도 있었다. 에너지, 전화통신, 금융, 항공 등 경쟁성 업종은 행정성이 보호하는 독점기업이 되었다.
과도한 정부 주도행위	정부기능의 위치 이탈	부동산 업종의 조정과 통제 실패	자연독점업종 조정과 통제에 대한 직무유기	자연 독점업종 조정과 통제에 대한 직무유기

도표 7-2 행정 조정, 통제수단의 문제와 표현

표 7-7 중국 역대 "조정(관리)과 통제 부문"의 투자증가(2003-2005년)

	2003년		2005년			
	동기대비 증가	비중	동기대비 증가	비중	동기대 비증가	비중
전부 투자			27.6	100	27.2	100
부동산 업종	33.1	33.8	29.1	24.7	20.5	23.3
비금속 광물제품업	61.3	3.1	43.6	1.9	26.6	1.9
흑색금속제 련압연가공업	87.2	3.1	26.9	3	27.5	3
유색금속제 련압연가공업	68.7	1.1	23.4	1	32.4	1

자료 출처 : 2006년 중국경제연감에 근거하여 정리, 계산함.

제3절

중국경제 조정비용의 형성 원인

경제 조정(관리)과 통제는 경제성장의 촉진, 취업의 증가, 가격 총 수준의 안정, 국가수지의 평형수단이다. 중국정부는 모두 4차례 비교적 큰 규모의 거시적 조정과 통제를 진행했었다. 첫 번째는 1992년에 등소평이 남방담화를 발표한 후에 진행했고, 두 번째는 1996년 아시아 금융위기 이후에 실시했다. 세 번째는 2004년 초에 시작했고, 네 번째는 2008년 세계 금융위기 발생 후 실시했다. 일반적으로 경제 조정(관리)과 통제는 "3가지 조합"이 있다. 즉 경제수단, 법률수단과 행정수단의 응용이다.

전통적인 정부 채무문제, 정부성 항목 투자 중복 건설문제, 저화폐 비용의 맹목적 투자 확장 등 오랜 문제 및 시장 유동성의 과잉, 농산품 비용과 수요의 증가, 철광석과 석유 등 큰 국제상품에 대한 고도의 의존, 국제시장 수입형 인플레이션 위험의 증가 등 부단히 나타나는 새로운 요소 때문에 중국경제 조정(관리)과 통제는 범위가 확대되고 그 정도가 심화되고 있다. 시장경제 법률체계 건설은 주로 개혁개방 이후에 완성한 것이다. 이 시기에 출범한 법률과 법규 제도는 대대적으로 수정해야 사회주의 시장경제 발전의 새로운 수요에 적응할 수 있다.

중국 사회주의 시장경제 체제에서 경제 조정(관리)과 통제비용은 반드시 발생하며 '시장'과 '정부'는 장기간 존재할 것이다. 경제 조정과 통제비용은 주동적 비용으로서 피해야 할 것은 부당한 수단, 부당한 강도, 부당한 정책결정으로 인한 예측할 수 없는 손실이다.

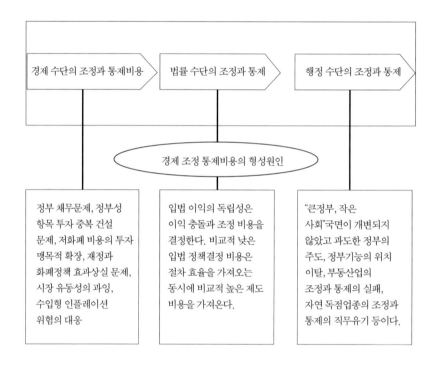

도표 7-3 경제 수단의 조정과 통제비용의 형성 원인

제4절

중국경제 발전비용에 대한 대응책

경제조정(관리)과 통제비용의 통제에서는 거시적 경제 조정(관리), 통제권력과 책임을 대응해야 한다. 이런 책임에는 인민에 책임지는 도덕과 정치책임, 법률 책임이 포함된다. 경제 조정(관리)과 통제는 정부의 경제관리 기능의 일정한 권리이고 일종의 책임이다. 그런데 경제 조정(관리)과 통제의 주체가 비교적 많다. 이를테면 경제수단은 국가 재정부와 중앙은행, 법률수단은 전국인대 및 상무위원회, 행정수단은 각 부위(部委) 및 지방정부가 가지고 있다. 관리권의 실시에서 해당 기능기관의 구체적 조작성이 있는 관리목표와 관리책임을 제정하지 않았다. 거시적 경제 조정(관리)과 통제는 전반적인 국면에 관계되며, 정책결정의 실수는 전반 경제의 불균형을 조성하고 나아가서 전반적인 국면에서 경제적 동요를 일으킬 수 있다.

중국 특색의 거시적 조정(관리)과 통제는 실제적인 효과를 거두었을 뿐만 아니라 미시적 시장기초의 완벽화를 지연시키고 화폐정책 전달시스템의 발휘를 저해했다. 거시적 조정과 통제는 마땅히 점차적으로 시장수단으로 전환해야 한다. 경제 조정(관리)과 통제비용은 필요한 경제 비용인데 너무 높거나 낮은 것은 좋은 현상이 아니다.

"경제성장의 촉진, 취업의 증가, 물가 총수준의 안정, 국제수지 평형의 보전목표"를 둘러싸고 필요한 목표관리와 실적관리를 하고, 비용-수익의 시각으로 경제 조정(관리)과 통제의 효과성을 평가해야 한다.

중국경제 발전비용의 요약

예측한 바에 의하면 2018년에 중국의 경제 총액은 2018년에 미국을 초월하여 세계에서 제일 큰 경제체가 될 것으로 보았다. 중국의 경제성장과 비용 사이에 대한 토론에서는 일반적으로 표징 경제성장의 경제성장률과 1인당 GDP 등 2개 지표를 논한다. 일반적으로 구역발전의 일정한 시기에 기타 요소를 고려하지 않은 조건에서 1인당 GDP와 각종 발전비용 사이에 거꾸로 U자형 관계가 존재한다.[1] 중국은 안정적인 고속성장을 위하여 투자 확대, 소비 확대, 수출 확대 등 면에서 일정하게 투입 강도를 넣었거나 계속 넣어야 한다. 이것은 필요한 것이다. 그런데 중국도 경제 전환의 극복, 경제교란의 경감, 적당한 관리(조정)와 통제 등 문제에 직면하고 있다.

---

[1] 미국 경제학자 그로스먼(Grossman) 등의 연구에 의하면 생태와 환경 품질에 영향을 주는 대다수 오염물질은 1인당 GDP와 거꾸로 U자형 관계를 가지고 있다고 한다. 앵겔 간나스(Anger Ganas)와 파울루 텐노(Paulo Tenao)(2003)는 16개 공업국가 자연자원 소모의 단층면, 역사수치의 연구에서 자연소모와 1인당 수입 사이 에도 거꾸로 U자형 관계가 존재한다는 것을 발견했다. 사이먼 쿠즈네츠(Simon Kuznets)는 1955년에 수입분 배 문제를 연구할 때 재화 분배의 불평등 정도는 처음에는 비교적 크고 1인당 GDP의 증가에 따라 점차 평등 해진다는 사실을 발견했다. 즉 GDP와 분배의 평등 정도 사이에는 거꾸로 U자형 관계가 존재한다.

개혁개방 30여 년 이래 중국은 전환과정에서 큰 정치적 동요, 사회위기, 경제 쇠락현상이 나타나지 않았고, 국부성, 단기적 비용문제는 전환의 진전을 위협하지 않았다. 체제문제, 구조문제, 발전방식 문제는 주목을 받고 있다. 이것은 장기간 열성 비용방식으로 존재하고 있는데 중등수입 함정을 뛰어넘을 때 이런 비용에 대하여 특별히 주의해야 한다.

앞으로 7, 8년 시간 즉 2012~2018년 사이에 1인당 GDP가 10,000~12,000 달러를 초과할 것으로, 이때 이런 전환의 중요한 문제를 해결하고 역사적으로 내려온 '빚'을 점차 타당하게 해결해야 할 것이다. 경제의 내외 균형에서 내부와 외부 요소의 교란을 방지하려면 위기방어를 위한 경제의 치리능력의 배양을 중시해야 하고, 경제, 법률, 행정 수단을 타당하게 배치해야 하며, 경제의 쾌속적, 건강적, 지속적인 발전을 보전해야만 한다.

이 장에서는 주로 경제의 발전비용 즉 경제계통의 비용을 강조했다. 중국경제의 개혁개방에는 실질적으로 대외 개방비용이 포함되어야 한다.(제6부의 해설을 참조.)

제3부

중국정치의 발전비용

제8장

중국 정치변혁 비용

제1절

중국 정치변의 변혁 의미

정치변혁이란 정치 분야의 변화와 개혁을 가리킨다. 일반적으로 이것은 정치투쟁 형식으로 표현되고 경제사회발전에 일정한 역효과를 가져다준다. 신중국 성립 초기, 중국에는 계급대립이 존재하고 자산계급과 착취제도가 의연히 존재했다. 노동계급과 자산계급의 모순이 날로 심화되자 인민민주 독재정권을 공고히 하기 위하여 중국에서는 일련의 위로부터 아래에 이르는 정치운동을 진행했다. 그 중 중대한 정치변혁 사건에는 반혁명 진압운동[1], 토지개혁[2], "3반(三反)" "5반(五反)"운동[3], 1화3개(1化3改) [4], 전당성(全黨性) 간부 심사운동[5], 정풍운동과 반우파투쟁[6](反右派), 4청운동(四淸運動)[7], 무산계급 문화대혁명(이하 문화대혁명이라고 약칭함) [8] 등이 있다.

---

1) 신중국이 성립된 후 국민당이 대만으로 도망갈 때 대륙에 남겨놓은 대량의 특무, 토비, 악질 토호, 반동 당단 (黨團) 골간분자, 반동 회도문(會道門) 우두머리들이 저지른 파괴활동에 비추어 1950년 3월에 중공중앙에서는 반혁명 진압활동을 지시했다. 1950년 겨울 전국에서는 반혁명 진압운동을 벌였는데 타격의 중점은 특무, 토 비, 악질 토호, 반동 당단 골간분자, 반동 회도문 우두머리들이었다. 이 운동과 항미원조, 토지개혁을 "3대 운 동"이라고 불렀다. 이 운동은 국민당 잠복세력과 파견 특무에게 섬멸성 타격을 주고 신생 정권을 공고히 했 다. 그런데 이 운동은 확대되고 양형 표준이 규정을 훨씬 초과했다.

2) 신중국이 성립된 후 "중국인민 정치협상회의 공동강령"에 근거하여 국가는 "절차에 따라서 봉건, 반봉건 토지 소유제를 농민의 토지소유제로 바꾼다". 1950년 겨울부터 1953년 봄까

지 전국인구의 절반 이상을 차지하는 신해방구 농촌에서 당의 영도아래 토지제도의 개혁을 완수했다.

3) 토지개혁 후 농촌의 빈부격차가 커졌다. 영도자들은 대규모 폭풍우식 사회주의 혁명을 하기로 결정하고 '3반' '5반'운동을 개시했다. 1951년 12월 중공중앙에서는 "정병간정, 증산절약, 반탐오, 반낭비, 반관료주의 결정"을 공포했다. 운동참여자 수는 386만 명(현 이상 정부기관)이고 탐오분자 10.5만 명을 처벌했으며, 9,942명에게 유기도형을 내리고, 67명에게 무기도형을 내렸으며, 51명에게 사형판결을 내리고, 즉각 집행(또는 집행유 예)했다. 1952년 1월, 중공중앙에서는 "대중도시에서 5반투쟁을 진행하는 데에 관한 지시"를 공포하고 반회 뢰, 반탈세, 반도편(反盜騙)국가재산, 반부실공사(反偷工減料), 반(反)절취 국가경제정보를 진행했다. 대량의 개 인 공상업자들이 영업을 중지했다. 운동에 참여한 상공업은 100여 만 개이고 형사 처벌을 받은 사람은 1,059 명이며 법을 엄중히 위반했거나 완전히 위반한 상공업자는 5%를 차지했다. 1952년 4월 중공중앙에서는 "5 반운동 몇 가지 문제를 결속할 지시"를 공포했다. 10월 당중앙에서는 안자문, 요로언의 '3반' '5반'운동 결속 에 관한 2가지 보고를 비준했으며, '3반' '5반'운동은 승리로 끝났다. '3반' '5반' 운동은 노동계급의 영도적 지 위와 국민경제에서의 사회주의 국영경제의 영도적 지위를 공고히 하고, 자본주의와 자산계급에 대한 진일보한 사회주의 개조에 유리한 조건을 창조했다. 그러나 극좌사상의 영향으로 인하여 대량의 억울한 사건, 가짜 사 건, 착오적인 사건을 조작했다.

4) 1952년 말 중공 중앙에서는 과도시기 당의 총노선을 제기했다. 즉 상당히 긴 시기 내에 국가의 사회주의 공 업화를 점차 실현하고 농업, 수공업, 자본주의 공상업에 대하여 점차 사회주의 개조를 실현한다. 이 과도시기 의 총노선이 '1화 3개(一化三改)'로 되었다. 1955년 3월, 모택동은 중국공산당 전국대표대회 개막사에서 전당 에 약 3개 5년 계획 내(1968년을 가리킨다.) 과도시기 총노선의 총임무를 완수할 것을 제기했다. 그 후 중국 은 '1화 3개'를 촉구하고 1956년 말에 기본적으로 완수했는데 전후로 3년이 걸렸다. '3대 개조'에서 '자원' 원 칙을 반복적으로 강조했지만 사실은 군중을 광범위하게 발동하고 정치동원을 했으며 '강박명령' 수단을 사용 하고 계급투쟁 방식으로 실현했다. 모택동도 '3대 개조'를 폭풍우와 같은 군중계급투쟁이라고 했다. '1화 3개' 는 강박명령의 사회혁명이고 위로부터 아래에 이르는 강제성 제도변혁이었다. 모택동, "중국공산단 전국대표 대회 강화" 1955년 3월 ≪모택동문집≫ 제6권, 인민출판사, 1999년판, 392쪽.

5) '고요사건'은 신중국 성립 이후 첫 번째 고위층 영도집단의 충돌과 분열이 있던 심각한 사건이다. 고강, 요수 석 사건은 1953년 전당 간부심사 운동의 발단이 되었다. 1953년 11월 중공중앙에서는 "간부심사의 결정"을 공포하고 간부에 대한 전면적인 정치심사를 진행하고, 당정기관에 끌려온 반혁명분자, 계급흑색분자, 부화타락 분자를 제거했다. 1955년 7월부터 내부 반동숙청운동을 시작했다. 1957년에 공포한 수치에 의하면 반혁명분 자 8.1만 명을 숙청했는데, 그 중 현행 반혁명분자는 3,800여 명이며, 130여 만 명이 정치역사문제를 명확히 했다. 운동 후기에는 일부 억울한 사건, 착오적인 사건을 시정했다. 방송(龐松), ≪모택동동지시대의 중국(1949-1976)≫(1) 중공당사출판사 2003년판 437-443쪽.

표 8-1　1949-1976년 정치변혁 사건과 그 내용

1949-1953년	토비소멸 투쟁	토비와 무장 특무 260여 만 명을 소탕
1950년	투기자본가에 대한 타도	매점, 투기자본가 파산
1950-1953년	정당정풍	사업 착오를 극복하고 공신으로 자처하는 교만정서를 극복하며 관료주의와 명령주의를 극복하고 당과 인민의 관계를 개선했다. 정당에서 선후로 32.8만 명이 당을 떠났는데, 그 중 당내에 기어든 23.8만 명의 해당분자와 부화타락한 분자들이 당에서 퇴거조치를 당했다. 그리고 107만 명의 선진분자들이 입당했다.
1950-1953년	토지개혁	지주계급 봉건착취 초지소유제를 폐지하고, 농민의 토지소유제를 실시하여 농업생산력을 해방하고 농업생산을 발전시키며, 신중국 공업화 길을 열어놓았다. 그런데 군중운동방식으로 진행한 토지개혁은 적지 않은 사람들을 지주로 잘못 확정하고, 억울한 사건, 착오적인 사건을 만들었다. 이는 객관 상 신중국 생산력의 발전을 쇠퇴시키는 작용을 하게 했다.

6) 1957년, 모택동동지는 정풍운동과 반우파투쟁을 발동했다. 그후 "계급투쟁을 시책의 중심에 두는"사상의 지도 아래 중국계급투쟁은 더욱 광범위하게 진행되었는바 위로부터 아래로, 당내로부터 당외로 거의 20년이나 진 행되었다. 1957년 4월 27일, 인민내부 모순의 정확한 처리를 위하여 중공중앙에서는 "정풍운동의 지시"를 공 식적으로 반포하고 다음과 같이 지적했다. 당은 이미 집정지위에 있으며 최근에 군중과 실제를 이탈한 관료주 의, 종파주의, 주관주의가 새로 자라났다. 전당은반관료주의, 반종파주의, 반주관주의 정풍운동의 필요가 있다. 정풍운동의 심입에 따라서 공산당 집정에 대한 대규모 공개비판에 대하여 모택동동지는 정풍운동을 반우파 투쟁에로 돌렸다. 반우파 투쟁은 즉시 확대화하여 대량의 지식인, 애국인사와 당내 간부들이 "우파분자"누명 을 썼으며 불행한 결과가 발생했다. 1958년 운동이 결속될 때 전국에서 도합 5만명의 "우파분자"를 확정했 다. 박일파: ≪약간의 중대 정책결정과 사건의 회고≫(하권) 중공중앙당교출판사 1993년판 619-620쪽.

7) 1963-1966년, 중공중앙에서는 전국에서 사회주의 교육운동을 진행했다. 이것은 "4청 운동" 즉 청(淸)정치, 청(淸)사상, (淸)조직, (淸)경제이다. "4청 운동"은 처음에 기층 조직과 기층 간부에 의거하고 투쟁대상은 도시 와 농촌의 부패분자였다. 그후 공작대 간부가 대병퇀 운동을 영도하고 투쟁대상은 지주, 부농, 반혁명분자, 우 파분자, 나쁜 분자였다. 점차 마구 투쟁하고 인간을 때리며 마구 수색하고 중점적으로 훈계하며 모자를 마구 씌우고 처벌규 정을 마구 세우는 현상이 나타났다. "4청 운동"은 교육성질로부터 점차 계급투쟁으로 변했다.

8) "4청 운동" 후기에 모택동동지는 "4청 운동"과 문화비판은 근본문제를 해결할 수 없다고 여겨 "문화대혁명" 을 발동했다. 1966년 5월, 10년에 달하는"문화대혁명"이 공식적으로 일어났다. 1981년 6월, 중공중앙 11회 6중 전회에서는 "건국 이래 당의 약간 역사문제에 대한 결의"를 통과하고 "문화대혁명" 10년에 대하여 역사 요약와 평가를 했다. 이 결의에서는 다음과 지적했다. "문화대혁명'10년은 당, 국가와 인민이 신중국 성립 이 래 받은 가장 심각한 좌절과 손실의 10이다.'문화대혁명'은 그 어떤 의의의 혁명 또는 사회진보가 아니고 또 그렇게 될 수도 없다. 역사는 '문화대혁명'은 영도자가 착오적으로 발동하고 반혁명집단에 이용되어 당, 국가 와 각 민족 인민에게 심각한 재난을 가져다준 정치동란이라는 것을 판명했다."중국공산당 중앙위원회 건국 이래 당의 약간 역사문제에 대한 결의" 1981년 6월 27일 중공 11회 6중 전회에서 일치하게 통과, 중공중앙 문헌연구실 편: ≪3중 전회 이래 중요 문헌 총집≫ 인민출판사 1982년판 808, 811쪽.

시간	정치변혁	내용
1950~1953년 가을	반혁명의 진압	특무, 토비, 악질 토호, 반동 당단 골간분자, 반동 회도문 우두머리들을 중점적으로 타격했다. 그러나 운동의 확대화로 인해 마구 체포하고 살해하는 현상이 심각하게 나타났다.
1951~1952년	'3반' '5반' 운동	사유자본주의 투쟁을 하고 노동계급의 영도적 지위와 국민경제에서의 사회주의 국영경제의 영도적 지위를 공고히 했다. 그러나 극좌사상의 영향으로 인하여 대량의 억울한 사건, 가짜 사건, 착오적인 사건을 조작했다.
1953~1954년	"고요반당집단"의 반대	고강과 요 수석을 비판했다.
1953~1956년	"1화 3개"	과도시기 당의 총노선을 제기했다. 즉 상당히 긴 시기 내에 국가의 사회주의 공업화를 점차 실현하고 농업, 수공업, 자본주의 공상업에 대하여 점차 사회주의 개조를 실현했다. 3년에 완수한, 폭풍우와 같은 군중계급투쟁이고 위로부터 아래에 이르는 강제성 제도변혁이었다.
1953~1954년	전당성 간부심사운동	간부의 전면 정치심사를 진행하고, 당정기관에 혼입한 반혁명분자, 계급흑색분자, 부화타락분자를 제거했다.
1955~1957년	내부숙청운동	숨어 있는 반혁명분자를 숙청 투쟁했다.
1955년	호풍 반혁명집단의 비판	문예논쟁이 정치심판으로 이어진 사건으로 신중국 성립 이후 문예계에 대한 대규모 숙청운동이었다. 1980년 중공중앙은 "호풍 반혁명집단" 사건을 심판했다.
1956~1957년	우경보수사상의 반대	등자휘를 비판하고 농업합작화운동을 다그쳤다.
1957~1958년	"무모전진반대" 비판	주은래, 진운, 이부춘, 이선념, 박일파 등 동지들을 비판했다.
1957~1959년	정풍운동과 반우파 투쟁	당은 반관료주의, 반종파주의, 반주관주의 정풍운동을 진행했다. 반우파 투쟁은 즉시 확대화 하여 대량의 지식인, 애국인사와 당내 간부들이 '우파분자'의 누명을 썼으며 불행한 결과가 발생했다.

시간	정치변혁	내용
1959-1961년	"팽·황·장·주반당집단"을 비판	팽덕회, 황극성, 장문천, 주소주를 비판
1959년 8월부터 1960년 상반기	반우경운동	'우경기회주의 분자' 확정을 받고 중점비판을 받은 간부와 당원은 300여 만 명에 달했다.
1960-1961년	인민공사 정돈	농촌에서 3반운동과 정풍정사운동을 시작
1962년	단간풍(單干風) 비판	1962년 9월 당의 제8차 10중전회에서 '단간풍'(등자휘를 가리킨다.), '번안풍'(팽덕회와 습중훈을 가리킨다)와 습중훈을 중점적으로 비판했다.
1963-1965년	4청 운동	중공중앙 전국 도시와 농촌에서 사회주의 교육운동. 투쟁대상은 도시와 농촌의 부패분자였는데, 그 후 지주, 부농, 반혁명분자, 우파분자, 나쁜 분자로 되었다. '4청운동'은 교육성질로부터 점차 계급투쟁으로 변했다.
1965년 11월	'해서의 파직' 비판	강청의 획책, 요문원의 집필, 모택동의 지지, 모함 비판. 북경시위를 조준
1966년 2-4월	문예 검은 선을 반격	임표, 강청의 정치연맹
1966년 4-5월	"팽, 나, 육, 양 반당집단" 비판	팽진, 나서경, 육정일, 양상곤 비판. '2월 제강' 비판
1966-1976년	'문화대혁명' 폭발	
1966년 8-12월	홍위병운동과 "4구" 소탕	

1966년 8-12월	자산계급 반동노선비판	유소기, 등소평 노선을 비판
1967년 1월	도주를 비판	도주, 왕임중, 초화 등을 비판
1967년 1월	전면 정권 탈취	각 지방 영도자 타도
1967년 2월	"2월 역류" 반격	담진림, 진의 등 비판. 중앙정치국 활동 중단
1967년 3월	변절자 체포	박일파 등을 체포
1967년 7-8월	군대 자본주의 당권파 체포	진재도 등을 비판. 1967년 7월 22일, 강천은 "문화로 공격, 무력으로 보위" 구호를 찬성. 1967년 7월 25일, 임표는 총정치부 염왕전"을 철저히 부수자고 제기하고 군대 자본주의 당권파를 체포하자고 제기.
1968년 봄	우경 번안풍을 반대	양성무, 여립금, 부승벽을 비판
1968년	계급대오 정리	정리 대상은 자본주의 당권파, 변절자, 특무, 지주, 부농, 반혁명, 나쁜 분자, 우파, 나쁜 두목
1968-1971년	투쟁, 비판, 개조	혁명위원회 건립, 혁명대 비판, 투사비수(斗私批修)
1968-1971년	'정당운동'	
1970년	'1타 3반'	반혁명 타격, 탐오절도 반대, 투기모리 반대, 남이 반대
1970-1976년	'516집단' 조사	
1970-1971년	'비진정풍' 운동	노산회의에서 진백달을 비판, "비진운동" 심화
1971-1973년	'비림정풍' 운동	임표 비판, 임표와 진백달 반당집단의 반혁명정변을 분쇄한 투쟁
1973-1974년	'비림비공' 운동	주은래와 곽말약을 비판
1975년	수호전 송강평가	등소평을 비판
1976년	'비등 반격 우경번안풍'	등소평을 비판
1976년 10월	4인방 분쇄	강청, 장춘교, 요문원, 왕홍문을 체포

자료 출처 : 호안강, 《중국정치 경제 사론 (1949-1976) 》. 청화대학출판사 2008년판, 560-567쪽.

모종의 정치변혁은 출발점이 좋다고 해도 "계급투쟁을 시책의 중심에 두는"것을 지도사상으로 삼으면 격렬한 정치운동과 정치투쟁으로 변하고, 중국경제건설과 사회발전에 영향과 해를 주게 된다. 특히 '문화대혁명' 10년간의 동란은 중국의 황금발전시기를 잃어버리게 했다.

일부 학자들의 예측에 의하면, 인력자본의 축적에서 '문화대혁명'은 잠재적 인력자본 저축량을 14.3% 감소시켰다고 한다.[1] 모종의 의의에서 모든 정치변혁은 국가 인력과 물력, 재력 지불을 필요로 하며 구체적인 실천과정에서 국가에 손실을 입힌다. 이것은 국가 발전과정에 지불한 비용과 대가이다.

---

1) 인력자원 축적에 대한 "문화대혁명"의 영향은 장기적이고 심원하다. 현재 퇴출 직원 중 많은 사람들은 이 정 치운동의 피해를 입었다. 금후 이러한 부류의 인간들이 퇴직하면 노인 중 저수입 인구 또는 빈곤 인구로 될 것이다. 호안강: ≪중국정치 경제사론(194- 1976)≫ 청화대학 출판사 2008년판 541쪽.

제2절

중국 정치 변혁 비용의 표현형식

이 책에서 정치변혁비용은 사회범위 내 정치제도의 대체 또는 정치관계의 조정으로 인한 비용이라고 할 수 있다. 정치변혁비용에는 정치투쟁비용과 정치위험비용이 있다.(표 8-2를 참조.) 정치투쟁비용은 주로 제1절에서 서술한 일련의 정치 투쟁사건의 비용으로서 이미 발생한 것이다.

정치위험비용은 한 국가의 지니계수[2]가 일정한 수준에 이른 후 사회동요 위험이 존재할 수 있는 것으로서 예상되는 비용이다. 이 책에서는 이 두 가지 비용에 대하여 조금 더 소개하고자 한다.

---

2) 20세기 초, 이탈리아 경제학자 지니는 로렌츠곡선(Lorenz curve)에 근거하여 분배 평등 정도의 지표를 발견 했다. 이것을 지니계수 또는 로렌츠계수라고 하는데 이는 빈부격차를 추정하는 효과적인 방법이다. 이 계수는 0과 1 사이에서 임의의 수를 취할 수 있다. 유엔 해당 기구에서는 다음과 같이 규정했다. 지니계수가 0.2면 절대평균을, 0.2-0.3이면 비교적 평균을, 0.3-0.4면 상대적인 합리를, 0.4-0.5면 비교적 큰 격차를, 0.6이상 이면 현저한 수입격차를 설명해 준다.

표 8-2 중국 정치변혁비용의 표현형식

비용 유형	표현 형식	구체 내용
정치변혁비용	정치투쟁비용	신중국 성립 이래 중국 일련의 정치투쟁 사건 또는 운동에 투입한 인력, 물력, 재력 등이 정치운동 확대화로 국가에 손실을 끼쳤다.
	정치위험비용	한 국가의 지니계수가 일정한 수준에 이른 후 사회동요 위험이 존재할 수 있다는 예상비용이다.

1. 정치투쟁비용

정치투쟁은 위로부터 아래로 내려오면서 진행되는 대변혁으로 정치, 경제, 문화, 사회생활 등 모든 면에 영향을 주며 심지어 손실까지 준다. 그렇기 때문에 정치투쟁비용은 국가의 종합관리와 운행, 각 방면의 인간, 재력, 물력의 투입과 소모와 관계된다. 이런 투입과 소모가 바로 정치투쟁비용이다. 표 8-1은 신중국 성립 이래 주요한 정치 변혁사건을 보여주는데, 이들 사건은 대부분 정치투쟁으로 변했다. 일부 사건은 생산관계의 진보를 촉진시키고 봉건 착취제도의 소멸, 인민민주 독재 사회주의국가를 공고히 하는데 기여했다. 그런데 이런 정치투쟁은 생산력의 발전을 저해했다. 신중국 발전에 절실히 필요한 대량의 인력, 물력, 재력이 맹목적인 정치투쟁에서 소모되었는데 이는 종합국력의 일종 후퇴이다.

경제적 시각으로 정치투쟁의 중국 영향을 분석해보면, 중국경제가 1965-1977년에 명확한 파동이 있었다는 것을 알 수 있다. 4차 경제 극성기는 각각 1965년, 1970년, 1973년, 1975년에 나타났다.(도표 8-1을 참조.) 매번 경제 저조기의 출현은 기본적으로 정치투쟁 사건 발생과 맞물린다. 이는 정치투쟁이 경제파동의 주요 영향을 주는 요소라는 것을 충분히 반영해 준다. 구체적인 수치를 보면 1966-1977년의 GDP성장률 파동 계수는 126%인데, 그 중 최대치는 19.4%(1970년)이고, 최소치는 5.7%(1967년)이며, 이 양자의 격차는 25.1%이다. 고정자산 투자 성장률 파동계수는 240%인데, 그 중 최대치는 62.9%(1969년)이고, 최소치는 26.3%이며, 이 양자의 격차는 25.1%이다. 이것은 중화인민공화국 경제역사의 두 번째 경제파동으로 그 파동력이 제일 큰 시기였는데 1958-1966년 경제파동 폭(GDP성장률 파동계수는 245%이고, 고정자산 투자 성장률 파동계수는 242%였다)에 버금갔다.

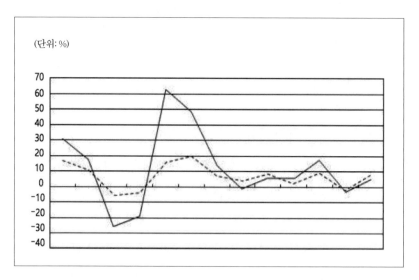

도표 8-1 1965-1977년 경제파동 상황
수치 출처: 국가통계국, 신중국 50년 통계자료 총집 , 중국통계출판사, 1999년판, 5, 7쪽.

혼히 비용은 화폐 형식으로 가늠한다. 정치투쟁 비용에 대하여 이 책에서는 사건 발생 빈도를 영향정도 평가 지표로 삼았다. 1949-1976년 사이에 중국에서는 크고 작은 정치운동이 67차례나 발생했으며, 평균 1년에 2.5차례 발생했다. 1950년대는 각종 정치운동의 고조기였는데 10년 사이에 앞뒤로 31차례의 정치운동이 발생해서 평균 1년에 3회 이상 발생했다.[1] 정 치투쟁의 투입과 손실은 전면적이고 정확하게 추산할 수 없다. 이 책에서는 정치투쟁 발생 빈도 지표로 1949-1976년사이의 중국 정치투쟁의 국가발전 영향 정도를 가늠했다.(도표 8-2를 참조.)

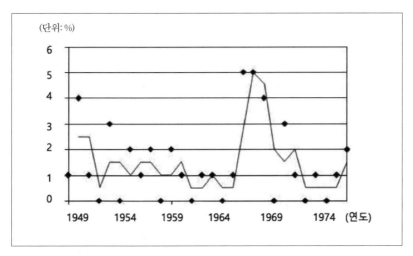

도표8-2 1949-1976년 정치투쟁 발생의 빈도변화 상황
자료 출처: 호안강, 중국정치경제사론 (청화대학출판사, 2007년)의 서술에 근거하여 저자가 그림.

1) 胡鞍钢: 《中国政治经济史论(1949-1976)》,清华大学出版社2008年版,第546页

도표 8-2는 1949-1976년 중국에서 해마다 시작한 정치투쟁 빈도를 보여준다. 이 도표와 수치는 다음 것을 알려준다. 첫째, 이 시기에 중국에서는 정치투쟁 사건이 빈번하게 발생하고 국가는 부단한 정치투쟁 환경에 처해 있었다. 둘째, 신중국 성립 초기의 1950년 및 '문화대혁명'이 시작된 기간인 1966-1967년에는 정치투쟁 발생 횟수가 두 번이나 극성기에 이르렀다. 특히 문화대혁명 초기가 그러했다. 지나치게 빈번하고 지속적인 정치투쟁으로 인해 중국의 박약한 경제자본과 인력자원은 불필요한 낭비를 하고 이 시기 생산력의 발전을 저해했다.

"계급투쟁을 시책의 중심에 두는 것"은 다음 단계인 전당, 전국 각항 사업의 근본 지도사상이로 되고, 심지어 그 후의 "무산계급 독재 아래의 계속 혁명이론"의 핵심내용으로 변했다. 당의 11회 3중전회에서 경제건설 중심을 제기한 후에야 이 국면이 변화되었다. 이때부터 정치투쟁비용이 지속적으로 줄어들었다.

2. 정치위험비용

이 책에서 정의한 정치위험비용이란 예상비용으로 국가 발전과정의 정치 동요 위험비용을 가리킨다. 동요비용은 동요위험의 기대치에 근거하여 계산할 수 있다. 국제 공동인식에 의하면 지니계수가 0.4를 초과할 때 사회동요(이 책에서는 이 확률이 100%라고 인정함)가 발생한다.

중국경제환경이 평온한 대환경에서, 이 책에서는 중국 지수계수 0.4일 때 사회동요 위험이 존재(지니계수가 0.4 이하일 때 동요 발생의 확률은

0이다)하고, 지니계수 0.7일 때 사회동요 확률은 1이라고 인정했다. 확률분포 함수를 균등분포라고 가설한다면, 중국의 동요위험비용 계산공식은 다음과 같다.

당년 동요위험 비용 = (당년 지니계수-0.4)/(0.7-0.4) 당년 동요손실(8-1)

"당년의l 동요 손실"은 하버드대학 케네디정부학원 국제경제학 교수 다니 로드리크(Dani Rodrik)의 동아시아 금융위기 연구이론을 채용했다.[1]

그 구체적인 계산방법은 다음과 같다. 이 책에서는 동요의 경제성장 영향이 약 1% 포인트라고 가정했다. 따라서 "당년의 동요손실"은 당년 GDP수치에 1%를 곱한 것과 같다. 지니계수는 어해청(2010)[2]의 계산결과를 채용했고 일부 부족한 연도의 수치는 회색 시스템 방법으로 수치를 보충했다. 1981-2009년 동요위험 비용은 표 8-3과 같다.

---

[1] 다니 로드리크(Dani Rodrik)는 "경제성장=-외부 충격×(잠재적사회충돌/충돌관리기구)라는 공식이 성립된다고 했다.
[2] 우해청 등: "지니계수에 의한 산동성 지역의 경제차이 실증성 분석" ≪노동대학 학보≫ 2010년 제1호.

표 8-3 1981-2009년 동요위험 비용

연도	GDP(억 위안)	지니계수	동요 손실(억 위안)	동요 위험 비용(억 위안)
1981	4891.6	0.288	48.916	−18.262
1982	5323.4	0.2494	53.234	−26.7235
1983	5962.7	0.2641	59.627	−27.011
1984	7208.1	0.297	72.081	−24.7478
1985	9016	0.2656	90.16	−40.3917
1986	10275.2	0.2968	102.752	−35.3467
1987	12058.6	0.3052	120.586	−38.1052
1988	15042.8	0.382	150.428	−9.02568
1989	16992.3	0.349	169.923	−28.8869
1990	18667.8	0.343	186.678	−35.4688
1991	21781.5	0.324	217.815	−55.1798
1992	26923.5	0.376	269.235	−21.5388
1993	35333.9	0.3592	353.339	−48.0541
1994	48197.9	0.436	481.979	57.83748
1995	60793.7	0.445	607.937	91.19055
1996	71176.6	0.458	711.766	137.6081
1997	78973	0.403	789.73	7.8973
1998	84402.3	0.403	844.023	8.44023
1999	89677.1	0.397	896.771	−8.96771
2000	99214.6	0.417	992.146	56.22161
2001	109655.2	0.49	1096.552	328.9656
2002	120332.7	0.454	1203.327	216.5989

2003	135822.8	0.53	1358.228	588.5655
2004	159878.3	0.46	1598.783	319.7566
2005	184937.4	0.45	1849.374	308.229
2006	216314.4	0.496	2163.144	692.2061
2007	265810.3	0.48	2658.103	708.8275
2008	314045.4	0.49	3140.454	942.1362
2009	340902.8	0.47	3409.028	795.4399

자료 출처: 역대 GDP수치는 국가통계국 공식사이트에서 온 것이다.

지니계수 원천: 1981, 1984, 1988, 1989, 1992, 1998년 수치는 중국안 "중국 주민 수입격차의 특점, 원인과 대책"(중국지질대학 학보 사회과학판, 2001년 제4호)에서 인용했다. 1990, 1999, 2000년 수치는 국가통계국 공식사이트 수치에 근거하여 계산한 것이다. 1994, 1997년 수치는 진종승의 계산 결과이고, 1995년 수치는 세계은행과 중국사회과학원 계산 결과이다. 1996년 수치는 이강의 계산결과로서 한문수와 윤염림의 "중국주민 수입 차이 연구 종합서술"(경제연구 참고 2003년 제83호)에서 인용한 것이다.

1982, 1983, 1985, 1986, 1987, 1991, 1993년 수치는 향서견의 "전국 주민 수입분배 지니계수 추산과 회귀 분석"(재정 이론과 실천 , 1998년 제1호)에서 인용한 것이다. 2001년의 수치는 중국사회과학원 "중국사회구조의 변화연구"와 제조, 2001년 샘플링 검사 수치에 근거하여 계산한 결과로서 이춘령의 "중국 사회 차원분류와 생활방식의 새로운 추세"(과학사회주의, 2004년 제1호)에서 인용했다. 2002년의 수치는 양미나의 "중국 수입 격차는 갈수록 더 커질까?"(중국경영보 2005년 1월 15일)에서 인용했으며, 2003년 수치는 중국인민대학과 홍콩과학기술대학 합작 조사결과이고 양려평의 "현대 화해사회로 - 중공중앙당교 오충민 교수를 찾아서"(중국당정간부논단 , 2004년 제11호)에서 인용했다. 2005년 수치는 유엔 "2005년 인류발전보고", 2007년 수치는 상정교육경제연구 (2008년 제23호)에서 인용했다.

제3절

중국 정치 변혁비용의 형성원인

1. 정치투쟁비용의 형성원인

중국 정치투쟁비용의 형성은 심각한 역사적 원인과 배경이 있는데 개괄하면 다음과 같다. 첫째, 신중국 성립 초기, 인민민주 독재정권을 공고히 하기 위하여 잔류한 봉건세력 및 자산계급과 투쟁을 하여 무산계급 영도의 사회주의 정권과 사회주의 공유제 소유제 형식을 확립해야 한다. 둘째, 제1세대 영도자는 혁명형 정당을 집권당으로 전변하는 과정에서 혁명방식으로 사회주의국가를 건설하는 지도방침을 제정함으로써 당내의 민주집중제가 파괴되었다. 그 구체적인 원인은 다음과 같다.

(1) 신중국 성립 초기, 정권이 불안정하고 자산계급, 봉건 잔여세력 등 각종 세력이 공존했으며 각종 경제성분[1]이 공존했다. 비록 '공동강령'에서는 5가지 경제성분이 국영경제의 영도아래 분공합작하고 자기 일을 하며 공과 사를 고루 돌보고 노동자와 자본가를 모두 이롭게 한다고 규정했지만, 실행한지 얼마 안 되어 대규모 생산자료 소유제 공유화와 집단화로 대체되었다. 투기 자본가의 타격, '3반'[2] '5반'[3] 투쟁은 이런

정치투쟁의 제일 명확한 대표였다.

(2) 민주정책결정제도가 작동하지 않고 당내의 서로 다른 의견의 론쟁을
계급투쟁화 했다. 1945년 당의 7대에서 당장(党章)은 일종의 제도이며,
제도 앞에서 인간마다 평등하고 특수한 영도자는 존재하지 않는다고
했다.[4] 1945-1956년 사이에 당내에는 민주적 분위기 짙고 중대한 문제에
대하여 비교적 쉽게 공동인식을 가지게 되었으며, 중국 사회주의
사업발전은 순조로웠다. 1957년 이후 당중앙의 집권방식이 변하고
집단영도의 결정은 개인 "최고 지시"로 변했다.[5] "계급투쟁을 시책의
중심에 두는" 착오적인 지도사상으로 인해 국가는 끝없는 정치 운동과
투쟁에 휘말렸고, 대량으로 악울한 사건, 거짓 사건, 착오적인 사건을
조성하여 생산력 발전에 심각한 영향을 주었다.

---

1) 5가지 경제성분: 국영경제, 합작사경제, 개인경제, 사인자본주의경제, 국가 자본주의 경제.
2) "3반": 반탐오, 반탈세, 반관료주의.
3) "5반": 반회뢰, 반탈세, 반절도편취 국가재산, 반부실공사, 반절취 국가 경제정보.
4) 유소기: "당장 수정 보고" 1945년 5월 《유소기선집》 상권, 인민출판사 1981년판, 제316, 360쪽.
5) "중국공산당 중앙위원회 건국 이래 당의 약간 역사문제에 대한 결의" 1981년 6월 27일 중공 11회
   6중 전회 에서 일치하게 통과, 중공중앙 문헌연구실 편: 《3중전회 이래 중요 문헌 총집》(하)
   인민출판사 1982년판 제 819쪽.

2. 정치위험비용의 형성원인

정치위험비용의 근본적인 형성원인은 국가 발전과정의 균일하지 못한 수입 분배로 인한 빈부격차의 확대였다. 개혁개방 이후 "일부 인간들이 먼저 부유해지도록 고무 발동해야 한다.", "먼저 부유해진 인간이 다른 사람을 이끌어주어야 한다"는 호소 하에 국가에서는 각 지역의 경제발전에 각 지역에 맞는 정책을 제정하여 짧은 30년 동안에 경제 총생산량의 대폭적인 상승을 이끌었고, 세계 제2 경제총생산 대국으로 부상케 [6] 했다.

중국은 땅이 넓고 인구가 대단히 많다. 중국은 자연자원, 인문역사조건과 그에 걸 맞는 해당정책을 실시함으로써 괄목할만한 발전성과를 거두었다. 하지만 구역발전의 불균형, 도시와 농촌발전의 불균형, 주민수입 격차의 부단한 확대 등의 문제가 존재하게 되었다. 이를테면 중국은 처음에 노동에 따른 분배와 요소에 따른 분배를 결합하고 "효율을 우선시하고 공평을 고려한다"는 원칙을 준수했다. 그런데 실제 집행결과는 요소수입이 노동수입보다 많고, "효율의 우선" 만을 강조할 뿐 공평원칙을 고려하지 않아서 주민수입의 격차를 부단히 확대시켰다. 빈부격차의 직접적 표현은 지니계수를 증가시켰고 사회 불안정 요소의 증가를 일으키며 동요의 위험성을 증가시켰던 것이다.

중국 정치변혁비용의 형성원인을 요약하면 도표 8-3과 같다.

---

2) 일본 내각부 발표 수치: 비교가격으로 계산하면 2010년 일본의 명목 GDP는 5.4742만억 달러로서 중국에서 이전에 발표한 2010년 GDP보다 4,000억 달러가 적다. 이것은 1968년 이후, 일본 경제가 처음으로 세계 제3 위로 밀려난 것이다.

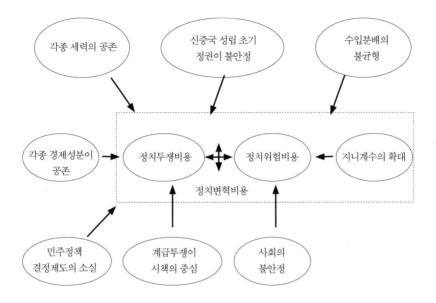

도표 8-3 중국 정치변혁 비용의 형성 원인

제4절

중국 정치변혁비용에 대한 대응책

1. 사상과 법제 분야에서 정치변혁의 산생을 방지해야 한다

역사의 전철을 밟지 않으려면 사상, 정치 분야에 필요한 투입을 진행하고, 양호한 당풍, 정풍을 건설하며 각급 영도간부들의 정치와 문화 소양을 제고시키고 일심전력으로 인민을 위하여 서비스하는 공복의식을 수립하며, 안정적인 정치 환경을 수호토록 해야 한다.

다음으로 당내의 독재적 작풍을 소멸시키고 민주 정책결정, 과학적 정책결정, 법을 따르는 정책결정을 하며, 서로 다른 의견의 평등한 교류를 실현해야 한다. 이상의 조치는 정책과 법제제도의 보장이 있어야 하고, 이를 엄격히 집행해야 하며, "인간이 법 위에 군림하는 현상"의 출현을 단호히 배격해야 한다. 그 구체적인 조치는 도표 8-4를 참조.

2. 동요 요소를 감소시키고 빈부격차의 확대를 통제해야 한다

안정을 지키려면 국가에서는 수입 분배를 균일하게 하고 될 수 있는 한 1차 분배[1], 2차 분배[2], 3차 분배[3]의 수입균형 작용을 실현해야 한다. 이것은 주로 경제사회 분야의 정치변혁 비용에 대한 대책이다. 노동에 따른 분배를 주체로 하여 독점업종의 과도한 수입 분배 지표를 제한하며, 세금정책을 통해 서로 다른 계층의 수입격차를 조정 통제해야 한다. 여러 가지 사회보장 조치를 취하여 저수입 주민의 기본 생활에 대한 수입수준을 제고시켜야 한다. 구체적인 수입 격차의 현황, 형성 원인과 대책은 도표 8-5를 참조.

---

1) 1차 분배: 국민 총수입(즉 국민 생산 총액)과 생산요소를 결합한 분배.
2) 2차 분배: 국민수입 재분배라고도 부른다. 이것은 경제주체가 직접 노동을 통하지 않고 법에 의하여 수입을 얻는 것을 가리킨다. 이를테면 퇴직 노임, (퇴직간부) 퇴직금, 실업 보조금등이다. 또는 국가나 다른 경제주체에서 자원한 보조금이다.
3) 3차 분배: 부유계층으로 하여금 적극적으로 공익과 자선 사업에 참가하게 하고 헌금의 소득세를 적당히 감면 하는 것이다. 자선사업의 발전을 통하여 사회재부의 합리적인 조정과 분배를 하고 수입 격차 부단한 확대문제 를 완화한다. 도표8-4

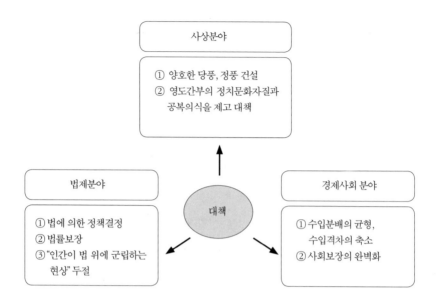

도표 8-4 중국의 정치변혁비용의 대응책

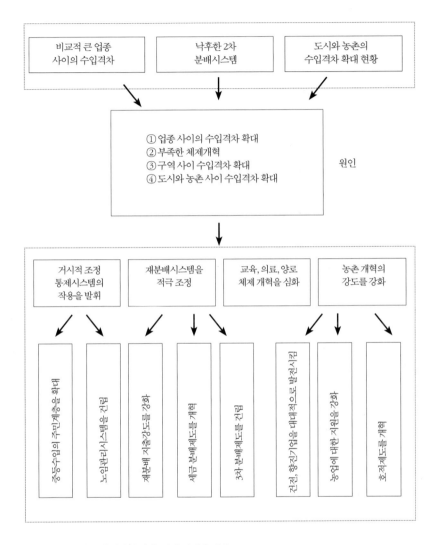

도표 8-5 수입 분배 격차의 현황, 형성 원인과 대책

제3부

중국정치의 발전비용

제9장

중국 정치제도 건설비용

제1절

중국 정치제도 건설의 의미

국가제도의 건설은 한 과정으로 인류가 현대화의 경험과 지식을 충분히 학습, 흡수, 참고한 기초 위에서 중국의 실제 상황에 맞게 제도의 창조, 제도의 건설, 제도의 실시라는 장기적인 역사과정이라고 할 수 있다.[1] 일반적으로 정치제도란 국가정권의 조직 형식 및 해당 제도를 가리킨다. 정치제도의 확정과 변화는 모두 국가의 근본성질과 서로 적응한다.

마르크스는 정치제도는 "모든 특수한, 보편적 의의를 가진 특수물을 규정하고 관리한다"[2]고 했다. 정치제도의 건설결과 표현은 정치제도의 변화이다. 정치제도의 변화는 복잡하고 체계적인 변화인데 국부적인 변화[3]일수도 있고, 전면적인 변화[4]일수도 있다. 거시적 각도에서 말하면 정치제도 변화의 근본적인 논리는 생산력과 생산관계, 경제기초와 상층건축의 사회적 기본 모순운동이다. 이것은 정치제도 변화의 근본원인이고 역사 진보의 근본적인 동력이다. 어떤 역사적 시점에서 정치제도의 변화방향을 결정하는 것은 각종 역량의 대비이고, 대다수 민중들의 정치태도와 정치참여의 정도이다. 정치참여는 주로 투표, 선거활동, 지역 활동, 개별접촉과 폭력이 그 수단이다. 표 9-1을 참조.

표 9-1 5가지 정치참여 행태

형태	내용	효과
투표	공민이 각급 인대 대표, 각 향(진), 촌위원회 주임선거에서 투표선거 후보자를 통하여 정책결정자에게 자기의 정치적 바람을 설명한다.	정치제도 건설을 촉진
선거활동	선거는 일련의 정치활동으로 조성된다. 이를테면 조직적 협조, 선전을 위한 동원이다. 투표는 선거활동의 최후 단계이다.	정치제도 건설을 촉진
지역활동	지역 활동에는 공민운동과 주민운동의 참여가 포함된다.	정치제도 건설을 촉진
개별접촉	공민은 인대 대표를 접촉하는 방식으로 정치에 참여한다.	정치제도 건설을 촉진
폭력	물리적 방식으로 타인 또는 개인 재산을 파괴하여 정부정책에 영향을 주는 행위이다	정치제도 건설을 파괴

---

1) 국가제도 건설은 국가 관리비용의 경감에 유리하고 사회집단의 이익갈등을 조정하며, 경제활동에 필요한 사회 질서와 교역규칙을 수호할 수 있다. 이것은 사회내부에 광범한 수입 분배와 공공서비스를 제공하고 전국 인민 의 인력자본 조건을 개선할 수 있다. 제도건설 자체는 경제건설이 아니지만 경제건설의 촉진과 지속발전의 기 초조건이다.

2) ≪마르크스 엥겔스 레닌, 스탈린 정치와 정치제도를 논함≫(상), 당안출판사, 1998년판, 15쪽.

3) 이런 국면변화도 일반적으로 평화적으로 점차 진행된다.

4) 이런 전면적인 변화는 흔히 폭풍우식이다.

5) 정치 참여는 즉 정부 정책결정에 영향을 주려는 보통 공민의 활동을 가리킨다. 일본 蒲島郁夫, ≪정치참여≫, 解莉莉 역, 경제일보출판사, 1989년판, 4쪽.

제2절

중국 정치제도 건설비용의 표현형식

이 책에서 연구하는 정치제도 건설이란 중국 정치제도 건설의 부단한 완벽화 과정의 지출과 손실비용이다. 여기에는 부패비용, 체제개혁비용, 정치제도 설치비용, 정치제도 파괴비용 등이 포함된다.(표 9-2를 참조.) 그 중 부패비용, 체제개혁비용은 국가 집권자의 입장에서 고려한 정치제도 건설 투입과 손실이다. 정치제도 설치비용, 정치제도 파괴비용은 공민 정치참여의 각도에서 고려한 정치제도 참여와 파괴의 비용이다.

표 9-2 중국 정치제도 건설비용의 표현형식

비용분류	표현형식	구체내용
정치제도 건설 비용	부패비용	부패로 인한 손실, 부패예방의 투입
	체제개혁 비용	기구설치, 합병과 철수 비용
	정치제도 설치 비용	정치참여 과정의 정치제도 설치 촉진에 지불한 비용
	정치제도 파괴 비용	정치참여 과정의 정치제도 불법파괴로 인한 손실

1. 부패비용

1978년 개혁개방을 실시한 후 부패문제는 전환기 중국이 직면한 아주 두드러진 정치와 사회문제이다. 반부패 강도의 부단한 증가로 부패사건의 성장추세는 일부 줄어들었다. 수치를 보면 부패사건 전체 수량이 1992-1997년에 최고에 도달할 후 점차 줄어들고 있다. 역대 최고인민검찰원 사업보고와 해당 통계자료에 의하면 전국의 각급 검찰기관에서는 1979-1982년에 탐오, 회뢰분자 사건처리 총 건수가 9.8만 건에 달했다.

1983-1987년에는 15.5만 건, 1988-1992년에는 21.4만 건, 1993-1997년에는 38.7만 건(이 시기 탐오, 회뢰, 공금 유용 등 부패사건 입안 표준이 이미 제고되었다)으로 증가하고, 1998-2002년에는 20.7만 건, 2003-2007년에는 18.0만 건으로 이전 5년보다 13.2%가 감소했다.[1] 다음 부패사건의 금액도 1993-1997년에 최고에 이르렀다. 전국 각급 검찰기관에서 경제사건 처리를 통하여 만회한 국가와 집단 직접적인 경제손실은 1983-1987년에 16.3억 위안, 1988-1992년에 25.8억 위안, 1993-1997년에 229.2억 위안이나 되었다. 그 후 5년 씩 두 번은 각각 220억 위안과 224.8억 위안에 달했다.[2]

---

1) 자료 출처: 역대 중화인민공화국 최고검찰원 사업보고를 정리하여 얻은 것이다.
2) 자료 출처: 역대 중화인민공화국 최고검찰원 사업보고를 정리하여 얻은 것이다.

이 책 연구의 부패비용에는 관원이 특권을 이용한 위법범죄 수입, 체제원인으로 인한 회색수입 즉 넓은 의미의 '부패비용'를 가리킨다. 부패비용의 수치는 직접 얻을 수 없다. 그리하여 이 책에는 기성의 수치에 근거하여 중국의 역대 부패비용을 추산했다.

수치의 원천은 검찰기관에서 해마다 부패사건을 처리하여 만회한 국가 경제손실이며, 추산방법은 왕소로의 중국부패연구[3]와 손봉화[4] 등 "중국 범죄 지리연구"의 부패수입과 GDP는 고도의 상관성을 가지고 있다는 결론이다. 이 책의 부패 비용 계산 공식은 "부패=부패사건처리로 만회한 국가경제손실 손실과 추적비율"(표 9-1 참조)이다.

손실과 추적비율 = (2008년 GDP 13%/2008년 만회한 손실 + 2007년 GDP 13%/2007년 만회한 손실 + 2006년 GDP 13%/2006년 만회한 손실 + 2005년 GDP 13%/2005년 만회한 손실)1/4(표 9-2 참조)

이 책에서는 왕소로의 "부패수입의 GDP점유" 연구결과를 받아들여 부패사건 처리를 통하여 만회한 국가 경제손실은 진실한 부패사건 금액과 고도의 상관성이 있다고 인정했다.[5] 이런 계산방식은 부패비용을 가늠하는데 아주 커다란 국한성을 가지고 있다는 것을 지적하고 싶다. 왜냐하면 검찰기관의 사건처리에서 만회한 경제손실은 부패를 가늠하는 한 방편이기 때문이다. 이 공식에 근거하여 추산한 1978-2008년의 중국 부패비용은 표9-3을 참조바란다.(그중 1978-1982년의 수치가 없다.)

---

3) 王小魯, "회색수입과 국민수입의 분배", ≪비교≫, 2010년 제48호.
4) 孫峰華, 魏曉, "중국범죄 지리연구", ≪요녕사범대학 학보(자연과학 판)≫, 2006년 제4호. 표 9-3 1978-2008년 중국 부패비용 추산
5) 왕소로 연구결과: 부패수입은 GDP 10-15%를 차지한다. 이 책에서는 13%를 취했다.

표 9-3 1978-2008년 중국 부패비용 추산

연도	부패사건 금액(억 위안)	GDP(억 위안)	부패비용(억 위안)	GDP에서 부패비용의 점유 비중
1978	—	3,645.20	—	—
1979	—	4,062.60	—	—
1980	—	4,545.60	—	—
1981	—	4,891.60	—	—
1982	—	5,323.40	—	—
1983	0.60	5,962.70	4.73	0.08%
1984	0.90	7,208.10	7.10	0.10%
1985	2.68	9,016.00	21.13	0.23%
1986	8.00	10,275.20	63.08	0.61%
1987	4.12	12,058.60	32.49	0.27%
1988	4.23	15,042.80	33.35	0.22%
1989	4.83	16,992.30	38.07	0.22%
1990	8.10	18,667.80	63.87	0.34%
1991	5.00	21,781.50	39.42	0.18%
1992	3.64	26,923.50	28.71	0.11%
1993	22.00	35,333.90	173.47	0.49%
1994	34.00	48,197.90	268.08	0.56%
1995	49.00	60,793.70	386.36	0.64%
1996	67.80	71,176.60	534.59	0.75%
1997	56.40	78,973.00	444.70	0.56%

1998	43.80	84,402.30	345.35	0.41%
1999	40.90	89,677.10	322.49	0.36%
2000	47.00	99,214.60	370.59	0.37%
2001	6.80	109,655.20	53.62	0.05%
2002	81.50	120,332.70	642.61	0.53%
2003	43.00	135,822.80	339.05	0.25%
2004	45.60	159,878.30	359.55	0.22%
2005	74.00	184,937.40	583.48	0.32%
2006	48.00	216,314.40	378.47	0.17%
2007	34.20	265,810.30	269.66	0.10%
2008	21.00	314,045.40	165.58	0.05%

자료 출처 : 역대 중화인민공화국 최고검찰원 사업보고에 근거하여 정리하고 상술한 공식 (표9-1),
(표9-2)에 근거하여 계산했다.

2. 체제개혁비용

정치체제개혁은 중국공산당이 영도하여 추진하는 현행 정치제도 체계의
완벽화이고 생산력의 해방과 발전, 사회주의 민주정치의 발전, 사회주의
민주정치 건설의 기본경로이며 중국 특색 사회주의의 정치도로를 굳건히
나아가는 주도적 요소이다. 이것은 중국공산당과 사회주의의 전도와 운명과
관계이다. 등소평은 중국정치체제 개혁의 주요내용은 다음과 같다고 말했다.

"먼저 당과 정부를 분리해야 한다. 당은 어떻게 잘 영도할 것인가 하는
문제를 해결해야 한다. 둘째, 권력을 아래로 내려 보내고 중앙과 지방의

관계를 해결해야 한다. 각급 지방에도 권력을 내려 보내는 문제가 존재한다.

셋째 내용은 기구를 간소화하는 것이다. 이것은 권력을 내려 보내는 것과
관계된다." [1] 개혁개방 30여 년 이래 중국의 정치체제 개혁은 주로 3단계의
발전과정을 거쳤다.(표 9-4를 참조.)

표 9-4   중국 정치체제의 개혁발전 단계

시간	단계	주요내용
1978년 12월 - 1989년 12월	시작단계	당과 정부의 분리, 정치체제 개혁의 서막을 열었다.
1990년 - 2003년 10월	전면적 전개단계	법에 의하여 나라를 다스리고 정치체제 개혁을 착실하게 추진한다.
2003년 10월 - 2010년 12월	계속적 추진단계	민주집정을 하고 정치체제 개혁의 심층적 발전을 추진한다

각 단계의 체제개혁에는 당과 정부의 분리, 기구의 간소화, 대부서
(大部委)의 설립과 합병 등이 포함된다. 체제개혁 과정에 각종 장애와 좌절을
이겨내려면 일정한 비용을 지불해야 한다.

---

1) ≪등소평문선≫ 제3권, 인민출판사 1993년판, 177쪽.

(1) 시작단계

사회주의 국가 건립은 전례 없는 새로운 창조로서 그 정치체제의 건립은 기성의 경험을 찾을 수 없으며 한순간에 완벽하게 할 수 없다. 중국의 현행 정치체제는 혁명전쟁 년대에 형성되었고 소련 사회주의 유형의 영향을 받았다. 게다가 중국의 역사적 봉건 독재주의가 장기간 소박했고, '좌경'사조의 부단한 발전과 범람으로 인하여 당과 국가의 영도제도 등 정치체제에는 당과 정부의 불분명하고, 당의 정부 대체, 과도한 권력 집중, 관료주의 등 문제가 존재했는데 이는 중국 정치체제 폐단의 총적인 근원이 되었다. [2]

(2) 전면적 전개단계

1989년의 국내 정치풍파, 소련과 동유럽 급변의 발생은 중국정치 안정에 중대한 영향과 충격을 주었으며 중국정치체제의 개혁은 잠시 정지 상태에 처하게 되었다. 1997년 9월 강택민은 당의 15차 전국대표대회에서 의법치국(依法治國)의 내용을 제기했다.

---

2) 등소평은 다음과 같이 지적했다. "권력이 과도하게 개인 또는 소수 인간의 손에 집중되었다. 대다수 일을 처리하는 인간들은 결정할 권리가 없고 소수 권력이 있는 인간은 부담이 너무 중하다. 이는 기필코 관료주의를 조성하고 각종 착오를 범하게 될 것이며, 각급 당과 정부의 민주생활, 집단 영도, 민주집중제, 개인 분공 책임제 등에 반드시 손해를 끼칠 것이다." ≪등소평문선≫ 제2권, 인민출판사, 1994년판, 329쪽.

이로서 의법치국(依法治國)[1]은 당의 기본강령에 기록되게 되었다. 이는 우리 당의 집정방식이 '인치(人治)'의 전통을 완전히 버리고 '법치'로의 전환을 실현했다는 것을 보여준다. 이는 중국공산당의 국가이념과 방식의 혁명적 변화이고, 중국정치개혁의 중요한 첫걸음으로서 획기적인 중요한 의의를 가지고 있다. 표 9-5는 개혁개방 이후 이전 4차례의 정부기구 개혁내용을 서술했다.

표 9-5 개혁개방 이후 앞의 4차례 정부기구 개혁

번호	시간	개혁내용
1	1982년	국무원의 각 부문은 100개에서 61개로 줄고, 편제는 5.1만 명에서 3만 명으로 줄었다.
2	1988년	국무원의 각 부서(部委)는 45개에서 41개로, 인원 편제는 9,700여 명이 줄었다.
3	1993년	국무원 조성 부문, 직속기구는 86개에서 59개로, 인원은 20% 줄었다.
4	1998년	15개 부서를 보류하지 않고 새로 4개 부서를 건립하고 3개 부서의 명칭을 고쳤다. 개혁 이후 국무원 판공청 이외 국무원 조성부문은 40개에서 29개로 줄었다.

---

[1] '의법치국'은 중국공산당이 인민을 영도하여 국가를 관리하는 기본 계획과 책략이며, 중국정치체제 개혁 법제건설의 중요한 발전이다.

(3) 계속 추진단계

이 단계에는 주로 2003년, 2008년, 2013년 기구개혁이 포함된다.(표 9-6을 참조.) 2003년의 기구개혁은 중국이 세계무역기구에 가입한 배경 하에서 "정책결정, 집행, 감독" 등 3권을 기반으로 한 상호 협조 요구에 근거하여, 주로 국유자산 관리, 거시적 조정과 통제, 금융감독과 관리, 유통관리, 식품 안전과 안전생산 감독과 관리, 인구와 계획출산 등 체제에 대하여 조정했다.[2] 2008년 국무원 기구개혁("대부서제(大部委制)개혁"[3] 이라고도 부른다.

표9-7를 참조.)의 주요 목적은 경제사회의 훌륭하고 빠른 발전을 촉진시키려는 것이었다. 이번에는 관건적인 분야에서 중요한 개혁을 했다. 즉 정부 기능의 변화를 중점적으로 추진하고, 국무원 60여 개의 기능을 이전했으며, 기능별 직책 분공을 더욱 명확히 하고 거시적 관리와 통제, 환경자원 등 70여 가지의 직책이 교차하고 관계가 유창하지 못한 문제를 집중적으로 해결했다. 그후 중공중앙에서는 "지방정부 기구개혁의 의견"을 통과시켰다. 지방정부 기구개혁은 지금 적극적이고 질서 있게 진행되고 있다. 2013년 대부제 개혁은 강도가 더 컸는데, 그 구체적인 내용은 다음과 같다.

---

2) 국무원 판공청 이외 국무원 29개 조성부문은 28개로 조정했으며 국가경제무역부와 외부경제무역부를 보류하지 않고 그 기능을 새로 건립한 상무부에 귀속시켰다.

3) 대부제란 대부문 체제를 말한다. 업종 전문가들의 건의에 근거하여 정부 사무 종합관리와 협조를 추진하기 위하여 정부 종합관리기능에 따라서 정부부문을 합병하고 슈퍼 정부 조직 체제를 조성했다. 그 특점은 한 개 부 의 관리업무 범위를 확대하고 연관성이 있는 여러 내용을 한 개 부에서 관할케 한 것이다. 그리하여 정부기능 이 서로 교차하고 여러 부문에서 관리하는 것을 최대한으로 피하고 행정효율을 높이고 행정비용을 감소시켰 다.

① 사회주의 시장경제의 개혁 강도를 더욱 체현했다. 이를테면 철로를 관할하는 부서를 정부와 기업으로 분리했다.

② 사회주의 특색 도경의 계획성을 더욱 중시했다. 이를테면 위생계획 출산위원회를 건립하고 인구발전 전략 등 전망계획을 발전개혁위원회에 귀속시켰다.

③ 기능의 관련성 조합을 중시했다. 이를테면 '국가식품약품 감독관리 총국' 및 4개 부문의 해당 기능을 합병시켰다. 이를테면 국가신문 출판라디오텔레비전총국을 건립했다.

④ 해양발전 공간을 더욱 중시했다. 이를테면 국가해양국을 재건했다.

⑤ 전력과 에너지의 조합을 더욱 중시했다. 이를테면 국가에너지국을 건립하고 전력감독위원회를 폐지했다.

표 9-6 계속 추진단계의 정부기구 개혁

번호	시간	개혁내용
1	2003년	국자위(國資委), 은감회(銀監會)를 설립하고 상무부(商務部), 국가식품약품감독관리국(國家食品藥品監督管理局), 안감총국(安監總局)을 건립했으며, 국가발전계획위원회를 국가발전과개혁위원회(國家發展和改革委員會)로 고치고 국무원 조성부문을 28개로 했다.
2	2008년	'대부서제' 개혁: 원래 14개 부서의 기초 위에서 기구, 기능, 소속관계의 합병, 증가 등을 조정했다.

표 9-7 2008년 국무원 기구 개혁 상황 일람표

조정 후 부서 명칭	합병 또는 포함된 원래 부서	새로 증가한 하급 기구	소속관계 조정
국가발전과개혁위원회	발개위(부체불변)	국가에너지국	
공업과정보화부	국방과학공업위원회, 정보산업부, 국무원 정화보화판공실, 국가연초전매국	국가국방과학기술공업국	연초전매국을 공업과정보화부에서 관리
교통운수부	교통부, 민항총국, 국가우정국	국가민용항공국.	국가우정국은 교통운수부에서 관리
인력자원과사회보장부	인사부, 노동과사회보장부	국가공무원국.	
환경보호부	국가환경보호총국		
주택과도시농촌건설부	건설부		
위생부	위생부, 약감국(藥監局)		국가식품약품감독관리국은 위생부에서 관리

3. 정치제도 설치비용

표 9-8에 표시한 바와 같이 중국의 정치제도 설치비용이란 정치참여 과정의 정치제도 설치의 촉진에 지불한 비용을 가리킨다. 5가지 정치참여 형태의 역할에 결부하여 정치제도 설치비용에는 투표, 선거, 지역 활동, 개별접촉비용이 있다는 결론을 얻을 수 있었다.

투표는 공민의 참가 인원수가 제일 많은 정치활동이다. 중국 공민은 각급 인대대표, 각 향촌 촌위원회 주임선거에서 투표할 기회가 있다. 공민은 투표 선거 후보자를 통하여 정책결정자에게 자기 정치의 염원을 말할 수 있다.

대다수 상황에서 투표선거는 경상적으로 진행하는 것이 아니라 일정한 절차에 따라서 정기적으로 진행한다. 투표와 기타 정치활동을 비교하면 시간이 짧고 참여대가가 비교적 적다. 선거는 일련의 정치활동, 이를테면 조직 협조, 신전동원 등으로 조성되는데, 투표는 선거활동의 최후 단계일 뿐이다.

이런 활동은 대량의 인력, 물력, 재력의 투입이 필요하며 전체적으로 선거비용이 비교적 높다. 지역 활동에는 공민운동과 주민운동이 포함된다.[1] 중국에서 이런 운동의 실제 발생빈도가 그다지 크지 않기에 비용도 많지 않다. 중국 공민은 인대 대표를 개별적으로 접촉하는 방식으로 정치에 참여할 수 있다. 개별접촉 영향은 주로 의뢰자 개인이 조성한 것으로서 그 영향범위가 작고 비용도 비교적 낮다.

---

1) 이를테면 환경보호운동, 공해반대운동, 평화운동, 소비자운동 등이다.

표 9-8 정치제도 설치 비용

비용 명칭	형태	비용 규모
정치제도 설치비용	투표	비교적 적다
	선거활동	비교적 적다
	지역활동	비교적 적다
	개별접촉	비교적 적다

4. 정치제도 파괴 비용

신중국 성립 이후 중국에서 제일 심각한 정치제도 파괴시기는 '문화대혁명'이다. '문화대혁명'은 위로부터 아래에 이르는 정치운동으로 신중국 성립 이후 막 건립한 모든 민주와 법제 제도를 심각하게 파괴했다. 중국의 정치참여 과정에서 일부는 자신의 이익을 실현하기 위하여 불법적으로 정치에 참여하는 형식과 경로를 통하여 합법적인 정치 참여 계통에 충격을 주었다. 일부 공민들은 정치 참여 목적이 심지어 불만 정서를 해소하기 위한 것으로, 규범화, 순서화 형식을 명석하게 채용한 것이 아니라, 충동적으로 정치에 참여하고 폭력수단으로 정치제도를 파괴했으며 많은 손실을 조성했다.

제3절

중국 정치제도 건설비용의 형성원인

1. 중국 부패문제의 시대적 원인

부패척결에 대하여 등소평은 1982, 1986, 1988년에 반부패문제를
제기[2]하고 부패 원인에 대하여 다음과 같이 요약했다.

첫째, '10년 문화대혁명'은 우리 당내 민주와 당풍 염정(染淨) 건설을
엄중하게 파괴하여 무정부주의와 극단적 부패가 부단히 범람하게 했다.
인간들은 사상과 행동에서 인생의 향유만을 누리려 하고 눈앞의 성공과
이익에만 급급해 하며 사상에 대한 경각성을 늦추었다.

둘째, 간부 대오 중 일부 의지가 박약한 인간들은 새 시기 개혁개방의
고험을 이겨내지 못하고 물질적 이익과 권리, 금전 유혹 아래서 경각성을
낮추고 이익 도모에만 눈이 어두워서 법을 위배하는 범죄의 길에 들어섰다.

2) 등소평, "우리는 대외 개방과 대내 경제 활약 정책을 실시한 이래 1, 2년 밖에 안 되는 시간에
많은 간부들이 부식되었다." ≪등소평선집≫ 제2권, 인민출판사, 1994년판, 402쪽.

셋째, 당의 사상 정치사업이 당풍 염정건설에서 영향과 기능을 잘 발휘하지 못하고, 당의 사상정치 사업의 장점과 주도적인 작용을 사회정치에서 발휘하지 못했으며, 당의 정치생활에서의 부패문제의 엄중성과 특수성을 인식하지 못했다.

부패문제에 대한 타격강도와 처벌강도의 부족, 부패현상의 제약 예방을 위한 기본 정치시스템과 법률적 조치의 결핍으로 인해 각종의 경제 부패문제[1]가 더욱 두드러지게 나타났다.

2. 중국 정치체제의 결함

중국 전통적 정치체제에는 과도한 권력 집중, 민주 결핍, 불건전한 법제 등 심각한 결함이 존재하고, 당과 정부의 불분명한 경계, 당이 정부를 대체하는 등의 국면이 조성되었다. 과도한 권력 집중은 부패 산생의 온상이다. 감독 처벌 조치하는 정책의 결핍으로 인해 부패를 효과적으로 발견하고 억제시키지 못하여 부패현상의 만연을 조성했다.

3. 불완전한 정치참여의 구체적 제도는 현대 중국정치 참여의 가장 직접적인 요소이다

현대사회에서 정치 참여의 운행은 일련의 건전한 제도에 의하여 실현된다. 그리하여 중국은 인민대표대회제도, 중국공산당 영도의 다당합작제도, 향촌 자치제도, 민족구역 자치제도 등을 건립했다. 이런 제도는 정치 참여를 운행하는 근본적인 보장이다. 그런데 이런 제도의 구체적 조치와 세부적 집행은 아직 완벽화 하지 않고 건전하지 못하다.[2] 이것은 필연코 정치 참여의 운행을 제약하고 공중의 정치 참여에 대한 적극성을 억제할 것이다.

4. 중국 공민의 정치문화 자질이 아직 높지 않고, 정치참여[3]의 성숙도가 부족하다

이것은 중국경제수준의 발전, 민중의 교육정도와 아주 큰 관계가 있다. 전통적이고 낙후한 봉건정치문화의 잔여는 객관적으로 존재하고 있고, 정치참여의 운행에 악영향을 주고 있다. 전통적인 정치문화로 인해 봉건종법관념, 왕권관념, 등급관념, 의존관념, 평민관념, 인치관념 등 정치적 관념이 대대로 전해지고 공중의 자주의식, 평등의식, 참여의식, 책임의식 등의 의식은 중국 전통정치의 기나긴 변화과정에서 조성되지 못하고 있다.

중국 정치제도 건설비용의 형성 원인을 도표 9-1로 요약하면 다음과 같다.

---

1) 각종 명의의 변상적 부패가 부단히 나타나고 또 각종 이론과 합법적인 외의를 걸치고 있다. 이를테면 떠벌려 낭비를 "공무접대", "외부자금의 인입"이라 하고 회뢰와 수뢰를 "판매 촉진", "공평 교역"이라고 한다. 일부 영도간부는 자기 권력을 이용하여 재물과 돈을 "찾고" 자기 권력을 잠재적 무형 자산으로 삼고 권력운행을 통하여 개인 재부를 얻고 있다. 이를테면 토지를 비준하고 토지를 차지하며 자기 식구나 친구를 이윤이 많은 단위에 취직시키고 고급직무를 주며 자산 재조합 기회를 이용하여 국가재산을 삼키고 있다.

2) 이를테면 형식적인 인대 대표 선거 현상의 존재는 인민대표대화 추천제도, 후보자 확정 제도가 아직 완벽하지 못한 것과 큰 관계가 있다.

3) 정치 참여 태도, 정치 지식과 기술, 정치참여 경력 등 면으로 중국 공민정치자질 조사에 의하면 공민 정치자 질 평균 점수는 3.3점으로서 만점 10점(만점의 표준은 사회주의 민주정치에 적극 참여하는 정치관념, 충분한 정치지식, 숙련된 참여기술, 풍부한 참여경력이 포함된다.)과 큰 차이가 있다. 장명팽: ≪중국 '정치인'≫ 중국 사회과학출판사 1994년판 제190쪽.

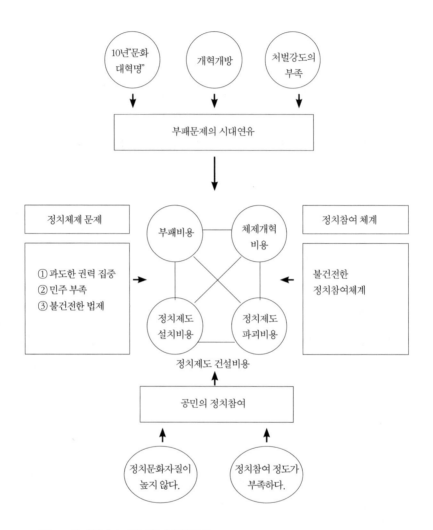

도표 9-1 국 정치제도 건설비용의 형성원인

제4절

중국 정치제도 건설비용에 대한 대응책

1. 부패 처벌과 부패방지시스템 구축 및 개선

부패를 철저히 반대하고 방지하는 것은 당과 국가의 중요한 정치적 임무이다. 부패 처벌과 예방 체계를 완벽히 하려면 부패 반대, 청렴제창건설을 강화하고 개혁을 심화하며 체제시스템을 창조하고 원천에서 부패를 예방하고 처벌해야 한다. 부패의 처벌과 예방에서 현상을 다스려야 할 뿐만 아니라 더욱이는 원천을 다스려야 하며 처벌해야 할 뿐만 아니라 나아가 예방해야 한다.

개혁 심화, 체제 창조, 교육 강화, 민주 발휘, 법제 건전, 감독 강화 등을 통하여 부패 반대를 각종 정책과 조치에 포함시켜야 한다. 발전 사로와 개혁의 방법으로 부패를 방지 처벌하고, 개혁 심화와 체제 창조를 통하여 원천에서 부패의 예방과 처벌의 강도를 더욱 강화해야 한다. 시대정신에 맞는 일련의 부패 예방과 처벌시스템을 점차 건립하고, 체제, 시스템, 제도개혁을 통한 부패의 억제 분야를 점차 넓혀야 한다.

부패 산생의 관건적인 고리와 부서에 대하여 관리를 강화해야 한다. 체제, 시스템, 제도개혁과 창조를 통하여 부패의 억제를 부패의 예방으로 변화시키고 부패비용의 산생을 못하도록 주의함으로써 원천적으로 부패방지 목적을 달성하고 그 효과를 제고시켜야 한다.

2. 정치체제 개혁을 점차적으로 안정되게 추진해야 한다

중국의 정치체제 개혁에는 반드시 안정적인 정치 환경이 있어야 한다.[1] 체제개혁은 하루아침에 완수할 수는 없다. 따라서 정치체제 개혁과정을 대담히 탐구하고 세심하고 신중해야 하며 일정한 정도를 파악해야만 한다. 만약 이 정도를 초과하면 정치의 불안정을 초래하고[2] 고액의 개혁비용과 낭비를 조성할 수 있다. 따라서 중국정치체제 개혁과정에 편차와 불안 경향을 해소하고, 당의 영도아래 조직적, 절차적, 순서적으로 추진해야 한다.

3. 공민의 정치참여의식과 능력을 제고시켜야 한다

사회대중은 정치참여의 주체이다. 대중의 정치참여의식과 능력은 정치참여에서 아주 중요한 역할을 한다. 대중의 정치참여의식을 강화하고 대중의 정치참여능력을 제고시키는 것은 중국의 주요임무이다.

---

1) 등소평, "중국의 문제에서 가장 중요한 것은 안정의 수호이다. 안정된 환경이 없다면 아무 것도 할 수 없고 이미 취득한 성과도 잃어버릴 수 있다." 《등소평문선》 제3권, 인민출판사, 1993년 판, 284쪽.
2) "여기에는 2가지 상황이 존재할 수 있다. 첫째, 국가의 기본 정치제도의 부정으로 인한 정치의 불안정이다. 둘 째, 개혁 추진과정에 주요한 것과 부차적인 것을 분별하지 않고, 책략을 무시하여 민중의 정치참여 '폭발'로 인한 정치의 불안정을 조성하는 것이다." 주천용, 왕장강, 왕안령 주필,《공략: 중국정치체제 개혁 연구보고》, 신강, 생산건설병단출판사, 2008년판, 9쪽.

정치문화 방면에서 상급을 공경하고 하급을 무시하며 소극적으로 일하고 남에게 의존하는 등 특징의 봉건적인 정치적 심리와 급진적인 자본주의 정치의식을 버리고 참여하는 정치문화를 확립시켜야 한다.

보편적인 평등관념, 광범한 자주의식, 적극적인 참여의식, 강력한 사회적 책임감, 법치의 관념을 수립하고 교육의 역할을 중시하며 민중들로 하여금 실천에서 현대 민주의 운행방식을 학습하고 각종 정치의 민주 활동에 적극적이고 정확하게 참가할 수 있게 해야 한다.

중국 정치제도 건설비용의 대응책은 도표 9-2와 같다.

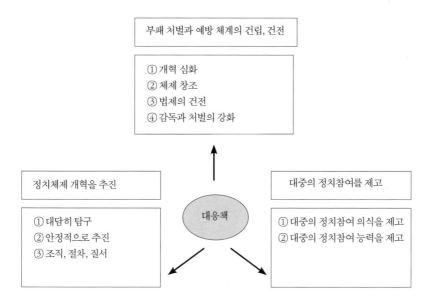

도표 9-2 중국 정치제도 건설 비용의 대응책

제3부

중국정치의 발전비용

제10장

중국 정치결책 시스템비용

제1절

중국 정치결책 시스템의 의미

미국의 저명한 경제학자 시몬은 "관리가 바로 정책결정이다"[1]라고 했다. 이 말은 공공 관리기능을 이행하는 정부에게 정치적 정책결정은 정부 행정기능의 핵심이고 기초라는 것이다.

정치적 정책결정은 정부 정책결정의 주체가 정책결정의 권리를 응용하여 사회의 공공문제를 해결하고 사회의 공공사무를 처리하는 과정이다. 이것은 정부와 각종 사회정치 역량이 모두 참여하는 개방적인 정치과정이다. 이 과정은 정부 정책의 결정주체는 하나가 아니라 여럿이라는 것을 말해준다. 정부 정책결정시스템의 내부 구조차원에서 이해하면 정치적 정책결정 체계에는 다음과 같은 것이 포함된다.

즉 정책결정주체와 그 권력의 배치, 어느 주체가 정책결정에 참여하고 정책결정과정에서 다른 주체는 어떤 다른 정책결정권리가 있는지, 어떻게 다른 역할을 발휘하는지 등이다. 정부 정책결정시스템을 내부 운행으로 이해하면 정치적 정책결정시스템에는 다음과 같은 면이 포함된다.

정부의 정책을 결정하고 실시하는 과정에서 다른 주체적 상호작용의 발생, 발전상황과 추세, 정확한 정책결정, 정책결정의 실시과정에 정책결정 목표의 원만한 실현에 대한 각종 감독 관리기구의 작용과정과 방식 등이다. 정치적 정책결정시스템은 다른 사회, 정치, 경제, 문화 조건에서 서로 다른 구조를 가지고 있으며, 반드시 사회 정치, 경제, 문화 조건의 발전, 변화에 따라서 발전, 변화한다.

전통적인 정치 정책결정시스템 개념에서는 정치정책 결정을 주로 정부기구의 정책결정 활동으로 본다. 이는 제도를 통하여 정부의 정책결정을 담당하는 다른 정부기구와 인원의 직권, 구조와 상호관계를 고정시키고, 주로 정부의 정책결정 권력이 누구에게 속하는가 하는 문제를 해결해 준다. "개인의 독재적 정책결정인가? 아니면 집단의 민주적 정책결정인가?" 하는 문제와 연관되는 것이 바로 정책결정시스템 문제이다.

현대의 정치적 정책결정체계의 개념[2]에서는 정치적 정책결정을 정부의 주요한 역할, 정부 내외의 다른 주체의 상호작용의 정책결정 과정이라고 보고 있다.

---

1) [美]赫伯特·西蒙:《管理決策新科學》,李柱流等译,中国社会科学出版社1982年版,第168页.
2) 중국 행정관리학회 심영화는 다음과 같이 말했다. "전통적인 정부 정책결정 연구에서는 정부기구의 정책결정 활동만 중시하고 정부 이외 정당, 비 정부조직, 대중 등 주체의 정부 정책결정 참여와 영향을 무시했으며 이 것을 행정정책 결정이라고 불렀다. 현대 정부의 정책결정 개념에서는 정부 정책결정 활동의 시야를 정부 외로 넓히고 정치 정책결정을 정부의 주요역할, 정부 내외 부동한 주체 상호 작용의 정책 결정과정이라고 인정한 다." 심영화의 말에 의하면 정부 정책결정을 공공정책결정이라고 할 수 있다. 이는 정부 정책결정 기제 연구의 필요성을 말해 준다.

제2절

중국 정치결책 시스템비용의 표현형식

　정책결정 실수로 인한 낭비가 제일 큰 낭비이다.[3] 정치적 정책결정은
전반적인 국가 관리의 핵심 열쇠로서 일정한 인력, 물력, 재력을 소모하게
되는데, 이것을 '정치적 정책결정 비용'이라고 한다. 정치적 정책결정 비용은
넓은 의미와 좁은 의미에서 이해할 수 있다. 넓은 의미의 정치적 정책결정
비용이란, 정치적 정책결정 주체가 모종 정치목표의 실현을 위해 정책결정을
통하여 확정한 앞으로 투입할 인력, 물력, 재력 등 자원의 합을 가리킨다.

　좁은 의미의 정치적 정책결정 비용이란 정치적 정책결정 활동자체의
투입을 가리킨다.[4] 좁은 의미의 정치적 정책결정비용은 넓은 의미의 정치적
정책결정비용보다 훨씬 적다. 하지만 이것을 통제해야 한다. 그러지 않으면
낭비를 조성할 수 있다.

---

3) 많은 지방정부에서 생산항목의 지출을 할 때 경솔하게 결정했기에 공장이 건립, 생산 투입을
　한후에 심각한 손실을 입거나 심지어 파산한다. 하여 수 백만원 또는 수 억 위안의 투자 비용을
　회수하지 못하고 거대한 낭 비를 조성한다.
4) 이를테면 얼마나 많은 인원을 동원하여 조사연구, 정보자료에 대한 수집을 했는가? 회의를
　몇 번 열고, 몇 명 이나 되는 전문가의 자문을 구했는가? 해당 자료비용, 자문비용, 고찰비용,
　회의사무비용 등을 합치면 좁은 의 미의 정치적 정책결정 비용이다.

이 책에서는 정치적 정책결정체계의 비용을 3가지 표현 형식으로 나누었다. 구체적인 내용은 표 10-1을 참조할 것.

표 10-1 중국 정치적 정책결정체계의 비용에 대한 표현형식

비용 분류	표현 형식	구체적 내용
정치적 정책결정체계의 비용	정치적 정책결정체계의 변화비용	정치적 정책결정 체계 : "개인 정책결정_집단 정책결정_공통 정책결정" 변화과정의 지불
	정치적 정책결정 실수의 비용	중요한 정치적 정책결정의 실수로 인한 손실
	정치적 정책결정체계의 건전화 비용	과학, 민주, 법제에 의한 정치적 정책결정체계 건립의 투입과 대가

1. 정치적 정책결정시스템의 변화비용

다른 정치적 정책결정 주체에 근거하여 정치적 정책결정[5] 과정은 개인의 정책결정[6], 집단의 정책결정[7], 공동의 정책결정으로 나눌 수 있다.

---

[5] 개인의 정책결정이란 정책결정 기구의 주요 영도 성원이 개인의 판단력, 지식, 경험과 의지에 따라서 내린 개 인 결정방식을 가리킨다.

[6] 집단결정을 선호하는 이유는 다음과 같다. 한 인간의 능력, 지식, 경험이 제한되어 있기 때문에, 여러 인간들 의 지혜와 힘을 모으면 서로의 단점을 미봉하고 장점을 취할 수 있어 정확한 결론을 얻을 수 있다.

[7] 공동의 정책결정은 공중의 참여를 심도 있게 추진하려는 작용이 있다. 공중의 참여는 일정한 사회 환경에서 공공의 영향을 받는 여러 측 사람들이 해당하는 정책결정과정에 참여하여 정책결정에 영향을 주거나 심지어 정책결정의 방향을 바꾸는 것을 말한다.

공공정책에 대중 참여를 받아들이는 것은 정책결정 민주화의 내적 요구이고 경제사회발전의 필연적인 요구이다.

신중국 성립 이후 중국은 "개인의 정책결정 - 집단의 정책결정 - 공동의 정책결정"의 변화과정을 거쳤다. 모택동시대에 개인이 정책결정이 최고봉에 달했다. 등소평을 핵심으로 하는 제2세대 중앙 영도집단은 개인이 정책결정 유형을 타파하고 중국의 정치적 정책결정체계를 집단의 정책결정이라는 길로 재 진입시켰다. 사회의 진보와 민주화 정도의 제고에 따라 현대사회에서 제창하는 대중의 참여는 공동 참여가 각급 정부의 정치적 정책결정을 목표방식으로 자리 잡게 했다. 모든 정책결정체계의 변화는 일정한 비용과 대가를 지불해야 한다.

2. 정치적 정책결정의 실수비용

신중국 성립 이후 중국은 정치적 정책결정의 실수로 인하여 국민경제 건설에서 거대한 손실을 입었다. 즉 정치적 정책결정의 실수에 의한 비용 때문이었다. 1958-1961년의 '대약진운동',[7] 1966-1976년 "문화대혁명"이 가장 대표적인 사례이다.

---

5) '대약진운동'은 1958-1960년 사이에 중국공산당이 전국에서 진행한 극'좌'노선운동을 가리키는 데, "모든 노력 을 다하여 앞자리를 차지하고 사회주의를 많이, 빨리, 훌륭히, 절약하면서 건설하 자"는 슬로건을 총 노선으로했다. 생산발전에서 고속 성장을 추구하고 공농업 생산면에서 높은 지표의 실현을 목표로 삼았으며, 공농업 방면의 주요 산품 생산량이 몇 배 심지어 몇 십 배 성장 할 것을 요구했다. '대약진운동'이 진행된 3년 동안에 맹목전인 '좌'경식 발전으로 인하여 국민경 제 비율은 크게 균형을 잃어버리고 심각한 경제적 어려움을 초래했 다.

이 2가지 사례는 가장 큰 실수는 전략 정책결정의 실수라는 것을 알려준다. 최종 정책결정을 최고 영도자 개인이 결정하는 것은 전략정책결정 실수의 체제 근원이다.[1]

이 책에서는 "대약진"과 "문화대혁명" 두 개 가장 주요한 정치정책결정 실수로 인한 경제손실에 대하여 수량적 추산을 했다.[2] 우선 이 책에서는 중국 장기간 성장 잠재력을 9% 가량으로 예측한다. 신중국 성립 이후 중국의 경제성장 기록은 앞뒤 두 시기가 높고 중간 시기가 비교적 낮다. 1952-1957년 실제 GDP 성장률은 9.2%, 1978-2003년 실제 GDP 성장률은 9.3%이다. 1957-1978년 실제 GDP 성장률은 5.4%인데 앞뒤 두 시기보다 4% 포인트가 낮다.

이 전후 두 시기의 경제성장률에 근거하여 1957-1978년 경제성장 추세를 7.5-9.0%로(표 10-2를 참조.), 그 중 7.5%를 하한선으로 하고 9.0%를 상한선으로 가설한다. "대약진"과 "문화대혁명"의 충격, 영향으로 인하여 1957-1978년의 실제 GDP 성장률은 5.4%로서 7.5-9.0% 모의결과보다 낮다.

1952-1978년 실제 GDP성장률은 6.1로[3] 장기간 성장추세(8.9%)보다 2.3% 포인트 낮다.

---

1) 호안강, ≪중국정치 경제사론(1949-1976)≫, 청화대학출판사, 2008년판, 259쪽.
2) 채택한 주요 방법은 중국경제의 장기간에 걸친 잠재적 생산성장률과 실제 생산율을 비교하는 것이다. 전자는 중국의 경제성장 영향과 결정적 요소들의 합력이고, 후자는 실제 성장률의 기록을 반영한 것이다. 그 격차는 실제 성장률의 장기적인 잠재적 성장률의 이탈 추세가 어느 정도인가를 가리키는 것으로서 정치적 정책결정의 실수로 인한 경제손실이라고 할 수 있다.
3) 호안강, ≪중국경제정치사론(1949-1976)≫, 청화대학출판사 2008년판, 536쪽.

여기서 정책결정실수 경제손실은 경제성장률의 1/4-1/3이라는 것을 추측할 수 있다. 1978년 이후, 경제정책결정 실수의 감소로 하여 중국 실제 경제성장률은 장기간 성장추세 또는 잠재력에 접근 또는 도달 심지어 초과했다. 경제성장의 축적효과를 보면 1978년 실제 GDP는 1952년의 4.7배이고 모의결과 GDP는 1952의 7.2-9.5배에 상당한다.

표 10-2 중국경제성장 실적효과의 비교(단위: %)

	GDP성장률	인구성장률	1인당 GDP성장률	취업 성장률	노동 생산율 성장비율
실제상황					
1952—1957년	9.2	2.4	6.8	2.8	6.4
1957—1978년	5.4	1.9	3.5	2.5	2.9
1952—1978년	6.1	2.0	4.0	2.6	3.5
모의상황					
1957—1978년 A	9.0	1.9	7.1	2.5	6.5
B	7.5	1.9	5.6	2.5	5.0
1952—1978년 A	9.0	2.0	7.0	2.6	6.4
B	7.9	2.0	5.9	2.6	5.3

주 : 모의상황이란 '대약진운동'과 '문화대혁명'이 발생하지 않은 상황에서의 경제성장 실적이다.
　　A방안은 1957-1978년 경제성장률을 9.0%로 가설한 것으로서 높은 방안이다. B 방안은 1957-1978년 경제성장률을 7.5%로 가설한 것으로서 낮은 방안이다. 모의상황은 A와 B 사이이다.
자료 출처 : 국가통계국 : 신중국 50년 통계자료 총집, 1999년판, 1-4쪽

정책결정실수 경제손실은 1978년 모의 GDP총액의 1/2-1/3을 차지한다.[4] 이 방법에 근거하여 기타 조건(이를테면 인구 성장률, 취업인수 성장률)이 변하지 않은 조건에서 1인당 GDP성장률과 노동 생산률 성장률은 모두 모의수치보다 낮다.(표 10-2를 참조.)

상술한 모의결과는 '대약진운동'과 '문화대혁명'이 없었더라면 중국경제성장률이 더욱 높고 최소한 장기간 성장 잠재력을 가졌을 것이라는 점을 알려준다. 1978년 이후의 실제 경제성장기록을 보면 중국은 9.3-9.5%라는 아주 높은 성장 잠재력을 가지고 있다.

이밖에 '대약진운동'과 함께 발생한 '인민공사운동'도 중대한 실수였다.[5] '인민공사운동'을 대대적으로 벌이고 '공산풍(共産風)'을 일으킨 것은 모택동이 사회주의 건설에 박차를 가하고 일찍이 공산주의 사회에 들어가려는 첫 번째 시도였고 제일 큰 시도였다.[6] 어떤 제도변화이든 모두가 역사 변화로서 생존도 있고 사망도 있다.

---

4) 이것은 관음강(Y · Kwan), 추지장(C · Chows)의 연구 결과와 비슷한 점이 있다. 그들의 결론은 다음과 같다. 만약 중대한 정책결정의 실수가 없었다면 '대약진운동'과 '문화대혁명'은 발생하지 않았을 것이며 1957년 이 후 중국의 경제성장 실적에 대한 역사기록은 많이 다르고, 1993년 가설한 노동 생산율은 실제 생산율의 2.7 에 도달할 것이다. Y · Kwan and C · Chow, Estimating Economic Effects of Political Movements in China, Jornnal of Comparative Economics, Vol. 23, 1996, pp. 192-208; 채방, 임의부, ≪중국경제≫, 중 국재정경제출판사, 2003년판, 9쪽.

5) 이것은 모택동이 발동한 또 한 번의 생산관계 개혁의 대약진운동'이다. 이 운동은 아주 짧은 시간에 고급합작 사로부터 인민공사의 전환을 완수했다. 인민공사에서 실시한 공산주의 요소의 '공급제'는 겨우 몇 개월을 실시 한 후에 신속하게 사라졌다. 강제적인 '공산풍'은 광범위한 농민들의 적극성에 찬물을 끼얹었다. 호안강, ≪중국경제정치사론(1949-1976)≫, 청화대학출판사, 2008년판, 306쪽.

6) 호안강, ≪중국경제정치사론(1949-1976)≫, 청화대학출판사 2008년판, 314쪽.

그 생명주기는 역사의 적응성과 조정성에 의하여 결정되는데, 인간의 재부 창조를 고무하는 제도만이 생존할 수 있으며 '무임승차'를 고무하는 제도는 생존할 수 없다.

'당산 대지진' 이후 '뉴스 폐쇄'라는 정책결정도 정치적 정책결정이 실수한 중요한 케이스이다.[7] '당산 대지진'이 일어난 후 중국정부는 국내에 진실한 지진 재해 정보를 공개하지 않았을 뿐만 아니라, 국제 인도주의 원조와 경제원조를 거부했다. 이에 따라 지진 구조와 재해 복구 사업에 중대한 지연과 손실을 끼쳤다. 이것은 당시 체제의 심각한 폐단으로 이를테면 "좋은 일만 보도하고 나쁜 일은 보도하지 않으며" "뉴스를 폐쇄하여 정보를 알리지 않으며, 정치를 공개하지 않고 소수의 인간이 비밀리에 정책결정을 하는 상황"을 충분히 반영해주었다. 이것은 1959-1961년 사이에 있었던 중국의 '대약진운동' 실패 이후 폭발한 대기근에 대한 대처방법과 아주 비슷하거나 그것의 재연이라고 할 수 있다.[8]

---

7) 1976년 7월 28일, 하북성 당산시에 국내외를 놀라게 한 대지진이 발생하여 24.2만 명이 사망하고, 16.4만 명이 중상을 입었다. 8월 18일에야 중공중앙에서는 "당산 풍남 일대 지진재해 구조 통보"를 발표했다. 그러나 이 문건은 소수의 고급간부들만 열람하게 했다.

8) 호안강, 《중국경제정치사론(1949-1976)》, 청화대학출판사, 2008년판, 494쪽.

9) 세계은행의 예측에 의하면 '7.5'부터 '9.5' 기간에 중국정부 투자 정책결정 실수율은 30% 가량 됐고, 자금낭비와 경제손실은 약 4,000~5,000억 위안에 달했다고 한다. 만약 사회적 투자 정책결정 성공률을 70%로 계산 한다면 해마다 정책결정 실수로 인한 손실은 1,200억 위안에 달하고, 20년 동안 손실은 24,000억 위안에 달한다. 그 중 석유와 화학공업 분야만 해도 1977-1999년 20년 동안에 정책결정 실수로 인한 손실이 800억 위안 이상이다. 진려방, 진육옥, "정부행정 정책결정 실수의 원인과 대책 건의", 《중경공상대학학보(사회과학 판)》, 2007년 8월 제4호.

개인의 정책결정과 소수 인간의 '비밀성 정책결정' 같은 정치적 정책결정 유형을 버린 후에도 중국은 아직도 정치적 정책결정의 실수에 의한 크나큰 경제적 손실을 벗어나지 못하고 있다.[9]

국가 심계국 국장인 이금화(2010년)는 전국 심계사업회의에서 다음과 같이 말했다. "일부 영도간부들이 몇 백 만원을 탐오하여 형사판결을 받은데 대하여 모두들 손벽을 치면서 쾌재를 부른다. 그런데 일부 영도는 일필휘지로 정책결정 실수를 하여 한번에 10여 억 위안의 손실을 보고 있는데, 이는 탐오, 부패보다도 더 무서운 것이다."[10]

정책결정의 실수는 오늘날 중국의 최대 실수이며, 정치 정책결정 실수의 결과는 아주 무섭다. 정치적 정책의 실수를 극복하는 것은 조금도 미룰 수 없는 것이다.

3. 건전한 정치적 정책결정시스템의 비용

중국의 정치적 정책결정시스템을 부단히 건전케 하는 것은 당, 정부, 국민들이 매우 관심을 두는 문제이다. 집권자의 정책결정은 대중의 이익과 직접적인 관계가 있다. 그리고 대중의 행위와 염원은 집권자의 정책결정에 영향을 줄 수 있다. 따라서 광범위한 대중은 중국의 정치적 정책결정시스템의 건전화 과정에서 대체할 수 없는 역할을 한다고 할 수 있다. 정치적 정책결정시스템의 건전화 과정은 곡절적이고 긴 과정이기 때문에 일부 사람들은 대가를 지불했거나 심지어 목숨까지 바쳤다. 과학, 민주, 법제적 정책결정시스템의 건전화를 촉진시키는데 지불한 시간, 금전,

생명은 정치적 정책결정시스템의 건전화 비용이다.

국가는 방대하고 복잡한 시스템에 의해 운용된다. 중국의 정치적 정책결정시스템을 건전하게 하려면, 정부는 정책결정의 과학화, 민주화, 법제화 즉 각종 정책결정의 절차법에 의한 규범화, 과정의 민주화, 결과의 과학과 공정화를 실현해야 한다. 우선 과학적인 정책결정의 절차는 정책결정 과학화의 실현, 정부의 정책결정을 하는데 있어서의 임의성을 예방하는 절차에 대한 보증이다.

과학적 정책결정에는 적어도 정책결정의 공개와 조사, 전문가의 논증, 집단적 토론과 행정수장의 정책결정 귀환 등 4개 고리가 포함되어야 한다.(도표 10-1을 참조.) 아직까지 중국은 아직 통일적인 행정절차법이 없지만, 행정소송법, 행정허가법 등 행정정책 결정 절차에 대해 규정하고 과학적인 정책결정 절차가 초보적이나마 형성되었으며, 실제 정책을 결정하는데 있어서 응용하고 있다. [11]

---

10) 진려방, 진육옥, 위의 논문.
11) 제일 처음의 국가 가격 청문회 - 국가발전계획위원회 기차표 값 청문회가 2002년 1월 12일에 북경에서 소집 되었다. 정부 가격 정책결정의 문을 사회를 향해 열고, 백성들이 상황을 알고 참여하게 했다. 이는 중국 정부 정책결정 청문회의 시작이 되었다.

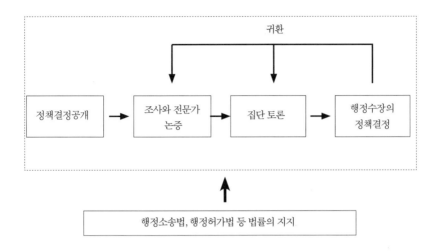

도표 10-1　정부 정책 결정의 과학화 절차

　그 다음 정부 정책결정의 민주화는 정치문명의 적극적인 성과이다. 정부의 정책결정 특히 국민의 이익과 관계되는 정책결정에서 군중의 의견을 충분히 청취하지 않는다면, 정책결정의 결과는 과학성과 합리성이 결핍되고 실천에서 예상한 효과를 볼 수가 없으며, 효율성은 운운할 수도 없다. 그렇기 때문에 과학적이고 합리적인 정부의 정책결정 민주화를 견지하며 결정해야 하는 것이다.[1] 그런데 현실에서 정부의 정책결정 민주화 정도가 아직 높지 않은데 '제1 책임자 증후군'[2] 이 바로 전형적인 표현이다. 현실생활은 정부의 민주정책결정 제도를 완벽하게 하여 정책결정 민주화 수준의 제고를 촉진시킬 것을 간절히 요구하고 있다.

　정부의 정책결정의 법제화는 다음과 같은 면을 포함하고 있다. 첫째, 정부 정책결정의 법률이 있어야 한다. 둘째, 정부는 법에 의하여 정책을 결정해야 한다. "법에 의하여 정책을 결정해야 한다"는 것은 정책결정 법제화의 중요한 문제이고 핵심이다.[3] 현재 중국의 헌법과 법률은 일련의 민주제도를 구축하여 정부의 민주적인 정책결정의 기본제도를 보장하고 있 다.

---

1) 현재 중국의 헌법과 법률은 일련의 민주제도를 구축하여 정부의 민주적인 정책결정의 기본제도를 보장하고 있 다.

2) "제1 책임자 증후군"이란 '제1 책임자'가 효과적인 감독을 받지 않기에 혼자서 결정하는 증후군을 가리킨다. 가장 기본적인 증상은 혼자서 결정하는 것인데, "혼자서 정책을 결정하고 자기마음대로 사람을 등용하,며 자 기마음대로 돈을 쓰는 것"으로 개괄할 수 있다. 이런 '제1 책임자'는 흔히 혼자서 중대한 정책결정을 하기에 정책결정의 민주화와 과학화 절차를 형식에 머물게 하고 있다. 이설혜, "'제1 책임자' 독단 처리를 반드시 다 스려야 한다", ≪당건≫, 2004년 제4호.

3) 강택민은 당의 15대 보고에서 다음과 같이 지적했다. 정부는 반드시 "헌법과 법률의 존엄을 수호해야 한다. 법률 앞에서 인간마다 평등하고, 그 어떤 인간, 그 어떤 조직도 헌법과 법률을 초월하는 특권은 없다. 모든 정 부기관은 반드시 법에 근거하여 행정을 해야 한다."

제3절

중국 정치결책 시스템비용의 형성원인

1. 정치적 정책결정제도가 성숙하지 못했다.

신중국 성립 이후에 당정 권력, 직책, 범위는 아직 분명히 확정되 않았고, 관계가 완전히 합리적으로 조정되지 못했다. 일부 정부의 정책결정시스템의 구조는 건전하지 않고, 정보, 참모, 결단, 감독 등 부분으로 이루어진 완전한 시스템이 형성되지 못했다. 정부내부의 분공도 합리하지 못하다. 동일한 공무원 집단이 정책결정도 하고 집행도 하고 있다.

정책결정 성원 사이에 정책을 결정하는 권력의 불합리한 분배로 인해 정책결정자 집단은 서로 보충하고 제약하는 관계를 형성할 수 없다. 일부 정책결정자들은 해당 절차에 따라서 엄격하게 정책결정을 하지 않고 있다.[1] 그리고 정책결정자 권력의 감독과 제약이 없고, 정책결정 책임제도의 결핍, 책임추궁 강도의 부족 등으로 인해 개인의 정책결정이 범람하고 있다.[2] 성숙하지 못한 정치적 정책결정제도로 인한 정책결정제도의 변화와 발전은 다른 정도의 정책결정의 실수를 조성했고 국가는 그에 상응하는 비용을 지불했던 것이다.

2. 정책결정자(집단) 자신의 정책결정을 하는 지식, 경험, 능력, 자질이
  높지 못하다.

  중국 정부부문의 많은 영도는 과학문화수준이 높지 못하고 전문지식이
결핍하며 정책결정 지식이 더욱 부족하고, 지식 구조와 능력, 그리고 자질이
현대 정치적 정책결정의 요구에 부합하지 못하고 있다. 개인적인 자질에
인한 정책결정의 실수가 국가에 준 손실에 대하여 고도로 중시해야 한다.
중국의 정치적 정책결정시스템비용의 형성 원인은 도표 10-2를 참조할 것.

---

1) 이를테면 민심조사를 하지 않고 청문회를 열지 않으며 과학적 논증을 하지 않고 시점도 하지
  않고 보급한다.
2) 여기에 "정책결정을 하기 전에 머리를 치고 정책결정 중에 가슴을 치며 정책결정을 한 후에
  엉덩이를 털고 간 다."는 형상적인 비유가 있다. 이것은 사전에 책임제도의 제약이 없고 자기
  마음대로 정책결정을 하며 추후에 정책결정 책임자의 책임 추궁이 없다는 것을 말한다.

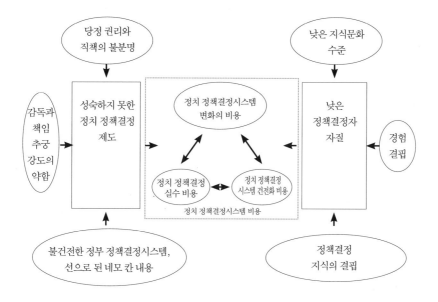

도표 10-2 중국 정치 정책결정시스템 비용의 형성 원인

제4절

중국 정치결책 시스템비용에 대한 대응책

1. 정치적 정책결정 법규와 제도를 건립하고, 건전히 해야 하며, 법에 의한 결책의 이론화, 과학화, 민주화, 법제화의 실현을 추진해야 한다.

정치적 정책결정 법규와 제도를 건립하소, 건전화 하는데는 다음과 같은 내용이 포함된다. 정부의 정책결정시스템을 건전히 하여 정부의 정책결정 과학화에 조직적 보장을 제공해야 한다. 정부의 정책결정 제도건설을 강화하고, 정부의 정책결정 과학화에 제도적 보장을 제공해야 한다.

민주집중제를 완벽히 하고, 규범화에 대한 정부 영도집단의 토론 제도를 건립해야 한다. 정부의 정책결정 과정을 공개하고, 광범위한 대중이 정부의 정책결정을 효과적으로 감독하게 한다. 공민이 참여하는 정책결정자를 선발하는 제도를 건립하고 이를 완벽히 하며, 상급과 하급이 책임지는 것의 통일을 실현하며, 정부의 정책결정 법치화 관리제도를 건립하고, 정부의 의법정책결정(依法決策)을 착실하게 집행한다.[1]

---

1) 요용군: "정부 정책결정 기제의 개혁과 완벽화에 대한 탐구" ≪성도행정학원학보≫ 2003년 8월 제4호.

2. 인재를 잘 선발하고, 활용하며, 교육을 통해 효율이 높은 정책결
   정집단을 건립해야 한다.

과학, 민주, 법에 따른 정책결정을 통해 정책결정에 따른 실수와 비용을
감소해야 한다. 정책결정 책임제를 건립하고, 경솔한 정책결정, 개인
정책결정, "자금세탁(尋租)" 행위로 인한 중대한 실수와 낭비자에 대해
법률적 책임과 경제적 책임을 물어야 한다.

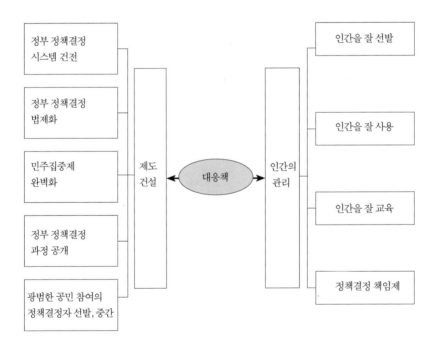

도표 10-3 중국정치 정책결정시스템 비용의 대응책.

제3부

중국정치의 발전비용

제11장

중국 집권당의 건설비용

제1절

중국 집권당 건설의 의미

집권당이란 국가 정권을 장악한 정당을 가리킨다. 서구의 집권당과는 달리 사회주의국가의 집권당은 유일한 법정 집권당이고 '영도 핵심'의 정당이다. 따라서 중국에서 중국공산당은 유일한 법정 집권당인 것이다.

모든 정당이 자신의 집권지위를 공고히 하고 자신의 정책 주장을 실천하려면, 반드시 정당의 건설을 강화하고 사회 진보와 발전에 적응해야 하며, 자신의 공고와 발전을 추진해야 한다. 유일한 집권당 지위인 공산당에게 있어서 정당 건설은 특별히 중요하다. 부단히 당의 건설을 강화하고 당의 생기와 활력을 보전하며, 사회주의 건설을 효과적으로 영도하고 자신의 역사적 사명을 실천할 수 있어야 한다.

이 책에서 연구하고자 하는 중국의 집권당 건설이란, 공산당이 집정 지위를 공고히 하고 치국방략(治國方略)을 실천하며 자각적으로 자아의 완벽화, 자아 발전 이론과 실천 활동을 하여 상호발전이라는 전략목표의 추진을 실천하는 것을 가리킨다. 공산당은 무산계급 정당으로서 집권 지위를 획득한 후 사회주의 정권의 공고, 사회주의 사회의 건설, 최종적으로 공산주의 실현의 원대한 이상을 둘러싸고 당의 건설을 진행해야 한다.

학계의 공동 인식에 의하면 당의 건설내용에는 사상 건설, 조직 건설, 작풍 건설이 포함된다.[1]

---

1) 王建国, 王洪江, 《社会主义国家执政党建设历史, 理论与实践》, 中国社会科学出版社, 2008年版,5쪽.

제2절

중국 집권당 건설비용의 표현형식

이 책의 중국 집권당 건설비용이란 중국공산당이 각 방면에서 끊임없이 완벽하게 노력하여 영원한 생명력을 도모하기 위한 집정 과정에서의 비용을 가리킨다. 이것은 구체적으로 사상문화 건설비용, 조직건설비용, 작풍건설비용, 당내 민주건설비용, 정치문명 형성비용 등 5가지 표현 형식이 있는데, 그 구체적인 내용은 표 11-1과 같다.

표 11-1 중국 집권당 건설비용의 표현형식

비용 분류	표현 형식	구체적 내용
건설비용	사상문화건설을 위한 비용	사상문화건설을 위한 투자(마르크스 레닌주의의 중국화 비용을 포함)
	조직건설을 위한 비용	기층 당조직의 설립, 당원의 발전과 양성의 비용
	작풍건설을 위한 비용	역사상 당내 정풍사건에 대한 투자와 대가, 현대의 당성, 당풍교육, 제도건설에 필요한 투자 등
	당내 민주건설을 위한 비용	당내 민주건설을 위한 투자의 강화, 민주실현을 촉진하는 지불한 대가
	정치문명 형성을 위한 비용	중국 실정에 맞는 사회주의 정치문명건설에 필요한 투자 및 지불한 대가

1. 사상문화 건설비용

우리 당은 시종 의식형태 사업을 중시해 왔다. 이 사업의 좋고 나쁨은 사회주의 사업성패에 직접적인 영향을 주었다. 당의 제1세대 영도집단부터 시작하여 사상문화사업의 진행을 중시했다. 당 중앙에서는 다음과 같이 지적했다. "당의 영도기관은 방침, 정책, 주요간부의 사용 결정뿐만 아니라 주요한 시간과 정력을 들여 사상정치 사업을 해야 하며, 사람에 대한 사업을 하고, 군중사업을 하며 공산당을 교육하고 인민과 청년을 잘 교육시켜야 한다."[1] 그 후 '3강(三講)'[2], '3개 대표(三个代表)'[3], '8영 8치(八榮八耻)'[4] 등 당의 선진성 보전 교육 등의 구호와 활동의 선후에 대두하는 제기와 진행은, 시종 당원의 사상교육 사업을 집권당 건설의 최우선 위치에 놓아야 한다고 부단히 강조했다. 이 책에서는 모든 집권당의 사상문화 분야의 비용을 사상문화 건설비용으로 보았다.

---

1) 설건중 주필, 《3대 중앙 영도집단 집권당 건설이론 요강》, 중공중앙당교출판사, 2008년판, 99쪽.
2) 1995년에 시작한 '3강교육'이란 학습, 정치, 정기를 강조하는 교육을 가리킨다.
3) '3개 대표'의 내용에는, 중국공산당은 선진 생산력의 발전적 요구를 대표하고, 선진문화의 전진 방향을 대표하며, 가장 광범위한 인민의 근본 이익을 대표한다는 것이 포함된다.
4) '8영 8치' 사회주의 영욕관은 중국공산당 중앙위원회 총서기 호금도가 2006년 3월 4일 제10회 중국인민정치 협상회의 제4차회의 민주동맹, 민진연조회의에서 제기한 것이다. 구체적인 내용은 다음과 같다. "조국의 열애 를 영광으로 여기고, 조국에 해를 끼치는 것을 수치로 여기며, 인민에 대한 서비스를 영광으로 여기고, 인민에 대한 배반을 수치로 여긴다. 과학 숭상을 영광으로 여기고, 무지몽매함을 수치로 여기며, 근면 성실한 노동을 영광으로 여기고, 놀고먹는 것을 수치로 여긴다. 단결하고 서로 돕는 것을 영광으로 여기고, 남에게 해를 끼치 면서 자기 이익을 도모하는 것을 수치로 여기며, 성실한 신용을 영광으로 여기고, 사리사욕에 눈이 어두워 의 리를 저버리는 것을 수치로 여긴다. 기율 준수를 영광으로 여기고, 기율 위반을 수치로 여기며, 간고 분투를 영광으로 여기고, 부패하고 방탕함을 수치로 여긴다.

마르크스주의의 중국화 비용은 중국에서 중국 특색의 사회주의 길을 가는 과정에서 마르크스주의 이론을 중국 사회경제, 정치, 문화생활에 실제적으로 적용토록 하고, 새로운 방법과 조치를 탐구하며 새로운 경험을 창조하는 실천에 드는 모든 비용을 가리킨다. 마르크스주의의 정수와 본질, 중국의 실제상황과 결합시키는 새로운 발전은 중국 특색의 사회주의 사업의 전면적인 발전을 추진하게 될 것이다.

2. 조직건설의 비용

당 조직건설에 드는 비용에는 기층의 당 조직 설립과 당원의 발전, 양성 비용이 포함된다. 기층 당 조직의 설립과 건전성 확보는 당 조직건설의 관건적인 고리이고, 당 조직의 발전을 강대하게 하는 기초이다.

중공중앙 조직부에서는 다음과 같이 선포했다. "2010년 말까지 중국공산당 당원수는 8,026.9만 명이고, 당의 기층 조직은 389.2만 개인데, 그 중 기층 당위 18.7만 개, 총지부 24.2만 개, 지부 346.3만 개이다. 전국에 모두 각급 지방위원회가 3,222개 있는데, 그 중 성(구, 시) 당위 31개, 시(지, 주) 당위 396개, 현(시, 구) 당위 2,795개가 있다." [5]

---

5) ≪당건연구≫ 편집부 주필,"전국 공산당원 총수는 8,026.9만 명, 당의 기층조직 총수는 389.2만 개" ≪당건 연구≫ 2011년 제7호.

당 중앙에서는 시종일관 촌당조직을 핵심으로 한 촌급조직에 배합하는 건설을 강화할 것을 강조하고, 국유기업과 집단기업의 당 조직건설을 잘하며, 비공유제 기업의 당조직 건설을 강화하며, 도시 사회구역에서의 당의 건설을 고도로 중시하며, 기관의 당 조직건설을 전면적으로 잘하고, 학교, 과학연구원소, 사회단체, 사회중개조직의 사업 강도를 잘할 것을 강조했다.[6] 신중국 성립 이후 중국의 중국공산당 당원의 대오는 부단히 발전하고 강대해졌다.

1949년 중국공산당의 당원 수는 448.8만 명이고, 개혁개방 전의 당원 수는 3,698.1만 명, 2010년 말에는 8,026.9만 명에 달했는데, 이는 신중국 성립 당시의 18배나 된다. 당 조직은 당원 발전과정에 당 조직의 선전교육을 강화하고 광범위한 단원과 군중들의 입당을 위한 적극성을 불러일으키며, 입당을 위한 열성분자가 될 수 있는 우수한 대상을 찾아야 한다.

당원의 발전을 위한 사업은 일정한 비용을 투자해야 한다. 입당하려는 열성분자의 양성 고찰 단계, 입당 후의 장기간 양성 교육과정에서 당 조직은 비용을 전폭 투자하여 당원의 합격성과 선진성을 확보해야 한다.

---

6) 설건중 주필, ≪3세대 중앙 영도집단 집권당 건설이론 요강≫, 중공중앙당교출판사, 2008년판, 227쪽.

3. 작풍건설비용

집권당의 당풍은 당의 생사존망과 관계된다. 공산당은 작풍건설을 강화하고 개진해야 하는데, 그 핵심문제는 당과 군중의 혈육관계의 보전이다. 집권당이 된 후에 당내에는 실제와 군중의 이탈, 주관주의, 관료주의, 독단, 특권사상 등 불량한 경향이 산생했다. 제3세대 영도집단에서는 실제상황에 근거하여 각각 다른 조치를 취하여 당의 작풍을 정돈하고 강화했다.(표 11-2를 참조.)

표 11-2 제3세대의 작풍건설을 위한 주요 조치

	당의 작풍건설 주요조치
제1세대 영도집단	정풍운동, 반우파 투쟁
제2세대 영도집단	고급간부 특수화 정돈, '3강 교육'
제3세대 영도집단	첫째, 교육에 의거하고, 둘째, 제도에 의거하며, 실제문제를 해결한다.

모택동을 영도 핵심으로 하는 제1세대 영도집단은 1950-1953년, 1957-1960년 사이에 두 차례의 대규모 당내 정풍운동을 발동했는데, 이는 후기에 '반우파 운동'으로 변했다. '문화대혁명' 기간에는 크고 작은 비판과 정풍투쟁을 부단히 진행했다. 정풍운동의 목적은 당원간부들로 하여금 사업에 대한 착오를 시정하고, 공신으로 자처하는 자만 정서를 극복하게 하며, 관료주의와 명령주의를 극복하고, 당과 인민의 관계를 개선하려는 것이다. 그런데 정풍운동과 '반우파 투쟁'의 확대로 인해 수많은 지식인, 애국인사와

당내 간부들을 '우파분자'로 잘못 확정하여 불행한 결과를 조성하고 국가에 예측할 수 없는 손실을 주었다. 정풍운동과 '반우파 투쟁'이 조성한 불필요한 비용과 손실은 공산당의 작풍건설 역사에서 지불한 쓰라린 대가였다.

제2세대 영도집단은 개혁개방 초기 일부 간부들의 복귀 이후 특수화 문제가 발생한 상황에 비추어 고급간부부터 정돈하고 당풍을 정돈하며 민풍을 잘할 것을 결정했다.

1995년에 시작한 '3강 교육'은 신시기의 당성 당풍교육이다. '정기를 강조'한 것은 장기간의 혁명과 건설사업에서 형성된 훌륭한 전통과 작풍을 계승 발양하고 진리와 원칙을 견지하며, 모든 그릇된 기풍과 부패현상과의 투쟁을 견지해야 한다는 것을 말한다. 당의 제3세대 영도집단은 작풍건설을 강화하려면 첫째, 교육에 의거하고, 둘째, 제도에 의거하며 실제문제의 해결에 낙착해야 한다고 강조했다.

우선 사상정치 건설을 강화하고 당원간부의 당 우량 전통과 작풍 발양의 자각성과 견정성을 제고시켜야 한다. 다음에는 완벽한 제도와 시스템을 건립하고 작풍건설의 제도화와 규범화를 추진해야 한다. 당 중앙의 정돈과 교육수단을 통한 당의 작풍건설의 강화는 당풍건설의 필요한 비용 투자이다.

4. 당내의 민주건설비용

당내 민주건설비용이란 당내 민주건설에 필요한 투입, 당내 민주실현의 촉진에 지불한 대가를 가리킨다.

당내 민주는 당의 생명이다. 당내 민주의 실질은 당원의 자동성과 적극성을 발양하고 당원의 당 사업에 대한 책임의식을 제고하며 당원 또는 당원대표로 하여금 당장규정 범위에서 될수록 의견을 발표하게 하고 당의 인민 영도 사업에 적극적으로 참여하게 하는 것이다.[1] 당내 민주건설은 제도의 보장이 있어야 한다.

민주제도의 파괴는 민주건설에 일정한 손실을 가져다 준다. 1948년에 시작한 "개인이 아니라 당의 집단이 중대한 문제를 결정"[2] 하는 당내 민주집중제는 중국에서 정확한 집권, 인민 지지의 획득, 정치 합법성 취득의 기본제도이고 핵심이다. 다른 의견을 듣지 않고 개인 권력을 강화하며, '독단적 행동"을 하는 것은 민주 정책결정의 파괴로서 당과 국가에 해를 끼친다.

5. 정치문명의 형성비용

정치문명의 형성비용은 중국에서 중국 국정에 맞는 사회주의 정치문명 건설에 필요한 투자 즉 지불한 대가이다.

---

1) 설건중 주필: ≪3세대 중앙 영도집단 집권당 건설이론 요강≫ 중공중앙당교출판사 2008년판 제163쪽.
2) 등소평: "당장수정에 대한 보고" ≪등소평문선≫ 인민출판사 1994년판 제229쪽.

강택민은 '5·31'(2002년)강화에서 "사회주의 정치문명의 건설"을 주장
했다.[3] 중국 개혁개방과 사회주의 현대화 건설사업의 부단한 발전에 따라서
인민들의 사회주의 민주정치 건설 요구가 더욱 절박해졌기 대문이었다.
15대 이후에 당은 이 문제 인식이 부단히 심화되고 일련의 방침, 정책과
규정제도를 제정했으며, 실제적인 조치와 방법을 많이 취하여 안정된 전제
하에서 사회주의 민주건설의 점차적인 실현을 확보했다.

사회주의 정치문명의 건설은 아주 풍부한 내용을 가지고 있는데, 그
핵심과 정수는 고도의 사회주의 민주를 건설하고 광범위한 인민이 주인이
되는 이상적인 목표의 실현을 보증하는 것이다.

이 목표의 제기는 중국 집권당 건설의 비약적인 쾌거였다. 중국 사회주의
민주정치를 발전시키려면, 중국 실제상황에 결부시켜 중국공산당의 영도를
견지하고, 인민이 주인으로 되는 것을 견지하며, 사회주의제도의 특점과
우세를 견지해야 한다. 인류의 모든 정치문명 성과에 대하여 적극적으로
참조해야 한다. 그러나 그대로 옮겨오지 말고, 국정에 근거하여 창조해야
한다. 몇 세대의 인민들이 노력해야 하고 심지어 대가를 지불해야만 중국
사회주의 정치문명의 진정한 실현을 추진할 수 있는 것이다.

---

3) 강택민은 "5·31"(2002년)강화에서 다음과 같이 지적했다. "사회주의 민주정치를 발전시키고
   사회주의 정치문명을 건설하는 것은 사회주의 현대화 건설의 중요한 목표이다."

제3절

중국 집권당 건설비용의 형성원인

1. 중국공산당이 부단히 발전하고 강대해지며 집권의 기초를 공고히 하는데 필요하다.

기층의 당 조직시스템 건립과 건전성 확보, 당원 간부의 양성에는 일정한 비용을 투입해야만 한다. 중국공산당은 중국의 집권당으로서 첫째 임무는 당의 집권 기초를 공고히 하는 것이다. 조직, 인원의 규모화는 집권당의 기초를 공고히 하는 필연적인 요구이다. 당의 조직건설에는 광범위한 그물망 체계를 조성해야 한다. 이를테면 농촌, 사영기업, 도시 사회구역에서 당 조직 건설을 부단히 완벽화해야 한다. 그리고 당원의 대오를 확대하고 높은 자질의 당원을 발전시켜야 한다. 특히 대학에서 우수생을 양성하여 입당시키고 당 조직에 강대한 생명력을 부여해야 한다.

2. 당풍 정돈비용과 확대화의 손실

중국공산당은 혁명당으로부터 집권당의 전변과정에서 조직내부에 사악한 기풍이 출현하고 범람하는 추세가 나타났다. 당풍을 정돈하고 법률과 기율을 위반한 당원간부를 처벌하며, 당내에서 양호한 당풍 건설을 하는 등의 일련의 작풍문제 해결은 인력, 물력, 재력의 투입을 요구한다. 이밖에 당내 투쟁의 격화로 인한 정풍의 확대화는 불필요한 손실을 조성한다.

3. 당내 위기 발생의 예방에 필요한 투입

사상교육과 제도건설은 당내 위기 발생 예방의 효과적인 수단이다. 당내에서 경상적으로 당풍 염정교육을 하고, 당원들의 정치사상 수준을 부단히 제고시키며, 당원들의 위기의식을 제고하고, 제도건설을 보장해야만 당내의 위기 발생을 예방할 수 있어 집권당 건설의 위해성을 줄일 수 있다. 그렇기 때문에 필요한 투자는 더욱 큰 잠재적 손실의 미봉책이라 할 수 있다.

중국 집권당 건설비용의 형성 원인은 도표 11-1과 같이 요약할 수 있다.

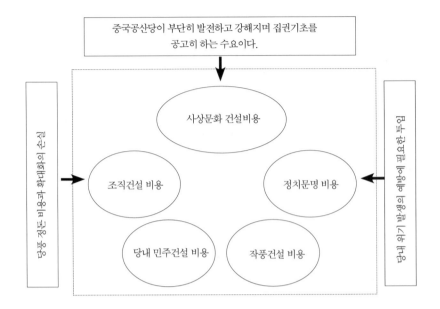

중국공산당이 부단히 발전하고 강해지며 집권기초를
공고히 하는 수요이다.

당풍 정돈 비용과 확대화의 손실

사상문화 건설비용

조직건설 비용

정치문명 비용

당내 민주건설 비용

작풍건설 비용

당내 위기 발생이 예방에 필요한 투입

도표 11-1 중국 집권당 건설비용의 형성 원인

제4절

중국 집권당 건설비용에 대한 대응책

1. 사상도덕의 건설을 강화해야 한다.

원천에서 집권당의 건설 요점을 파악하려면 사상교육에 필요한 투자를 하고, 정치사상 교육을 강화해야 한다. 사상교육은 일심전력으로 인민을 위하여 서비스하는 관념을 제고시킬 수 있고, 당원의 염결(廉潔) 자율 의식을 제고할 수 있으며, 또 집권당 작풍건설에 유리하다. 때문에 사상도덕 건설의 필요한 투자는 집권당 건설비용을 감소시키는 효과적인 조치라고 할 수 있다.

2. 당내 민주제도를 완벽히 하고 정책결정의 실수비용을 줄여야 한다.

당내 민주를 발양하고 당원의 민주 권리를 보장하며, 당의 사무를 공개하는 것을 추진하고, 당내 민주 환경을 조성해야 한다. 제도건설을 강화하고 당원의 의견, 건의, 비판을 제때에 정확하게 상급기관에 반영해야 한다. 집단적인 영도, 민주 집중, 개별 준비, 회의 결정원칙에 근거하여 당위 내부 토론과 정책결정시스템을 건립해야 한다. 당내의 선거제도를 개혁하여 완벽히 하고, 어려운 상황을 통보하는 제도, 상황에 대한 반영과 중요한 정책결정에 대한 의견 청취제도를 건립하여 완벽히 해야 한다. 당원의 민주권리를 침범하고 당원에 대한 비판을 저제하며, 타격 보복을 하거나 모함한 인간과 일에 대하여 착실하게 조사하고 처리토록 해야 한다.

3. 기층 당 조직의 설립과 당원 대오의 발전에서 과학적으로 총괄하고, 우수화를 발전시켜야 한다.

과학적 우수화를 위한 당 조직 건설은 집권당 건설비용의 효과적인 통제의 중요한 방면이다. 기층 당 조직과 당원 수량의 규모화는 집권당의 집권기초의 공고, 양호한 군중 기초의 건립에 유리하다. 하지만 기층 당 조직과 당원 양성발전에서는 "과학적 총괄, 우수화 발전"이라는 원칙을 준수하고 수량이 아니라 품질을 중시해야 한다. 이것이 집권당 선진성 보전의 요구에 부합된다.

중국 집권당 건설비용의 대응책은 도표 11-2와 같이 요약할 수 있다.

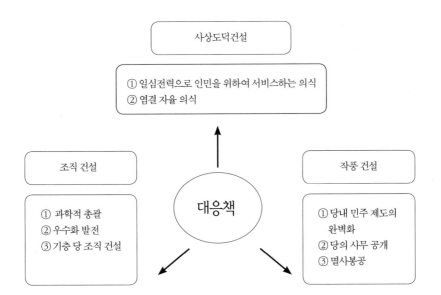

도표 11-2 중국 집권당 건설비용의 대응책

제3부
중국정치의 발전비용

제12장

중국 정치협상과 정보격차를 뛰어넘는 비용

제1절

중국 정치협상의 의미

정치협상은 중국공산당 영도의 다당 합작과 정치 협상제도의 중요한 조성부분이다.[1] 여기에는 아주 풍부한 민주자원이 포함되어 있으며 중국 특색 사회주의 정치발전도경에 중요한 의의가 있다.[2]

---

1) 중국공산당이 영도해온 다당 합작과 정치협상제도의 중요한 조성부분이고, 사회주의 민주정치 의 중요형식인 정치협상은 다음과 같은 두 가지 차원, 두 가지 다른 정치협상을 포함하고 있다. 즉 "중국공산당과 각 민주당 파의 정치협상", "인민정부에서 중국공산당과 각 민주당파, 무소속 인사, 각 계층 인사의 협상"이다. "정치협 상이 내포하는 의미와 기본형식을 논함" ≪사양사범고 등전과학교 학보≫, 2008년 제1호.

2) 중공중앙에서는 다음과 같이 지적했다. "새로운 역사적 조건에서 사회주의 민주정치의 발전, 사회주의 정치문 명 건설에서 가장 중요한 방면은 중국공산당 영도의 다당 합작과 정치협상제도 를 견지하고, 각 계층 인사들의 정치참여를 확대하며 사회이익의 표달 경로를 확대하고, 사회의 조화로운 발전을 촉진하며 중국공산당의 영 도, 인민의 주인, 의법치국의 유기적인 통일을 실현 하는 것이다." 중앙문헌연구실 편집, ≪6대 이래 중요문헌 선별 편집≫, 중앙문헌출판사, 2006년, 674쪽.

정치협상제도는 1949년 건립 초기부터 민주당파와 무소속 인사의 정권 참여, 민주당파의 집권당 감독, 국가 대사의 공동 상의 등 구체적인 방식을 통하여 중국공산당의 영도아래 각 정당, 각 민족, 각 계급계층이 한 마음, 한 뜻으로 국가건설에 기여하는 민주정치 국면을 조성했으며, 공화국 건설의 역사과정에 제도적 장점을 발휘했다. 중국공산당은 참여당으로서의 각 민주당파의 관계에서, 다당합작과 정치협상제도의 실시과정에서 성공 경험도 쌓고 실패 교훈도 얻었다.

특히 '문화대혁명'의 전반적인 국면과 방향성에서 착오를 범했다. 1957년 반우파 투쟁의 확대와 1978년 중공 13회 3준 전회는 정치협상제도의 완전히 다른 역사적 전환점이었다. 전자는 다당 합작과 정치협상제도가 흥(興)으로부터 쇄(衰)에 이르는 것이었고, 후자는 다당 합작과 정치협상제도가 쇄(衰)로부터 흥(興)에 이르는 표징이었다. 전자는 집권당 집권능력과 참여당 참정능력의 강(强)으로부터 약(弱)에 이르는 것이었고, 후자는 집권당 집권능력과 참여당 참정능력의 약(弱)으로부터 강(强)에 이르는 표징이었다. 1989년과 2005년, 중공중앙에서는 중국공산당 영도의 다당 합작과 정치 협상제도의 문건을 제정했다. 이는 이 제도의 현대 중국정치제도 구조에서의 중요한 위치를 보여주었다.[3]

---

3) 이를테면 민주당파를 참정당으로 하는 새로운 지위를 확정시킨 정치협상제도는 새로운 시기의 통일전선 발전 요구에 대한 새로운 해설을 체현했고, 정치협상의 제도화와 규범화, 절차화의 새 사상, 인민정치 협상사업의 주제와 형식, 임무, 기능 등 면에서의 새로운 서술, 정치협상제도와 사회주의 민주정치 관계의 새로운 인식 등 을 강조했다.

다당 합작, 정치 협상, 공산당 집권, 각 민주당파의 참정은 중국공산당 장기간의 주장일 뿐만 아니라, 각 민주당파가 공동으로 인정한 중국의 특수한 국정에 부합되고, 효과적인 정당제도이며, 중국 헌법에 기재된 기본정치제도이다. 중국공산당 60여 년의 집권 실천은 "중국공산당이 영도해온 다당 합작과 정치협상제도가 중국의 국가체제에 적응하고 각 당파, 각 단체, 각 민족 인민들이 충심적인 옹호를 받으며 강대한 생명력을 과시하고 있다"는 것을 증명했다.[4]

4) 정만통, "중국공산당 영도의 다당 합작과 정치 협상제도를 견지하고 완벽히 하여 가장 광범위한 애국통일전선 을 공고히 하고 발전시키자", 《중공중앙당의 집권능력 건설 결정》, 보충지도독본, 인민출판사, 2004년판, 188쪽.

제2절

중국 정치협상과 정보격차를 뛰어넘는 비용의 표현형식

　정치협상제도의 발전과정은 우여곡절 속에서 부단히 전진해 온 특징을 체현해 냈는데, 이것이 파괴를 당하고 다시 회복하는 과정에서 지불한 대가가 바로 정치협상제도 변화의 비용이다.

　정치협상은 "중국공산당과 각 민주당파의 정치협상", "인민정부에서 중국공산당과 각 민주당파, 무소속 인사, 각 계층 인사의 협상"[1]을 대표하는데, 중국공산당과 각 민주당파, 무소속 인사, 각 계층인사들이 정치협상과 정보교류를 할 때 정보전달이 유연하지 않아 정보격차가 발생했다. 중앙과 지방, 정부와 백성 정보격차도 존재하며 국가 5개 계통(인대, 당위, 정협, 정부, 군대)사이에도 정보격차가 존재했다. 이러한 정보격차의 비용은 정치협상비용의 중요한 조성부분인 것이다.

　중국정치 협상 정보 격차 비용의 표현형식은 표 12-1을 참조할 것.

1) 송검, "정치협상의 내포하는 의미와 기본 형식", ≪사양사범고등전과학교 학보≫, 2008년 제1호.

표 12-1 중국의 정치협상과 정보격차비용의 표현형식

비용 분류	표현 형식	구체적인 내용
중국 정치협상과 정보격차의 초월 비용	정치협상제도의 변화비용	정치협상제도의 건립 – 파괴 – 회복비용
	정보격차비용	중국공산당과 각 민주당파와의 정보격차, 중앙과 지방, 정부와 백성 사이의 정보격차, 방대한 국가기관 5개 계통의 정보격차

1. 정치협상의 변화비용

정치협상의 변화비용이란 주로 정치협상제도의 건립부터 우여곡절적인 발전(파괴됨)을 다시 회복하는 데에 지불한 대가를 가리킨다.

당대 중국의 정치협상제도는 1949년 9월 말에 중국 인민정치협상회의의 기초 위에 구축되었다. 중국 인민정치협상회의가 중국정치구조에서의 역할은 아주 명확히 확정되었었다. 즉 권력기관이 아니고 정권의 성질을 가지지 않았다는 점이었다.[2] 그런데 중국 인민대표대회를 소집하지 못하는 상황에서 중국 인민정치협상회의는 정권의 대표로 몇 해 동안 권력기관의 역할을 했다.

---

2) 1949년 9월에 통과한 "공동강령"에서는 국가정권에 대하여 다음과 같이 규정했다. "국가 최고정권기관은 전 국인민대표대회", "중국인민 정치 협상회의는 인민민주 통일의 조직형식", "보편적인 선거의 전국인민대표대 회를 소집한 후에 중국 인민 정치 협상 회의는 국가 건설사업의 근본대계와 기타 중요한 조치에 대하여 전국 인민대표 대회 또는 중앙인민정부에 건의안을 제기한다."중앙문헌연구실 편집: ≪건국 이래 중요한 문헌 선별편집≫ 제1책 중앙문헌출판사 1992년판 제3쪽.

정치협상제도는 1954년 이후에 곡절적인 발전과정을 거쳤다. 전국인민대표대회 건립 이후 중국 인민정치협상회의는 자신의 역할로 회귀하고, 국가의 중요한 정치문제 협상에 치중했다. 이때 민주당파와 정치협상회의의 존재 필요성에 대한 토론이 진행되었다. 모택동은 국가정권에 일정한 수량의 민주당파 인사를 흡수해야 한다고 강조하고 민주당파의 역할을 무시했다. 즉 '획일적' 국가정책을 요구하는 개별적인 인사의 착오적인 사상을 비판했으며, 정치협상회의 존재의 필요성과 중요성을 서술했다.[3] 그러나 1950년대 후기에 '좌'경 사조의 발생에 따라 정치협상회의제도는 국가 정치생활에서의 역할이 쇠약해지고 파괴되어 10년 동안의 문화대혁명에서 마비상태에 처하게 되었다.

11회 3중전회 이후 정치협상제도는 다시 회복되었다. 개혁개방으로 인하여 중국사회는 심각한 전환이 발생했고 민주정치 건설의 추진은 정치협상제도의 성장에 넓은 공간을 제공했다. 1987년 등소평은 정치협상과 다당합작을 중국의 정당제도라고 불렀다. 1989년 중공중앙에서는 중국 정당제도를 견지하고 이를 완벽하게 하는 데에 대한 의견을 제청하고, "중국공산당 영도 아래 다당 합작과 정치협상제도"를 규범화 한다는 것을 공식적으로 제기했다.

---

3) 모택동동지는 1956년에 공산당과 민주당파의 "장기간 공존, 상호 감독", "2개 만세" 상호 처리 방침을 제기했다. "2개 만세": 공산당 만세, 민주당파도 만세. 모택동동지가 "2개 만세"를 제기한 것은 일당제의 사회주의 국가에 "민주가 적고 집중이 많다." 등 문제를 예방하려는 것이다.

1993년에 통과한 헌법 수정안에서는 "중국공산당의 영도 아래 다당 합작과 정치협상제도는 장기간 존재하고 발전할 것이다"라고 강조했다.

1994년에 통과한 정치협상회의 장정 수정안에서는 인민정치협상의 성질에 대하여 더욱 보충하고 "중국 인민정치협상회의는 중국인민 애국통일전선의 조직이고, 중국공산당 영도의 다당 합작과 정치협상의 중요한 기구이다"라고 명확하게 규정했다. 2004년 정치협상회의 수정안에서는 "중국 정치생활에서 사회주의 민주를 발양하는 중요한 형식"이라는 내용을 보충했다.

2. 정보격차의 초월비용

정보격차의 초월비용이란 여러 가지 격차가 초월된 비용이다. 이를테면 중국공산당과 각 민주당파의 정보격차, 중앙과 지방, 정부와 백성 사이의 정보격차, 방대한 국가기관 5개 계통(인대, 당위, 정치 협상회의, 정부, 군대)의 정보격차 등이다.

정치분야의 정보교류는 주로 행정정보교류를 말한다. 장기간 중국정부는 상대적으로 집중 행정체제를 실시했다. 이 체제는 명확한 관료화 경향을 보였는데 조직의 급별 경계선이 명확하고, 행정의 운행절차가 틀에 박혀 복잡하며, 규정대로 처리하고 서로 자기 일만 했다. 이런 행정풍토로 인하여 정부계통과 외부환경은 서로 격리되고 정부와 외계의 교류가 잘되지 않거나 아주 어려웠다. 정부 자체가 많은 정보를 산생하기에 정부는 아주 쉽게 정책정보의 독점자가 되었고 정부와 정책 사이에 정보의 비대칭이 조성되었다.

정부는 행정교류 과정에서 행정정보를 독점하고, 정책정보를 공포하는 과정에서 수의(隨意)성이 비교적 강했으며, 투명도가 결핍했고, 전달한 정보 수량과 내용은 흔히 정부의 의지에 달리곤 했다. 따라서 제도적 구속도 없었고, 중앙과 지방, 정부기구와 백성 사이의 정보교류도 잘 이루어지지가 않았다.[1] 게다가 중국의 관리기구체계가 방대하고 인대, 당위, 정치협상회의, 정부, 군대 등 5개 계통은 서로 각자의 체계를 이루고, 계통 사이와 계통 내부의 정보전달에 일정한 어려움이 있었다. 정보 독점의 정보격차로 인해 부정확한 정보와 비대칭 정보의 전달 등의 결과는 행정관리사업에 장애를 조성하고 행정관리사업의 비용부담을 증가시켰다.

그밖에 수많은 행정구역으로 인하여 행정정보 교류에는 횡적인 것과 종적인 것의 격차가 발생했다. 현재 중국에는 모두 31개 성(직할시, 자치구), 홍콩과 마카오 등 2개의 특별행정구와 대만성이 있다. 중국 대륙의 지역급 행정구역은 332개인데, 그 중 284개의 '지역급 시'[2], 369개 '현급 시'[3], '5급 반(五級半)' 정부[4] (도표 12-1을 참조.)가 있다. 이처럼 많은 수량과 급별 행정구역으로 인해 중국은 횡적인 정보격차가 심각중할 뿐만 아니라 종적인 행정격차의 비용도 아주 높다.

---

1) 중앙과 지방 사이의 정보교류가 잘 되지 않는 주요 표현 : 중앙의 정신과 정책결정이 지방 부문에 전달되는 과정에서 왜곡되는 현상, 지방 상황을 중앙 부문에 제때에 정확하게 보고하지 않는 것을 들 수 있다. 정부와 인민 사이의 정보교류가 잘되지 않는 주요 표현: 정부는 정책을 결정할 때 군중의 의견을 광범위하게 청취하지 않고, 군중의 진실한 목소리가 상급에 반영되지 못한다는 것과 정부가 일부 정책을 실시할 때 군중 에게 효과적으로 해설하지 않아서 오해를 불러일으킨다는 것을 들 수 있다.

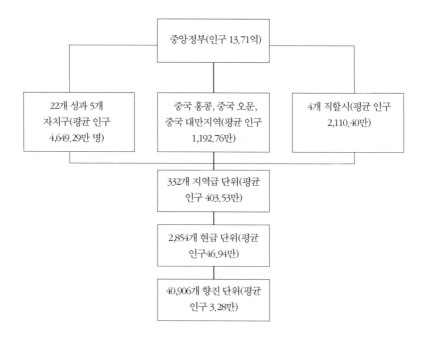

도표 12-1 중국 행정급별 구조와 관할구 인구
출처: 중화인민공화국 통계국, 2010년 제6차 전국 인구 보편조사 주요수치 공보 , 수치에 근거하
여 계산함.

2) 2011년 11월까지 중국 대륙의 각 성에서 관할하는 지역급 행정단위는 332개인데, 그 중 284개
   지역급 시, 15개 지역, 3개 맹(盟), 30개 자치주가 있다. 만약 대만성의 대북시, 신북시(新北市),
   대중시, 대남시, 고웅시 를 합치면 성에서 관할하는 지역급 행정단위는 337개인데, 그 중 지역급
   시는 289개이다.
3) 2011년 11월까지 전국에는 369개 현급 시가 있다. 중국 대만성 기륭시, 신죽시, 대중시, 가의시,
   대남시는 현급 시에 해당한다.
4) 급별 구조에서 중국에는 "한 개 중국 5급 반 정부"현상이 존재한다. 즉 중앙-성(직할시, 자치구)-
   지역-현-향(진) 5개 급 외에 13개 부성급 도시가 있다. 이것은 세계에서 급별이 제일 많은 정부구
   조이다

제3절

중국 정치협상과 정보격차를 뛰어넘는 비용의 형성원인

1. 중국 정치협상제도 변화비용의 역사적 원인

정치협상제도는 역사적 인연으로 탄생하고 현실적인 수요로 인해 연속되고 있는 중국의 토착 민주제도이다. 중국 사회주의 건설이 전통유형의 속박에서 벗어나 참신한 경로를 탐구한 후에 사회의 심각한 변화는 정치생활의 변화를 추진하고 새로운 문제와 상황들이 부단히 나타나고 있다. 정치체제는 점차 개혁궤도에 들어서고 인민의 민주의식은 부단히 제고되고 있으며, 정치추구에 대한 염원은 갈수록 강해지고 있다.

경제체제, 분배체제의 변화로 인해 사회 계층, 집단 이익, 생활 방식, 가치 취향이 다양화하고, 인민내부 모순의 충돌요인이 증가하고 있으며, 그 폭발형식이 복잡하다. 정치협상제도는 신중국 성립 이후 부단히 변하는 중국의 국정에 맞게 조정하는 과정에서 각 당파를 대표하는 광범위한 민중들의 이익 추구와 정치참여의 수요를 부단히 만족시키고 있다. 그러나 이러한 정치제도의 변화는 반드시 비용이 발생하게 마련이다.

2. 각 조직 또는 계통에 따른 정보의 교류과정에 정보격차가 존재하고
   있다.

모든 정당은 조직 면에서 독립적이다. 공산당의 다당 합작을 통한 영도
작용은 정치노선의 영도이지 조직 영도는 아니다. 조직 면에서 민주당파는
각자의 수직적 계통을 가지고 하급이 상급에 복종하고 지방이 중앙에
복종하고 있다.

너무 많은 조직계층, 중첩된 기구, 원활하지 못한 관계, 산더미 같은 문건,
소털처럼 많은 회의 등의 요소는 정보교류에 장애를 조성한다. 그렇기
때문에 공산당과 기타 당파의 정보교류에는 조직과 계통을 넘어야 하는
문제가 있고, 정보전달 과정에서 왜곡 또는 손실이 발생하여 정보격차의
비용이 발생한다.

중국의 정치협상 정보격차의 비용 형성원인은 도표 12-2와 같이 요약할 수
있다.

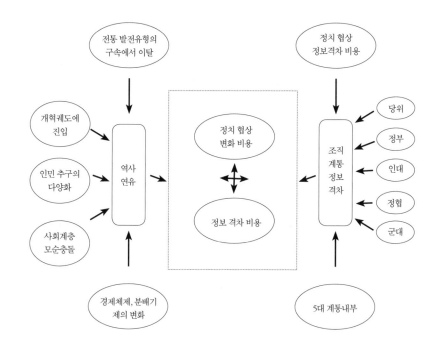

도표 12-2 중국의 정치협상 정보격차의 초월비용 형성원인

제4절

중국 정치협상과 정보격차를 뛰어넘는 비용의 대응책

1. 정치협상회의 사업방식을 개진하고 정보의 민주역할을 충분히 발휘토록 해야 한다.

다당 합작의 인민정치협상회의에는 각 계별[1] 대표들이 참가했으며, 많은 정치 협상회의사업은 그들을 떠날 수가 없다. 각급 정치협상회의 조직에서는 각 민주당파 성원의 각 계별(界別)과 군중간의 연결을 강화할 것을 고무격려하고, 계별 이익과 요구를 적극 반영하며, 대표 계별의 회의 발언을 배치하는데 중시를 기울여야 하며, 당파와 단체에서 제기한 제안을 착실하게 처리하고, 계별을 통한 관계의 조정, 모순의 해결을 중시하고, 각 당파와 각계 인사 사이의 정보의 민주적 유통경로를 건립해야 한다.

---

1) '계별'이란 구분,구별을 의미한다. 애국통일전선의 조직으로 10회 전국정치협상회의는 34개 계별이 있다. 여기에는 중국공산당, 중국국민당혁명위원회, 중국민주동맹, 중국민주건국회, 중국민주촉진회, 중국농공민주당, 중국치공당, 93학사, 대만민주자치동맹, 무소속 인사, 중국공청단, 전국총공회, 전국부연, 전국청연, 전국공상 연, 중국과협, 전국대연, 전국교연, 문화예술계, 과기계, 경제계, 농업계, 체육계, 신문출판계, 의약위생계, 대외 우호계, 사회복지와 사회보장계, 소수민족계, 종교계, 특수요청 홍콩인사, 특수요청 오문인사, 특수요청 인사 등이 포함된다.

그리하여 정부 계통의 사이, 정부와 군중 사이에 불필요한 정보격차의
비용을 줄여야 한다.

2. 정보계통을 건립하고 과학적으로 관리하여 정보 전달의 장애를 감소시켜야 한다.

규범화하고 신속한 정보 전달은 현대의 행정관리가 정상적으로 운행되게
하는 전제조건이다. 행정관리시스템은 반드시 사통팔달하고 영민하며
정확한 행정정보망을 건립하여, 경상적이고 신속하게 상하, 좌우 부문의
상황을 교환할 수 있고, 효과적이고 과학적인 관리를 실현케 해야 한다.

행정정보의 교류를 견지하는 과학적 원칙[2]은 다음과 같다. 첫째, 행정정보
교류의 경로는 거침없이 통해야 한다. 둘째, 정보 매개물은 합리적이고
교류에 편리해야 한다. 셋째, 교류방식을 규범화하고 일정한 합리성을
가지고 있도록 해야 한다. 넷째, 정보교류의 선로를 간편하게 해야 한다.

다섯째, 두 개 방향의 교류를 견지하고, 한 개 방향의 교류를 피하도록
해야 한다. 현대방식의 교류를 하게 되면 전체 정부의 관리활동을 조직하고
효과적으로 통제하는 전일체를 조성할 수 있으며, 전체의 행정활동과
외부의 동적 활동이 평형을 유지하여 정보전달 효율을 제고시키고 정보의
격차비용을 줄일 수 있다.

---

2) 袁载俊, 〈行政信息沟通的障碍及排除〉, 《理论探讨》 2004年 第2期.

중국 정치협상 정보격차 비용의 대응책은 도표 12-3을 참조할 것.

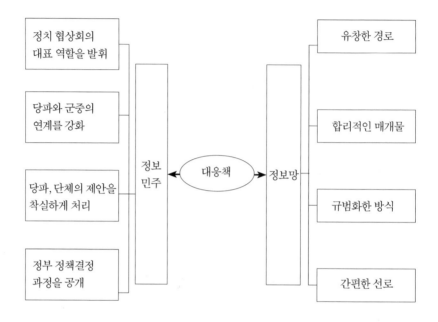

도표 12-3 중국정치협상회의, 정보격차 초월비용의 대응책

제3부
중국정치의 발전비용

제13장
중국의 민주건설의 비용

제1절

중국 민주건설의 의미

민주는 기나긴 인류의 역사과정에서 형성된 문명성과로서, 인류가 보편적으로 추구하는 가치관이고, 현대 문명국가의 뚜렷한 표징이다. 세계의 민주를 분석해보면 '민주형식'은 여러 가지[1]라는 것을 알 수 있다. 중국의 민주는 민주집중제의 민주[2]이며 '평등, 자유 기초 위에서 당의 문제에 대하여 충분히 의견과 견해를 발표하는 조직원칙, 사업원칙, 사업작풍을 가지고 있다.[3] 종적으로 보면 신중국 성립은 신민주주의 혁명시기 중국공산당의 민주쟁취, 사회주의 건설시기 인민을 영도하여 진행한 민주건설과 탐구이다.

---

1) 세계의 각종 민주를 대체적으로 다음과 같은 3가지로 나눌 수 있다. 첫째, 선거민주이다. 그 특점은 공정한 투표를 통해 소수는 다수에 복종하는 원칙에 근거하여, 다수 선거 참여자들의 이익요구에 따라서 결의하며, 법률 또는 국가관리 인원과 정당을 선거하는 것이다. 둘째, 담판민주이다. 그 특점은 담판을 통해 이익을 분배하고 각 측은 자신의 이익요구에 상대적 만족을 얻는 것이다. 셋째, 협상민주이다. 그 특점은 사회적 범위에서 공민들이 공공정책의 정책결정에 평등하게 참여하고, 광범위한 토론과 대화를 통하여 공동인식 또는 최대의 공동점 즉 공동이익을 형성하며 집단적으로 약속력이 있는 정책결정을 하는 것이다. 李君如, "중국은 어떤 민주를 실시할 수 있는가?" ≪북경일보≫ 2005년 9월 26일.
2) "민주"는 무정부주의가 아니라 일종의 통치질서와 제도 배치이다. "집중"이 없는 "민주"가 없으며 "민주"자체는 권위와 집중을 포함하고 있다.
3) 鄭科楊, 李忠杰, ≪3개 대표 중요사상 연구≫, 사천인민출판사, 2002년판, 262쪽

횡적으로 보면 민주건설에는 공산당 내부의 민주, 인민대표대회 제도, 다당 합작과 정치협상, 행정관리 체제와 기구개혁, 간부제도 개혁, 사법제도개혁, 민주감독의 건설, 기층 민주와 촌민 자치 등 여러 방면이 포함된다.[4]

신중국 성립 초기에 민주법제 건설에서 초보적인 성과를 거두었으나, 1960년대, 70년대에는 민주건설이 대대적으로 파괴되는 등 중국의 민주건설은 어렵고 우여곡절적인 길을 걸어왔으며11회 3중 전회 이후에야 정확한 길에 들어섰다. 개혁개방 이후에 중국공산당은 민주정치 건설을 더욱 중시하고 있다. 정치체제 개혁, 민주정치 건설, 법제 건설, 의법치국, 정치문명의 발전 등 면에서 뚜렷한 성과를 거두었다.

현재 민주의 발전, 중국정치 현대화 수준의 제고는 절박하게 필요한 시점이다. 중국의 정치발전은 경제발전에 뒤지고, 경제가 진일보 발전하는데 장애물이 되고 있다. 30여 년 이래 중국의 사회주의 시장경제체제는 초보적으로 확립되었고, 경제, 사회는 대대적인 전환을 실현했다. 사회집단의 이익은 분화하고, 집단 이익 수호의 정치적 요구는 강해졌다.

공민의 자주의식은 제고되었고 정치참여의 열성도 높아졌다. 그런데 사회에는 소극적인 요소가 여전히 많다. 정부기관의 부패에 대하여 민중들은 큰 불만을 가지고 있다. 상술한 상황에서 중국사회의 각 계층에서는 정치민주에 커다란 기대를 가지고 있다.

---

4) 高放, "세계화 추세에 맞추어 사회주의 민주를 발전", ≪영하당교 학보≫, 2005년 5월, 제7권 제3호.

정치체제 개혁을 대대적으로 추진하고, 정치의 민주화를 촉진하는 것은 사회주의 개혁을 전면적으로 추진하는데 절박한 필요조건이다. 그리고 경제의 세계화라는 대 추세에 있어서 정치 민주화도 거대한 외부 압력을 받고 있다.

현재 경제적 호혜와 경쟁, 문화 융합과 충돌, 정치적 민주화와 안정은 세계적인 발전조류가 되었다. 그 어떤 정치 공동체의 생존과 발전도 세계 발전조류의 밖에 있을 수는 없다. 국제사회는 민주, 자유, 인권보장 상황을 한 국가 이미지 평가의 중요한 지표로 삼고 있다. 때문에 민주화 과정의 추진은 세계로 나가고 있는 중국이 반드시 직면해야 할 문제가 되고 있는 것이다.

중국의 민주정치 유형은 중국 국정의 기초 하에서 건립된 것이고, 당대 중국사회의 목표에 적응하는 정치 운행의 형식이다.[5] 국정에 비추어 과학적인 중국정치 발전관을 수립해야만 위험을 피하고 민주발전을 촉진하며 중국 특색 사회주의 도로를 견정하게 따라서 사회주의 현대화와 중화민족의 위대한 부흥을 실현할 수 있다.

---

5) 2006년 9월 온가보는 유럽매체의 취재를 받을 때 다음과 같이 말했다. "민주는 인류가 공동적으로 추구하는 가치관이고 공동적으로 창조한 문명의 성과이다. 서로 다른 역사단계, 서로 다른 국가에서 그것의 실현형식과 경로는 서로 다르므로 통일유형이 없다."

제2절

중국 민주건설비용의 표현형식

이 책에서 연구하는 중국 민주건설비용이란 중국에서 사회주의 민주정치를 실현하기 위하여 실시하는 일련의 조치의 비용을 가리킨다.

여기에는 민주해설비용, 민주발전비용, 정치풍파비용 등이 포함된다.(표 13-1을 참조.) 민주해설 비용에는 중국민주에 대한 국제사회의 질의, 오해, 곡해에 비추어 매체 해설과 홍보에 대한 투자가 포함된다. 여기에는 주동적 민주해설과 피동적 민주해설이 망라된다.

민주건설비용이란 신중국 성립 이후에 중국의 민주건설 과정에 대한 투자와 손실을 가리킨다. 여기에는 신중국 성립 초기의 민주체계에 대한 초보적 건설, 문화대혁명시기 민주제도의 파괴, 개혁개방 이후 민주건설을 위한 발걸음 재촉, 취득한 성취 등 모든 내용이 망라된다. 정치풍파비용이란 해당 정치풍파사건으로 인한 손실을 가리킨다.

표 13-1 중국 민주건설비용의 표현형식

비용의 분류	표현형식	구체내용
민주건설비용	민주해설비용	국제를 향하여 민주해설을 한다. 피동적, 주동적
	민주발전비용	민주건설에 대한 지속적인 투자와 대가, 역사_현재_미래
	정치풍파비용	민주와 관계되는 정치풍파사건의 손실

1. 민주해설 비용

중국의 정치보도에 대하여 서구매스컴의 의식형태적 편견은 아직도 가시지 않고 있다. 국제 여론이 중국 민주정치를 곡해할 때 중국에서는 적당한 조치를 취하여 민주해설을 해야 한다. 이런 피동적인 민주해설의 목적은 홍보를 통한 이미지 회복으로서 일정한 비용을 지불하게 된다.

중국의 국가이미지 수립에서 정부는 문명의 현대, 정의의 책임을 지는 민주정치대국이라는 이미지 홍보를 비교적 명확한 주제로 삼아야 한다. 중국의 "화해사회"이념은 국제정치의 조화로운 발전에 대한 큰 기여로서 오늘 중국문명의 현대, 정의의 책임을 지는 민주대국이라는 이미지를 체현시키는데 유리하다.

중국은 간단한 의식형태의 논쟁을 버리고 국제사회와 함께 전진하며, 평화, 발전, 합작, 윈윈, 포용 등의 이념을 견지해야 한다. 세계 각국과 교류 및 합작을 하는 가운데서 적극적이고 주동적으로 중국이 민주정치의 대국이라는 이미지를 전파시켜야 한다. 이렇게 하기 위해서는 주동적 민주해설비용을 투자해야만 하는 것이다.

2. 민주발전비용

민주발전비용이란 신중국 성립 이후에 중국공산당의 영도아래 중국이 민주건설 역사과정에서 지불한 대가를 가리킨다.

중국 민주정치의 건설역사를 보면, 오늘날 중국의 민주는 1949년에 열린 중국 인민정치협상회의에서 시작되었다는 것을 알 수 있다. 다시 말하면 중국공산당은 해방전쟁의 결정적 승리를 취득한 후에 정권을 독차지하지 않고, 각 민주당파, 무소속인사들과 함께 국가대사를 의논하여 '공동강령'을 제정했었다. 이를 기초로 해서 중화인민공화국 중앙인민정부가 선출되었다.

따라서 중국공산당의 집권적 지위는 협상민주와 선거민주가 결합된 기초 위에서 확립도;었던 것이다. 이것이 바로 중국공산당이 집권하는 합법적인 원천이다. 그 후 헌법을 제정하고 법에 의하여 전국인민대표대회가 소집되었다. 그리하여 중국공산당의 집권적 지위는 더욱 합법적인 기초를 가지게 되었다. 이것은 역사가 조성한 중국문화가 내포하고 있는 일종의 민주형식인 것이다.

중국인민은 인민민주주의를 실현하는 과정에서 아주 무거운 대가를 지불했다. 민주건설 초기에 모택동은 소련의 민주건설 교훈을 거울로 삼아 민주의 확대와 민주 발전을 수정주의 반대와 변질을 예방할 수 있는 근본 조치로 삼았으며, 광범위한 기층의 군중들을 경상적으로 직접 국가의 정치생활에 참여시켰다. 모택동이 추진한 민주 실천은 '문화대혁명'에서 최고조에 달하여 '대민주'를 실현했으나 사회적 '대동요'를 조성했다.

동요과정에서 인민은 기본적인 생활보장도 받기 어려웠으며, 자유와 민권은 더 말할 나위도 없었다. "대민주"는 인민이 주인이라는 모택동의 아름다운 염원을 체현해 냈지만, 사회주의 민주의 중요한 정치기초인 공산당의 영도와 사회주의 법제를 파괴했다. 공산당의 영도와 법률규범을 잃은 후에 인민군중의 직접적인 정치 참여와 자치는 신속하게 각종 모순이 집중적으로 일어난 폭발로 변했다.

개혁개방 이후에 중국은 사회의 조화로움과 안정 보전을 하면서 점진적으로 경제체제와 정치체제 개혁을 실시했고, 이를 통해 경제의 장기적인 고속 발전과 민주건설의 거대한 진보를 실현했다. 오늘날 중국은 세계 두 번째로 큰 경제체[1]가 되었고, 중국 민주의 품질도 나날이 상승하고 있다. 민중 생활수준이 대폭 제고되었고, 중국 인민의 각종 인권과 민주적 권리도 나날이 풍부해지고 있다. 중국은 서구가 선전하는 "워싱턴 공동인식"과는 다른 새로운 길을 탐구해냈다. 중국의 발전경험은 "북경 공동인식" [2] 으로 불리고 있다. 금후 중국 민주제도의 부단한 완벽함과 성숙을 위하여, 중국은 비용을 투자하여 민주건설의 순조로운 진행을 보증해야 할 것이다.

---

1) 중국통계국 수치에 의하면 2010년 일본 GDP는 중국이 1월에 공포한 58,786억 달러보다 적다. 중국은 세계 두 번째로 큰 경제 총액 대국으로 되었다.

2) 2004년, 미국 저명한 경제학자 여호수아 레이머(Joshua Reimer)가 "북경 공동 인식"을 제기한 후에 세계 각 국 광범한 학자들의 주목을 받았다. 유평편: ≪중국 유형과 '북경 공동 인식': '워싱턴 공동 인식'을 초월≫ 사 회과학문헌출판사 2006년판 제423-415쪽.

13-1 당내 민주제도는 어떻게 효력을 상실했는가? (1957-1965년)

1957부터 1965년까지 당의 전국대표대회와 중앙전회를 소집했던 상황은 첫째, 당의 8차 전국대표대회와 8회 중앙위원회의 실제 임기는 13년(1956-1969년)이었다. 이는 2회 반에 해당하는 정상적 중앙위원회 임기에 해당하는 것으로, "당장(党章)" 제31조와 33조 규정을 위반한 것이다. 둘째, 1957부터 1965년까지 당의 전국대표대회회의는 2번(1965년 8대, 1958년 8대 2차 회의) 밖에 열리지 않는데, 이는 '당장' 제31조 규정을 어긴 것이다. 셋째, 1958년에 중앙전회를 2번(8회 5중 전회와 8회 6중 전회) 소집한 것 외에 중앙전회를 한번 밖에 소집하지 않았고, 그 중 5년(1960, 1963, 1964, 1965) 동안 중앙전회를 열지 않았다. 이는 '당장' 제36조 규정을 어긴 것이다.

모택동이 '문화대혁명'을 발동하기 전에 당의 규정제도는 심각한 파괴를 받았고, 제도는 '유명무실'하게 되었다. 그렇기 때문에 당의 규정제도의 효력 상실은 먼저 발생하게 되었고, 모택동이 발동한 '문화대혁명' 이후에 일어났다고 할 수 있는 것이다. 만약 당의 규정이 법규역할을 발휘하고, 전당이 "당의 장정에 따라 처사했다"고 한다면, 당의 전국대표대회 또는 중앙전회에서는 모택동의 '문화대혁명' 발동을 결정한 의안을 통과시키지 않았을 것이다.

자료원천: 호안강, ≪중국경제정치사론(1949-1976)≫, 청화대학출판사, 2008년판, 372쪽

제3절

중국 민주건설비용의 형성원인

1. 국제범위에서 중국이 주동적 또는 피동적 민주해설을 하는 것은 국가이미지 선전의 필연적인 요구이다.

국제적인 전파경로와 교류의 제한, 문화와 언어차이, 정보 전달과정의 실수, 또는 존재하는 사실의 왜곡 등으로 인해 국가이미지는 늘 각종 형식으로 오해를 받고, 국가정책의 대외 선전 효과에 영향을 주며, 국가이익의 수호와 확장에 대한 비용을 높이게 된다. 국제적 범위에서의 민주해설비용은 그 중의 일종 형식이다.

2. 중국의 민주건설 발전은 역사적 요소와 기본 국정의 제약을 받는다.

첫째, 중국 민주정치 과정의 어려움은 심각한 역사적 근원이 있다. 중국은 2100년 동안의 봉건독재 역사, 여러 민족, 발전의 극단적 불균형 등을 가지고 있는 국가이다. 봉건독재주의 문화전통은 세세대대로 내려오면서 사회생활의 각 면에 침투하여 오늘날까지 무거운 부담이 되고 있다. 중국의 국토면적은 전 유럽과 비슷하고, 인구는 유럽과 아메리카의 총수와 같으며,

지역마다 언어, 문화, 생산력 수준, 생활방식에 있어서 차이가 아주 크다. 이런 다민족 국가의 통일을 확보하고 장기간 안정을 유지하려면, 그 정치 운행 형식도 특수성을 가져야 한다. 그렇기 때문에 많은 국가에서 효과적인 민주형식이 꼭 중국에 맞는 것은 아니다. 중국은 중국 자신의 발전관성에 따라 자신의 민주형식을 점차 창조해야 하는 것이다.

둘째, 개혁개방 30년 동안 중국은 사회주의 초급단계에 처해 있고, 또 장기간 처해 있는 기본 국정에는 근본적인 변화가 없기에 민주정치 발전의 정도와 속도를 제약하고 있다. 경제가 발달한 연해지역, 각 대도시의 현대화 정도가 괄목하게 발달했고, 중등 저도의 수입이 있는 계층이 확대되었고, 민주적 호소가 나오고는 있지만, 전반적으로 보면 중국의 사회와 정치는 아직 분리되지 않았고, 독립적인 사회시스템도 아직은 구축되지 않고 있다.

광범위한 농촌 특히 빈곤하고 낙후하고 발달하지 못한 지역은 더구나 그러하다. 많은 지방에서는 막 빈곤에서 벗어났거나 먹고 입는 문제를 간신히 해결할 정도여서 정치민주화를 실현하는 기초를 갖추지 못했다.

그렇기 때문에 중국 특색의 민주건설은 본받을 만한 기존 유형이 없기에 국제적으로 선진적인 경험을 참조할 때에는 학비를 바쳐야만 한다. 그리고 실제에 근거하여 부단히 탐구, 전진, 창조해야만 하는데 이에 필요한 투자와 착오에 대한 대가를 지불하는 것은 피할 수 없는 일이다.

제4절

중국 민주건설비용에 대한 대응책

1. 대외적으로 교류합작을 주동적으로 확대해야 하고, 중국의 민주
   이미지를 전시하여 피동적인 민주해설비용을 낮추어야 한다.

　　다양한 방향에서 그물모양(reticular)의 전송이 사용되어야 하며, 일련의
체계 건립을 통하여 체계적으로 중국문화, 정치, 경제생활을 대외에
선전해야 하며, 외국인들이 중국의 좋은 면 뿐만 아니라 좋지 않은 면도 보게
하고, 국제적으로 중국의 이해방식을 최종적으로 형성토록 해야 한다.

　　우수한 국가이미지라는 공공산품은 정부의 전망계획, 조직이 필요할 뿐만
아니라 사회 각 계층의 보편적인 참여가 필요하다. 민간단체와 민간조직으로
하여금 외국단체, 외국 심지어 국제기구와의 교류를 강화하게 해야 한다.
이런 민간교류를 통하여 세계 인민들이 중국의 개방 상황과 민주화된 면을
보고 중국과의 교류와 합작을 달가워 하고 나아가 기대하도록 해야 한다.

2. 중국의 민주건설시스템을 부단히 완벽하게 하고 중국의 민주화 수준을 제고시켜야 한다.

당의 17대 보고에서는 다음과 같이 지적했다. "당의 영도, 인민의 주인, 의법치국(依法治國)의 유기적 통일을 견지하고 인민대표대회제도, 중국공산당 영도의 다당 합작과 정치협상제도, 민족구역 자치제도, 기층 군중의 자치제도를 견지하고 완벽하게 하며, 사회주의 정치제도의 완벽화와 발전을 지속적으로 추진해야 한다."[1] 중국은 사회주의 민주정치 발전의 길에서 지속적으로 전진하고 창조해야 한다.

중국 민주건설비용의 대응책은 도표 13-1을 참조할 것.

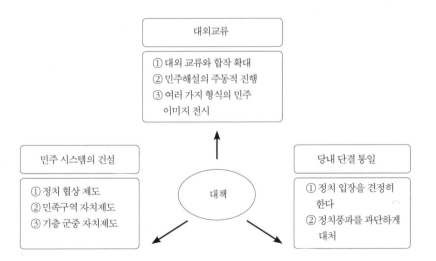

도표 13-1 중국 민주건설비용의 대응책
호금도, "중국공산당 제17차 전국대표대회 보고", 인민일보 2007년 10월 25일

1) 胡锦涛:《在中国共产党第十七次全国代表大会上的报告》,《人民日报》 2007年10月25日.

중국의 정치발전 비용 요약

정치발전비용에는 정상적인 투자·손실·대가가 포함되는데, 후자는 정치발전비용의 대부분을 차지한다. 그 중 1978년 이전의 정치변혁비용의 비중은 비교적 크며, 개혁개방 이후의 부패비용은 급속히 상승하는 상황이 나타나고 있다.

집권당으로서의 중국공산당 건설상황은 당원수가 1949년부터 2010년까지 약 17배 성장했기에, 사상과 작풍건설에 많은 비용을 투자해야 한다. 1978년부터 중국의 기구 간소화, 부서 합병 등의 정치체제 개혁으로 인해 국무원 구성부문은 100개에서 25개(2013년)로 줄었는데 이는 중국 정보격차비용을 감소시키는데 유리했다. 상술한 정치발전의 정상적인 투자는 중국 민주정치에 필요한 비용이다.

정치 변혁비용(주로 정치투쟁비용)은 중국경제건설과 사회발전에 아주 큰 영향과 위해를 주고 중국 생산력의 발전을 저해했다. 중국 정치투쟁의 발생 빈도는 각각 1950년을 전후해서 많아졌고, '문화대혁명' 초기에 최고봉에 도달했다. 특히 '문화대혁명'으로 인해 중국은 황금의 발전시기를 놓쳤고, 잠재적 인재 자본 존재량이 14.3%나 감소했다.

정치 정책결정비용의 각도에서 보면, '대약진'과 '문화대혁명' 등 2개의 주요한 정치 정책결정 실수로 인해 발생한 경제적 손실은 약 경제성장률의 1/4-1/3을 차지했고, 1978년 모의 GDP총액의 1/2-1/3을 점했다.

지니계수가 반영한 사회동요 위험비용은 총체적으로 성장하는 추세를 보이고 있는데; 이는 중국의 빈부격차를 확대시켜 사회동요의 위험지수가 증가하고 있다는 것을 설명해준다. 부패비용은 1993-1997년에 아주 높은 수치에 도달했고, 그 후에 기본적으로 높은 수준을 보전해 왔으며, 2002년에 최고수준에 달했고, 그 후에 점차 하강 추세를 보이고 있다.

중국 정치발전과정에서 지불한 고액의 대가는 금후 발전의 소중한 경험과 교훈이 될 것이다. 사회주의 정치문명의 핵심과 정수는 고도의 사회주의 민주를 건설하고, 광범위한 인민의 이상목표를 실현하는 것을 보증해 주는 것이다.

제4부
중국사회의 발전비용

제14장
중국사회 민생문제와 그 비용

제14장

중국사회 민생문제와 그 비용

예로부터 중국에는 "국가경제와 국민생활", "백성은 나라의 근본이고 근본이 든든해야 나라가 안정된다"[1] 는 등 '민생문제'에 관심을 돌리는 말들이 전해져 왔다. 이 말은 '민생'과 국가의 존재, 그리고 발전과 갈라놓을 수 없는 관계를 설명한 것이고, 고대 성현들이 민생문제에 대해 얼마나 중시해왔는가를 반영해 준다.

개혁개방 30여 년 동안 중국경제의 건설은 괄목할 성취를 거두었고, 시장경제체제는 초보적으로 건립되게 되었으며, 도시와 농촌주민의 수입수준은 안정되게 성장했고, 민중생활의 수준은 대폭 제고되었으며, 사회보장체제 건설에 중요한 계기가 되었다. 그런데 경제사회가 비약적으로 발전하는 과정에서 자원 분배의 불균형 등 현실조건은 교육, 취업, 수입 분배, 사회보장 등 일련의 사회적 민생문제를 일으켰다.

이를테면 비교적 낮은 주민의 수입성장, 물가수준의 불안정, 불합리한 수입 분배, 높지 않은 사회보장의 총체적인 수준, 불공평한 교육자원의 분배 등 모든 불리한 요소는 중국 사회주의 화해사회의 구축에 악영향을 주었으며, 이에 대한 대가를 지불했다. 현재 중국사회의 민생건설과 비용을 연구하고 존재하는 문제와 원인을 분석하여 효과적인 대응책을 탐구하고 연구하는 것은 중국사회의 진보를 추진하는데 중요한 이론과 실천적 의의가 있는 것이다.

---

1) ≪상서 · 5자의 노래≫. 그 의미는 백성은 국가의 근본이고 기초로서 백성이 안정된 생활을 하며 즐겁게 살아 야 국가가 태평해 질 수 있다는 것이다.

제1절

민생문제의 정의와 의미

'민생'이라는 어휘는 최초로 좌전·선공12년 에 "민생 해결을 위해서는 근면해야 하고, 근면하면 궁핍하지 않는다" 나타났다. 최근에 '민생'에 대하여 구체적으로 언급한 사람은 손중산인데 그는 다음과 같이 말했다. "민생이란 바로 인민의 생활 - 사회의 생존, 국민의 생계, 군중의 생명을 말한다."[2]

중국공산당은 시종 민생을 중시하고 민생해결 문제를 인민의 이익을 도모하는 중요한 수단으로 삼았다. 당의 17대 보고에서는 다음과 같이 강조했다. "경제발전의 기초 위에서 사회건설을 더욱 중시하고, 민생의 보장과 개선을 중시해야 하며, 사회체제의 개혁을 추진하고, 공공 서비스를 확대하며, 사회 관리를 완벽히 하고, 사회의 공평 정의를 촉진시켜야 한다. 전체 인민들이 배우고 노동 소득이 있으며, 병을 치료하고 양로가 보장되며 거주하는 주택이 있게 해야 한다."

현대적 의의에서 보면 "민생이란 주로 민중의 기본적인 생존과 생활상태, 민중의 기본적인 발전기회, 기본적인 발전능력, 기본적인 권익보호의 상황 등을 가리킨다."[3] 구체적으로 분류해 보면 취업, 교육, 수입 분배, 사회보장, 의료 위생, 사회 안정 등 6개 방면으로 나눌 수 있다.

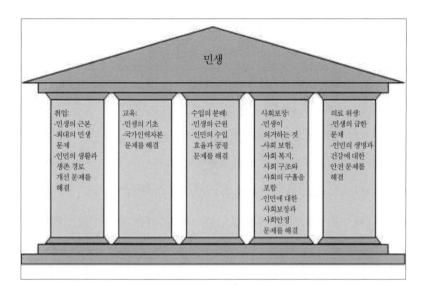

도표 14-1 사회 민생문제의 정의와 그것이 내포하는 의미

　개혁개방 이후 중국정부는 민생사업을 적극 발전시키고, 재정 투자,
정책 수당금 등 실시에 대한 강도를 계속 증가시켰으며, 민생문제를
명확하게 개선했다. "최근 5년 동안에 각항의 사회사업이 빨리 발전했고,
인민생활은 명확하게 개선되었다. 교육, 과학기술, 문화, 위생, 체육 사업도
전면적으로 진보 발전했다. 도시와 진(鎭)에서 새로 5,771만 명이 취업했고,
농업노동력을 4,500만 명 이전시켰다.

2) ≪손중산선집≫, 인민출판사, 1981년판, 802쪽.
3) 오충민, "민생의 기본 의미와 특징", ≪중국당정간부론단≫, 2008년 제5호.

도시와 진의 주민 1인당 지배할 수 있는 수입, 농촌 주민 1인당 순수입은 해마다 평균 각각 9.7%와 8.9%씩 실질적인 성장을 했고, 도시와 농촌의 사회보장 체계가 점차 건전하게 되고 있다." [1] 하지만 '시장화'로 인해 중국의 민생문제는 날로 두드러지고 있는데, 즉 학교를 다닐 수 없고, 병을 진료받을 수 없으며, 빈부 격차가 확대되는 등의 사회현상이 나타났다. 세계화도 중국의 민생문제를 부단히 확대시키고 있다. [2] 민생문제는 중국사회의 진일보적 발전을 제약하는 중요문제가 되고 있는 것이다.

근본적인 면에서 제도결함으로 인한 민생문제를 해결하는 것은 중국 정부에서 적극적으로 탐구, 해결해야 할 문제이다. 이것은 일정한 정도에서 사회민생비용의 다른 한 개 내용으로 되었다.

사회 민생비용에는 국민교육, 취업, 수입 분배, 의료 위생, 사회보장 각 방면의 모든 투자를 포함한다.

---

1) 온가보, "2011년 정부사업보고", ≪문회보≫ 2011년 3월 6일.
2) 경제의 세계화는 국제시장을 번영시키는 동시에 중국경제를 더욱 취약하게 하고 비교적 심각한 사회문제를 조성하여 중국의 취업및 수입과 재부 축적에 여러 가지 영향을 받게 했다. 세계화는 교육을 적게 받은 인간과 교육을 많이 받은 인간 사이의 불평등을 초래하고, 도시와 농촌 수입의 불균형을 확대했으며, 빈부격차가 날 로 확대되게 했다. 세기가 교체하는 시기에 동남아의 경제위기, SARS위기, 미국의 금융위기 등 시간과 공간을 초월한 세계화 위험은 중국 민생문제의 보장과 해결에 심각중한 영향을 주었다.

제2절

사회 민생비용의 표현형식

상술한 분석에 근거하여 이 책에서는 사회 민생비용에는 교육 발전비용, 취업 촉진비용, 사회보장 결핍비용, 수입 분배 균형 실패비용, 의료 위생 발전비용 등이 포함된다. 구체적인 내용은 표 14-1을 참조할 것.

표 14-1 사회 민생문제비용

비용 분류	표현형식	평가지표
사회 민생문제 해결 비용	교육발전비용	재정교육 지출 및 교육공평 실패 비용
	취업촉진비용	재정취업 지출
	사회보장결핍비용	적당한 사회보장 수준, 사회보장의 실제 수준
	수입분배 균형실패 비용	도시와 농촌의 수입비례, 수입 변화계수
	의료 위생 발전비용	위생 투자, 영아사망률, 임산부사망률

1. 교육발전비용

교육투입은 국가의 장도 발전 지원에 대한 기초성, 전략성 투자이고, 정부 민생투자의 중요한 조성부분이다. 수 년 이래 중국 각급 재정부문에서는 시종 교육을 공공재정의 두드러진 위치에 놓고 투입을 지속적으로 확대했다.

2001-2010년 중국 공공재정의 교육투자는 약 3,000억 위안에서 1조4,200억 위안으로 증가했고 해마다 평균 19.2% 성장했다. 공공재정 예산에서 교육경비 재정지출의 비중은 14.4%로부터 15.8%로 제고되어 공공재정의 제일 큰 지출 부분이 되었다. 그리고 GDP의 비중도 3.14%에서 3.57%를 초과했다.(표 14-2를 참조.) 하지만 이 수치는 세계 평균수치보다 훨씬 적다. 세계의 평균수치는 4.9%이고 선진국 수준은 5.5%이다.

표 14-2 1992-2010년 중국의 교육지출 총액 및 GDP 점유비중

연도	재정성 교육경비(억 위안)	재정성 교육경비 GDP 점유의 비중(%)
1992	729	2.70
1993	868	2.51
1994	1,175	2.51
1995	1,412	2.41
1996	1,672	2.46
1997	1,863	2.50
1998	2,032	2.59
1999	2,287	2.79
2000	2,563	2.86
2001	3,057	3.14
2002	3,491	3.41
2003	3,851	3.28
2004	4,466	2.79
2005	5,161	2.82
2006	6,348	3.00
2007	8,082	3.32
2008	10,450	3.48
2009	12,224	3.59
2010	14,200	3.57

주: 국가재정 성 교육경비에는 국가 재정예산 내 교육경비, 각급 정부에서 징수한 교육세, 기업이
설립한 학교교육 경비, 학교운영 산업, 근공검학, 교육경비로 쓰는 사회서비스 수입 등이다.
자료출처: 국가통계국: 중국발전보고2011 중국통계출판사, 2011년판 615쪽

계획경제시대에 빨리 인재를 양성하기 위하여 "효율을 우선으로 하고, 공평을 돌보는 원칙"에 근거하여 국가에서는 재력을 집중하여 일부 중점학교를 운영하는 조치를 취하여 중점학교의 교원대오 건설, 경비 보장, 학교운영 조건 등에 대하여 '경사성(傾斜性) 제도'를 세웠는데, 이는 중국 중소학교 자원배치의 격차를 점차 벌려놓았다. 현재 교육의 불공평문제는 날로 심해지고 있으며, 정부는 이를 이미 심각하게 인식하고 일련의 해결책을 제정[1]하고 있으며, 사회적 약자를 위한 교육[2] 투자를 증가시키고 있다. 2010년 전국의 보통대학, 중등전문학교, 보통고등학교에 대한 후원경비와 의무교육 단계의 기숙사 보조경비는 876.5억으로 2009년보다 205.95억 위안이 증가했고 증가폭은 30.71%에 달했다.

그 중 재정지출은 658.04억 위안으로 2009년보다 181.81억 위안이 증가했고, 증가폭은 38.18%이었다. 전국 의무교육 단계의 1,590만 명 빈곤가정 기숙생들이 생활후원금을 받고 있는데, 2009년보다 135만 명이 증가했으며 후원 자금은 132.8억 위안으로 2009년보다 42.2억 위안이 증가했고, 증가 폭은 46.6%였다.

---

1) 이를테면 의무교육단계의 농촌 빈곤가정 학생에 대하여 "2면 1보"를 실시하고, 대학 빈곤학생에 대한 지원 강 도를 증가시켰으며, 대학에 대한 국가 보조금 후원 표준은 1명 학생 당 1년에 3,000원이었다. 보통 고등학교 에 다니는 가정경제가 빈곤한 학생에게는 국가가 보조금을 후원해주었는데, 후원 표준은 1명 학생 당 1년에 1,500원이었고, 후원 비중은 전국 고등학교 학생 총수의 20%였다. 중등직업학교 도시가정의 빈곤학생은 학비 를 면제해 주었고, 중부와 서부지역 농촌의 의무교육단계 빈곤가정 기숙생 생활비의 후원 표준은 소학생 1인 당 1년에 750원, 초급중학교 학생은 1,000원이었다.
2) 사회적 약자란 주로 빈곤농민, 실업자, 농민공, 장애인, 소수민족 등이다. 사회적 약자에 대한 교육은 사회적 약자 자체와 그 자녀 교육이 망라된다.

2010년 전국 1.5억 명 의무교육 단계 학생의 학습잡비를 면제해 주는 기초 상에서 국가에서는 모든 농촌학생과 도시 빈곤가정 학생 1.36억 명에게 교과서를 무료로 제공했다. 2010년 국가교육부의 수치에 의하면, 2010년 중국의 국가대출은 113.57억 위안으로 동기 대비 21.37% 증가했다. 빈곤 학생이 순조롭게 입학하게 하기 위하여 전국 대학에서는 '녹색통로' 제도를 건립했다.

중국은 도시화 진척의 가속화에 따라 도시에 들어와 일하는 농민공 자녀문제가 점차 불거졌다. "통계에 의하면 2009년 중국 의무교육단계 농민공 자녀 적령 인수는 997.1만 명에 달한다고 한다." [1]이 문제를 해결하기 위하여 2001년부터 국가에서는 "유입지 정부와 국립학교 위주 제도"를 제정하고, 전문 항목의 자금을 내려 보내 농민공 자녀 교육을 보충하고 제고시키고 있다. 그러나 호적제도의 존재로 인해 농민공 자녀는 아직도 "동일하게 도시 거주 자녀 만큼의 대우"를 받지 못하고 교육적 멸시를 받고 있다.

---

1) 중공중앙 선전부 이론국: 《7개 어떻게 볼까》 학습출판사 인민출판사 2010년 제62쪽 .

2. 취업촉진비용

취업문제는 사회안정 및 발전과 관계되는 세계적 난제이다. 세계 각국에서는 취업문제 해결의 출로를 적극 탐구하고 있다. 1990년대에 중국에서는 대규모 "퇴출 홍수"와 "실업 홍수"가 발생하여 약 6,000만 개 국유기업과 도시 집단기업의 정규직이 사라졌다. 만약 도시 퇴출인원과 실업인원 및 그 가족을 평균 식구에 근거하여 계산하면 약 1.9억 명이 영향을 받았다. 이 "실업 홍수"는 각종 사회의 불안정 사건들을 유발했다. 여기서 취업문제의 복잡성과 임무의 중요성을 알 수가 있다.

국가 취업비용이란 취업 촉진과 실업 감소를 위하여 중앙정부가 세금, 재정, 산업정책 등 면에서 지불한 비용과 노력을 가리킨다.

해방 전 중국은 계속되는 전쟁 때문에 경제가 피폐해지고 대부분의 사람들이 유리걸식했다. 1949년 신중국 성립 때 사회 노동취업 인구는 1.8억 명이었다. 당시 노동연령 인구는 3.4억 명이고 도시 실업률은 7% 이상이었으며, 중국의 취업인구는 세계의 20%를 차지했다.[2] 이것은 노동력인구 세계에서의 비중보다 훨씬 낮은 것이었다. 신중국 성립 초기, 사회 안정을 수호하기 위하여 정부에서는 도시취업을 준비하는 사람들을 모두 '책임'지는 정책을 실시했는데 3년 동안에 노동자의 순증가수는 2,647만 명이었다. 1952년 이후, 중국은 대규모 경제건설에 진입했는데 이 시기는 취업의 쾌속 성장기였다. 1958년 중국은 대약진운동을 진행하여 인원 사용 심사비준권한을 밑으로 내려 보내고, 도시 진출 농민공 모집을 허용했다.

당년에 도시 취업 순증가수는 2,095만 명이었다. 과도한 취업성장으로

인해 인간은 많고 일은 적었다. 그 후 식량공급의 압력을 받아서 간소화하지 않을 수가 없었다. [3]

1990년대, 국유기업의 개편으로 인해 대규모 일자리가 사라졌다. 퇴출 인원들의 취업을 위해서 국가에서는 '재취업' 공정을 실시하고 도시의 정규적인 취업 위주를 비정규적 취업 위주로 할 것을 고무격려했다. 더욱 현명한 취업시스템을 통하여 국가에서는 취업구조의 전환을 실현했다.

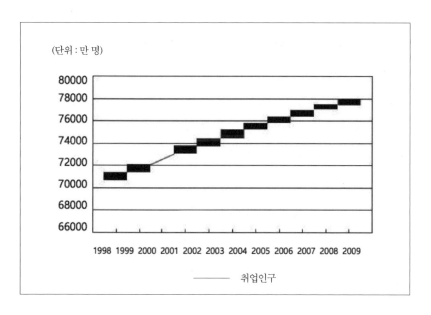

도표 14-2 중국 취업인구 변천 상황(1998-2008년)

---

2) IMF의 추측에 의하면 1950년 세계 취업인구는 9억 명이었다. World Economic and Financial Surveys, World EconomicOutlook Database, September 2006 Edition.
3) 호안강: ≪중국: 민생과 발전≫ 중국경제출판사 2008년판 제171쪽

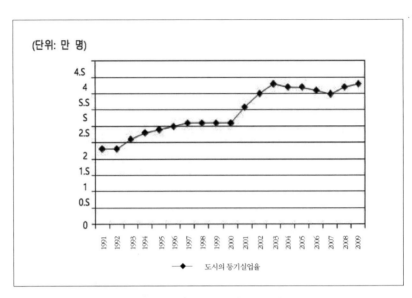

(단위: 만 명)

도표14-3 도시의 등기실업율(1991-2009년)
자료 출처: 국가통계국 통계연감 해당 수치에 근거하여 정리함

취업을 촉진시키기 위하여 재정과 세금징수에서 대대적인 '직접정책경사(直接政策傾斜)'를 실시했다. 2000-2009년, 중국 재정의 사회보장과 취업을 위한 지출은 1,000억 위안으로부터 7,606.68억 위안으로 증가했고, 사회의 취업인구는 70,637만 명으로부터 77,995만 명으로 늘었다. 적극적인 재정정책을 통하여 경제는 신속하게 성장하고 나아가 취업 총수의 증가를 촉진시켰다.

2009년 중앙재정의 취업을 위한 지출은 260억 위안에서 426억 위안으로 증가하여 59% 성장했고, 2010년의 국가 취업 보존 전문항목 자금은 394억 위안이었다. 이 자금은 주로 직업소개 수당금, 직업 강습 수당금, 사회 보험

수당금, 공익성 일터 수당금, 직업기능 감정 수당금, 특정 취업정책 후원 자금, 대학 졸업생 취업 견습 기본생활 보조자금 등으로 쓰였다. 2010년 국가세무총국은 "취업의 지지와 촉진 세금징수 정책 통지"를 발포했는데, 여기에는 실업인원의 창업, 실업인원을 안치한 기업에 대한 세금 우대정책을 명확하게 제기했다.

3. 사회보장 결핍비용

신중국 성립에서 오늘날까지 중국의 사회보장제도 건설은 약 60년의 여정을 걸어왔다. 특히 개혁개방 이후에 중국의 사회보장 사업은 쾌속적인 발전을 가져오고 사회보장의 지출은 해마다 증가했다. 1978년 중국의 국가 재정 사회보장에 대한 지출은 30.05억 위안에 불과했지만, 1980년에는 138.02억 위안에 달했고, 2000년에는 1,255.31억 위안에 달했다. 2005년 이후에 사회보장에 대한 지출은 쾌속 성장을 했는데, 역대 평균 성장폭은 20% 이상에 달했다.[1]

---

1) 호안강, ≪중국: 민생과 발전≫, 중국경제출판사, 2008년판, 160쪽.

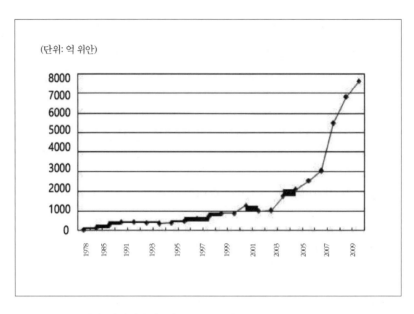

(단위: 억 위안)

도표 14-4 중국 사회보장에 대한 지출상황(1978-2009년)
주: 2007-2009년 수치는 국가재정 사회보장과 취업을 위한 지출 총액이다.
자료 출처: 국가통계국, 중국 발전 보고, 중국통계출판사, 2001년판, 615쪽

중국은 사회적 약자와 변두리 집단의 대량 증가로 인하여 사회보장기금은
수입이 지출을 초과하고 사회보장과 공공위생의 혜택이 비교적 낮으며
사회보장 능력이 많이 모자랐다. 2010년 말까지 전국의 기본 양로보험 참가
인원은 25,797만 명이었고, 실업보험 인원은 13,376만 명, 의료보험 참가
인원은 43,263만 명이었는데, 각각 전국 취업인원 77,995만 명(2009년 통계
수치)의 32.9%, 17.1%, 55.5%밖에 안 되었다.[1]

---

1) 국가통계국, ≪중국 발전 보고2011≫, 중국통계출판사, 2011년판, 136쪽.

중국의 개별적인 지역에서 기형 또는 중병인 영아를 버리고, 중병에 든 노인이 집에 있지만 돌보아주는 사람이 없었다. 이것은 모두 중국 사회 보장제도가 부족하기 때문이었다.[2]

사회보장 수준이란 일정한 시기 한 국가(지역) 사회성원이 사회보장을 누리는 고정 정도를 가리킨다. 그 주요가늠 지표는 사회보장 지출이 생산 총액에서 차지하는 비중이다. 사회보장수준에는 객관상 "적당한" 구역이 존재한다. 너무 높거나 낮은 사회보장수준은 사회보장 운행시스템과 사회경제 발전에 나쁜 영향을 준다.[3] 고리평(2002)[4] 의 연구결과를 채용하여 이 책에서는 다음과 같은 공식으로 사회보장 손실비용을 계산했다.

사회보장부족비용 = (사회보장 적응 정도 - 사회보장 실제수준) GDP(14-1)

전국 사회보장에 적당한 수준을 10-12%, 사회보장의 실제수준을 5,6%로 계산한다면, 중국 사회보장 결핍 비용은 2조 억 위안에 달했다.

---

2) 2008년 전국 인구 수치에 의하면 65세 이상의 인구는 10,965만 명으로 전국인구의 8.3%를 차지하고, 7%의국제표준을 초과했다. 노령화사회는 사회보장제도의 완벽화에 대해 더욱 높은 요구를 제기했다.
3) 고리평, "산동성 사회보장 수준과 그 적당한 선택", ≪인구와 경제≫, 2002년 제5호.
4) 고리평, 위의 책

4. 수입 분배 실패비용

개혁개방 이후에 계획경제와 절대적 '평균주의'속박에서 벗어나기 위하여 중국에서는 "효율을 우선시하고, 공평하게 고려한다"는 수입 분배제도를 실시했다. 이 제도는 일정한 정도에서 생산력을 해방 발전시켰고, 사회주의 시장경제 체제의 건립과 경제의 쾌속적인 발전을 촉진시켰다. 그런데 이것은 '효율'을 강화하고 '공평'을 경시하여 중국의 집단 사이에 재부 분배 불평등 정도를 지속적으로 확대시켰다. 도시와 농촌 주민의 수입수준은 총체적으로 해마다 상승했지만, 도시와 농촌의 격차는 갈수록 더 커지고 있다.

중국은 재부 분배가 비교적 평등한 국가로부터 세계에서 재부 분배가 가장 불평등한 국가의 하나로 신속하게 변화했다. 1978년 중국 도시와 농촌의 1인당 수입 비례는 2.4:1이었는데, 1983년에는 1.7:1로 명확히 줄어드는 추세를 보였다. 그런데 1997년 이후에 도시와 농촌주민 수입비례는 신속하게 확대되었다. 즉 2000-2009년 사이에 도시와 농촌주민의 수입 비례는 2.85:1로부터 3.57:1로 확대되었다.[5] 구역, 도시와 농촌, 업종과 성원 사이의 수입 격차는 계속해서 확대되었다. 이는 사회주의의 공동으로 부유하자는 본질 및 목표와 서로 충돌했으며, 인간의 행복감을 낮추고 다른 지역 인민의 발전이 매우 불평등하게 하였다. 심지어 발달하지 못한 지역의 중앙정책, 제도의 인정도가 하강했고 사회 불안정이라는 걱정을 증가하고 있다.

경제 전환비용에 대해서는 해당하는 수치로 설명했기에 본 장에서는 더 이상 설명하지 않으려 한다. 중국 집단 사이의 불균형한 수입 분배 모순에 대하여, 당과 정부에서는 수입 분배 제도에 대하여 지속적으로 완벽히 하고자 했다. 당의 17대에서는 "1차 분배와 2차 분배에서는 효율과 공평의 관계를 잘 처리하고, 3차 분배에서는 공평에 더욱 중시를 기울여야 한다"고 제기하고, 3차 수입 분배시스템을 시도하기 시작했다.[6] 하지만 집행할 수 있는 시스템, 완벽하지 못한 국가 재정체제 등의 원인으로 인해 수입 분배의 조정기능은 아직까지 아주 제한적이라 할 수 있다.

5. 의료 위생 발전비용

경제발전과 인민군중의 의료 위생 수요수준의 부단한 제고에 따라서 중국정부에서는 의료 위생 재정투입을 대폭 늘리고 있다. 1978년 중국 의료 위생 지출은 35.44억 위안이었지만, 1985년에는 107.65억 위안이었고, 2000년 이후에는 성장속도가 뚜렷하게 빨라졌다. 2000-2008년 사이에 정부의 의료 위생부문에 대한 지출은 709.52억 위안에서 3,593.94억 위안으로 증가했고 해마다 평균 20.3%가 증가했다.[7]

---

5) 국가통계국, ≪중국 발전 보고2011≫, 중국통계출판사, 2011년판, 117쪽.
6) 3차 분배시스템: 1차 분배는 주로 시장경제에 의하여 형성되었고, 2차 분배는 주로 정부의 조정 통제시스템이 작용했으며, 3차 분배는 정부의 조정 통제에 대한 사회역량의 보충이었다.
7) 호안강, ≪중국: 민생과 발전≫, 중국경제출판사, 2008년판, 150쪽.

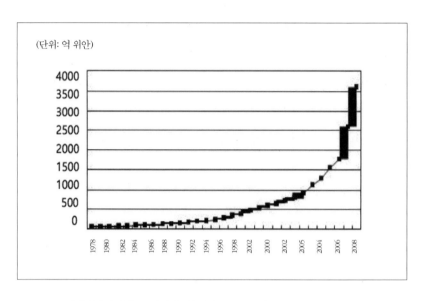

(단위: 억 위안)

도표 14-5 역대 정부의 위생부문에 대한 지출상황(1978-2008년)
수치 출처: 중국통계연감2009 수치에 근거하여 계산함

1990년 이전에 중국의 위생 분야의 성적은 아주 탁월했다. 아동사망률, 임신부사망률 등 중요 지표가 대폭적으로 내려갔다. 그러나 1990년 이후에 중국 위생지표의 진전에는 기쁜 점도 있었고 우려되는 점도 있었다. 일정한 진보를 가져온 동시에 다음과 같은 크나큰 도전에도 직면했다. 아동사망률 하강속도가 비교적 늦었고, 결핵 발병율과 사망률 하강이 이웃 나라에 뒤졌으며, 에이즈의 만연 속도가 놀라울 지경이었다. 상황이 비교적 양호한 영양불량 인구 비례의 감소, 임신부 사망률의 하강, 학질의 예방 등에서도 위기가 존재하고 있었다.

2004년 세계은행이 중국의 "천년 발전 목표(M, DGs)"를 측정한 통계 수치에 의하면, 중국 아동사망률의 하강속도는 2%밖에 안 되는데, 이는 발전도상국가의 평균 수치(2.5%)보다 낮은 것이었다.

아동사망률 하강속도와 비교하면 임신부사망률의 하강 성과는 비교적 컸다. 90년대, 중국 임신부사망률은 해마다 평균 4.8%의 속도로 하강하여, 발전도상국가 1년 평균 하강 3.2% 수준을 훨씬 초과했다.

표 14-3 중국 역대 신생아사망률과 임산부사망률

연도	신생아 사망률(%)			임산부 사망률(1/10만)		
	합계	도시	농촌	합계	도시	농촌
1991	33.1	12.5	37.9	80.0	46.3	100.0
1992	32.5	13.9	36.8	76.5	42.7	97.9
1993	31.2	12.9	35.4	67.3	38.5	85.1
1994	28.5	12.2	32.3	64.8	44.1	77.5
1995	27.3	10.6	31.1	61.9	39.2	76.0
1996	24.0	12.2	26.7	63.9	29.2	86.4
1997	24.2	10.3	27.5	63.6	38.3	80.4
1998	22.3	10.0	25.1	56.2	28.6	74.1
1999	22.2	9.5	25.1	58.7	26.2	79.7
2000	22.8	9.5	25.8	53.0	29.3	69.6
2001	21.4	10.6	23.9	50.2	33.1	61.9
2002	20.7	9.7	23.2	43.2	22.3	58.2
2003	18.0	8.9	20.1	51.3	27.6	65.4
2004	15.4	8.4	17.3	48.3	26.1	63.0
2005	13.2	7.5	14.7	47.7	25.0	53.8
2006	12.0	6.8	13.4	41.1	24.8	45.5
2007	10.7	5.5	12.8	36.6	25.2	41.3
2008	10.2	5.0	12.3	34.2	29.2	36.1
2009	9.0	4.5	10.8	31.9	26.6	34.0

자료 출처: 중국통계연감 수치에 근거하여 정리, 계산함

제3절

사회 민생비용의 형성원인

민생문제 발생의 근본원인은 제도문제이다. 거시적 차원에서 중국에는 가치향도(向導)의 편차, 제도의 계통적 협조 부족, 제도의 공평 정의의 결핍, 제도의 집행력 박약 등의 문제가 존재한다. 미시적 차원에서는 취업, 교육, 수입 분배, 사회보장제도 등 면에서의 결합이 존재한다. 낙후한 도시와 농촌 2원 분할제도, 호적제도, 교육제도, 실업 보험제도 등은 중국 민생문제의 해결에 영향을 주고 있다.

제도의 거시와 미시적 결함				
취업제도	교육제도	수입분배제도	사회보장제도	의료 의생제도
해당 제도: 도시와 농촌 2원 분할 체제, 노동자의 취업 보장제도, 강습제도 ② 불균형한 노동력 공급과 수요 총량 ③ 노동력 구조모순의 현저. ④ 규범 없는 인재와 노동력 시장	해당제도: 도시와 농촌 2원 분할 체제, 호적과 거주지 제도, ② 불균형한 구역, 도시와 농촌 교육자원 ③ 사회적 약자와 빈곤 학생의 불공평한 교육적 대우	해당 제도: 호적 제도, "도시 우선"공공서비스 정책, 도시주민 복지 수당금제도, 개인 소득세 제도 ② 불합리적인 분배관계 ③ 규범 없는 분배질서 ④ 노동수입 1차 분배 비례가 너무 작다.	해당 제도: 사회보장 기제, 최저 생활보장제도, 사회복지제도 ② 사회보장 혜택 범위가 좁고 사회보장수준이 낮고 그 실시범위가 좁다. ③ 규범 없는 사회보장 관리 ④ 사회보장 집행비용이 많다.	해당 제도: 도시와 농촌 2원 분할 체제, 의료보장 제도 ② 불균일한 도시, 농촌, 지역 의료 위생자원 배치 ③ 공공위생시설이 완벽하지 못하고 의료위생 공급이 부족하다.

경제발전의 구조균형을 잃은 경제체제	권력이 과도하게 집중된 정치체제	"관본위" 사상의 문화체제	체제개혁과 사회발전이 배합되지 않는 사회체제

사회 민생비용

도표 14-6 사회 민생비용의 형성원인

통계수치에 의하면 중국의 과학, 교육, 문화, 사회보장 등 사회민생 사업의 발전수준은 경제선진국 수준보다 5-8년 뒤졌다. 발전이 늦은 원인은 경제기초가 박약한 것이 아니라, 제도결함으로 인한 불균형한 자원 분배 때문이다. 정부의 사회민생사업 재정투자가 부족하고 사회사업 내부자원 분배가 합리적이지 못하며, 교육, 의료위생, 사회보장 등 공공서비스 분야의 공급과 수요 모순이 특별히 큰 것이다. 인민들은 이 문제에 대한 반응이 아주 강열하며 심지어 "새로운 3개 큰 산"이라고 부른다.

이를테면 교육문제 산생의 근본원인은 재정 교육지출 규모가 너무 적고, 분배구조가 균등하지 못하기 때문이다.[1] 통계에 의하면 최근 대학의 학비는 해마다 20% 속도로 증가하고, 학생과 가정 대학교육의 비용은 1인당 GDP의 1.65%에서 51.87%로 상승했다. 교육 투자 77%는 도시에서 사용하고, 총인구 60%를 차지하는 농촌인구는 23% 밖에 혜택을 받지 못하고 있다.[2]

교육재정은 중점 학교에 치중하여 제한된 교육자원이 더욱 집중되게 하였고, 중점학교와 박약학교가 과도하게 분화하게 되어 있다. 구역 사이의 불합리한 대학입시제도의 제한과 장기적 효과 관리체제의 결핍으로 인해 농민공 자녀 "초급중학교 이후의 교육문제"가 날로 두드러지게 나타나고 있다.

---

1) 교육지출 분배 구조는 주로 의무교육과 비의무교육 투입상황, 각급 정부 사이 교육경비 분배 구조, 대학과 중 등, 초등 3급 교육의 분배구조 및 지리구역의 분배구조 등에서 나타난다.
2) 가품영: "중국 교육체제의 낙후, 8대 불공평 사회적 약자 곤혹" ≪중국경제시보≫ 2007년 9월 11일.

틀에 박힌 호적제도와 교육제도는 농민공 자녀를 격리하고 멸시하는 현상을 조성하고 있고, 농민공 자녀교육의 평등문제 해결을 심각하게 저해하고 있다.

중국 의료 관리체제의 폐단은 사회발전에서 더욱 두드러지게 나타나고 있다. 도시와 농촌, 지역 의료 위생 자원분배가 균일하지 못하고, 공공위생 시설이 완벽하지 못하며, 의료위생 공급이 심각하게 부족한 점 등은 인민의 의료수요에 심각한 어려움을 조성하고 있다.

2003년 전국에서 사스가 폭발한 것은 이 문제를 충분히 폭로했다. 통계에 의하면 현재 중국 국립병원의 입원실 침대, 설비, 의무인원 등 의료자원이 전국 의료자원의 90%이상을 점하는데, 그 중 30%는 대형병원에 집중되어 있다. 2004년 공식적인 수치에 의하면, 44.8%의 도시인구와 79.1%의 농촌인구들은 그 어떤 의료보장제도도 받지 못하고 있는 것이다.

개혁의 부단한 심입, 시장경제체제의 확립에 따라서 원래의 사회보장제도는 경제발전 수요에 적응하지 못하고 있다. 즉 중국의 사회보장 능력이 심각하게 부족하고, 경제시장화와 국제화의 위험을 감당할 수 없는 상황에 있다는 말이다. 모든 직원들이 사회보장제도를 누릴 수도 없고, 일부 외국투자기업, 개인기업, 사업단위는 사회보장 범위에 조차 속하지 못하고 있다는 말이다.

중국 농촌 의료보험의 참여인수 비중은 더욱 낮다. 노동과 사회보장부 농촌사회보장사의 통계에 의하면, 2005년까지 중국 농촌사회 양로보험에 참여하고 있는 농민은 5,442만 명으로 농민총수의 5.8%를 차지하며, 기금 축적은 310억 위안이다.

제4절

사회민생비용에 대한 대응책

1. 공공재정 체제를 건립하고, 사회민생 투입을 확대하며, 서비스형 정부를 건설해야 한다.

국가와 지방정부에서는 사회 민생사업에 대한 투자를 확대하고 공정한 공공교육자원 배치제도를 건립하며, 일반적인 사회성원 특히 어려움이 있는 군중의 경쟁능력과 기술능력 제고를 위한 학습정책을 제정해야 한다. 공공재정 수단으로 사회안전망을 구축하고 공공수입제도를 건립하며 전국적으로 통일된 기본 사회보장제도를 건립해야 한다.[1]

---

1) 서비스형 정부란 공민본위, 사회본위 이념의 지도아래 전 사회 민주질서의 틀에서 법적 절차를 밟고, 공민의 지에 근거하여 건립한 공민 서비스 취지를 가지고 서비스 책임을 감당하는 정부를 가리킨다.

정부에서는 사회관리와 공공서비스의 기능을 더욱 강화하고, 공공정책 제정의 투명도와 공동 참여도를 제고시키며, 국가의 거시적 조정, 통제시스템을 건전히 하고, 거시적 조정, 통제의 과학성과 예견성을 제고 시켜야 한다.[2] 효율성과 현명성을 제고시키고, 더욱 많은 재력을 민생에 대한 보장과 개선에 투입하며, 서비스형 정부를 건설해야 한다.

2. 사회 재분배 정책을 완벽히 하고, 사회의 공평과 효율을 제고시켜야 한다.

중국에서는 세금 징수에 대한 조정과 사회보장시스템을 핵심으로 하는 재분배정책을 완벽히 하고, 재부가 소수 사회 성원에게 너무 집중되고, 일부 사회성원의 이익이 과도하게 손실을 보는 것을 예방해야 한다. 정부에서는 수입 재분배에 대한 강도를 강화하고, 의료보험, 양로보험, 실업보험 등 사회보장제도를 신속하게 완벽히 정비하고, 국내 각 유형 기업의 사회보장 의무의 이행에 대한 감독을 강화시켜야 한다. 공평, 합작의 노사관계를 건립하고 분배율을 점차 제고시켜야 한다.

중국정부는 최저임금 입법을 촉구하고 교육과 의료비용 등 인력비용 등 인력자본 투자비용을 최저임금 보장의 표준범위에 넣어야 하며, 가정식구, 생활비용, 가격 변화, 교육과 의료비용 변화 등 요소에 근거하여, 직원의 최저임금을 확정해야 한다. 직원 가정의 기본 생활수요와 기초교육, 기본 의료 등 필요한 인력자본의 축적을 보장하고, 전체 노동자들의 양로, 실업,

의료 등 사회보험시스템을 완벽히 하며, 노사관계의 노동 감찰 강도를 강화하고 노동자의 권익을 성실하게 수호해야 한다.

3. 재정성 교육경비 투입을 증가하고 도시와 농촌 교육자원의 균일한 배치를 보증해 주어야 한다.

현재 존재하는 여러 가지 문제에 비추어 국가에서는 교육경비 투자를 더욱 늘리고 교육경비 분배제도를 개선시켜야 한다. 예상한 기한에 4% 목표[3]를 실현하기 위하여 교육경비의 법적 성장요구를 엄격하게 집행하는 기초[4] 위에서 재정교육 지출이 공공재정 지출에서 점하는 비례를 더욱 제고시키고, 재정성 교육경비의 원천을 적극적으로 넓혀야 한다.

내부와 외국자본 기업, 개인 교육비용 부가제도를 통일시키고, 지방교육 부가세를 전면적으로 징수하며, 토지 양도수익에서 일정한 비례로 교육자금을 떼어내야 한다. 이밖에 교육체제는 호적제도 속박에서 벗어나서 도시와 농촌 교육자원의 균일성을 보증해 주어야 한다.

---

2) 분배율이란 노동 보수가 국내 생산 총액에서 차지하는 비중을 가리킨다.

3) "국가 중장기 교육 개혁과 발전 전망계획 요강(2010-2020년)"에서는 2012년 국가 재정성 교육경비 지출은 국내 생산 총액의 비례가 4%를 차지하는 목표를 실현해야 한다고 명확하게 제기했다.

4) ≪교육법≫에서는 각급 인민정부 교육재정 지출의 성장이 재정 경상성 수입의 성장보다 높아야 한다고 규정했다.

교원의 인사제도 개혁을 통하여 도시와 농촌의 차이를 점차 없애고, 인재 선발과 다차원의 인재 평가제도 개혁을 통하여 지식과 능력이 있는 학생들에게 더욱 공평한 기회를 주어야 한다. 의무교육의 균일한 발전, 직업교육의 대대적인 발전, 국가의 교육 지원제도의 빠른 실시, 도시 진출 인원 자녀의 의무교육 보장 등을 통하여 교육공평성을 향유할 수 있는 수단을 촉구하고 교육의 민생문제를 해결토록 해야 한다.

4. 시장의 취업제도를 완벽히 하고 평등한 취업환경을 창조해야 한다.

중국 노동력의 특점과 국정에 근거하여 중국에서는 노동 밀집형 산업, 서비스업을 대대적으로 육성 발전시키고 현명하게 취업형식을 발전시키며, 노동자 취업을 위한 강습제도의 완벽화를 통하여 여러 가지 취업과 창업을 고무격려시켜야 한다.

정부에서는 취업 증가의 촉진, 실업율의 하강을 가장 중요한 경제성장 목표와 사회 안정목표로 삼아야 한다. 도시 실업인원의 취업 원조를 착실하게 강화하고, 일터의 수당금, 강습 수당금을 제공해야 한다. 평등한 취업환경을 창조하고 취업 멸시를 해소하며, 농촌의 전이 노동력과 대학 졸업생에게 공평한 취업 환경을 제공해야 한다.

5. 정부의 공공위생 사업에 대한 투자를 증가하고, 전민 일체화의
   위생체제를 건립해야 한다.

우선 정부의 공공위생 사업에 대한 투자를 확보하고, 개인 질병 위험의
불확정성과 경제능력의 차이에 근거하여 재정투자를 통한 사회적 상호
협조를 실현해야 한다.

그 다음 도시와 농촌, 소유제 등 각종 경계선을 타파하고, 전민 일체화의
의료 위생체제를 건립하며, 의료 위생 자원이 도시와 발달지역에 과도하게
집중하는 것을 피하도록 하고, 도시와 농촌의 일체화 의료 위생체제 건설을
통하여 농민 권익의 보호를 제고시켜야 한다.

국립과 영리성 의료기구의 적당한 발전 비례를 구축하고, 국립 의료기구는
정부에서 직접 운영하여 공공위생 서비스와 기본의료 서비스 기능을 감당
토록 해야 한다. 나아가 영리적인 목표와 행위를 하지 말고 수입과 지출을
엄격하게 구분하여 처리해야 한다.

제4부

중국사회의 발전비용

제15장

중국사회 인구변화의 비용

제1절

인구변화의 정의와 의미

인구변천이란 인구의 수량, 구조의 공간과 시간에 따른 변천을 가리킨다. 인구의 발전과정은 사회경제 조건의 변화와 밀접한 연계를 가지고 있다.[1] 20세기 초 중국인구의 발전은 전 50년과 후 50년 2개 단계로 나눌 수 있다.

이 2개의 단계는 중국인구의 2개 변화를 반영한 있다.

첫째, 낡은 인구[2]의 새 인구로의 전화[3]이다.

둘째, 자유로운 인구[4]의 자각적인 인구 전화[5]이다. 세계역사에서 중국은 인구가 제일 많은 국가이다. 인구가 많은 것은 중국사회의 기본 국정이고 중국 현대화의 기본요소이다. 중국은 60년의 시간을 들여 아주 낮은 수입과 수입이 낮은 조건에서 현대인구의 전환을 신속하게 완수하고 "높은 출생률, 높은 사망률, 낮은 자연 성장률"로부터 "낮은 출생률, 낮은 사망률, 낮은 자연 성장률"로 전환했다. 이런 인구 전환은 강제성 전환, 경제발전, 사호진보 결합의 결과로서 경제 비약에 "인구 보너스"를 창조해주었다.

중국의 빠른 인구 변천 과정에서 신중국 성립 초기 인구의 신속한 성장으로 인한 사회 동요 비용을 지불하고, 현단계 인구 구조의 불균형, 노령화 시대의 발전 위험에 직면해 있다. 중국은 부녀 총 출산율이나 기타 주요 인구지표에서 전형적인 발전도상국가 유형으로부터 비교적 발달한 국가 또는 선진국 유형으로 신속하게 전화했다. 이것은 중국 인구 구조변화의 추세 즉 인구의 노령화, 소자화(少子化), 성별 비율의 실패를 결정했다. 한마디로 중국 인구전환비용을 인구성장비용, 노령화비용, 인구관리비용으로 요약할 수 있다.

오늘날 중국이 중시해야 할 문제는 인구변천이 경제사회발전에 대해 역효과를 가져다주었다는 충격이다. 우리는 지난날의 인구정책과 국가 발전전략의 선택을 반성하고, 정책조정이 인구와 경제사회의 전환을 조정할 수 있도록 해야 한다.

---

1) 생산력의 발전은 사회, 경제, 정치, 문화 등 일련의 조건 변화를 조성하고, 인구 출생률, 사망률, 인구 자연 성 장률의 변화를 초래하고 사회 역사와 발전단계 인구 재생산 유형에 영향을 준다. 인구 변천의 경제발전 역할 은 총체적으로 3개 단계를 거친다. 첫째 단계는 소년 아동 인구가 주는 부담시기이고, 둘째 단계는 인구 보너 스시기이며, 세 번째 단계는 노인인구 부담시기이다.
2) 낡은 인구란 전 50년 인구를 가리키는데 "높은 출생률, 높은 사망률, 낮은 자연 성장률"이 연속적이었던 시기 의 인구를 가리킨다.
3) 새 인구란 후 50년 인구를 가리키는데 점차 "높은 출생률, 낮은 사망률, 높은 자연 성장률"과 "낮은 출생률, 낮은 사망률, 낮은 자연 성장률"로의 전환을 완수했다.
4) 자유로운 인구란 전 50년 동안을 가리키는데 인구의 출산활동이 자발적인 상태에 처하고 사회경제덕 환경의 영향을 비교적 많이 받았다.
5) 자각적인 인구란 인구 출산활동이 시종 모종 이론의 영향 하에 있는 것을 가리킨다. 이를테면 1950년대의 인 구론은 인간의 창조력은 무궁무진하다는 것을 강조하여 중국 인구 열차가 빨리 달리게 했다. 1970년대의 "인 구론은 인간을 소비자라는 면으로 보았던 것인데, 이는 인구 통제 이론에 이론적 기초를 닦아놓았다. 1990년 대의 인구론은 "인구수를 줄이고 인구의 질을 높이자"는 것으로 인구수를 통제하는 동시에 인구의 내적 자질 을 제고시키는 점을 중시했다.

제2절

사회인구 변화비용의 표현형식

이 책에서 사회인구 변천비용에는 인구성장비용, 노령화비용, 인구관리비용 등이 포함된다고 보았다. 구체적인 내용은 표 15-1을 참조할 것.

표 15-1 중국 인구 변천 비용

비용 유형	표현형식	구체적인 내용
사회인구 변천비용	인구성장비용	인구성장의 압력, 계획 출산
	노령화비용	사회 총 부양비율 증가비용, 국가재정투자의 비례감소비용
	인구관리비용	성별 비례 실패, 농민공 유동비용

1. 인구성장비용

중국은 세계에서 인구가 가장 많은 국가이다. 통계에 따르면 2005년 중국의 총인구는 13억756만 명으로서 2004년 세계 총인구 63억 4500만 명의 20.4%를 차지했다.[1] 이처럼 많은 인구는 한편으로 중국의 경제사회발전에 풍부한 노동력 자원, 거대한 국내 소비시장을 제공했다. 다른 한편으로는 중국의 자원환경에 거대하고 지속적인 압력을 주어 많은 사회문제를 일으키고 있다.

1949년 신중국이 성립된 시기에 중국은 출산을 고무 격려했다. 1950년대, 60년대에 중국 인구는 급증했고, 그 경제사회적 영향은 1960년대, 70년대의 취업의 어려움, 지식청년 농촌으로 내려가기, 정치 동요로 표현되었다. 방대하고 급속히 증가하는 인구와 자원의 부족, 경제발전의 낙후는 첨예한 모순을 형성시켰고, 너무나 많은 인구에 대한 압력과 부담, 낮은 인구의 자질은 공업화 발동의 최대 제약조건이 되었다.[2]

1959-1961년 동안 중국은 극심한 자연재해를 받았다. 게다가 일부 사업의 정책적 실수로 인해 전국적으로 대기근이 발생하여 수많은 사람들이 굶어죽었다. 통계에 의하면 당시의 아사자가 수 천 만 명이라고 했다.

---

1) World bank, 2006, World Development Report 2006, Oxford University, pp. 292-293.
2) 1953년 6월 30일, 중국에서는 신중국 성립 이래 처음으로 전국성 인구조사를 했다. 그 결과에 의하면 중국인 구는 5.8억 명으로서 선진국 공업화 발동 초기의 인구규모를 훨씬 초과했는데, 1820년의 서유럽 12개 국가 총인구(1.14억 명)의 4.8배, 1820년 미국 총인구(1,000여만 명)의 52배, 1870년 일본 총인구(3,444만 명)의15.7배에 달했다.

1970년대 초 계획출산을 전면적으로 실시할 때, 전국의 총인구는 8.3억 명으로서 20년 사이에 53.2%가 증가했고, 1년의 평균 증가속도는 2.1%에 달했다. 1970년대 이후 계획출산정책을 효과적으로 실시했기에 인구의 증가속도는 계속 하강했다. 2008년 대륙의 총인구는 13.28억 명으로 세계인구의 5분의 1을 차지했다. 인구의 증가속도가 너무 빠르면 1인당 재정수입에 영향을 줄 뿐만 아니라 식량과 주택의 공급, 교육과 노동 취업의 만족, 환경문제 등을 시급히 해결해야 할 사회문제로 된다. 인구 증가, 과도한 토지이용은 취약한 생태적 평형을 파괴했다. 중국정부에서는 큰 노력을 들여 "3북의 방호림" 조성 등 생태환경을 다스렸지만, 생태환경의 악화 추세는 효과적인 억제를 능가했다.[3]

2000년 이후 중국은 인구 보너스(紅利, 풍부한 노동력에 의한 경제성장) 고봉기에 들어섰는데, 이는 1970년대 이래의 인구정책과 밀접한 관계를 가지고 있다.[4] 낮은 인구성장률로 인해 중국은 인구보너스 시기에 앞당겨 진입했다. 하지만 이것은 거대한 경제비용을 부담시켰다. 중국 인구의 보너스 시기는 앞당겨 막을 내리고, 인구 부담시기에 앞당겨 진입했으며, "부유해지기 전에 늙어버렸던 것"이다. 중국은 낮은 재정 수입단계에서 노령화 사회로 들어섰고, 중등의 수입단계에서 비교적 심각한 노령화 사회에 진입했던 것이다.

---

3) 진건평, "중국 인구 규모와 구조문제 및 해당 정책 조정", ≪인구와 발전≫, 2009년 제2호
4) 중국 인구변화의 중대한 특징은 총인구 수량의 쾌속적인 증가 추세를 효과적으로 억제했다는 것이다. 낮은 재정수입의 조건 하에서 "낮은 출생률, 낮은 사망률, 낮은 자연 성장률" 단계에 들어섰다. 노동적령인구(15-64 세)는 총인구 비중이 역사상 최고 수준에 도달(2005년에 72.0%)했고 인력자원이 신속하게 증가하는 역사시 기를 형성했다. 이 시기를 "인구(출산 통제) 보너스"라고 한다.

'15시기', 전국 1인당 인구와 계획출산 사업비는 10원이었고, 2010년에는 전국 1인당 인구와 계획출산 사업비는 22원으로 상승했다. 2010년 중국정부는 34.6억 위안을 투입하여 농촌 계획출산 가정을 장려하고 지원했으며, 신농촌 보험, 집단 임권제(林權制) 개혁, 토지징용 보상, 빈곤 지원개발 등 정책의 실시과정에서 계획출산 가정을 우선적으로 돌보았고, 그들의 복지대우를 제고시켰다. 이것은 중국인구와 계획출산을 통해 이익을 발생케 하는 정책으로 이끄는 체계가 초보적으로 형성되었다는 것을 설명해준다.

2. 노령화비용

1980년대 이래 중국인구의 출생률은 많이 내려가고 중국은 현재 노령화 사회에 들어서고 있다. 2000년 65세 이상의 인구비중은 6.96%[1]로 7%의 노령사회 표준에 접근했다. 2005년 노령인구의 비중은 7.5%로서 일본 1973년의 비중에 상당했다.[2]

---

1) 정경평, "'녹색 파도'의 중국 양로보험 체제 충격과 대응책", 《통계연구》, 2002년 제1호.
2) 호안강, "중국 중장기 인구 종합 발전 전략", 《청화대학 학보》, 2007년 제5호

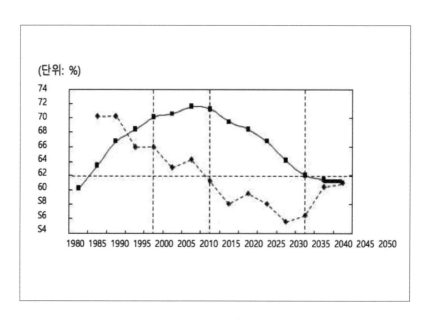

(단위: %)

74
72
70
68
66
64
62
60
S8
S6
S4

1980 1985 1990 1995 2000 2005 2010 2015 2020 2025 2030 2035 2040 2045 2050

도표15-1 중국 노동적령 인구의 변화(1980-2050년)
자료 출처: 국가통계국 통계연감 해당 수치에 근거하여 정리, 계산함

2010년에 이 비중은 8.87%로 상승했다.[3] "국가 인구 발전전략 연구보고"의 예측에 의하면 2020년에 60세 이상 노인은 2.34억 명이고, 비중은 2000년의 9.9%로부터 16.0%로 증가할 것이고, 65세 이상 노인은 1.64억 명으로 그 비중은 2000년의 7.0%로부터 11.2%에 달할 것이라고 했다. 2040년대 후기는 노령인구의 고봉기가 형성되는데, 60세 이상 노인은 4.3억 명이고, 그 비중은 30%에 달할 것이며, 65세 이상 노인은 3.2억 명으로고 그 비중은 22%에 달할 것이라고 한다. 그때에 3,4명 중 1명이 노인일 것이다.(도표 15-2를 참조.)

---

3) 국가통계국, 《중국발전보고2011》, 중국통계출판사, 2011년판, 86쪽.

2020년, 2050년 80세 이상 노인은 각각 2,200만 명, 8,300만 명에 달할 것이다.

인구 노령화로 인한 노동 연령인구의 고령화는 산업구조 조정에 불리하다. 대규모로 산업 이전을 할 때 신형 기술구조의 젊은 노동력이 필요하다. 만약 젊은 노동력이 수요를 만족시키지 못한다면 나이 많은 노동력에 대하여 강습, 교육할 수밖에 없다. 나이 많은 노동력은 신기술을 받아들이는 속도가 늦으므로 재 강습 비용이 많고 산업구조를 조정하는데 필요한 요구에 적응하기 어렵다. 그리하여 구조성 실업을 조성하게 되고 산업구조 조정을 억제하게 될 것이다.[1]

인구 노령화로 인해 중국의 총인구 경제부담은 증가할 것이고, 노인 부양계수는 신속하게 제고될 것이다. 1980년 이후 중국의 양로금 증가속도는 비교적 빨랐다. 1979년에 전국 이직 휴양, 퇴직 휴양, 퇴직 직원은 596만 명이고, 1989년에는 2,201.5만 명으로 증가했으며, 10년 동안 2.7배나 증가했다. 이직 휴양, 퇴직 휴양, 퇴직 직원의 보험 복지비용은 32.5억 위안에서 382.6억 위안으로 증가했는데 이는 10.8배나 증가한 것이다.[2]

2000년의 통계를 보면 중국인 평균 9.1명의 노동력이 1명의 노인을 지원했음을 알 수 있다.

---

1) 魯志國, "인구 노령화가 중국 산업구조 조정에 미치는 영향", ≪심천대학 학보≫, 2001년 제2호.
2) 丁軍强, "21세기 중국 인구 노령화의 지속 발전 가능성에 대한 영향 분석과 대응책", ≪이론월간≫, 2002년 제10호.

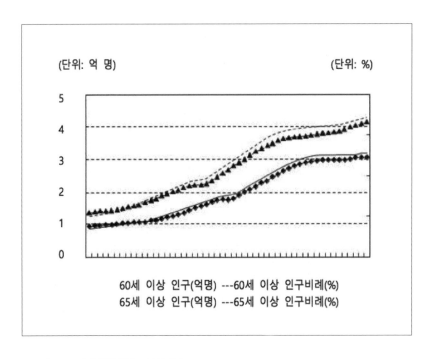

(단위: 억 명)   (단위: %)

5

4

3

2

1

0

60세 이상 인구(억명) ---60세 이상 인구비례(%)
65세 이상 인구(억명) ---65세 이상 인구비례(%)

도표 15-2 미래 중국 인구 노령화 예측
자료 출처: WorldBank, World Developmemt Indicator 2006 ;
국가통계국 통계연감 수치에 근거하여 정리함

 2020년 평균 5.9명의 노동연령 인구가 1명의 노인을 지원할 것이고,
2050년에 평균 2.7명의 노동연령 인구는 1명의 노인을 지원하게 될 것이다.[1]
이것은 중국인구의 부채시기가 신속하게 다가올 것이라는 점을 시사한다.

 노령화 정도의 심화로 인해 사회적 총 부양비는 증가할 것이고, 노령
인구에 대한 양로, 의료 등 비용이 증가할 것이며, 노령화 사회는 국민 수입의
소비부분을 증가시킬 것이다. 이는 국민 수입의 소비기금 확대를 조성할
것이고, 축적한 자금을 감소시킬 것이며, 국가발전을 위한 재정능력을

제약시킬 것이며 경제가 지속적으로 성장하는데 직접적인 영향을 줄 것이다. 1978-1993년 사이에 중국의 퇴직 직원에 대한 사회복지비용은 17.3억 위안에서 913.7억 위안으로 증가했다.

노동부문의 예측에 의하면 2050년에 중국의 퇴직자 총수는 1억 명을 초과할 것이고, 1년 간의 퇴직비용은 18만 억 위안에 달하게 될 것인데, 이는 1993년의 20여 배에 이르는 것이라고 한다.[2] 여러 나라의 조사에 의하면 노령인구의 의료비용은 일반적으로 어른의 3-5배라고 한다.

인민의 생활수준이 제고됨에 따라 노인 1인당의 소비기금도 오를 것이다. 1986-1997년 사이에 중국의 이직 휴양, 퇴직자는 1년에 평균 5.79% 증가했고, 그 보험 복지비용은 1년에 평균 23.96% 증가했다.[3]

1) 호안강: "중국 중장기 인구 종합 발전 전략" ≪청화대학 학보≫ 2007년 제5호.
2) 초자력, 주쌍초: ≪중국 인구와 지속적 발전≫ 중국인구출판사 1998년판 제164-166쪽. 3) 양중신: ≪노령화와 산업 구조 조정≫ 광서인민출판사 2000년판 제30-33쪽, 37-47쪽.

표 15-2　중국의 인구 연령 구조(1990-2040년, 총인구의 비중)　(단위: %)

연도	0—14세	15—64세	노동력 인구	노인부양 인구a	노인부양 인구b	부양 인구a	부양 인구b
1990	27.69		60.06		10.34		38.02
1995	26.70	67.01	60.52	6.30	13.01	32.91	39.64
2000	25.31	67.67	60.95	7.03	13.81	32.25	39.05
2005	22.40	69.97	62.55	7.63	15.09	29.96	37.45
2010	20.74	71.08	62.40	8.18	16.90	28.85	37.60
2015	19.75	70.90	61.49	9.35	18.81	29.03	38.51
2020	19.30	69.26	59.60	11.44	21.15	30.68	40.40
2030	17.57	67.09	54.72	15.34	27.76	32.84	45.28
2040	16.51	63.43	53.43	20.05	30.10	36.49	46.57

주: 노인부양인구란 65세 이상의 인구를 가리킨다. 노인부양인구 b 는 남60, 여55 이상의 인구를
　가리키고, 부양인구는 0-14세 및 65세 이상 인구의 합을 가리킨다. 부양인구 b 는 0-14세
　인구와 남60, 여55세 이상 인구의 합을 말한다. 1990년 전국의 인구 수치는 제4차 전국인구
　조사수치이다.
자료 출처: 중국통계연감 2011 , 해당 수치에 근거하여 정리, 계산함.

3. 인구관리의 비용

중국인구는 전통적 농업인구의 현대화 공상업 인구로 전환을 하고 있고, 대량의 농업인구가 도시로 진입하고 있다.[4] 이것은 중국농촌의 대량 과잉노동력의 취업 압력을 해소시키고, 도시 노동연령 인구를 보충해 주며, 도시 산업구조 상에서의 부족한 점을 미봉해 주고, 도시건설의 가속화 등 면에 거대한 기여를 했다. 하지만 대규모의 유동인구는 도시의 기초 시설, 교통, 환경, 취업, 치안 등 면에 거대한 압력을 주었고 도시인구 관리에 거대한 도전을 주었다.

특히 '농민공'의 도시 '변두리'에 거주하는 상태[5]를 조성함으로 인하여 그들은 사회의 중요한 불안정 요소가 되었다. 유동인구의 무질서한 증가는 사회치안을 해치는 법률 위반, 범죄 활동의 발생률을 제고시켰다.

유동인구의 집결지는 흔히 사건이 많이 발생하는 곳으로 되었다.

통계에 의하면 중국경제 발달지역의 유동인구 범죄사건 비례는 사건 총인수의 60%이상을 차지하였는데, 개별적인 지역에서는 80-90%를 차지한다고 한다.[6]

---

4) 통계에 의하면 중국에는 약 2.1억 명 유동인구가 있는데 그 중 농민공이 1.5억명이고 기타 유동인구가 6,000만 명이다.
5) '변두리'상태 : 도시에 들어온 농민이 농사일을 하지는 않지만 농민신분을 벗어나지 못했다. 그들은 도시에 거주하지만 도시 호구가 없고 사회보장을 누리지 못하고 있다. 그들은 도시로 들어가려 하지만 도시는 그들을 받아들이지 않고 있다. 그들은 산업, 도시, 체제의 변두리에 있는 것이다.
6) 진상곤, "유동인구 기율 위반 범죄 문제와 대응책 사고", 《인구학간》 2004년 제5호.

중국 남녀 성별 비례의 조정 실패는 인구 관리비용 요소의 하나가 되었다. 1980년대 초기부터 중국의 인구출생 남녀 성별비례 차이는 지속적으로 상승했다.

2000년 제5차 전국인구 조사 자료에 의하면 1990-1999년 중국의 출생 성별비례는 111.4, 113.5, 114.6, 115.2, 116.6, 117.8, 118.5, 120.4, 122.1, 117.8였다.[7] 2005년 중국 남녀 성별 비례는 106.30였고, 중국 출생 성별비례는118.88로서 정상적인 수치인 104-107을 많이 벗어났다.

성별비례 조정 실패의 가장 큰 영향은 범죄와 사회동요를 쉽게 일으키는 것이다. 중국공안부의 통계자료에 의하면 1990-1991년 여성 유괴로 인해 체포된 사건이 65,236건이었다.[8] 성별 비례의 불균형은 '혼인 압박' 문제를 조성하고, 여성의 취업 압력을 증가시키며, 사회의 양로 문제 압력을 증가시켰으며, 가정과 사회 안정에도 충격을 주었다.

---

7) 어경휘, "중국 출생인구 성별비례 실조의 원인과 대응책", ≪학술교류≫ 2008년 제1호.
8) 진상곤, "유동인구 법률 위반 범죄문제와 대응책 사고", ≪인구학간≫ 2004년 제5호.

제3절

사회인구 변화비용의 형성원인

중국 인구구조의 심각한 불균형의 주요 원인은 출산정책으로 인한 출산율의 신속한 하강이다. 중국은 30여 년 동안 계획출산정책을 실시하고 인구의 신속한 성장을 통제했다. 그런데 출산율의 하강은 인구 자체 재생산의 심각한 조정 실패를 조성하고 연령 성별구조의 조정 실패를 가져오게 했으며 나아가 일련의 사회경제 발전문제를 유발시켰다.

1950년대에 중국은 인구증가의 복잡한 영향을 충분히 예측하지 못했다. 당시 출산 고무정책은 중국이 기본적으로 농업사회이므로 신속한 인구의 출산속도는 물질생산의 부족을 초래한다는 것을 살피지 못했다. 1960년대, 70년대에 신속한 인구증가 압력을 느낀 후에 70년대 초기부터 인구통제 정책을 실시하고, 최근 20년 동안 실시한 계획출산 정책을 실시했다. 20세기 후반기에 중국의 인구정책 조정은 역시 인구와 경제사회 변화에 뒤져 있었다.

성진화(城鎭化)는 국가 발전의 중요한 내용으로서, 도시와 농촌 간의 격차를 축소하는 중요한 경로였다. 그런데 중국의 성진화 과정에 도시와 농촌의 분할구조는 농민의 이익을 심각하게 해쳤다. 중국의 2원적 사회체제로 인해 유동인구는 체제 밖에서 생존하고 노사관계와 당지에서의 인간관계의 위치가 대등하지 못했다. 도시와 농촌의 분할 취업 관리체제, 호적제도, 사회보장 등으로 인해 그들은 정치, 경제, 문화의 권익이 실제적이고 효과적인 보장을 받지 못하여 사회모순과 사회충돌의 증가를 조성했다.

제도를 보면 중국의 인구관리 법률, 법규는 아직 완벽하지 못했다. 각 지방에서는 실제상황에 근거하여 일부 지방성 법규를 제정했지만 제도 갱신이 노동력 유동의 수요를 따르지 못했고, 심지어 이들을 관리하는 손길이 부족한 점이 나타나고 있다.

제4절

사회인구 변화비용에 대한 대응책

구체적인 대응책은 아래와 같이 요약할 수 있다.

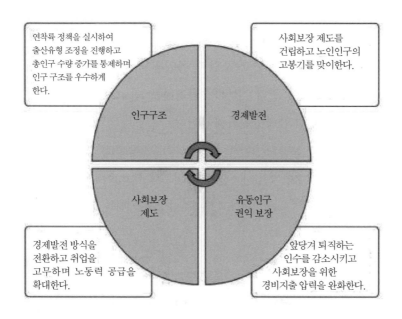

연착륙 정책을 실시하여 출산유형 조정을 진행하고 총인구 수량 증가를 통제하며 인구 구조를 우수하게 한다.

사회보장 제도를 건립하고 노인인구의 고봉기를 맞이한다.

인구구조

경제발전

사회보장 제도

유동인구 권익 보장

경제발전 방식을 전환하고 취업을 고무하며 노동력 공급을 확대한다.

앞당겨 퇴직하는 인수를 감소시키고 사회보장을 위한 경비지출 압력을 완화한다.

도표 15-3   사회인구 변천비용의 대응책

1. 연착륙 정책을 실시하고 출산유형을 조정하며, 총인구 수적 증가를
   통제하고 인구구조를 우수하게 한다.[1]

앞으로 상당히 긴 시기에 중국은 인구수의 통제를 첫째 목표로 삼아야
한다. 바로 구진무가 말한 것처럼 "수량과 구조를 종합 분석하여 우리는
인구의 규모문제와 연령의 구조문제를 비교하여 규모문제는 현재와 금후
몇 십 년 동안은 첫째 문제이고, 구조는 둘째 문제라고 인정한다." [2] 우리는
미래 전략차원에서 인구증가를 엄격하게 통제해야 한다.[3] 가능한 조건에서
마이너스 성장을 하여 점차 인구의 총규모를 줄여야 한다.[4]

2. 경제발전 방식을 바꾸고 창업과 취업을 적극 고무하며, 노동력의
   공급을 확대해야 한다. 앞당겨 퇴직하는 인수를 줄이고 사회보장
   경비지출에 대한 압력을 완화해야 한다.

거시적 경제정책은 취업의 증가를 중심으로 삼고, 산업구조를 우수하게
하며, 새로운 취업경로를 개척하고 분배경사정책을 계속 실시해야 한다.

---

1) 중국의 체제 장점을 이용하여 주동적이고 초월적으로 인구발전의 목표를 설계해야 하는데,
   여기에는 아래와 같은 3개의 목표가 포함된다. 첫째, 적당한 인구규모이다. 둘째, 합리적인
   인구구조이다. 노동인구 비중이 장 기간 50%를 밑돌지 않게 보장해야 한다. 셋째, 높은 품질과
   높은 생산률을 가진 인구이다.
2) 瞿振武, "중국인구 규모와 연령구조의 모순 분석", ≪인구연구≫ 2001년 제3호.
3) 宋海源, "인구증가의 엄격한 통제는 동부와의 격차 해소 목표를 실현하는 중요한 보증이다",
   ≪경제개혁≫1996년 제6호. 4) 구진무, "중국인구 발전: 새로운 도전과 선택", ≪이론시야≫
   2007년 제9호.

제3산업을 적극 발전시키고 중소도시와 진에 대한 건설을 가속화 하고, 잉여노동력의 취업공간을 확대해야 한다. 그리고 제1산업 잉여노동력의 효과적인 전환을 촉진시켜야 한다.[5] 퇴직 제도를 개혁하고 더욱 현명한 취업제도, 이를테면 자주 취업, 비정규 취업, 합동제 취업, 가정 취업 등을 실시해야 한다. 퇴직 연령은 노령화사회의 추세를 고려해야 한다.[6]

3. 사회보장제도를 건립하여 노인인구의 고봉기를 맞이해야 한다.

가정보장을 기초로 하고 사회보험과 사회구조를 결합하고 사회와 사회구역 서비스를 보조로 하는 전방위적이고 다차원적으로 통일 보장제도를 건립해야 한다. 양로 보장혜택 면을 더욱 확대하고, 국가와 인민을 위한 "안전망"을 건립해야 한다. 양로금의 관리를 강화하고, 양로 기금의 효율을 높여야 한다.

---

5) 산업구조를 조정하는데 있어서 발전 잠재력이 큰 업종을 마땅히 돕도록 해야 한다. 투자구조 조정에서는 이런업종의 투자 비중을 증가시키고, 중소기업을 대대적으로 발전시키며, 민간의 투자분야를 개방해야 한다. 그리하여 이런 업종이 새로운 경제성장점과 취업기지가 되도록 해야 한다.
6) 1950년대 이후 중국의 퇴직정책과 퇴직규정은 남자 직원이 60세이고 여자 직원이 55세이다. 인구 출생 시예측 수명이 부단히 제고됨에 따라 시대에 뒤진 이 퇴직정책의 수정을 통해 신속한 노령화에 대비해야 한다.

노동력 자원을 충분히 개발하고 인력 자본의 축적강도를 강화하며 노동력의 유동성을 강화시켜야 한다.[7] 노령산업을 적극 발전시키고 노령화 정도의 심화, 노인수량의 증가, 노인 수요 범위의 확대와 수요차원의 제고에 따라서 노령산업 시장 비율도 부단히 상승할 것이다. 때문에 노령산업은 국민경제 새로운 성장점으로 되고 국민경제 발전을 촉진할 것이다.[8]

4. 유동인구에 대한 권익보장제도를 건립하고, 농민공의 시민화를 촉구해야 한다.

농민과 유동인구에 대한 문제 해결의 근본 방향은 호적을 경계선으로 하는 관리와 공공서비스 체제를 타파하는 것이다. 국가에서는 통일적으로 계획하여 부문에서 이동하고, 지역을 벗어난 전체 농민공의 집단적인 사회정책체계를 재빨리 건설해야 한다.

---

7) 세계은행에 의하면 금후 농업노동력의 1%, 5%, 10% 전이하게 되면, GDP는 각각 0.7, 3.3, 6.4퍼센트가 제고될 것이라고 했다.

도시와 농촌의 2원 분할 체제를 타파하고, 새로운 조건을 창조하여 농민공들이 농촌의 토지보장에 의거하던 것으로부터 도시와 진(鎭)의 공공서비스 보장으로 전화하는 것을 촉진시켜야 한다. 유동인구의 사회보장체계 건립을 완벽히 하고, 산업재해 보험제도, 중병 보험제도와 양로 보험제도를 건립해야 한다.[9] 양호한 인구의 유동, 이동, 거주에 대한 정책 환경을 창조하고, 그들에게 직업의 자유 선택, 거주지의 선택 권리를 주며, 평등하고 우호적으로 대해야 한다.

---

1) 노령 산업이란 노인 소비시장 수요 증가로 인하여 형성된 산업을 가리킨다. 여기에는 해당 노인 특수한 수요 의 생산, 경영, 서비스 등 시설과 경제활동이 망라된다.
2) 현재 많은 대도시에서는 유동인구 사회보장 체계를 건립하여 많은 정도에서 도시와 농촌 2원제 사회경제 구 조로 인한 불평형 상황을 완화했으며 외지에서 근무하는 노동자들의 우려를 해소하고 그들의 범죄경향을 줄 였다.

제4부

중국사회의 발전비용

제16장

중국의 사회관리비용

제1절

사회 관리의 정의와 의미

정부 기능의 하나인 사회관리란 정부에서 전문적이고 체계적이며 규범화한 사회정책과 법률 제정을 통하여 사회조직을 관리, 규범화하고 합리적인 현대 사회구조를 육성하며 사회의 이익 관계를 조정하고 사회적 요구에 대답하는 것을 가리킨다. 그리고 사회적 모순을 해결하고 사회의 공정, 사회 질서와 사회 안정을 수호하며 이성, 관용, 조화로움, 문명사회의 분위기를 조성하고 경제, 사회, 자연의 조화로운 발전의 사회 환경을 구축한다.[1] 사회 관리의 목표는 사회발전을 촉진하고 사회질서의 설계와 구조에 중시를 돌리는 것이다. 이것은 사회관계, 개인과 개인 사이, 개인과 사회(조직) 사이의 상호 활동관계를 더욱 중시한다.

개혁개방 이후에 중국정부에서는 정부의 사회관리 기능 강화를 고도로 중시하고 사회관리 체제를 개혁하여 완벽히 했다. 1998년 제9차 전국인대 제1차 회의 "국무원 기구개혁 방안의 설명",[2] 중국 공산당 제16차 전국대표대회[3]에서는 사회관리 강화를 정부기능 전환의 목표로 삼았다.

2004년 국무원 총리 온가보는 "사회 관리와 공공서비스 기능을 이행하는 것을 더욱 중시하고 더욱 많은 역량을 사회사업 발전과 인민생활 문제의 해결에 두어야 한다"⁴⁾고 강조했다. 당의 16차 3중 전회에서는 정부기능을 "경제 조정, 시장 감독과 관리, 사회 관리와 서비스"라고 정의하고, 사회 관리를 정부의 주요한 내용의 하나라고 규정했다.

이것은 사회문제의 예방과 치리, 사회 안전의 확보, 조화로운 발전이 아주 중요한 경제의의와 정치의의를 가지는 절대적 선택으로 되었다는 것을 설명해주었다.

정부에서는 사회 관리의 강화에 막대한 행정관리비용을 지불했다. 사회 관리체제의 결함은 일부 사회문제를 유발시켰다. 이를테면 빈부격차의 확대, 너무 낮은 사회보장 혜택, 취업형세의 악화, 사회사업 발전의 완만함 등은 중국의 사회 관리비용이 되었다. 한마디로 말해 사회 관리비용은 사회 화해비용과 행정관리 비용으로 나눌 수 있다.

---

1) 무수용: "기업은 재무 정밀화 관리를 어떻게 제고할까" ≪시대경무≫ 2007년 제11호.
2) 1998년 3월 6일, 국무원 비서장 나간은 제9차 전국인대 1차 회의에서 "국무원 기구개혁 방안의 설명"보고를 하고 "정부기능은 거시적 조정과 통제, 사회 관리와 공공서비스 면에로 착실하게 전변"해야 한다고 제기했다.
3) 중국공산당 제16차 전국대표대회에서는 "경제 조정, 시장 감독과 관리, 사회 관리와 서비스 기능을 완벽히"해야 한다고 제기했다.
4) 2004년 2월 21일, 국무원 총리 온가보는 성, 부급 주요영도 간부 "과학적 발전관의 수립과 관철"전문 연구반수료의식 강화에서 "사회 관리와 공공서비스 기능의 이행에 더욱 중시를 돌리고 더욱 많은 역량을 사회사업 발전과 인민생활 문제의 해결에 두어야 한다."고 지적했다.

정치사회	효율사회	조화사회
① 분배의 "평균주의" ② 낙후한 생산력, 효율을 고려하지 않는다. ③ 결론: '공평'은 가난한 인간의 공평, 빈곤의 공평, 낙후한 공평으로 될 수밖에 없다.	① 효율을 우선으로 하고 공평을 고려한다. ② 경제성장 문제는 사회 공평보다 우선이다. ③ 결론: 효율, 물질 기초가 없는 공평과 정의는 차원이 낮다. 사회 공평문제를 해결하지 않으면 경제와 효율의 지속적이고 조화로운 성장과 발전을 실현할 수 없다.	① 효율과 공평을 모두 중시하고 서로 돌보며 통일적으로 발전해야 한다. ② 과학적 발전관 ③ 사회 건설과 관리를 강화.

도표 16-1 중국 사회 관리 모델의 3단계

제2절

사회 관리의 표현형식

상술한 분석에 근거하여 사회 관리비용에는 주로 사회 화해비용, 행정관리비용 지출 등 표현 형식이 있다는 것을 알 수 있다. 구체적인 내용은 표 16-1을 참조할 것.

표 16-1 중국의 사회 관리비용

비용 분류	표현 형식	구체적인 내용
사회 관리비용	사회 화해비용	사회 치안비용, 공공안전비용
	행정관리비용 지출	행정관리비용

1. 사회 화해 비용

현재 중국에서 전염병, 자연재해 등 전통적인 유형의 사회문제가 인민생활과 사회 안정에 위협을 주고 있다. 뿐만 아니라 공업화, 성진화(城鎭化)를 표징으로 하는 현대화 과정에서 실업, 빈부의 분화, 사고의 생산, 노사 충돌, 형사 범죄 등의 사회문제가 부단히 일어나고 심화하고 있다. 중국사회의 전환이 끝나지 않았을 때, 낡은 사회자원의 분배체계, 통제시스템, 통합시스템은 해체되고 있고, 새로운 체계와 시스템은 아직 완벽하지 않아 충분히 작용하지 못하고 있다. 그리하여 일부 특수한 유형의 위험이 발생하고 심화되었다. 이를테면 과도한 빈부격차, 도덕규범의 실종, 사회의 궤도이탈, 범죄의 급증, 전염병 통제의 난도 증가, 집단 충돌의 심화, 신임위기와 통제의 상실 등이다.[1] 이것은 사회를 관리하는 정부기능이 발휘되는데 소요되는 사회적 화해비용이다.

해마다 중국은 사회 공공안전문제로 인한 경제손실이 6,500억 위안으로 약 GDP의 6%를 차지하고 있다. 그 중 안전사고에 의해 발생하는 손실은 2,500억 위안이고, 사회치안사건으로 인한 손실이 1,500억 위안, 자연재해로 인한 손실이 2,000억 위안, 생물 침해 손실이 500억 위안이다. 해마다 공공안전문제는 20만 명의 목숨을 앗아가고 있다. [2]

최근에 중국 사회치안의 형세는 비교적 심각해지고 있고 많은 도시의 범죄율은 점차 상승하고 있다. 건설부의 통계에 의하면 2004년 상반년에만 해도 토지징용, 탄원 철수문제로 정부에 신고하러 온 수량이 2003년의 총수량을 넘어섰다.

---

1) 정항생, 홍대용: "중국 전화시기 사회안전 우환과 대응책" ≪중국인민대학 학보≫ 2004년 제2호.
2) 포수유: "공공안전 중시를 기본 구책으로" ≪중국사회도간≫ 2005년 제4호.

2009년 10월까지 전국의 형사사건 수량은 10%이상 증가했고, 치안사건의 수량 증가 폭은 약 20%였으며, 1년 동안이 형사 입건 수량은 530만 건에 달했다. 치안사건은 990만 건에 달했는데, 이런 증가추세는 2000년 이후 법률위반 범죄수량이 줄곧 안정되던 추세를 넘어섰다.[3] 주요한 범죄 유형의 수량도 명확하게 증가했다.

그 주요표현은 폭력 범죄, 재산 침범 범죄 등의 증가 폭이 명확했고, 조폭 세력 범죄가 활약하는 시기에 처하게 되었으며, 집단사건이 지속적으로 증가하고 있는 것 등이다.[4] 이것은 중국이 경제가 발전하는 동시에 사회적 화해의 위험도가 커지고 있다는 것을 말해준다.

2. 행정 관리비용의 지출

행정 관리비용의 지출이란 정부 행정활동의 경제자원 소모를 가리킨다. 정부기구의 정상적인 운행은 건축물, 사무실, 인원 임금 등의 자원을 소모하게 된다. 개혁개방 이후에 중국 행정관리의 지출규모는 절대적 수나 상대적 수가 모두 놀라운 속도로 증가하고 있다. 최근에는 증가속도가 줄어들지 않고, 총수량은 몇 배씩 증가하고 있으며, 재정지출과 GDP의 비중이 부단히 상승하여 선진국 수준을 넘어섰다.

3) 손수염: "사회 건설, 관리 강화의 연유와 도전을 논함" ≪중공 복건성위 당학교 학보≫ 2005년 제12호
4) 중국사회과학원 법학 연구소: ≪중국법치발전보고 No.8(2010)≫ 사회과학문헌출판사 2010년판 제177-189쪽

1978년 중국의 행정관리 지출은 52.90억 위안밖에 안 되었으나, 2005년에는 6,512.34억 위안이나 되었다. 이는 총수량이 123배 증가하고, 1인당 1년간의 행정관리비용이 마이너스 9.22배나 증가했음을 보여준다.[1]

상대적 규모를 보면 행정관리비용이 재정지출에서 점하는 비중이 갈수록 커지고 있는 것이다. 1978년 행정관리비용 지출은 재정지출 비중이 4.71%밖에 안 되었으나 2003년에는 19.03%나 되는데 이는 동일한 시기 일본의 2.38%, 영국의 4.19%, 한국의 5.05%, 프랑스의 6.5%, 캐나다의 7.1%, 미국의 9.9%보다 훨씬 더 많은 것이다.[2]

1) 궤도전화 시기 중국 수입은 규범화 하지 않았다. 예산 내 수입 외 액수가 아주 많은 예산 외 수입과 제도 외 수입이 있었다. 예산 외 수입 형성의 초기 원인은 국가에서 정부기관 경비부족을 미봉하기 위하여 각 지방과 단위에서 수입, 지출하고 자기절로 관리하게 하는 수입이다. 최근에 예산 외 수입규모가 줄었지만 예산 내 수 입 규모의 20%이상을 차지하고 있다. 제도 외 수입이란 각 지방, 각 부문에서 자기절로 명목을 세우고 수입, 지출하는 수입을 가리킨다. 제도 외 수입은 절대다수가 마구 수금하고 마구 벌금하는데 속한다. 제도 외 수입 은 원천이 복잡, 은폐하고 투명하지 못하며 부동한 재정급별, 부동한 구역 사이 차이가 아주 크기에 기본적으 로 통계수치를 발표하지 않고 있다. 만약 예산 외 수입과 제도 외 수입을 고려하면 중국 행정관리 지출규모는 더욱 큰다.

2) 동재평: "중국 행정관리 현황과 통제" ≪행정론단≫ 2008년 제1호.

표 16-2 1978-2009년도 행정관리비용 지출이 재정지출에서 점하는 비중

연도	행정관리비용(억 위안)	재정지출 총액(억 위안)	행정관리비용 지출의 재정지출 비중(%)
1978	52.9	1122.09	4.71
1980	75.53	1228.83	6.15
1985	171.06	2004.25	8.53
1990	414.56	3083.59	13.44
1995	996.54	6823.72	14.60
1996	1185.28	7937.55	14.93
1997	1358.85	9233.56	14.72
1998	1600.27	10798.18	14.82
1999	2020.6	13187.67	15.32
2000	2768.22	15886.5	17.42
2001	3512.49	18902.58	18.58
2002	4101.32	22053.15	18.60
2003	4691.26	24649.95	19.03
2004	5521.98	28486.89	19.38
2005	6512.34	33930.28	19.19
2006	7564.70	40422.73	18.7
2007	8514.24	49781.35	17.1
2008	9795.52	62592.66	15.6
2009	9164.2	76299.9	12.0

자료 출처: 국가통계국, 중국발전보고 2011 , 중국통계출판사 2011년판, 615쪽

합리적인 행정관리 지출은 각급 정부의 정상적인 운행을 보증하고 공공산품을 효과적으로 제공하며 시장의 결함을 미봉하는데 필요한 비용이다. 경제발전 수준의 제고에 따라 그 절대규모가 부단히 증가하는 것은 필연적이다.[1] 중국은 공업화, 도시화, 경제의 전화시기에 처해있으므로 행정비용이 비교적 높은 것은 객관적인 측면이 있는 것이다.

그러나 외국과 비교하면 그 비율이 너무 높다는 것이 문제다. 세계 각국의 행정관리지출이 재정지출에서 점하는 비중은 경제발전에 따라서 부단히 줄어드는 추세를 보이고 있다. 중국 행정관리지출의 불합리한 증가는 교육, 과학, 문화, 위생, 사회보장 등의 공공서비스 자금을 점하고 있는 관계로, 정부의 전면적인 기능을 이행하는데 심각한 영향을 끼쳐 경제사회의 건강한 발전을 제약하고 있다.[2]

---

[1] 독일의 저명한 경제학자 와그너가 제기한 '와그너 법칙'은 재정지출의 확장 원인이 공업화 수준의 제고와 도 시화 진척의 가속 때문이라고 했다. 이것은 경제활동을 복잡하게 하고 공공사무를 증가하게 한다고 했다.

[2] 董財平, "중국 행정관리 현황과 통제", ≪행정논단≫ 2008년 제1호.

제3절

사회 관리비용의 형성원인

중국의 사회건설과 관리는 심각한 도전에 직면하고 있다. 경제사회 발전이 조화롭지 못하고 사회건설과 관리가 경제성장에 뒤진 것이 두드러진 모순으로 되었으며, 조화로운 사회 구축에 직접적인 영향을 주고 있다. 사회건설과 관리비용의 주요 원인은 다음과 같다.

1. 정부의 기능과 역할 규정에 착오가 존재한다.

중국정부는 사회 관리기능에서 계획경제시대의 전능형적 정부 관리유형을 계승함으로서 정부와 기업이 분리되지 못했으며, 정부부담을 증가시켰고 사회적 관리효율을 하강시켰다.[3] 장기간 사회발전을 경시하고 전통적인 정부의 사회관리체제와 관리방식이 새로운 상황의 요구에 갈수록 더욱 적응하지 못하고 있다. 마땅히 정부에서 중점적으로 관리해야 할 분야는 그에 맞는 적절한 조치가 따라가지 못해 정책집행이 잘되지 못하고 있기에 수많은 문제가 존재하고 있는 것이다.[4]

2. 낙후한 사회관리체제로 인해 사회관리가 혼란스럽고 효과를 잃고 있다.

중국의 현행 사회관리체제는 계획경제체제에서 형성된 "강한 정부, 약한 사회"라는 정적인 사회관리체제로서, 다원화된 참여주체가 부족하고, 사회모순의 완충지대가 없다. 시장의 역량과 사회적 역량이 정부에 의지하려는 성격이 너무 강하고, 사회관리에 대한 참여공간이 아주 적으며 자치능력도 뒤처져 있다. 사회적 관리체제 하에서의 사무관리가 차별성적으로 대우하는 시스템으로 인해, 이를테면 호적제도와 이로 인한 도시와 농촌의 2원적 사회구조는 도시와 농촌 발전의 불균형을 조성하고 사회 안정에 영향을 주고 있다.

3. 사회 관리운행시스템은 완벽한 관리수단과 조직체계가 부족하다.

현재 중국의 행정관리비용이 너무 높은 문제는 경제발전 요소의 영향을 받고 있다.[1]

---

3) 현행의 시장관리는 행정수단을 위주로 날로 복잡해지고 다원화하는 사회문제를 관리하고 있다. 그리하여 사회 관리는 흔히 통일적인 운동성, 돌격성, 간단화로 표현되고, 효과성, 규범화, 체계성, 통일성이 결핍되어 있다.
4) 부문이 분할되어 있고, 여러 부문의 관리도 정부의 효과적인 사회분야 관리를 제약하는 요소이다. 동일한 분야의 각 관리 직책은 서로 교차되어 기능이 분명하지 않고 모두 집법할 수 있는 위치에 있다. 그런데 그 경계 선과 책임범위가 분명하지 못하므로 법 집행이 진공상태에 있고, 직책이 모호하며, 그러다 보니 서로 책임을 전가하는 상황을 쉽게 조성하여 불법행위자에게 이용할 기회를 주고 있다.

이것은 중국 행정체제 개혁이 경제개혁에 많이 뒤진 결과이다. 정부의 기구가 방대하고 행정경비 사용 효율이 낮으며 행정관리비용 감독시스템이 완벽하지 못하다. 중국 총인구와 재정 부담 인원의 비례를 보면 1950년대에 600:1, 70년대에는 155:1, 90년대에는 40:1이었다.[2] 정부기구의 확장에 따른 인원의 팽창은 행정관리 비용의 지출 증가를 조성할 수밖에 없다.

중국에서는 다년간 계획경제체제를 실시했다. 행정사업의 발전은 줄곧 재정의 통일된 수입과 통일된 지출에 의거했다. 그 결과 행정비용에 대한 의식이 박약해졌다. 정부의 공공서비스 제공과정은 천연적인 독점적 성질을 띠고 있고, 배타성과 강제성까지 띠고 있다. 정부조직의 이러한 특징은 정부사업에 대한 투자와 산출의 분리를 결정했고, 자금 사용효율의 저하를 조성했다. 이밖에 중국 관원의 실적평가체계로 인해 관원들은 행정비용 경감의 내적 동력과 외부압력을 잃어버렸다.

중국의 관원 업무실적은 주로 GDP, 재정수입, 외부 자금의 유입, 수출 외화의 유입 등을 지표로 보고 있다. 이는 비용을 고려하지 않는 낭비 행정의 관념을 방임하는 원인이었다.[3]

---

1) 경제발전에 따라서 사회의 행정관리 요구도 제고되고 있다. 인구이 전이, 도시화 진척의 가속은 공공부문에서 더욱 많은 자원을 투자하여 관리할 것을 요구한다. 정부는 공공산품의 제공자로서 인민의 날로 높아가는 공공 수요에 만족을 주어야 한다. 그리하여 공공지출에서 중요한 지위를 차지한 행정관리 지출은 증가할 수밖에 없 는 것이다.
2) 여림방, "중국 행정관리 비용 증가의 원인과 통제 조치", 《현대경제정보》 2010년 제9호
3) 여림방, 위의 논문.

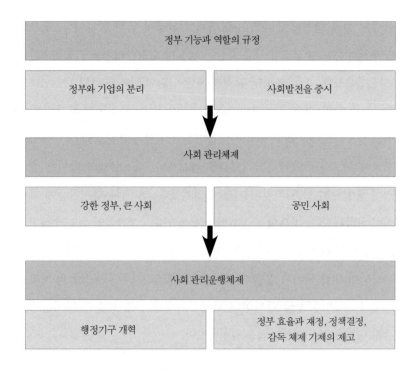

도표 16-2 사회 관리 비용 저하의 대응책

제4절

사회 관리비용에 대한 대응책 분석

화해사회를 수호하고, 사회의 화해비용을 줄이려면, 반드시 정부의 사회 관리체제와 사회 관리 통제수단을 완벽히 하고, 공공 재정체계, 사회 정책체계를 건립하여 화해와 안정된 사회 질서를 수호하고, 정부의 사회 관리기능을 강화해야 한다.[1] 여기에는 세금징수에 대한 조정과 사회보장체계를 핵심으로 하는 재분배정책을 완벽히 하고, 재부가 소수의 사회 성원에게 과도하게 집중되고, 일부 사회 성원에 대한 이익이 과도하게 손실을 보는 것을 예방하며, 취업의 증가를 촉진하고, 실업률 저하를 가장 중요한 경제성장 목표와 사회 안정목표[2]로 삼고, 권리를 향유하는 사회를 건립[3]하는 것이 망라된다.

---

1) 당의 16대 보고에서는 신시기 중국 행정 관리체제 심화의 기본요구를 명확히 하고 다음과 같이 강조했다. "정 부기능을 더욱 전변하고 관리방식을 개진하며 전자 정무를 추진하고 행정효율을 제고하며 행정비용을 낮추고 행정 규범, 운행 협조, 공정 투명, 염결 고효율의 행정관리 체제를 조성해야 한다. "우리는 반드시 과학적 발 전관의 요구에 따라서 경제발전을 대대적으로 추진하는 동시에 사회발전의 가속에 더욱 중시를 돌려야 한다."

사회 관리에 참여하는 주체의 다원화를 고무격려하고, 사회구역 건설을 촉진하며, 사회구역의 자치기능을 완벽히 하고, 정부기능을 전환시키며, 비정부 조직 또는 비영리 조직을 적극 육성 발전시키며, 일부 공공기능을 사회에 맡겨야 한다. 시장 질서를 완벽히 하고, 도덕적인 지지, 재산권에 대한 기초를 확고히 해주며, 법률이 보장하는 사회신용제도를 건립해야 한다. 각종 사회적 경계 · 예방 · 구호시스템을 건립하고, 돌발적인 사건과 위험에 대비하는 능력을 제고시키며, 중국 특색의 "강한 정부, 큰 사회"를 지향하는 관리모델을 구축해야 한다.[4]

1960년대, 70년대 이래 정부 역할을 상실하는 인식이 심화됨에 따라 정부의 시장화 개혁을 주요내용으로 하는 공공관리 운동[5]이 세차게 일어났다.

---

2) 이군붕: "중국정부 사회 관리의 성취, 문제, 대응책을 논함" 《호남행정학원 학보》 2005년 제1호.

3) 권리사회란 공민이 각종 정치, 경제, 사회와 문화 권리를 누리는 것을 가리킨다. 정부권리는 공민이 수여한 것 이고 정부의 근본책임은 공민 권리를 보장하는 것이다. 사회와 군중합작, 사회의 상호 방조의 사회 정치상태 를 실시해야 한다. 권리 사회 건립의 핵심은 공민 보편적 권리 발전을 향도로 하는 사회정책을 제정하고 실시하는 것이다. 권리 사회 실질은 인간을 근본으로 하는 사회발전 과정이다.

4) "큰 사회"가 내포하는 기본 의미는 다음과 같다. 정부의 권력은 인민에게서 오고 인민은 정부에 대한 감독과 제약 작용이 있으며 인민은 국가와 사회 관리 사무에 참여할 수 있다. 사회 조직은 사회 공공관리의 객체이고 사회 관리의 주체이다. 사회자치란 사회의 자아 조직관리, 자아 조직 서비스, 자아 조직 발전과 자아 조직 만 족을 가리킨다. 중국의 사회 관리는 정부를 주도로, 사회조직을 매개물로, 사회구역을 기초로, 군중들이 광범 하게 참여하는 상호 활동 과정이다.

바로 피터스가 말한 것처럼 가장 부유한 서유럽 국가 또는 가장 가난한 아프리카 국가에서는 행정변혁을 고려해 보았는가? 인간들의 가장 보편적인 가설은 정부 조직의 효율 제고를 위한 가장 훌륭한 유일한 방법은 시장을 기초로 하여 건립한 시스템으로 전통적 관료체제를 대체하는 것이다." [5] 효율적인 원칙에 근거하여 정부의 공공부문 독점을 타파해야만 행정관리 비용을 낮추고 행정관리의 효율을 높이는 목적을 달성할 수가 있다.

행정관리를 위한 지출의 신속한 증가 문제를 해결하려면, 행정기구에 대한 개혁을 심화하고 행정경비의 사용 효율을 제고시켜야 하며, 정부 행위에 대한 감독시스템을 건립하고, 재정 지출 구조를 우수하게 조직해야 한다.

계속적으로 기구와 인원을 감축하고, '5급'정부의 급별[6]을 감소하며, "수직형 관리"를 "편평식 관리"로 전환시켜야 한다. 행정기관의 기능을 과학적으로 구분 확정하고, 행정기관의 규모와 편제를 대대적으로 통제해야 한다. 그리고 기구의 중첩과 기능간의 교차되는 문제점 등을 중점적으로 해결해야 한다.[7]

---

5) 미국 피터스: ≪정부 미래의 치리 유형≫ 오애명, 하굉도 역, 중국인민대학출판사 2001년판 제25쪽
6) 현재 중국 정부기구는 5급 정부 즉 중앙정부, 성정부, 지역 시 정부, 현정부, 향정부를 설치했다. 기타 시장경제 국가에서는 일반적으로 3급 정부를 실시하고 있다.
7) 상서하: "중국 행정관리 비용 지출 변동의 실증 분석" ≪동방기업문화≫ 2011년 제2호.

정부의 효율을 제고시키고 효과적인 공무원 계열의 경쟁시스템을 건립하며, 현재의 기구가 지나치게 방대하고 효율이 낮은 현상을 변화시켜야 하며, 재정 공급 인원을 줄여 재정지출을 절약하며, 예산관리체제를 완벽히 해야 한다. 과학적인 정책결정시스템과 감독시스템을 건립하고, 영도자의 정책결정 수준을 제고시키며, 정부의 행위가 군중의 감독을 더욱 많이 받도록 해야 한다.

제4부

중국사회의 발전비용

제17장

중국사회의 안정의 비용

제1절

사회 안정비용의 정의와 의미

1957-1977년 사이에 중국은 정치적으로 불안정한 시기를 지나야 했고, 국민경제는 붕괴 직전에 이르렀었다. 바로 이 시기에 중국과 세계의 격차는 확대되었고, 중국의 사회발전은 거대한 대가를 치러야 했다.[1]

문화대혁명의 큰 고통을 겪은 나라 영도자들은 사회 안정에 깊은 관심을 기울였다. 1989년 등소평은 미국 대통령을 만난 자리에서 "중국문제에서 제일 중요한 것은 안정이다"[2]라고 강조했다.

사회 안정의 수호는 중국정부의 중요한 책임이다. 개혁개방 이래 중국의 사회정치는 종합적으로 보았을 때 안정적이라 할 수 있다. 호금도는 중국공산당 성립 90주년 경축대회에서 중국 사회의 안정 수호의 중요한 의의를 심도 있게 논했다. 즉 "발전을 해야 하는 것은 확고한 도리이고, 안정은 확고한 임무이다. 안정이 없다면 아무 일도 하지 못하고 획득한 성과도 잃을 수 있다"고 했다.[3]

사회 안정문제를 이처럼 강조하는 것은 현재 중국에 여러 가지 불안정적인 요소가 존재하고 있기 때문이다. 특히 세계와의 일체화 추세, 국제적 혹은 국내적으로 복잡한 환경은 중국정부로 하여금 갈수록 더욱 큰 사회

안정에 대한 수호 압력을 받고 있다. 최근에 중국에서는 상급부문과 하급부문 모두가 사회 안정에 고도의 관심을 기울이고 있고, 중앙정부와 지방정부에서도 사회 안정에 많은 정력을 기울이고 있으며, 많은 인력, 재력, 물력을 투입하여 민감한 시기에 있어서 여러 가지 사회적 평안과 안정을 확보했다.

중국사회의 안정비용에는 국방건설과 국방지출, 국가안정에 영향을 주는 사건에 대한 법률 외 방식의 해결 처리비용, 사회의 안정을 파괴하는 사건이 국가경제와 사회에 끼치는 거대한 손실 등이 포함된다.

---

1) 1966년 5월부터 1976년 10월까지 중국에서는 10년이나 되는 '문화대혁명'이 폭발했다. '문화대혁명'에서 당 과 국가 영도자를 포함한 수많은 간부와 군중들이 모함과 박해를 받았고, 국민경제 발전은 완만했으며, 경제 관리체제는 더욱 굳어져 갔다. 정상적인 해에 100원을 투자했을 때에 증가하는 효과에 근거하여 추산하면, 이 10년 동안이 국민수입 손실은 5,000억 위안에 달한다. 1970년대는 국제형세가 완화되었고, 많은 국가들의 경 제가 비약 또는 지속적으로 발전하는 시기였다. 그러나 중국은 '문화대혁명'으로 인해 선진국과의 격차를 줄이지 못했을 뿐만 아니라 발전 기회마저 잃어버렸다. '문화대혁명'은 교육, 과학, 문화에 대한 파괴가 특히 엄중 했고 그 영향이 극히 멀리까지 미쳤기 때문에 한동안 "문화 단층"과 "과학기술 단층", "인재 단층"을 조성했 다.
2) 1989년 2월 26일, 등소평은 미국 대통령 부시를 만났을 때 다음과 같이 말했다. "중국문제에서 제일 중요한 것은 안정이다. 안정된 환경이 없다면 무엇이든 다 날아가고 취득한 성과도 잃어버릴 것이다. 우리나라는 개 혁해야만 한다. 개혁하려면 안정된 정치 환경이 있어야 한다. 이것을 벗어나면 아무것도 할 수 없다."
3) 호금도는 중국공산당 성립 90주년 경축대회에서 "발전은 확고한 도리이고 안정은 확고한 임무이다. 안정이 없 다면 아무 일도 못하고 획득한 성과도 잃을 수 있다. 이 도리에 대하여 전당 동지들이 기억해야 할 뿐만 아니 라 전체 인민들이 확고히 기억하게 해야 한다"고 했다. 호금도는 중국 사회주의 현대화 건설이라는 국면에서 출발하여 처음으로 "안정은 확고한 임무"라고 제기했고, 이것과 "발전은 확고한 도리'라는 것을 동일한 위치 에 놓았다.

제2절

사회 안정비용의 표현형식

상술한 분석에 근거하여 사회 안정비용의 표현형식은 주로 국방지출, 사회 안정비용, 사회 안정 파괴사건의 대가 등이 포함된다.

표 17-1 중국의 사회 안정비용

비용 분류	표현형식	구체적 내용
사회안정 비용	국방지출	군대와 국방의 지출비용
	안정수호비용	공공안전 지출비용
	사회 안정을 파괴한 사건의 대가	"신강의 독립", "서장의 독립" 등 사건에 따른 파괴비용

1. 국방지출

국방지출이란 전체 사회 구성원들의 안전수요를 만족시키기 위한 군비지출을 말한다.[1] 국방지출의 목적은 국방건설을 강화하고 현대화된 국방역량을 건설하며, 국가의 독립을 수호하고 영토에 대한 안전과 주권에 대한 불침범을 보장하려는 것이다. 신중국이 성립 이래 중국의 국방부문

지출은 줄곧 국가재정지출에서 중요한 위치를 점했다.

군비지출은 국가안전의 안정과 보장을 지지하고, 국가 정치와 경제에 대한 이익을 쟁취하고 수호하는데 결정적인 작용을 한다. 국방지출의 내용에는 군대지출, 후방에 대한 방비지출, 국방과학연구 사업비와 방공 경비 등이 포함된다.[2] 신중국 성립 이래 중국의 국방경비 지출은 대체적으로 6단계를 거쳤다.[3] 신중국 건립 초기, 국방경비의 지출은 상대적으로 비율이가 컸고, 군비의 투입은 국민당 잔여 세력, 토비, 악질 토호, 항미원조, 반혁명 진압운동 등 국가 주요 군사 활동에 사용되었고, 신생된 인민정권을 공고히 하는데 사영되었으며, 국내외의 반동세력을 타격하는데 지출되었다.

---

1) 진파, "국방지출과 경제성장의 장기간 균형과 인과 관계", 중국경제학연회 2005년.

2) 진파, 위의 글.

3) 제1단계: 1949-1956년, 신중국이 방금 성립되었다. 당시 중앙은 대부분의 재정을 군비로 썼고, 지출이 아주 많았는데 군비지출이 정부 재정지출의 점유비율이 평균 35%였다. 제2단계: 1957-1966년 사회주의 경제건설 시기에 중국은 군대를 간소화하고, 국방비용을 축소하는 정책을 실시했다. 당시 국방경비는 중앙 재정지출 비 율이 1951년의 42%에서 1960년의 10%로 낮추었다. 하지만 1961년 이후에 국제형세와 주변의 환경변화에 따라 군인수와 국방비용이 다시 팽창했는데, 1966년의 국방비용은 국가 재정지출의 비율이 다시 18.1%로 상 승했다. 제3단계: 1967-1977년 '문화대혁명'시기에 국방비용이 다시 팽창했으나, 국방경비의 GDP점유율은 아주 안정되어 줄곧 4.65-6.5%를 점했다. 제4단계: 1978-1985년, 개혁개방 초기에 경제건설을 중심으로 했 기에 이 시기에는 국방경비 비중이 뚜렷하게 내려갔다. 당시 국방비의 국가 재정지출에 대한 비율이 1978년 의 17.37%에서 1984년의 10.63%로 줄었다. 제5단계: 1086-1998년, 개혁개방이 진행되어 국방비용의 하강 속도가 빨라졌고 크게 위축되는 현상이 나타나 해마다 4% 속도로 줄어들었다. 매년 지출되는 국방비용은 겨 우 국방을 유지하는 정도에 이르렀다. 제6단계: 1999년부터 지금까지, "묵은 빚을 청산하는 단계"로서 국방경 비 위축현상이 뚜렷했으나 국방비용은 해마다 증가하기 시작했다.

이는 신중국의 경제건설과 사회개혁을 위한 상대적 안정을 도모하기 위한 국내외으 환경을 창조하는데 중요한 역할을 했다. 1970년대 말기 국제형세가 변화하여 국가 전략중심은 핵전쟁 준비상태에서 경제건설 중심으로 전환되었다.

경제건설을 지원하기 위하여 국방경비의 비중이 뚜렷하게 줄었는데 국가재정의 지출 비율은 1973년의 17.37%에서 1986년의 9.47%로 줄었다. 1999년 국방건설의 약화로 인해 국가안전과 영토안전은 중대한 도전에 직면했다. 경제 총액의 급증에 따라 전국인민은 거대한 재부를 축적하게 되었는데, 이 재부를 통해 강대한 무장을 하여 나라를 보위하는데 사용해야 할 것이다. 정부에서는 국방건설에 대한 투자 증가를 고려하기 시작했다.

1999년부터 국방지출은 해마다 12-20%의 폭으로 증가했다. 1999-2009년 사이에 국방지출은 1,076억 위안에서 4,951.1억 위안으로 증가했고, 총액은 2배 이상 증가했다.(표 17-2를 참조.)

표 17-2 국방비 지출이 GDP에서 점한 비중

연도	국방비 지출액 (억 위안)	국방비 지출이 재정지출에서 점한 비율(%)	국방비 지출이 GDP에서 점한 비율(%)
1950	28.00	45.00	
1955	65.00	26.10	7.14
1965	87.00	18.30	5.06
1975	142.00	17.50	4.75
1980	194.00	16.70	4.26
1990	290.00	9.87	1.55
1995	636.72	10.20	1.05
1996	720.06	9.72	1.01
1997	812.57	9.40	1.03
1998	934.70	9.47	1.11
1999	1076.40	9.40	1.20
2000	1207.54	9.01	1.22
2001	1442.04	8.80	1.32
2002	1694.40	9.04	1.41
2003	1907.90	8.79	1.40
2004	2200.00	8.33	1.38
2005	2475.00	7.82	1.35
2006	2979.00	7.57	1.41
2007	3554.91	6.93	1.44
2008	4178.76	6.81	1.39
2009	4951.10		1.45

자료 출처: 국가통계국", 중국발전보고 2011 , 중국통계출판사, 2011년판, 615쪽

1999-2008년, 국방경비는 안정적으로 증가했는데, 해마다 평균 15.9% 증가했고, 동일시기 GDP를 당시 가격으로 계산하면 평균 12.5% 증가했으며, 국가재정 지출 평균 성장은 18.5%에 달했다. 군비는 국가 재정지출에서의 비중이 점차 내려갔다. 다른 면에서 보면 중국의 국방비 총액, 군인 1인당 액수는 세계 일부 주요 정치, 군사대국의 수준에 못 미치고 있다.

중국 국방지출과 GDP비례는 세계 3.5% 평균수준[1] 보다 비교적 큰 차이(2006년, 미국 국방비 지출이 GDP에서 점하는 비율이 5%에 접근했다가 있다. 2007년 중국의 매년 국방비는 미국의 7.51%, 영국의 62.43%와 비슷했다. 2002년 중국군 1인당 군비는 8,192달러였는데, 미국은 23.52만 달러, 영국은 11.39만 달러, 프랑스는 10.61만 달러, 독일은 10.50만 달러였다. 중국군 1인당 군비액은 미국의 4.49%, 일본의 3%, 영국의 5.31%, 프랑스의 15.76%, 독일의 14.33%였다.[2]

---

1) 호안강 등, "중, 미, 일, 인 국방실력의 비교", ≪전략과 관리≫, 2003년 제6호.
2) 徐廣毅, "중국 국비 투입 강도를 논함", ≪경제종횡≫, 2007년 제6호.

2. 안정유지비용

안정유지비용은 공공안전 지출인데, 주로 안정유지 기구와 인원, "안정유지 기금", [1] 徐廣毅, "중국 국비 투입 강도를 논함", ≪경제종횡≫, 2007년 제6호. 집단적 사건의 예방 지출[2] 등에 사용된다. 최근에 중국의 사회 안정유지 비용은 신속하게 증가하는 추세를 보이고 있고, 안정유지 비용이 아주 크며 사회에서 그 부담을 감당하기 어렵게 되었다. 안정유지의 1인당 지출은 정부의 교육과 의료비 1인당 지출을 훨씬 초과했다.[3] 2000-2006년, 지방재정 지출에서 무장경찰부대의 지출은 해마다 성장률이 26%에 달하여, 동시기 중앙정부와 지방정부의 재정지출 성장률(각각 17%와 19%)을 초과했다. [4] 2007년부터 전국 재정지출 결산표는 '공공안전'을 단독 항목으로 삼았다. 2009년 전국의 공공안전 재정지출은 4,44.9억 위안으로 그 전해보다 16.5% 증가했다. 실제 금액은 국방비 지출과 비슷하다. 2010년 내부 안전 보위 예산은 5,140억 위안이었고, 공공 안전 재정지출이 다시 8.9% 증가하면 그 증가폭은 군비를 초과할 것으로 보인다. [5]

---

1) 각급 정부는 상급의 "영 지표"와 "한 표 부결"이라는 거대한 압력으로 인해 "민감한 시기"에 들어서거나 "민감한 사건"을 봉착하기만 하면, 대규모 동원을 하고 각 부문에서 모두 일어나 관할구의 평안을 수호했다. "모든 것은 안정수호에 양보해야 한다"는 것이 적지 않은 지방의 행정실황이다. 이런 안정수호의 유형은 대량의 인력, 재력을 투입해야 한다. 이런 상황에서 "안정유지기금"이 출현했다.
2) 張荊鴻, "'권리유지'와 '안정유지'의 높은 비용 곤혹", ≪이론과 개혁≫, 2011년 제3호.
3) 梁惟, "안전유지 곤혹과 공민사회의 결핍", ≪영남학간≫, 2011년 제3호.
4) 陳志柔, "포스터 개혁시기 중국의 다양화에 대한 집단 항의", 제7회 조직사회학 실증연구 사업방회의 논문
5) 張荊紅, 앞의 논문.

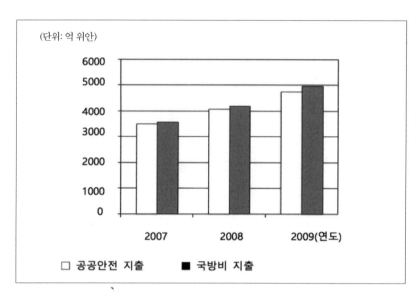

도표: 17-1 2007-2009년, 국가 공공안전 지출

3. 사회 안정을 파괴하는 사건의 경제와 사회의 대가

20세기 중기 이래 집단적 사건의 발전 형세는 갈수록 심각해지고 있어 해마다 발생률은 신속하게 상승하고 있다. 특히 1997년부터 발생빈도가 가속화 되고 있다. 1996년 이전에 집단적 사건의 1년 발생량은 1.2만 건이었지만, 1997년에는 3.7만 건[1]이나 되었고, 2005년에는 8.7만 건, 2006년에는 9만 건을 초과했다.

2007년과 2008년 전국 집단적 사건의 발생량에 대하여 현재 권위 있는 통계 수치는 없다. 그러나 구체적 수치가 2006년보다 더 많을 것이라고는 단언할 수 있다. 일부 매체에서는 2008년을 "집단적 사건 폭발의 해"라고

하면서 2009년 집단적 사건의 위험을 경고했다. [2]

규모를 보면 중국 집단적 사건의 참여인수는 상승추세를 보이고 있고, 관련 업종은 갈수록 증가하고 있으며, 주체 성분은 다원화 되고 있다. 집단적 사건에는 참여인원이 많고, 연관되는 면이 넓기 때문에 발생하기만 하면 지방의 정치경제와 사회질서에 영향을 주었다.

첫째, 이는 당과 정부에 영향을 주었고, 당과 군중과의 관계, 간부와 군중과의 관계, 지역관계, 민족관계, 심지어는 사회주의 이상과 신념에 영향을 줄 수도 있는 것이다. 이는 정상적인 사회조정시스템을 형성하는데 불리하다.

둘째, 정상적인 사회질서를 교란시키고 사회의 안정과 발전을 파괴한다.

셋째, 거대한 경제손실을 유발시킨다.

집단적 사건의 빈번한 발생은 사회의 화해와 안정에 영향을 주는 중요한 요소가 되고 있다. 집단적 사건은 직접적 경제손실을 조성할 뿐만 아니라 대량의 처리, 예방, 치리비용을 지불하게 하고, 사회 안정비용을 심각하게 증가시키고 있다. [3]

---

1) 王梅枝, "강성 안정 수호로부터 유연성 안정 수호의 전변을 논함", ≪당정간부학간≫ 2010년 제4호
2) 張傳鶴, "중국 집단적 사건의 최신 발전태세, 형성원인과 대책 연구", ≪산동사회과학≫ 2010년 제5호
3) 金銘, "현 단계 중국 집단적 사건의 특징과 처리 책략", ≪이론전연≫, 2009년 제24호
4) 鄒宏儀, "발전은 확고한 도리이고 안정은 확고한 임무이다", ≪군중잡지≫, 2011년 제9호
5) 梁惟, 앞의 논문.

제3절

사회 안정비용의 형성원인

1. 공중 이익을 표현하는 시스템의 부족으로 인해 권리를 지키려는 사건이 증가하고 정부의 안정유지에 대한 압력을 가중시키고 있다.

국제 경험에 의하면 1인당 GDP가 1,000-4,000달러일 때가 "중요한 고비"라고 한다. 이것은 중요한 발전기회일 뿐만 아니라, 구조변동이 가장 심하고 각종 모순이 제일 두드러지는 시기인 것이다. 이 시기에 경제체제의 심각한 변혁, 사회구조의 심각한 변동, 이익 구조의 심각한 조정, 사상관념의 심각한 변화로 인해 각종 경제성분이 장대해지고, 사회계층의 분화와 재조합, 각종 이익 충돌의 강화와 격화, 사회사상이 다원화되는 특징이 나타난다. 중국은 사회적 전환시기에 처해 있다. 국제금융 위기가 폭발한 이래 경제적 어려움이 심화되었고, 사회보장 문제가 심각해 졌으며, 사회 빈부의 분화 등 각종 요소는 사회 각 집단의 심리에 영향을 주고 있다. 특히 빈곤군중은 생존에 대한 압력으로 인해 축적된 불만정서가 직접 이익과 관련된 사건을 빌미로 집단적 충돌로 이어질 수가 있다.

집단적 사건의 배후에는 공중이익을 표현하는 시스템이 결여되어 있다.

불공평한 대우를 받은 주민은 자신의 이익을 진정으로 대표하는 조직 또는 경로가 없어서, 자신의 이익 또는 불만을 표현할 수가 없다. 이런 불공평한 것이 합리적인 이익 표현과 호소를 할 수 없기에 그들은 군중역량을 통하여 사회 불만을 털어놓게 되는 것이고, 집단적 사건 폭발의 도화선으로 이어지는 것이다. 현재 정부의 민권관은 흔히 서면과 구두상으로 민중의 이익을 중시하고 있지만, 현실차원에서는 민중이익의 손실을 못 본 척 하고 있고 민중의 문제를 효과적으로 해결하지 못하고 있다.

조사에 의하면 북경 상방촌(上訪村)에서 상급기관에 대한 호소를 통하여 문제를 해결한 것은 전체 사건의 0.2%밖에 안 된다고 하고 있다.[1]

2. 방대한 안정유지시스템은 안정 수호비용의 과도한 팽창을 초래했다.

사회치안에 대한 압력의 증가로 인해 정부에서는 안정 수호사업을 고도로 중시하고 있다. 사회안정 수호하기 위하여 당과 정부에서는 일련의 예방과 통제 조치를 취했다. 이를테면 국가 돌발성 공공사건에 대한 전체적 예산 방안, 중화인민공화국 돌발성 사건에 대한 대응법 등의 법규를 반포하고, 각급 관원의 집단적 사건에 대한 예방과 처리 책략과 기능에 대한 강습을 하고 있다. 전국에서는 각급 안정 수호부문을 설치했다. 이를테면 "안정 수호 판공실", "안정 수호 종합처리 판공실", "안정수호 기금" 등을 설립했다.[2]

---

1) 李昌平, 《上访者为何越来越向北京集中》, 《三农中国》 2006年第4期.
2) 张荆红, 《'维权'与'维稳'的高成本困局》, 《理论与改革》 2011年第3期.

각급 정부에서는 집단적 사건 발생률 0을 안정수호의 목표로 삼고, 주요 영도자의 평가에서 "한 표 부결제도"를 실시하고 있다. 거대한 안정수호에 대한 압력으로 인해 불안정요소가 나타나기만 하면 각 지방 정부에서는 모든 자원과 수단을 동원하여 사건을 제지하고 있다. 이런 안정 수호유형은 사회적 약자의 이익 표현에 대한 압제와 희생을 통하여 단기간 동안만 사회 안정을 수호하고자 하는데 이는 임시변통의 안정 수호인 것이다. 이것은 안정 수호비용을 끌어올릴 것이다.

3. 국제관계의 심각한 변화에 따라 중국은 새로운 도전과 위협이 증가할 것이고, 감당해야 하는 국제적 책임이 갈수록 더 많아지고 있다. 중국이 참여하여 해결해야 할 국제업무가 갈수록 많아지고 있다. 각종 대형 국제 활동을 중국에서 진행하고 각종 안보임무가 내려져서 안보지출이 증가하고 있는 것이다.

안정 수호에 최선을 다하는 것은 사회 안정수호에 적극적인 작용을 하는 것은 사실이다. 그러나 이것은 국가안정 수호 비용의 과도한 팽창을 촉진하고 있다. 따라서 높은 안정 수호비용은 각급 지방정부와 사회의 무거운 부담이 되고 있다.

이를테면 상해시 금산구가 1996-2006년에 걸쳐 행했던 정법(政法)에 대한 총투자는 124,609만 위안으로서 재정지출의 5.6%를 차지했다. 광주시의 2007년 사회 안정수호를 위한 지출은 44억 위안으로 사회보장 취업자금 35.2억 위안을 훨씬 초과했다. [3]

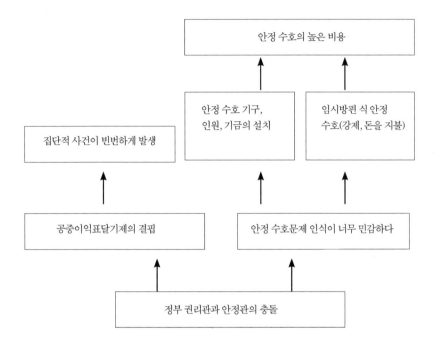

도표 17-2 높은 사회 안정 비용의 형성 원인

3) 王梅枝, 《试论从刚性维稳向韧性维稳的转变》, 《党政干部学刊》 2010年第4期.

제4절

사회 안정비용의 대응책 분석

1. 필요한 국방지출은 증가시키고, 불필요한 안전수호 지출은 감소시켜 사회 안정 비용구조를 우수하게 해야 한다.

현재 세계 각국의 군사력 격차는 점차 확대되고 있다. 미국과 나토를 중심으로 하는 서구 세계는 경제력이 강하고 군사기술이 선진적이며, 제3세계 국가와의 군사력 격차를 부단히 확대하고 있다. 이것은 세계평화에 대한 큰 위협이다.

중국은 제3세계 국가로서 군사비 투자를 증가시켜야 하는데, 높은 군사과학기술 투자에 중점을 두고 세계 군사력 비율을 균형 있게 해야 한다.[1] 중국의 국방비 지출 투자는 세계 평균수준에 접근해야 한다. 따라서 GDP에서 국방비 비중을 확대하고 중국 군인의 평균 장비수준을 제고시켜야 한다.

---

1) 호안강 등: "중, 미, 일, 인 국방실력의 비교" ≪전략과 관리≫ 2003년 제6호

2. 거시적인 전망계획을 강화하고 정확한 사회 안정관과 권리관을 확립해야 한다.

정부에서는 기능을 전환시키고 규칙과 절차 제정, 모순에 대한 조정과 중재자의 역할을 강화해야 한다. 점차 집단적 사건 발생률을 0이 되게 하는 것을 추구하는 것에서 장기적 사회 안정의 안정관으로 전환하고, 실천에서 민중의 개인이익을 경시하던 데로부터 개인권익 수호의 권리관을 중시하고, 임시방편 식 사회 안정수호 국면을 변화시켜야 한다. 시종 군중이익을 우선 순위에 놓고 군중이익에 관계되는 문제를 착실하게 해결하며, 빈곤한 자를 도와주고 백성에게 편리를 제공해야 한다. 정부는 적당히 권리를 아래로 내려 보내고, 일부 생산, 경영,민사(民事)와 문화 등 분야에 대한 관리기능을 시장과 민간조직에 맡기고, 공민의 사회사무 참여에 더욱 큰 공간을 남겨두어야 한다.

3. 사회 관리에 대한 창조를 강조하고, 효과적인 민중이익을 표현할 수 있는 시스템을 구축해야 한다.

사법경로를 위주로 청원제도(請願制度) 등 행정경로를 보조로 하는 다원화 이익 표현시스템을 구축하고, 사회주의 민주정치를 발전시키며, 민주정치 건설을 통하여 공민의 알권리, 참여권, 감독권의 실현을 확보해야 한다. 적당히 느슨한 제도환경을 건설하고, 사회조직을 훈련시키며, 그들의 사회 공평, 사회 조화를 위한 적극적인 기능을 중점적으로 발휘시켜야 한다. [2]

사회적 모순과 충돌을 해결하는 법치기구를 강화하고 완벽히 하여 법치를 사회모순과 사회충돌을 해결하는 장기적인 효과 제도화의 수단으로 삼아야 한다. 시장경제 하에서의 이익 균형을 위한 시스템을 건립하고 사회이익 관계의 심각한 조정 실패가 없도록 변화시켜야 한다. 사회 불만정서를 해소할 수 있는 경로를 제도화하여 [3] 이를 제공함으로써 이익균형과 사회 공정을 도모하는 문제를 철저히 해결해야 한다.

---

2) 시설화, 양단화,"화해사회를 구축하려면 사회자본을 건설해야 한다", 《북경행정학원 학보》, 2009년 제5호
3) 청화대학 사회발전 연구 과제조,"'안정수호'를 위한 새로운 사로: 이익 표현을 위한 시스템화, 사회의 장기적인 안정을 실현", 청화사회발전논단, 2007년

제4부

중국사회의 발전비용

제18장

중국사회의 진보의 비용

제1절

사회진보비용의 정의와 내포하는 의미

중국은 역사상 지식 대국이었다. 근대에 들어 일시적인 쇠락을 겪은 후에는 신속하게 궐기하기 시작했다. 중국 과학기술의 실력은 신속하게 상승하여 세계 과학기술의 국면을 변화시켰다.[1] 과학기술의 창조는 사회진보의 동력이다. 과학기술의 발전은 세계 정치, 군사 산업구조, 생산 유형, 경제수준, 관리 체제 나아가 생활방식의 거대한 변화를 일으키고 있다. 17세기 증기기관과 방직기가 제1차 기술혁명을 일으킨 것처럼 과학기술의 발전은 새로운 산업혁명을 일으킬 것이다. 과학기술은 전통산업을 개조하고 새로운 산업집단을 조성할 것이다.

이를테면 전자 정보산업, 신형 재료공업, 생물공학공업, 새로운 에너지공업 등은 사회 생산력의 신속한 발전을 가져오고 노동생산율을 대폭 끌어올릴 것이다. 과학기술의 발전은 사회 각 분야의 발전을 촉진케 하고 시장의 상품을 풍부히 하여 상품시장의 수명 주기를 단축시킬 것이다.

---

1) 호안강, 《국정과 발전》, 청화대학출판사, 2005년판, 120쪽

    1950년대 이래 세계의 발전은 서비스업이 주도하고, 정보화를 특징으로 하는 지식경제시대에 들어선 지금은 인류 역사상 농업혁명과 공업혁명 이후 세 번째 격랑을 일으키고 있다.[2] 1950년에 이룩한 연구 성과는 19세기를 훨씬 초과하고 1960년대 이래 과학기술의 새로운 발명은 지난 2000년의 성과를 초월했다.

    이 책에서 진보비용이란 창조비용·정보대칭비용 및 인간의 전면적인 발전 비용을 가리킨다.

---

2) 알프 토플러는 《세 번째 파도》(중문판 중신출판사 2006년판)에서 인류사회를 3단계로 나누었다. 첫째, 농업단계로 약 1만 년 전에 시작했다. 둘째, 공업단계로 17세기 말에 시작했다. 셋째, 정보화(또는 서비스업) 단계로 1950년대 후반에 시작했다.

제2절

사회진보비용의 표현형식

이 책에서 사회진보비용의 표현형식과 구체적인 특성화 지표는 표 18-1과
같다.

표 18-1 중국사회 진보비용

비용 분류	표현 형식	징표성 내용
사회진보비용	창조비용	중국 R&D경비투입
	정보대칭비용	인터넷 발전수준 등
	인간의 전면적인 발전비용	인류 발전지수

1. 창조비용

개혁개방 이후 중국은 창조의 유입과 모방 창조를 위주로 하는 지식
대국에서 신속하게 자주적 창조 대국으로 전환했다. 중국 과학기술의
종합실력은 부단히 상승했는데, 1980년 세계에서 점한 비중이 3.8%에서

1990년에는 4.9%, 2000년에는 7.9%, 2009년에는 17.4%로 상승하여 과학기술 실력이 일본을 넘어섰고 미국 다음이 되었다.[1] 중국 첨단과학기술 제품의 생산과 수출도 세계에서 점유하는 비중이 부단히 상승했다. 1980년 중국 첨단과학기술 제품 수출액은 세계에서 점유하는 비중이 0.03%, 1995년에는 1.8%, 2002년에는 일본을 넘어서기 시작했고, 2005년에는 미국을 넘어섰으며, 2006년에는 유럽연맹(27개국)을 넘어서 세계 으뜸이 되었다. 2008년 중국은 세계 총액에서 점하는 비중이 20%에 달하여 유럽연맹의 1.14배, 미국의 1.46배, 일본의 2.45배에 달했다.[2]

중국의 과학기술 창조 면에서 이룩한 거대한 성취는 국가의 연구개발 추진자금의 투입과 떼어놓을 수 없다. 국가통계국의 통계에 근거하면 2009년에 중국 R&D 총경비는 5,8002.1억 위안으로 2000년의 6.5배나 되었고, 이는 해마다 평균 23.0%씩 증가한 통계였다. 2009년 중국의 연구와 시험발전(R&D) 경비는 국내 총생산(GDP)에서 점하는 비중이 1.70%를 점하여 2000년보다 0.8% 증가했다. 2010년 R&D 총경비는 6,980억 위안으로 그 비중이 1.75%에 달했다.[3]

1) 호안강: ≪국정과 발전≫ 청화대학 출판사 2005년판 제125-130쪽
2) HIS Global Insight, World Industry Service database: National Science Foundation(NSF), Science andEngineering Indicators 2010
3) 국가통계국: ≪중국통계적요≫ 중국통계출판사 2011년판 제173쪽

표 18-2 중국 과학기술 연구개발 투자와 과학기술 연구 성과 현황(2005-2009년)

지표	2005	2006	2007	2008	2009
연구와 시험발전(R&D) 투입정황					
R&D인원 전시 당량(全時■量)(만인년)	136.5	150.2	173.6	196.5	229.0
# 기초연구	11.5	13.1	13.8	15.4	16.3
응용연구	29.7	30.0	28.6	28.9	31.5
시험발전	95.2	107.1	131.2	152.2	181.2
R&D경비 내부지출(억 위안)	2450.0	3003.1	3710.2	4616.0	5791.9
기초연구	131.2	155.8	174.5	220.8	264.8
응용연구	433.5	489.0	492.9	575.2	724.9
시험발전	1885.2	2358.4	3042.8	3820.0	4802.2
정부자금	645.4	742.1	913.5	1088.9	1329.8
기업자금	1642.5	2073.7	2611.0	3311.5	4120.6
R&D경비 내부지출은 국내 총생산 비례와 해당 비율(%)	1.32	1.39	1.40	1.47	1.70
과학기술 산출과 성과 정황					
과학기술 논문 발표(만편)	94	106	114	119	141
과학기술 저작 출판(종)	40120	42918	43063	45296	47826
국가 과학기술 발명상(항)	40	56	51	55	55
국가 과학기술 진보상(항)	236	241	255	254	282

특허신청 접수(건)	476264	573178	693917	828328	976686
발명특허	173327	210490	245161	289838	314573
특허신청 권리 수여 수(건)	214003	268002	351782	411982	581992
발명 특허	53305	57786	67948	93706	128489
고기술 산품 수출입 및 기술시장 정황 고기술 산품 수출입총액 (억 위안)	4160	5288	6348	7574	6868
고기술 산품 수출 총액	2182	2815	3478	4156	3769
고기술 산품 수입 총액	1977	2473	2870	3418	3099
기술시장 교역액(억 위안)	1551	1818	2227	2665	3039

자료 출처: 역대 중국통계연감 의 통계를 정리하여 계산함.

국제적 비교에서도 중국은 R&D 총경비 증가율이 제일 빠른 국가였다. 경제 합작과 발전기구(OECD)의 통계에 의하면 2005년 이전 10년 동안의 R&D 지출은 해마다 평균 증가율이 매우 놀라울 정도로 거의 18%[1]에 달했다. 미국 과학기금위원회의 통계에 의하면, 1996-2007년 사이 중국의 R&D 총경비는 해마다 평균 증가율이 21.9%나 되어 유럽, 미국, 일본보다 훨씬 많았다.

---

1) 경제 합작과 발전기구(OECD) 의 통계에 의하면 1995-2005년 사이 중국 R&D의 평균증가율은 OECD국가기 록보다 훨씬 많았고, OECD가 아닌 국가가운데서도 R&D지출이 제일 많았다.

1990년대, 중국과 미국의 상대적 격차는 계속적으로 축소되었는데, 그 격차가 1990년 21.2배가 2000년에 10.1배로 축소했다. 2009년 중국은 일본을 넘어 세계 연구개발 투자 제2 대국이 되었고 미국과의 상대적 격차도 2.5배나 축소되었다.

표 18-3 중국의 주요 과학기술 지표의 세계에서의 비중과 석차(2003, 2007-2009년)

	2003	2007	2008	2009
R&D 경비지출의 세계비중(%)	2.5	4.9	5.8	
R&D 경비의 세계적 석차	6	4	4	4
발명 특허 수여량의 세계적 비중[2] (%)	6.3	9.6		
발명 특허 수여량의 세계적 석차	4	4	3	3
SCI／EI／ISTP에 수록된 중국 논문의 세계적 비중 [3] (%)	5.1	9.8	11.5	11.6
SCI에 수록된 중국 논문의 세계적 비중(%)	4.48	7.5	8.1	8.3
SCI／EI／ISTP에 수록된 중국 논문의 세계적 석차	5	2	2	2
EI에 수록된 중국 논문의 세계적 석차	3	1	1	1
SCI에 수록된 중국 논문의 세계적 석차	6	3	2	2

자료출처: 과학기술부 발전계획사, 과학기술 통계자료 총집 , 2009년판, 4쪽

---

2) 중국은 과학기술 특허가 없던 공백국가에서 신속하게 특허 산출국가가 되었고, 나아가 세계 최대 지식재산권 신청국가와 수여국가가 되었다. 국제 발명 특허 신청 통계를 보면, 1985년 중국은 세계 비중의 0.01%밖에 안 되어 미국과의 격차가 2,600배나 되었지만, 1995년에는 세계 비중의 0.3%를 차지하여 미국과의 격차도 166배로 신속하게 줄었으며, 2000년에는 49배로 줄어들었다. 2010년 중국은 세계 비중이 7.5%에 달해 미국 과의 상대적 격차가 3.6배로 줄어들었다.

2. 정보의 충분한 대칭 비용

증기기관 응용을 핵심으로 한 제1차 과학기술 혁명, 전력 응용을 핵심으로 한 제2차 과학기술 혁명 시, 중국은 기본적으로 낙오자 혹은 구경꾼이었다.

1980년대 이래 세계에는 제3차 과학기술 혁명 물결 즉 ICT혁명이 일어났다.[4] 이 혁명에서 중국은 추종자였다. 선진국은 이 혁명의 첫 차에 놀라 자신의 "정보 우세"와 "지식 우세"를 이용하여 "경쟁 우세"를 창조했다. 20세기 말기 중국은 "데이터 격차"라는 거대한 발전비용을 지불했다.

효과적인 정보의 충분한 전파는 지역의 발전격차를 극복하는 중요한 수단이었고, 또한 반드시 지불해야 할 합리적인 비용 분야였다.

중국은 발전도상국가로서 이번 정보혁명의 "데이터 빈곤 국가"였고, "데이터 격차"의 다른 한쪽에 있었다.[5] 중국은 세계 인터넷 보급 및 수준과 거대한 격차가 있을 뿐만 아니라, 내부에도 거대한 격차가 있었다. 지역과 지역 사이의 "데이터 격차", 도시와 농촌의 "데이터 격차"는 정보시대 중국의 3대 격차였다.

---

3) 중국 과학기술 논문 발표 증가율은 아주 놀라워서 세계 모든 국가를 훨씬 능가했다. 톰슨 리우터스(Thomson Reuters)그룹 Web of Science데이터 뱅크 연구에 의하면, 1990년대 중기부터 중국의 과학기술 논문 발표 수는 수직으로 급증하기 시작했다. 1998년의 2만 여 편에서 2008년 11.2만여 편으로 증가했다. 2006년부터 중국 논문의 수량은 일본, 영국, 독일을 제치고 미국의 다음으로 세계 두 번째 자리를 차지했다.

4) ICT란 정보, 통신과 기술 3개 영어 단어 첫 자모 (Information Communication Technology, ICT라고 약칭 함)의 조합이다. 이것은 정보기술과 통신기술이 융합하여 형성된 새로운 개념이고 새로운 기술분야이다.

5) 이 책의 "데이터 격차"란 개인, 가정, 상업기구, 경제사회발전 수준이 다른 각 지역 사이, 정보와 통신기술 (ICTs) 접속 기회와 인터넷을 이용한 각종 업무 활동의 격차를 가리킨다.

21세기 초기 중국 인구는 세계 총인구의 21.15%를 차지했지만, 세계 인터넷 컴퓨터 수의 0.13%, 인터넷 사용 가정 수량의 6.11%밖에 안 되었으며, 인터넷 발전 수준이 미국과 일본 등 선진국보다 낮았을 뿐만 아니라, 세계 발전국가의 평균 수준보다 낮았다.

2000년 미국의 10,000명 당 인터넷 호스트 컴퓨터 수량은 2,419대였는데 반해 세계의 평균 수준은 152대에 달했지만 중국은 0.7대밖에 안 되었다.[6]

---

6) 호안강: "중국 날로 커지는 데이터 격차를 어떻게 대비할까" ≪국정보고≫ 2002년 제3호

표 18.4 중국과 선진지역의 인터넷 발전수준의 비교

국가 또는 지역	컴퓨터 수량의 세계적 점유 비중(%)	컴퓨터 사용 가정 수량의 세계적 점유 비중(%)	인구의 세계적 점유 비중(%)	인구 10,000명 당 인터넷 호스트 컴퓨터 보유 수량(대)	인구 10,000명 당 인터넷 컴퓨터 사용 가정의 수량(대)	1대의 인터넷 호스트 컴퓨터가 감당하는 인터넷컴퓨터 사용 가정의 수량(대)
미국	62.85	31.48	4.58	2836.32	6446.00	2.27
일본	5.49	10.27	2.14	530.42	4502.63	8.49
중국	0.13	6.11	21.15	1.30	271.35	208.37
아프리카	0.24	0.71	12.69	3.96	52.20	13.19
아시아	9.11	27.53	60.76	31.04	425.36	13.70
유럽	19.87	29.48	12.35	332.86	2241.28	6.73
대양주	1.80	2.75	0.50	741.89	5145.07	6.94
남미	1.23	3.35	5.69	44.72	553.37	12.37
북미	67.74	36.18	8.01	1750.24	4242.31	2.42
세계	100.00	100.00	100.00	206.90	938.93	4.54

통계 출처: 국제통계연감 2011 통계를 정리 계산함.

중국 각 지방의 인터넷 보급 수준도 아주 불균형하다. 동부지역은 어느 정도 발전이 있었지만 중부와 서부지역은 기본적으로 "극단적인 데이터 빈곤 지역"이다. 농촌지역은 "데이터 변두리"가 되었다.

중국 인터넷 정보센터(CNNIC)의 통계에 따르면, 북경에서 2000년 1월 10,000명의 인구 당 도메인네임 수량은 전국 평균 수준의 23배에 달했고, 평균 수입수준은 1999년 전국 평균 수준의 2.45배에 달했다. 상해는 각각 8.9배와 3.9배에 달했으며, 북경, 상해, 광동, 절강, 복건 등 5개 지역의 도메인네임 수량은 전국 총수의 64%를 차지했는데, 그 인구비례는 14%이고 평균 10,000명 당 도메인네임 수량은 전국 평균 수준의 4.6이었으며, 1인당 GDP는 전국 평균수준의 1.9배였다.[1]

21세기의 처음 10년은 중국 정보기술과 정보화 정도가 비약적인 발전을 가져왔지만 아직은 정보 대국 및 정보 강국과 일정한 거리가 있었다. 1997년 인터넷 접속사용 가정은 62만 호에 불과했는데 그 중 3/4은 번호를 누르는 방식으로 인터넷 접속을 했다.[2] 그러나 2007년에 중국 인터넷 접속 사용가정은 미국을 초월했고 세계 인터넷 접속사용 가정의 수량이 제일 많은 나라가 되었다. 2010년 12월에는 4.57억 가정이었는데 그 중 핸드폰 인터넷 접속 사용 가정은 3.03억으로 세계 첫 자리를 차지하였다. 인터넷 접속 보급률은 34.3%[3]에 달하여 세계 평균 수준을 넘어섰다.

---

1) 호안강, "중국은 날로 확대되고 있는 데이터 격차를 어떻게 대비할까?", ≪국정보고≫ 2002년 제3호
2) 중국 인터넷 정보 센터(CNNIC), "제1차 중국 인터넷 발전상황 통계보고" 1997년 10월
3) 중국 인터넷 정보 센터(CNNIC), "제27차 중국 인터넷 발전상황 통계보고" 2011년 1월 29일

1인당 인터넷 접속 보급률을 높여 정보 강국을 건설하는 것은 금후 중국 정보화 건설의 목표이다.

3. 인류의 전면적인 발전비용

마르크스주의의 인간 전면 발전이론이 사회주의국가에서는 인류 발전목표이다. 국제사회에서는 일반적으로 인류의 발전지표로써 생활의 발전수준을 가늠하고 있다. 인류의 전면적인 발전은 포함하고 있는 면이 더욱 많다. 여기에는 모든 인간의 지력과 체력이 충분한 통일적인 발전이 망라되어 있는 것이다.

인류의 발전 지수(HDI)는 한 국가와 지역의 인류 발전수준을 반영하며, 인류의 품질 반영 지표로 삼을 수 있다.[4] 인류의 발전지수란 주로 인류생활의 3가지 기본 요소, 즉 장수, 지식, 평균적 생활수준으로 조성되었다.[5]

---

4) HDI와 총인구를 곱한 것이 바로 인류발전의 총복지이다. 이것은 한 국가 또는 지역의 인류 발전 수준, 한 개 국가 또는 지역 총인구의 규모 및 성장추세와 관계된다. 따라서 인구의 품질과 수량을 종합적으로 반영하는 지표라고 할 수 있다.

5) 장수지표는 건강, 영양 등 기타 상황과 비교적 밀접한 관계가 있으며, 일정한 정도에서 인간의 건강, 영양 등의 변수를 반영한다. 지식지표란 바로 교육지표이다. 평균적 생활수준의 지표는 1인당 GDP로 표현한다.

최근 30년 이래, 중국은 인류발전 면에서 거족적인 진보를 가져왔다. 인류의 발전지수는 역사상 최고 수준에 이르고 "높은 인류발전 국가"의 표준에 접근했다. 그러나 중대한 도전은 의연히 존재하고 있다. 유엔 개발계획기구 통계에 의하면, 도시와 농촌 사이, 연해의 발달지역과 내륙의 빈곤지역 사이, 성별 사이, 도시 호구의 인구와 도시 호구가 아닌 인구 사이에서 인류 발전의 격차가 확대되고 있다.

이밖에 "중국의 꿈"을 말하는 최신 시대의 의의는 바로 인민들로 하여금 다채로운 인생을 공동적으로 누릴 수 있는 기회를 가지게 하는 것이다. 이것은 인류의 전면적인 발전 가능성의 제공을 강조하는 것으로서 이 공정은 장기적이고 지속적으로 제고되어지는 과정이다.

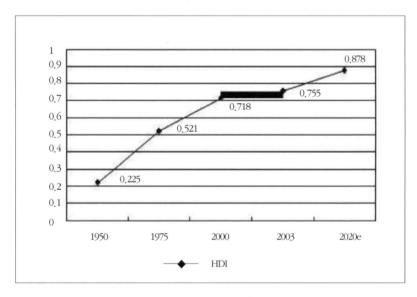

그림 18-1 중국 H D I 발전 및 예측(1950-2020년)
자료 출처 : 유엔 개발계획 기구(U N D P)의 역대 통계(1950년, 1975년, 2000년, 2003년)
        * 2020년 통계는 작자의 추측임

제3절

사회진보비용의 형성원인

세계 3차 과학기술 혁명에서는 민족 대 발전의 기회를 주었다. 그러나 중국은 여러 가지 원인으로 하여 모두 이 기회를 잃어버려서 서구국가의 과학기술, 경제 등 면의 격차가 확대되었고 나아가 거대한 사회진보비용을 지불해야 했다.

제1차 과학기술 혁명시기: 중국은 청나라의 부패한 통치를 받고 있었다. 부패한 봉건통치, 경제, 문화제도는 과학기술의 진보와 발전을 가로막았다. 독재통치와 폐관 쇄국정책의 영향으로 인해 중국은 경제발전에서 뒤쳐지고 자본주의 국가의 중국에 대한 침략인 아편전쟁을 겪었으며 봉건사회는 반식민지, 반봉건 사회로 전락했다.

제2차 과학기술 혁명시기: 중국은 청나라 왕조의 궤멸, 중화민국과 북양군벌 통치의 정치적 동요를 겪었으며, 장기적인 내우외환으로 인해 제2차작 대 발전의 기회를 잡지 못했다. 양무운동은 봉건통치를 수호하기 위하여 서구의 선진적인 과학기술을 배웠지만 곧바로 실패했다. 외국 자본가는 강대한 중국을 원하지 않았고, 선진적인 기술설비를 유입하지 않았으며, 전쟁과 자본수출을 통하여 중국에서 약탈해가기만 했다. 중국 민족자본주의의 발전은 완만하게 진행되었다.

제3차 과학기술 혁명시기: 중국은 해방전쟁과 신중국 건설시기에 들어섰다. 그러나 제국주의 국가와의 장기적인 적대, 봉쇄, 포위와 고도의 집중정치 경제체제였던 소련의 영향으로 인해 '좌'경사상이 범람했고 정치운동이 대대적으로 벌어졌다. 서구 국가에서는 제3차 과학기술 혁명 발전의 황금시기에 진입했다.

경제발전 수준과 지식발전 수준은 중국의 각종 "데이터 격차"에 영향을 주는 주요 요소였다. 중국의 1인당 수입 수준, 도시화율, 정보의 기초시설 수준, 연구개발에 대한 투자는 세계의 평균 수준, 미국 등 선진국과 매우 큰 격차가 있었는데, 이는 중국 정보기술의 발전을 크게 제약했다. 1988년 중국의 1인당 수입수준은 미국의 1/10, 세계 평균수준의 50%밖에 안 되었다. 도시화 율은 31.14로서 미국의 76.76%보다 훨씬 낮았을 뿐만 아니라, 세계 평균수준인 46.08%보다도 낮았다. 정보의 기초시설도 비교적 큰 격차가 존재하였다. 1999년 중국은 1,000명 당 전환 주요선 수량은 85.8회선이었는데 비해 세계의 평균수준은 157.34회선이었고, 미국은 644회선이었다.[1]

---

1) 호안강: "중국 날로 확대되고 있는 데이터 격차를 어떻게 대비할까" ≪국정보고≫ 2002년 제3호.

제4절

사회진보비용에 대한 대응책

전략적 기회는 국가와 민족발전의 운명을 결정한다. 오늘날 세계경제 세계화의 추세는 세계 각국에 대한 기회이자 도전이다. 평화와 발전은 현시대의 두 개의 큰 주제인데 이는 과학기술 발전과 밀접한 관계를 가지고 있다. 세계 선진국과의 격차를 줄이려면 새 과학기술 혁명의 기회를 잡고 과학기술로 사회진보를 추진해야 한다.

과학기술의 본질은 창조이다. 전 사회에서 창조시스템과 체제를 조성하고 과학기술 창조와 지식 창조를 추진하며, 자주적 창조를 고무하고 창조형 국가를 건설해야 한다. 과학기술을 대대적으로 발전시키고 정부는 과학기술 연구의 투자 강도를 증가해야 하며, 기초연구, 응용연구, 시험 개발 사이의 경비구조를 우수화시키고, 중대한 과학기술의 자주적 창조, 우수인재와 전략과학자들에 대해 큰 상을 주어야 한다.

현세계는 클라우드컴퓨팅[2], 사물인터넷[3], 차세대 인터넷[4], 차세대 이동통신기술[5] 을 대표로 하는 새로운 정보기술 혁명을 맞이하고 있다. 이것은 세계 포스트 금융시대와 경제발전에 대한 공동 관심의 중점이 되고 있다. 이 정보기술혁명에서 최고점을 잡은 자가 미래세계의 주도권을 잡을 수 있다.

이제 우리는 세계와 동일한 연구개발 수준을 가지고 있는데 이는 중요한 기회이다. 현재 세계 인터넷 기술의 변혁과 중국의 새로운 정보기술의 발전은 중요한 시기에 들어섰다. 세계경제가 요동치고 경제성장이 늦은 것은 중국 경제발전에 중대한 도전이 되고 있다.[6] 좋게 빨리 발전하려면 중국은 반드시 정보기술 발전에 더욱 큰 관심을 돌리고 차세대 정보기술의 창조와 사용을 통하여 전통산업을 개조해야 하며, 경제발전 방식의 전환과 산업구조 조정의 우수화를 촉진시켜야 한다.

'12.5기간 및 그 후 더욱 긴 시기를 이용해 새로운 정보기술의 발전계획을 연구 제정하고, 생산, 학습, 연구, 사용의 협동 창조를 통한 사물인터넷 기술산업 표준시스템과 자주적 창조시스템 건설을 중시해야 하며, 새로운 정보기술 연구개발, 측정, 시험무대를 만들어야 한다. 표준의 연구, 제정에 적극적으로 참여하고 중국의 새로운 정보기술 산업발전과 응용에 지원을 제공해야 한다.

---

2) 클라우드컴퓨팅: 이것은 구글이 제기한 것으로서 아름다운 인터넷 응용모식이다. 좁은 의미의 클라우드컴퓨팅 이란 IT기초시설의 교부와 사용 모식을 가리킨다. 인터넷을 통한 수요와 교환 방식으로 필요한 자원의 획득을 한다. 넓은 의미의 클라우드컴퓨팅이란 서비스 교부와 사용 모식으로서 인터넷을 통한 수요와 교환 방식으로 필요한 서비스의 획득을 가리킨다. 이런 서비스는 IT, 그로그램, 인터넷과 관계될 수도 있고 임의의 서비스가 될 수도 있으며 초대규모, 가상화, 믿음성, 안전성 등 독특한 기능을 가지고 있다.

3) 물질인터넷이란 컴퓨터, 인터넷, 이동통신 후에 나타난 정보산업 물결을 가리킨다. 물질인터넷은 주파수 식별(RFID), 적외선 감응기, 세계화 위치 확정 시스템, 레이저 스캐너 등 정보 전달감응 설비를 통하여 약정한 협 의에 따라서 임의의 물건과 인터넷을 연결하고 정보교환과 통신을 하며 지능화 식별, 위치 확정, 추종, 감독 통제, 관리의 일종 인터넷이다. 미국에서는 물질인터넷의 전략적 지위를 아주 중시하고 있다. 미국 정보위원회 (NIC) "2025년 미국 이익에 잠재적 영향을 미치는 관건적 기술"보고에서는 물질인터넷을 6가지 관건적 기술 의 하나라고 했다.

4) 차세대 인터넷은 IP기초에서 주요 인터넷에서 인터넷 말단의 정보를 IP형식으로 전달한다. 차세대 인터넷과 현대 인터넷은 더욱 빠르고 더욱 크며 더욱 안전한 주요구별점을 가지고 있다. 차세대 인터넷 전송속도는 현 재보다 1,000-10,000배 이상 빠르다.

5) 차세대 이동통신기술이란 후 3G기술을 말하는데 일반적으로 LTE기술과 4G기술을 가리킨다.

6) 진보국, "새로운 정보기술 혁명 물결의 중국에 대한 영향", ≪과학결책≫, 2010년 제11호

중국의 사회발전비용 요약

개혁개방 30여 년 이래 중국의 경제사회는 거대한 전환을 했고 종합적으로 농업사회에서 공업사회로 전환했으며, 농촌사회에서 도시사회로 전환했고 공업화의 중기단계에 진입했다. 그런데 과거 GDP성장을 일면적으로 추구하던 발전방식으로 인해 중국의 경제사회 발전은 심각하게 실패했다. 중국은 경제체제를 개혁하고, 경제구조를 조정했지만 사회관리체제 개혁, 도시와 농촌 구조, 지역 구조, 사회계층 등 사회구조 조정이 이루어지지 못했다. 중국의 사회발전비용의 통계 분석에 의하면 중국 과학, 교육, 문화, 위생, 사회보장 등 사회사업 발전수준은 경제발전 수준보다 5-8년 뒤졌다. 중국의 총체적 사회건설은 경제건설에 15년 뒤졌다.

국제적 경험에 의하면 GDP의 신속한 증가는 한 국가의 양호한 경제운행을 반드시 대표하는 것은 아니다. 많은 상황에서 취업증가와 사회복지 개선은 무엇보다 중요하다. 신뢰할 수 있는 정부정책, 특히 탐오와 부패를 없애고, 더욱 완벽한 법치체계와 더욱 훌륭한 교육복지를 이루고자 하는 계획이 있으면 정부는 더욱 큰 성공을 거둘 수 있다. 사회건설을 강화하는 것은 세계 각국 정부의 기능 전환과 현대화 건설의 공동법칙이고 사회진보의 추세이다. 그렇기 때문에 이것을 국가발전의 중요한 전략적 지위에 놓아야 하는 것이다. 이것은 중국 신시기 사회발전의 특점이 되어야 하고, 새로운 도전에 적응하는 절박한 수요이며, 전면적인 좋은 사회건설을 위한 전략적 목표를 실현하겠다는 중요한 보증이며, 이를 통해 과학적 발전관의 관철과 화해사회의 구축은 필연적인 요구인 것이다.

제5부
중국 문화발전의 비용

제19장

중국문명의 계승과 민족관습 보호의 비용

제1절

문명의 정의와 중화문명의 역사과정의 회고

1. 문명의 정의와 그 계승비용이 내포하는 의미

문명이란 무엇인가?[1] 미시적 각도에서 보면 개인의 언행과 지식수양을 가리킨다. "문명한 인간"은 기초교육을 받았고, 양호한 행동능력, 정확한 도덕 가치관을 가지고 있는 사람을 말한다. 거시적 각도에서 보면 한 국가 민중들이 창조한 모든 물질재부와 정신재부를 가리키기도 한다. 이 책에서는 사회정신문명에 치중하여 토론한다. 정신문명에는 인류가 창조한 모든 과학과 문화의 성과 [2], 인간과 인간, 인간과 사회, 인간과 자연 등 모든 관계와 행위방식을 포함한다. [3]

---

1) 문명이라는 어휘는 ≪문심조룡≫의 "느낌이 있을 때 표현하려 하다가 언어가 생겨났으며, 그 후에 문자와 문 장이 생겼다(心生而言立, 言立而文明)"고 하는 말에서 유래했다. 문명이란 처음에는 외계의 느낌을 가리켰고 나중에는 인류사회의 진보상태를 형용하게 되었다.

2) 이를테면 교육과학, 문화, 예술, 위생, 체육 등 사업의 발전규모와 수준은 정신문명의 범주에 속한다.

3) 이것은 구체적으로 도덕 수양, 정치 요구, 풍속, 습관, 종교사상, 예의 규범 등으로 나눌 수 있다. 정신문명의 역할은 물질문명의 발전에 대한 사상 보증, 정신 동력, 정치 보장, 법률 보장과 지력의 지지를 제공한다.

현대국가가 형성된 후에 인간들은 문명 진보에 지불하는 사회비용에 더욱 주목하고 있다. 왜냐하면 사회문명의 발전 정도와 국가의 흥쇠 및 발달, 민족의 생존상태는 밀접한 관계를 가지고 있기 때문이다. 만약 비용을 정확하게 통제하지 못하면 길을 잘못 들어서서 국가재부를 낭비하고 세계민족의 대열에서 낙오될 수 있는 것이다.

한 국가의 문명 계승에는 주로 역사와 전통문화의 정리, 전통문화와 사상의 발양과 전파, 역사 유물 유적의 보존, 민족정신의 재해석 등이 망라된다. 이 과정의 노력(이를테면 입법, 정책 수정, 재정 지출 등), 발생한 착오와 곡절, 이로 인해 산생된 손해 등이 바로 건설비용인 것이다.

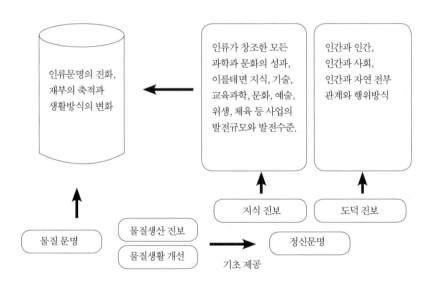

그림 19-1 물질 문명과 정신 문명은 서로 보좌한다.

2. 중화문명과정의 회고

고대 중국사회는 형성에서부터 정점에 올라 아주 완벽하고 방대하고 발달한 봉건통치체계를 건립하고 인류문명에 중요한 기여를 했다. 그런데 중국역사에서 안정된 통일왕조는 아주 적었다.[1] 춘추전국, 위진남북조, 5대10국, 요, 송, 하, 금, 원 등의 시기는 아주 불안정했다.[2]

고대 중국의 일체화는 기본적으로 화하문명과 한족문명이 다른 민족에게 전파되는 과정이었다. 서로 다른 민족문명은 역사과정에서 서로에 대한 제약과 상대에 필적하는 능력을 갖추지 못했다. 지방과 집단의 쇠락은 수시로 발생했고 적지 않은 민족은 대 충돌과 대 융합과정에서 소실되었으며, 민족의 멸망 또는 문화 단절의 대가를 지불해야 했다.[3]

---

1) 중국역사에서 진정한 영토의 통일적 의의를 가진 것은 주, 진, 양한, 수, 당, 원, 명, 청조 뿐이다.
2) 기원전 26세기 전설의 신농씨 시대에서 1911년 청 왕조의 멸망까지이다. 약 4,500년의 기나긴 세월 속에서 문자 기록이 있는 전쟁만 해도 3,791차례나 된다. 자료 출처: 중국군사 역사 편찬조, ≪역대 전쟁 연대표≫, 해방군출판사, 1986년판.
3) 역사상 아주 강대했던 흉노, 돌궐, 선비, 회흘, 남소, 토번, 당항, 거란, 여진 등 민족은 존재하지 않거나 멸망 했거나 다른 민족에 융합되었다.

20세기에 들어선 후 세계의 모든 민족과 국가는 전통적 폐쇄형 민족사회에서 현대의 정치체제를 갖추고 점차 세계화로 나아가는 체제 전환에 직면하고 있다. 중국도 현대화 경제와 정치형식의 전환에 직면하고 있다. 이러한 시기에 많은 문제를 회피할 수는 없다.

이를테면 문화의 선진성을 어떻게 가늠할 것인가? 전통과 창조의 관계를 어떻게 보전할 것인가? 각 민족 사이에 일어나는 새로운 문화충돌을 어떻게 처리할 것인가? 어떻게 해야 다른 나라의 '문화적 침입'을 피하고 자주문화의 체계를 적극 발전시킬 수 있는가 하는 것 등이다. 현재 세계문명의 판도는 무수한 전쟁의 세례를 받았고 각 문명의 발원지가 다르며, 형성시대가 다르고 풍격이 다르지만, 모두 잠재된 재지와 식견이 높고 완전한 체계를 가지고 있다. 그리고 생명력이 아주 강했다.

이는 각종 문명 사이에서 충돌이 갈수록 치열해질 것이라는 점을 결정하는 원인이 되었다. 동방문명, 중국문명도 문명의 경쟁과 상호 영향의 대 환경 속에 진입했다. 이는 참여비용 뿐만 아니라 경쟁과 확장비용도 지불해야 함을 의미한다.[1]

---

[1] 국제무대의 중요한 구성원으로서 중국은 갈수록 더 많은 대국의 책임을 지고 본국의 권익과 지위를 보호해야 한다. 때문에 중국은 국제경쟁에 참여하고 자신의 실력을 기르며 자신의 이익을 쟁취해야 한다.

제2절

문명 계승비용의 표현형식

1949-1978년 사이에 중국은 기복이 심한 물질생산 분야에서 정신문명 분야에 이르는 중대한 변화를 겪었다. 개혁개방이 시작된 1978년부터 지금까지 중국은 새로운 역사발전시기를 경험하고 있고, 사회생활의 각 방면은 현대적 의의를 갖는 제2차 중대한 변화가 발생하고 있다.

빛나는 성취의 배후에서 우리가 중화문명과 전통문화의 계승, 그리고 발전 상태 등을 고찰해보면, 경제비용, 정치비용, 문화비용 등이 상상을 초월할 정도로 많다는 것을 알 수 있다. 비용 투자가 모자라거나 너무 많거나, 국부적으로 효과가 좋지 않거나 심지어 실패한 현상이 존재하고 있기도 하다. 독자의 편리를 위하여 이 책은 지불분야에 근거하여 비용을 문명충돌과 수호비용, 문명의 도태와 진화비용, 문명의 계승과 보호비용으로 나누어 분석했다.

표 19-1 문화계승, 민족습관 보호비용의 표현형식

비용 분류	표현 형식	구체 내용
문화계승, 민족습관 보호비용	문명충돌과 수호비용	역사적 표현은 유목문명의 충돌, 불교문명의 충돌이다; 최근에는 서구문명과의 충돌로서 현재 중국과 서구의 의식형태와 사상방식 차이와 상호 투쟁으로 변했다.
	문명도태와 진화비용	문명계승을 통해 전해 내려오고, 사회진보에 저해작용을 하는 찌꺼기 같은 요소
	문명계승과 보호비용	전통문화의 계승과 발양, 문물고적의 보호, 무형 문화유산의 보호 등에 사용한 사회자원, 소모한 경제와 인력비용

1. 문명충돌과 수호비용

(1) 외부의 문명충돌의 비용

중국역사에서 외부와의 문명충돌은 주로 3가지로 나눌 수 있다.

첫째, 유목문명과의 충돌이다. [2]

---

2) 춘추시기 '화이지변(華夷之辯)'은 최초로 문화 변론형식으로 나타난 민족문제에 대한 대토론이었다. 위진남북 조시기의 '5호(胡)의 난', 정치 분열, 불교의 전래 후 몇 백 년간의 침통한 교훈 이후에 나온 당나라의 대외정 택은 비교적 개방적이고 서구화 경향이 비교적 강했다. 조정에 호인(胡人) 당파가 있었을 뿐만 아니라 번진(藩 鎭)의 할거, '안사(安史)의 난'도 호인(胡人)들이 일으킨 것이었다. 송나라, 명나라는 역사적 교훈을 정리하고 "화이지방(华夷之防)" 정책을 관철시켰다. 송나라부터 청나라까지 중국은 개방형 국가에서 점차 폐쇄형 국가로 전환해 갔다.

둘째, 불교와의 충돌이다. [3]

셋째, 근대의 서구문명과의 충돌이다. [4] 앞의 두 번의 충돌은 끝났지만 세 번째 충돌은 지금도 존재하고 있다. 중국과 서구문화의 직접적인 충돌은 16세기 말기 서구 예수회의 인사가 중국에 와서 기독교를 전파하면서 시작되었다.

당시 중국과 서구와의 예(礼)에 대한 문화 차이로 인해 명나라와 청나라 사대부들은 집단적으로 배척했다. [5] 그들은 중국과 서구문명의 충돌 배후에 거대한 정치적 위험과 통제할 수 없는 조류가 있음을 보았다. 공업혁명의 발전에 따라서 중상주의(重商主義)가 전성기에 들어서고 서구 국가는 강대한 군사실력과 침략전쟁으로 중국을 모욕했다. 중국은 변혁의 기회를 잃어버리고 핍박에 의하여 사회전환을 시작했다.

개혁개방 이후 미국의 신자유주의 세계화운동이 일어나고, 중국의 경제, 정치, 사회, 문화는 전면적으로 서구화 물결의 충격을 받았다. 현재 중국은 강대한 경제실력과 완벽한 정치체계를 가지고 있지만, 서구화 사조 및 서양을 미신하는 기풍이 전례 없이 범람하고 인간들의 사유방식과 생활태도에 영향을 주고 있다. 그리고 인간들의 정치 관념을 변화시켰다.

---

3) 불교문화와의 충돌과 통합은 5대 10국에서 가장 치열하게 표현되었는데 최종적인 표현형식은 불교의 중국화 이다.

4) 초기 전도사는 서구의 고급 지식인으로서 서구 교회에서 장기간 훈련을 받고 고도의 조직성과 헌신정신을 가지고 있었다. 그들은 "평화 전파"라는 정치적 사명을 가지고 중국에 왔다.

5) 임금수, "명, 청시기 사대부와 중국과 서구의 예의 쟁론", ≪역사연구≫, 1993년 제2호

이러한 의미에서 중국의 전통문화는 아주 위태로워졌고 심지어는 이익을 도모하는 도구로 전락했으며, 전통 가치관은 거대한 도전에 직면하여 사회 정신문명의 발전은 물질문명에 명확하게 뒤처지게 되었다. 그런 원인으로 사회에는 난잡한 현상들이 많이 나타나게 되었는데, 이는 문명의 충돌과 발전의 불균형으로 인한 거대한 사회비용이 되었다.

(2) 내부적인 문명충돌비용

고대 역사의 내부문명 충돌은 주로 민족통합을 하기 위한 종교신앙, 문화체계, 생활습관, 언어문화 등 면에서의 적응과 협조였다.[6]

봉건문명과 현대문명이 정면으로 충돌했던 가장 치열한 시기는 '5·4운동' 시기였다. 모택동 시대 때 문화분야에 파급된 수차례의 정치운동은 전통문화에 대해 아물 수 없는 상처를 남겼다. 오늘날 내부문명의 충돌은 주로 작은 범위의 민족통합 문제, 다른 계층 간의 문화관, 소비관, 가치관 사이의 차이로서 대충돌이라고는 할 수 없고 사회주의 발전 초기 내부적 갈등이라고 할 수 있을 것이다.

---

6) 이러한 각도로 보면 전쟁은 일종의 협조 방식이고, 정치 귀순도 일종의 협조방식이다. 가장 흔히 볼 수 있는 것은 경제행위를 통한 자발적인 문화교류와 민족의 혼합 거주이다.

2. 문명의 도태와 진화의 비용

중국의 문명도태와 진화비용이란 주로 전통문화에 중장기적으로 불량한 요소가 존재하고 있는 것을 가리킨다. 이것은 대량의 사회자원 낭비를 조성하고 문명의 진보와 제고시키는 일을 저해하며 아주 무거운 개혁대가를 초래할 수 있다.

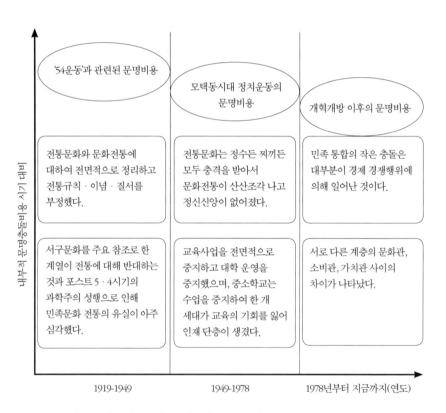

그림 19-2 "5·4운동" 이래 중국 내부 문명의 충돌 서술과 대비

1) 제도차원의 수구비용

중국 고대 규정제도의 가장 큰 특색은 조직이 완벽하고 이익 사슬이 명확하며 긴밀히 이어졌으며 형식을 중시하고 실제를 경시한다는 것이다.[1] 이런 제도적 결함으로 인해 사회의 기풍은 보수적이었다.[2] 오늘날 정치체제의 보수적 관망, 사법체제의 상대적 낙오, 날로 심해지는 당, 정, 군의 부패문제는 사회발전과 진보를 저해하고 사회의 조화로움을 파괴하고 있다. 때문에 수구적 사유를 타파하고 창조와 변혁을 시대정신으로 삼으려면 당과 정부는 정확하게 인도하고 적극적으로 추진해야 한다.[3]

2) 심리차원의 보수비용

중국문화의 특색은 유가(儒家)를 주도로 유석도(儒釋道) 3위1체이다. 중국문화의 심리상태는 사유, 언어 등 행위방식에서 자기체계를 세우고 외부문화의 영향을 쉽게 받지 않으며, 자아 폐쇄현상으로 표현된다.[4]

---

1) 방대한 정부기구의 조직 관리는 예의제도, 관원제도, 군사제도, 형벌제도, 교육제도 등 사회 각 방면을 포함하 고 있었다. 국가 관리조직이 형성된 날부터 발전을 멈춘 적은 없지만, 큰 변혁은 없었다. 변혁은 이익분배를 일으키는데 있어서 약간의 조정을 할 뿐이었다. 크게 떠들어대지만 실제사업에서는 이익균형이 생산력의 석 방, 이익분배시스템 개선의 개혁목표를 압박했다. 그리하여 제도체계는 엄밀하지만 내적으로 생기가 없고 자 아비판과 자아 부정을 통하여 자아 초월을 실현할 수가 없었다.

2) 2,000여 년의 중국 봉건사회는 변혁기회를 수차례 잃어버렸다. 청나라 말기에는 대세를 거스르고 폐관 쇄국을 하여 근대에 주권을 잃어버리는 비애를 겪었다. 나중에 계란처럼 남이 껍데기를 벗기고 취약한 몸을 드러냈으 며 그때에야 대변혁과 대개혁을 시작했다.

과학기술과 문화가 신속하게 발전하는 정보화 시대에 이런 심리특징은 과학기술과 문화산업의 발전을 저해하고 있다. 중국과 외국 청소년의 창조력, 실천능력, 상상력을 비교해 보면 중국 청소년들은 학습 성적은 우수하지만 사유 방식을 타파하지 못하고 상상력이 부족하며 실천능력이 떨어진다는 것을 발견할 수 있다. 경제 분야의 경쟁에서 중국 문화 창조산업도 금방 발걸음을 떼고 과학기술 창조산품의 경쟁력이 부족하다.

3) 집단사상의 개인사상에 대한 제약비용

중국의 전통문화는 개인이 주동적으로 집단에 합류하고 새로운 것을 추구하지 말고 개인의 완벽함을 과도하게 추구하지 말 것을 요구하고 있다. "수림에서 우뚝 솟은 나무는 바람이 불어와서 쓸어뜨린다." 개인이 자신의 가치를 실현하려면 우선 집단 이익에 복종하고 만족해야 한다. 사회에 있어서 개인의 존재는 독립적인 가치가 없다. 이 문화가치관의 결과는 개성의 억압과 개인능력의 부정으로 문화발전의 각종 가능성을 압제하고 문화와 다원화 사상의 발전을 저해했다.

---

3) 중공중앙 17차 6중전회에서는 "중공중앙 문화체제 개혁을 심화하여 사회주의 문화의 대 발전, 대 번영을 추 진하는 중대문제의 결정"을 발표했는데 이는 문화사업 개혁이 미래 사회사업 개혁의 중점이 될 것이라는 점 을 설명해 준다.

4) 중국의 전통 철학, 정치학, 사학 등은 모두 봉건 통일, 임금과 백성의 상호 수호 정치관, 종족법을 핵심으로 하는 윤리관의 영향을 받고, 강하고 선명한 인정과 권력이 법률 위에 군림하는 것으로 표현된다. 인간은 전통 의 수호, 창조의 배제, 이성적 사유와 엄격한 법리 절차에 의한 항거 등을 추구하고, 아무것도 하지 않고 다스 리는 것을 추구했다.

4) 영재문화에 대한 대중문화의 충격비용

대중과 영재는 다른 사회집단으로 서로의 지식 차원, 문명 정도, 사유 방식 등의 차이가 존재하고 있다. 각자가 생산, 창조한 정신문명과 물질문명에도 거대한 차이가 존재한다.[1] 영재 문화창조의 정신적 재부에는 금의 함량이 많지만 도달범위가 작고 전파강도가 작으며 군중기초가 대중문화보다 약하다. 그렇기 때문에 대중문화의 저항과 충격을 받고 전일체의 완전성과 조화로움에 영향을 미친다. 현재 문화사업의 발전과정에도 대중문화가 우세를 점하고 영재문화가 충격을 받는 현상이 나타났다. 대중문화에서 제일 가치가 없고 인간을 타락으로 이끄는 '3속(三俗)문화'는 일부 시장을 차지하고 있다.[2]

---

1) 중국 고대사회에서 영재문화는 주로 정신생활과 의식형태에서 표현되었다. 이를테면 예의, 예의교육, 시, 노래, 경과 역사 편찬 등이다. 대중문화는 주로 물질생활과 행위방식에서 표현되었다. 이를테면 민간풍속, 농업, 수 공업, 상업 생산 상식, 기능과 이념 등이다.
2) 2010년 7월 23일 호금도 총서기는 중공중앙 정치국 제23차 집단학습에서 다음과 같이 강조했다. 광범한 문 화 사업자들과 문화단위로 하여금 사회주의 핵심 가치체계를 실천하고 사회주의 선진문화의 전진 방향을 견 지해야하며저속하고용졸한기풍을배격하게해야한다.호금도의이말은 '3속반대에대해나팔을분 것으로 사회의 주목을 받았다.

19-1 사회 정신문명 발전에 대해 손상을 주는 '3속문화'

'3속'의 '속'은 민속의 '속'이 아니다. 전자는 문화상식, 도덕수양, 정확한 도덕가치관이 없는 저속한 문화에 속한다. 우선 적대세력에 의하여 세뇌를 당한 후에 남의 말을 그대로 따르는 민족 허무주의로 표현된다. 역사를 무시하고 정부를 적대시하며 현재의 모든 사회사업을 무책임하게 비판하고 있다. 다음으로는 인민의 고난과 사회의 불공정 현상, 각종 사회문제를 무시하고 어둡고 혼란한 상황을 감추고 태평스러운 것처럼 꾸미고 있으며 민심을 강간하고 있다. 그다음은 예술을 모르고 최저 한도의 예술 신상능력도 없으면서 예술을 평가하고 있다.

사회의 속된 기풍은 우아한 문화에 매우 큰 해를 끼치고 있다. 건강하고 풍부하고 적극적이고 우아한 문화와 모두들 좋아하는 통속문화를 보급하려면 건강하지 못한 '3속문화'를 제거해야 한다. 이 사업도 비용이 들어야 하며 미래 수 십 년 동안 장기간 비용을 지불해야 한다.

5) 문화적 찌꺼기의 부식비용

모든 국가와 민족문화에는 선진 문명이 있을 뿐만 아니라 찌꺼기도 존재한다. 중국의 전통문화역사를 보면 찌꺼기는 모든 기회를 놓치지 않고 선진문화에 대하여 위협을 가하고 있다. 이를테면 강도 논리[3], 방회(帮會) 의식[4], 권력과 금전교역, 성별 차별 [5], 제왕 후흑학(帝王厚黑學) [6], 부패한 생활방식, 미신 등은 인간의 사상을 부식시키고 사회에 해를 끼치며 법제를 파괴하고 도덕기풍을 악화시킬 뿐만 아니라, 광범한 인민의 안정된 생활에 해를 끼치고 정상적인 생활에 영향을 준다.

3. 문명의 계승과 보호비용

문명의 계승과 보호비용에는 주로 다음과 같은 3개 부분이 망라된다. 첫째, 고대 문물, 고대 건축, 고대 유적 등 물질문화에 대한 보호와 개발비용 등이다. 둘째, 무형문화 유산 이를테면 희곡, 음악, 수공업 등 인정과 보호, 계승의 비용이다. 셋째, 고대의 문화전통, 문학유산, 경험, 지식 등 찌꺼기를 버리고 정수를 남기며 가짜를 버리고 진짜를 남기며 선전하고 학습하는 비용 등이다.

---

3) 주로 논리상 전혀 통하지 않고 도리를 따지지 않는 사유방식을 가리킨다. 고대 중국의 '9족을 멸한다'는 것이 바로 인성, 인정, 도리를 위배하는 강도 높은 논리적 형벌수단이다.

4) 방회는 민간결사로서 역사상 인간과 사회가 필요로 했던 일종의 사회현상이다. 신중국 성립 이후 없애버리고 새로운 조직형식으로 대체했다. 헌법에서는 국민은 집회와 결사의 자유가 있다고 규정했다.

5) 남녀평등을 제창하고 있지만, 현실에서는 여아의 출생률이 낮고 인구의 성별 비례가 심각하게 균형을 잃었다.

6) 후흑학은 중국 관료사회에서 유행하여 관원 자질이 엄중하게 하강했다. 관원은 성신, 양심을 따지지 않고 예 의, 통계를 상관하지 않으며, 원칙이 없고 사리 도모를 우선순위에 놓음으로서 부패현상이 도처에서 생기고 있다.

(1) 고대 문물, 고대 건축, 고대 유적 등 물질문화에 대한 보호와 개발비용

물질문화 보호와 개발비용은 주로 정부에서 부담하는 부분에는 행정입법비용(정책, 법규의 건립), 재정경비 지출(문물단위와 과학연구 단위의 재정경비 지출, 해외 유실 문물의 회수, 사회 보급성, 공익성, 선전성 활동의 조직 등)가 포함된다.

신중국 성립 초기, 각급 정부에서는 전문적인 문물관리 기구를 세우고 문물 보호, 인재 강습의 지지, 문물자원 조사, 역사문물의 구호 등 사업임무를 감당하고 1957년부터 제1차 전국문물 보편조사를 했다. 개혁개방시기, 1981-1984년 3년 제2차 전국 문물 보편조사에서는 두 번째 전국 중점문물 보호단위를 확정했다.

1982년 중화인민공화국 문물보호법이 공포된 후에 북경은 첫 번째 역사 문화 명문 도시로 되었다. 21세기 문화유산 보호이념이 갈수록 사람들의 인정을 받았다. 2005년 국무원에서는 "문화유산 보호를 강화하는 통지"를 반포했으며 공업 유산, 명인 옛집, 향토 건축, 문화 경관 등 문화유산은 광범한 중시를 받기 시작했다. 문물 보호 기초사업이 더욱 강화되고 박물관 건설성과가 뛰어나며 문물보호 기구가 점차 건전해졌다. 국가문화부의 통계에 의하면 2010년 말까지 전국의 문물기구는 5,207개에 달했고, 2005년보다 1,177개 증가했으며, 문물 소장품은 2,864만개로 2005년보다 24.3% 증가했다. '11.5 기간'에 전국의 박물관 총수는 3,020개에 달했다.

표 19-2 1949년이래 문물 보호입법 총람

반포시간	명목	주요내용
1950년	진귀 문물 수출금지법	신중국 정부 처음으로 진귀 문물 수출 금지 관리방법을 반포
1961년	문물보호관리 잠정 조례	문물보호 각항 사업에 대한 기본 지도와 규정이 있게 했다.
1982년	중화인민공화국 문물보호법	문화 분야의 첫 번째 법률로서 문물보호 법률을 완벽히 했다. 이는 중국 문물보호를 중심으로 하는 역사문화유산 보호제도의 형성을 의미한다.
1991년	문물보호법 수정	형사처벌, 행정처벌, 행정책임과 형사책임에 대하여 수정했다.
2002년	새 문물보호법 반포	수정중점: 1) 문물보호 강도의 확대를 문물보호 각 방면에 관철시켰다. 2) 민간 소장의 문물 법규를 더욱 완벽히 했다. 3) 문물행정부문 법 집행의 주체적 지위를 더욱 명확히 했다.
요약	60년 동안의 노력을 통하여 중국은 문물보호 법률체계를 기초했다. 이것은 4개 부분으로 조성되었다. 1) 법률, 예를 들면 중화인민공화국 문물보호법 2) 행정법규. 국무원 상무회의에서 통과하고 국무원에서 반포한 조례 또는 방법. 예를 들면 중화인민공화국 문물보호법 실시조례 . 3) 지방성 법규. 성급 인대 상무위원회에서 지정한 문물보호 법규. 4) 국무원 부, 위에서 반포한 규정. 성급 인민정부에서 반포한 문물보호 규정. 예를 들면 북경시인민정부에서 반포한 "북경시장성보호관리 방법".	

자료 출처: 작자의 요약

(2) 고대 무형 문화유산 계승과 보호비용

무형 문화유산 개념은 유엔 교육과학기구 파리 제25회 대회에서 통과한 "민간창조 보호 건의안"[1]에서 유래했는데 그 주요내용은 아래와 같다.

표 19-3　무형 문화유산 주요내용

무형 문화유산 5대 분야				
구두 전설과 서술, 무형 문화유산 매개물인 언어를 포함	희곡, 곡예 등 공연예술	사회풍속, 예의, 명절	자연계와 우주지식, 실천	전통적 수공예 기능

중국 무형 문화유산 보호 사업은 정부에서 이끌고 사회 각계의 광범위한 참여를 호소하며 현재 문화수량 통계, 편찬목록, 유산 신청, 생존환경 수호, 과학적 조사연구, 학술연구에서 착수하여 소멸위기에 처한 전통항목을 새롭게 태어나게 했다. 중국 무형 문화유산 자원은 87만 건에 달하고 국가, 성, 시, 현 무형문화유산 목록 체계의 무형문화유산 항목은 7만여 개이며 그 중 1,028항이 "국가 무형문화유산 목록"에 들어갔다. 문화부에서는 3,488명 국가급 항목 계승자, 각 성과 자치구, 직할시에서는 6,332명 지방항목 계승자를 공포했다.

중국은 민남(閩南), 휘주(徽州), 사천 강족(羌族) 등 10개 문화생태 보호실험구를 건립했다. 중국에는 520여 개 박물관, 197개 민속박물관이 있다.[2] 문화부에서는 문화와 생태보호구, 무형문화유산 항목 계승자의 보호를 강화했다. 2007년 문화부는 민남 문화생태 보호실험구, 휘주

문화생태 보호실험구를 명명했다. 금년 "문화유산의 날" 기간에 문화부는 첫 번째 민간문학, 교예, 경기, 민간미술, 전통 수공예, 전통의약 등 5개 유형 226명 국가급 무형문화항목 대표성 계승자를 공포하여 사회에 큰 영향을 일으켰다.

(3) 전통문화의 식별, 학습과 발전비용

신중국 성립 이래 전통문화 계승 발전 사업은 주로 다음과 같은 2가지 면을 포함하고 있다.

첫째, 전통문화 업종이 시대의 수요에 적응하게 하기 위해 민간문예 단체에 재정 지원을 해주고 전문항목 기금을 성립하며 민간자본을 집중시켜 지방문화와 예술사업의 발전을 추진하고 있다.

둘째, 문화자질교육을 추진하고 대학생, 중소학생 문학, 역사, 철학, 예술 등 인문과 사회과학 교육을 강화하며, 청소년 문화품위, 심미 정취, 인문교양과 과학적 자질을 제고시키고 있다.

---

1) 이 건의안에서 민간창조의 정의는 다음과 같다. "민간창조(또는 전통적 민간문화)란 모 문화사회구역의 전부 창작을 가리킨다. 이런 창작은 전통을 의거로 모 집단 또는 일부 개인이 표달한, 사회구역에서 희망하는 문화 와 사회특성 표달형식이다. 그 준칙과 가치는 모방 또는 기타 방식 구두로 전해지고 그 형식은 언어, 문학, 음악, 무용, 유희, 신화, 예의, 습관, 수공업, 건축술, 기타 예술이다." 그후 교육과학기구에서는 "구두와 무형 문 화유산" 또는 "무형 문화유산"의 개념으로 "민간창작"을 표달하고 있다.

2) 李慧蓮:《浅谈我国非物质文化遗产保护的现状与对策》,《经济师》2011年第7期.

19-2 중국의 전통문화교육을 추진하자

최근에 교육부는 중국 전통문화교육을 신세기 대학교수 개혁공정 항목으로 삼고 해당 대학과 출판사에서는 중국 전통문화 개론 , 중국 전통문화 통론, 중국 전통문화 정신, 중국 역사 여정 등 도서들을 출판했으며 일부 대학에서는 전통문화 교과서를 대학수업 과정에 편성왔다.

전국 청소년 교육기지 건설경험에 비추어 각 지방에서는 박물관, 전람관, 공원, 교육기지 등의 장소를 이용하여 청소년 중국 전통문화 시설을 건립하고 전통문화활동을 진행하도록 하며 민족 특색과 지역 특색이 있는 전통문화원을 만들어 학생들의 과외수업, 군중의 전통문화교육 공익성 문화 활동을 할 수 있는 센터로 삼게 했다. 신문 등 매스컴에서는 전문란, 특집호를 만들어 중국의 전통문화를 소개하고, 중국 전통문화 연구토론회를 소집하며, 선전을 강화하고 여론환경을 조성하고 있다. 중국 전통문화의 발양을 주제로 한 창작 공연활동을 조직하고, 중국 전통문화를 예술무대에 올리며, 영화, 텔레비전 프로와 문학작품에 등장시키고 있다.

2009년까지 중앙재정은 누계 6.59억 위안을 투입하여 무형문화 사업을 지원했는데, 그중 2009년 무형문화유산 보호를 위한 지원금을 지방으로

이전해서 지불한 경비가 2.13억 위안에 달했다. 나머지 연도는 그림 19-3과
같다.

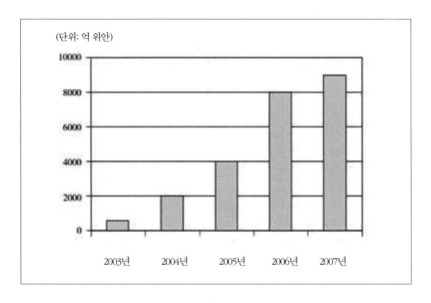

그림 19-3 중앙재정의 무형문화 사업에 대한 투자 상황
자료원천 : 중국 문화 문물 통계연감 역대 통계치를 정리함

제3절

민족습관 보호가 내포하는 정의와 비용의 표현형식

"소수민족의 풍속 습관을 존중하고 각 민족은 본 민족의 풍속 습관을 보전 또는 개혁하는 자유를 갖는다"는 당과 국가의 소수민족 풍속습관 기본정책으로서, 소수민족이 자신의 전통적인 풍속습관대로 생활하고 사회활동에 참여하는 권리와 자유를 보장한다는 애용이다. 그런데 장기간의 역사 원인, 지역 차이, 종교 신앙 등의 요인으로 인해 각 민족의 조화로운 공존, 민족지역 각항 사업의 진보와 발전의 실현을 수호하는 것은 쉬운 일이 아니다. 민족습관 보호란 주로 민족 간 충돌의 해결, 민족 융합을 위한 자연법칙의 존중, 민족종교신앙의 자유와 권리의 보호, 민족지역에 대한 우혜와 지원정책을 실시하여 경제의 신속한 발전을 도와주는 것이다.

이 책은 민족 습관보호비용은 민족충돌비용, 민족융합과 습관 보호비용, 종교 신앙보호 비용 등 3가지 표현형식이 있다고 정했다. 구체적인 내용은 표 19-4를 보라.

표 19-4 민족습관 보호비용의 표현형식

비용분류	표현 형식	구체내용
민족 습관 보호 비용 표현 형식	민족 간 충돌 처리비용	민족 간 모순충돌 처리를 위한 각종 투자
	민족융합과 습관 보호비용	민족융합을 촉진하고 입법과 행정 각도로 소수민족의 생활습관을 보호
	종교 신앙 보호비용	종교사업의 발전을 보호, 촉진하고 조화롭지 못한 요소를 해소

1. 민족충돌 처리비용

중국 노예사회, 봉건사회 단계 통일국가의 건립, 화하민족(華夏民族)의 형성에는 각종 모순과 충돌이 따라다녔다. 신중국 성립 후에 당과 정부의 민족정책은 국가의 통일, 민족단결의 증강, 사회 안정의 보증에서 중요한 역할을 하고, 민족충돌은 뚜렷하게 감소되었다. 그러나 중대한 문제도 발생하여 아주 무거운 대가를 치렀다.

표 19-5 신중국 성립초기 민족충돌 처리비용

	충돌의 구체적 표현형식	처리방식과 비용
신중국 성립 초기	전국 합작화운동이 신속하게 발전하는 형세에서 소수민족지역에서는 적응하지 못했다.	지역정부는 소수민족에 의거하지 않고, 소수민족의 주인권리를 존중하지 않으며, 한족 간부가 도맡아 하고, 강박명령과 한족지역 방법을 사용하여 당지 소수민족의 반감을 일으키고, 심지어 소수민족 집단 청원을 일으켰다.
	정풍과 지방 민족주의 비판운동에서 대량의 인민내부 모순을 적아모순으로 대하고, 일부 소수민족 간부들을 착오적으로 타격했으며, 일부 종교계 상층인사들에게 해를 입혔다.	급히 성공하려는 '좌' 경사상이 당의 경제사업과 민족 사업에서 주도적 지위를 차지했기에 각 민족지역에서 소위 '특수론', '낙후론', '조건론', '점진론' 적 비판을 진행하고, 한족지역과 마찬가지로 조건을 고려하지 않고 '대대적으로 빨리 하며' '허풍을 떨고' '공산풍'을 일으켜 당지의 경제와 정치 국세에 심각한 영향을 주었다.
	민족잡거지역에서 소수민족에 대한 우대정책을 취소하고 자기마음대로 민족자치지방을 최소 또는 합병했으며, 소수민족에게 풍속 습관을 고칠 것을 강박했다.	민족지역 인력, 물력, 재력의 거대한 낭비와 생태환경의 거대한 파괴를 조성하고 소수민족 지역 인민들의 생산에 대한 적극성을 심각하게 말살하여 거대한 경제손실을 초래했다. 소수민족의 감정을 극도로 상하게 하고, 한족과 소수민족 사이의 상호 신임관계에 큰 손상을 주었다.

자료원천: 황광학, 《당대 중국 민족사업》 상, 당대중국출판사, 1993년판, 125-133쪽.

개혁개방이 심화되어 감에 따라 시장경제가 신속하게 발전하고 잇는 차제에 계획경제적 사고에 근거하여 제정한 일부 민족정책은 현재 민족관계에 맞지 않고, 민족지역 경제사회 발전에 필요한 수요를 만족시키지 못하고 있다. 현재 민족정책 낙후의 주요표현은 구역 자치정책의 낙후[1]와 경제 혜택정책의 낙후[2] 이다. 최근, 서장(티베트), 신강, 내몽골 등 민족자치구 충돌사건이 바로 모순을 반영하는 예이다. 사건은 처리했지만 경제손실과 사회적 영향은 오랜 시간이 지나야 해소될 수 있다.

---

[1] 민족구역 자치는 중국공산당 민족문제 해결의 기본정책이고, 소수민족이 주인으로서의 지위를 보증해 주는 것 이 국가의 기본 정치제도이다. 민족지역의 자치제도는 정치제도의 전환과정에서 점차 보편구역의 자치제도로 대체되어야 한다. 민족자치의 독립성을 지나치게 강조하고, 단일 민족의식을 강화하며, 민족 우대정책을 집행 하는 것은 분열의 계기가 될 수 있다.

[2] 중국의 민족 경제정책은 계획경제 체제 하에서 건립된 것이다. 사회주의 시장경제 체제의 건립에 따라서 중앙 권위를 통하여 행정명령수단을 응용하며 금전을 주는 등의 '수혈'식 협조방식을 특징으로 한 민족경제정책은 민족지역의 실제 정황과 시장경제의 요구에 부합되지 않고 있다. 자료 출처, 羅樹杰, 徐杰舜, "세기 교체 시 기 중국민족 정책 조정 사고", ≪광서민족학원 학보(철학사회과학 판)≫, 1999년 제2호.

19-3 경제발전 불균형으로 인한 소수민족 집결구역의 정치적 위험 비용의 증가

중국의 소수민족지역은 경제가 낙후되었지만 자연자원은 비교적 풍부하다. 중국의 대대적인 경제 고속성장으로 인하여 지역 격차가 확대되는 동시에 자연자원 수요가 크게 높아지고 있다. 국내의 주요 자연자원, 이를테면 에너지와 중요 광석은 모두 국유기업이 독점하고 있다. 그 결과 중앙은 소수민족 지역의 자연자원 개발을 확대하고 있다. 이는 소수민족의 피박탈감(被剝削感)을 강화할 수 있다. 그리고 경제발전은 한족 기업가에게 커다란 상업기회를 제공하고 있다. 소수민족지역의 기업가들은 경쟁력이 부족하고 사업이 발달하지 않았기에 외지 한족 기업가와 소상인들이 아주 쉽게 이들 시장을 점령하고 있다. 이는 소수민족으로 하여금 경제발전 이득을 외지 한족이 모두 침점하고 있다는 느낌을 가지게 할 수 있다.

급격한 경제사회 변화에 비추어 중국정부의 민족정책은 큰 조종을 하지 않았다. 특히 종교정책, 민족자치 등 중대하고 복잡한 문제에서의 기본입장은 "안정이 모든 것을 압도한다"는 것이다. 그리하여 현재 상황에 불만을 가진 소수민족 영재와 군중들은 정부에 대한 신뢰와 희망을 잃고 극단적으로 나갈 수 있다. 서장과 신강에서의 대규모 유혈사건이 바로 민족모순 격화의 반영인 것이다. 소수민족의 가장 민감한 정치 참여, 문화적 권리와 종교의 자유 등 3대 문제를 해결하기 전에는 중앙의 소수민족지역에 대한 정치위험비용이 적지 않아, 향후 경제지원에 들어갈 투자액이 매우 클 것이다.

자료원천: 배민흔(裴敏欣), "중국 민족문제 갈수록 준엄", 연합조보(早報) 2011년 5월 31일

2. 민족융합과 민족습관 보호비용

민족의 융합은 다민족 국가 역사발전의 필연적인 추세이다. 고금동서를 막론하고 민족공동체의 형성 · 변화 · 발전은 민족융합과 밀접한 관계를 가지고 있다.[3] 중국 역사상 민족융합은 다음과 같은 3개이 주요한 기본특징을 가지고 있다.

1) 문화융합은 기초이다. 2) 전쟁시기 민족융합의 규모는 더욱 크다.

---

3) 역사적 측면에서 보면 민족융합이란 2개 이상 민족이 잡거하면서 서로 통혼하는 등의 원인으로 인해 사회와 문화가 서로 침투하고 영향을 주어 차이가 줄어들고 공동성이 증가하여 종극에는 한 민족이 되는 것을 가리킨다.

3) 소수민족 통치구역의 민족융합을 제일 쉽게 볼 수 있다. 당과 정부는 각 민족의 풍속습관에 대한 존중을 민족 융합과정의 아주 중요한 사업으로 보고 있다. 신중국 성립 초기 민족 사업은 굴곡이 있었고, 이를 통해 적지 않은 교훈을 얻었다. 현재 민족 사업은 건강하게 발전하는 길에 들어섰다고 볼 수 있다.

표 19-6 정부 주도의 민족 풍속습관 보호의 종합적 투자

보장 형식	구체적 내용
법률보장	《중화인민공화국헌법》에서는 각 민족은 본 민족의 풍속습관을 보전 또는 개혁할 자유를 가지고 있다고 규정했다. 중화인민공화국형법에서는 "국가기관 사업인원이 불법으로 국민의 종교 신앙자유를 박탈하고 소수민족의 풍속습관을 침범했을 때 경위가 심각한 자는 2년 이하 유기도형 또는 사역에 처한다." 고 규정했다.
경제보장	국가 상업부문에서는 풍속습관과 관계되는 특수 용품의 생산과 공급을 잘 배치해야 한다. 민족지역의 경제발전에서는 특수한 경제 지원정책을 집행했다.
민정보장	민정부문에서는 해당 규정을 세우고, 각 지방에서 소수민족의 장례 습관을 존중할 것을 요구했다. 정기적 또는 비정기적으로 전국의 소수민족 문예경연과 전통 체육운동회를 소집하고 소수민족 전통 명절날을 휴일로 정했다.
교육보장	국가는 중앙과 다민족 지역에 소수민족 문자 출판기구와 소수민족 언어문자 신문기구를 건립하고 소수민족의 문자 신문, 잡지, 도서를 출판하며 소수민족 언어문자로 영화, 텔레비전 작품을 번역했다. 중국정부는 중앙과 각 민족지역에 민족 언어문자 사업기구와 연구기구를 건립하고, 일부 대학에 해당 학과 또는 전공을 설치한다. 소수민족지역에서 이중 언어 교육을 실시하고 대량의 소수민족 언어 문자사업에 종사하는 인재를 양성했다.

자료 출처: 작자가 정리함.

민족지역의 경제발전을 위한 지원사업의 강화는 민족단결, 민족모순을 해소하는 중요 수단의 하나이다. 수 년 래 국가는 민족지역에서 민족지역으로의 이전 지불을 실시했다. 민족지역의 특수한 지출 요소를 고려하여 중앙재정은 이전 지불을 통하여 민족지역에 대한 우대정책을 실시하고 있다. 이를테면 민족지역 전이 지불 계수를 제고하고 일반성 전이 지불액을 증가하는 것 등이다.[1] 국가는 소수민족 지역의 경제발전을 위해 세금징수 면에서도 우대정책을 실시하고 있다. 이를테면 소수민족 지역에 새로 건설한 기업에 대해서는 주관 세무 기관에서 비준을 하게 되면 소득세를 3년 동안 감면받을 수 있는 경우와 같은 것이다.[2]

민족지역 경제의 비약과 더불어 새로운 문제가 나타났다. 민족의 전통과 풍속은 농경사회의 산물로서 낡은 생산방식, 생활방식에 적응되어 형성된 것이다. 시장경제의 충격은 단기간에 해소될 수 없고 아래와 같은 각종 문제를 유발할 수 있다.

---

1) 이전 지불의 주요 목표는 기본 서비스의 균등화를 실현하는 것이다. 구체적인 용도를 규정하지 않고 지방정부 에서자주적으로안배하는데이는전형적인균형재정지불인것이다. 2000-2007년사이중앙재정은 8개민 족 성, 자치구에 이전 지불한 누적액은 2,096.83억 위안이었다. 劉海燕: "민족지역 서비스성 정부의 건설" ≪서북민족대학 학보(철학사회과학판)≫, 2009년 제5호
2) 농업세의 면제, 담배 이외 농업특산세의 면제로 인해 지방재정 수입이 줄어든 소수민족 집거지역의 중부와 서 부 지역에 대하여 중앙재정은 적당한 지원을 하고 있다.

표 19-7   시장경제 환경에서 민족의 전통문화와 풍속·습관이 파괴된 상황 일람표

파괴성질	주요 표현	현실상황 사례
경제이익 우선	민족문화 찌꺼기의 개발	여행업을 개발하는 자들이 여행객의 심리에 맞추기 위하여 민족전통문화의 우열을 가리지 않고 새로 포장한 후에 민족문화로 가장하며 문화의 정수를 마구 훼손시켰다.
인위적 파괴	민족역사 풍모의 변화	소도시와 진(鎭) 건설, 낡은 도시 개조에서 민족특색이 있는 역사거리를 철수하여 원래의 도시풍모를 파괴했다.
인위적 부정	민족문화의 기술과 예술의 매몰	시장행위 규범화에서 시장행위 표준을 세웠기에 민간의사, 장인, 예술인은 해당 자격증이 없어서 종사자격을 잃었다.
인위적 경시	민족문화 재산권이 보호받지 못함.	중국 지식재산권 제도는 보호받는 작품은 반드시 독창성, 권리주체의 특정을 요구하고 또 보호기한이 제한되어 있다. 민족전통문화의 지식은 권리주체에 있어서 명확한 작자가 없고, 그 창작이 부단히 완만하게 진행된 산물이기에 그 보호기한 요구는 영원한 것이다. 때문에 민족전통문화는 저작권법의 보호를 받기 어렵다.

자료 출처: 작자의 요약

3. 종교 신앙 보호비용

중국은 여러 종교가 있는 국가로서 그 주요 종교에는 불교, 도교, 이슬람교, 천주교와 기독교가 있다. 중국 국민은 자기 신앙을 자유로 선택하고 종교적 신분을 밝힐 수가 있다. 1966-1976년 '문화대혁명'은 종교를 포함한 사회 각 방면에 재난성 파괴를 하고 심각한 사회비용을 조성했다. 현재 국가

종교사업의 흥성은 과거의 기로와 교훈을 충분히 섭취한 것이다. 종교 신앙 보호는 주로 다음의 4개 부분으로 조성되었다.

1) 법률 보호.

2) 사법행정 보호.

3) 독립 자주적 종교사업 운영의 지지.

4) 소수민족 종교 신앙 자유 권리의 보호. 한마디로 종교의 법제 건설을 견지하고 종교사업의 재정투자을 증가시키며 불법적인 사이버 종교조직을 타도하는 것이다.

19-4 신중국 성립 이후 신앙의
자유 보호의 몇 가지 중요한 입법

중화인민공화국헌법에서 신앙의 자유는 국민의 기본권이다. 헌법
제36조에서는 다음과 같이 규정했다. "중화인민공화국 국민은 종교 신앙의
자유가 있다." "그 어느 국가기관, 사회단체와 개인은 국민에게 종교를
신앙토록 하거나 신앙하지 말라고 강박하지 못하며, 종교를 신앙하는
국민과 종교 신앙을 하지 않는 국민을 멸시하지 못한다." "국가는 정상적인
종교활동을 보호한다." "그 누구도 종교를 이용하여 사회질서를 파괴하고
국민 신체건강을 해치거나 국가교육 제도의 활동을 방애하지 못한다."
"종교단체와 종교 사무는 외국 세력의 지배를 받지 않는다."

중국의 민족구역자치법, 민법통칙, 교육법, 노동법, 의무교육법,
인민대표대회선거법, 촌민위원회조직법, 광고법 등의 법률은 다음과 같이
규정했다. 국민은 종교신앙을 불문하고 선거권과 피선거권을 가지고 있다.

종교단체의 합법적 재산은 법률의 보호를 받는다. 교육과 종교는 서로
분리하며 국민은 어떤 종교든 불문하고 법에 의하여 평등한 교육기회를
가진다. 각 민족의 인민은 서로 언어 문자, 풍속 습관, 종교 신앙을 존중해야

한다. 국민은 직장에서 다른 종교 신앙이라 해서 멸시를 받지 않는다. 광고, 상표는 민족, 종교에 대한 멸시성 내용을 포함해서는 안 된다.

중국정부는 종교활동장소관리조례를 반포하여 종교 활동장소의 합법적 권익을 수호했다. 이 조례는 다음과 같이 규정했다.

종교 활동장소는 그 장소 관리조직에서 자주적으로 관리하며 그 합법적 권익과 장소 내 정상적인 종교 활동은 법률의 보호를 받으며 그 어느 조직과 개인도 침범, 간섭하지 못한다. 종교 활동 장소의 합법적 권익을 침범하면 법적 책임을 져야 한다. 종교 활동 장소에서 진행하는 종교 활동은 반드시 법률과 법규를 준수해야 한다.

제4절

문명의 계승과 민족습관 보호비용의 형성원인

문명의 계승과 민족습관 보호비용은 주로 '역사 존중', '인권 존중' 등 2가지를 둘러싸고 산생된다. 중국은 5,000년의 역사를 가진 문명 고국이지만 오늘날에야 천지개벽의 변화가 발생했다. 하지만 뼈 속 깊이 새겨 있는 중국인이 추구하는 이상은 아직도 "국가는 부유하고 국민은 강대하다", "안정된 생활을 누리며 즐겁게 일하다", "하늘과 인간은 하나다"라는 것이다.

조화로운 사회적 가치관을 수립하려면 전통문화에서 영양분을 섭취해야 한다. 전통문화는 보편적인 세계적 의의를 가지는 오늘날 활용할 수 있는 국가 관리의 도리와 국민에게 혜택을 줘야 한다는 도리를 가지고 있는데, 이것이 민족정신을 보존 발전시키고 시대의 흐름에 발걸음을 맞추는 중국인이 추구하는 도리의 소중한 원천이다. 시장경제의 흥기는 전통문화에 위협을 주고 있다.

이 양자의 관계를 어찌 처리할 것인지에 대해서는 아직 더 사고하고 탐구해야 할 것이다. 중국은 지역이 넓고 민족이 많은데 여러 민족의 조화로운 공존은 국가의 안전과 밀접한 관계를 가지고 있다. 중국의 각 지역은 발전이 불균형하고 민족 습관과 종교 신앙이 서로 다르다. 이는 정부의 관리와 영도 사업에 있어서 새로운 도전이 되고 있다. 이로 인해 민족의 사무처리비용이 여전히 비교적 높은 것이다.

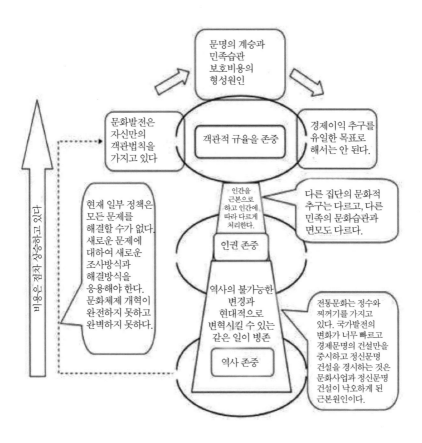

그림 19-4 문명의 계승과 민족습관 보호비용 형성원인

제5절

문명의 계승과 민족관습 보호비용에 대한 대응책

상술한 조성방식과 지출수준에 근거하여 이 책에서는 문명의 계승과 민족습관 보호비용의 대응책은 주로 아래 몇 가지 면으로 조성되었다고 할 수 있다.

표 19-8 문명의 계승과 민족습관 보호비용의 대응책

대응책	요점	사례 설명
법제건설을 강화	소수민족 습관법, 문화유산보호 등을 완비하고 유관 부문의 법에 의거해서 법을 집행하는 강도를 강화해야 한다	소수민족 습관법과 지방법의 연구를 강화하고 소수민족 지역의 사법 자유 재량권을 보장하는 동시에 성문법과 지방법의 충돌과 감소시키고 제때에 효과적인 법률조례를 제정하여 현행 성문법의 보충된 점을 미봉해야 한다.
행정효율을 제고	지방정부와 간부의 법제관념, 문화수양, 법에 의거한 법 집행 관념을 강화해야 한다.	각급 정부의 집권이념을 제교육시키는 강습을 강화해야 한다. 정부사업의 민족문화 보존관념을 제고하고, 민족 별 지역간부들이 본 지역의 민족문화, 풍속습관, 종교 등을 충분히 인식하고, 지방의 자치기관 자치권의 행사를 보장하도록 해야 한다.
경제 공리의식을 약화	"문화 무매, 경제 연극"은 그릇된 관념으로서 반드시 문화발전 법칙을 존중해야 한다.	일부 지방정부는 당지 민족문화의 자원 또는 유산을 이용하여 무제한적으로 상업투자를 끌어들이고 마구 건설하며 도시 면모를 훼손시키고 전통예술 기능이 특수법적을 준중하지 않으며, 상업 이익을 위하여 짝퉁과 가짜 상품을 제조하는 이런 현상은 모두 근절시켜야 한다.
학과건설과 과학연구 투입을 강화	문화유산 보호, 전통문화학습 등 사업의 명점을 없애야 한다. 조직과정의 과학기술 함량을 높여야 한다.	무형문화유산 보호 관리시스템 연구, 무형문화유산 보호를 위한 입법 연구, 무형문화유산 보호와 문화의 다양성, 무형문화유산 자원과 생태환경 보호, 여행산업과 무형문화유산 보호, 문화유산 계승자의 보호를 위한 하과 등에 과학연구를 위한 투자를 강화해야 한다.
청소년 문화 자각의식을 배양	쉽게 접할 수 있는 전통문화와 다른 민족문화의 환경을 조성해야 한다.	청소년의 전통문화 자질교육기지를 건설하고, 대하생과 중소학생들이 박물관 및 문물교육을 참관하게 하고 전통시가 낭송 등의 활동을 통해 전통문화를 인식하고 사랑하게 하도록 해야 한다.

중화민족은 현대에 이르기까지 찬란한 문명사를 창조하고 또 무거운 대가와 고액의 비용을 지불했으며 심각한 교훈까지 축적했다. 중화문명의 계승과 민족습관의 보호가 오늘까지 이루어질 수 있게 된 것은 모든 중국인이 의식적 또는 무의식적으로 문명계승을 감당하고 본 민족과 형제민족의 문화전통을 보호해야 하는 중임을 짊어졌기 때문이다.

문화발전과 경제발전은 밀접한 관계를 가지고 있다. 문화산업의 흥쇠는 경제발전 속도에 직접적인 영향을 줄 수 있다. 뿐만 아니라 사회구조의 변화를 일으키고 전 사회의 형태에 영향을 줄 수 있다. 하지만 문화발전은 정치목적의 실현을 제일 중요한 목표로 하지 말고, 경제이익을 유일한 평가표준으로 삼지 말아야 한다. 이것은 문화의 독립, 자유, 다원화, 정신화의 특징에 위배되기 때문이다.

제5부

중국 문화발전의 비용

제20장

중국의 의식형태 변화와 현대 매체제도의 건설비용

제1절

중국현대 의식형태 변화비용의 의미와 그 표현형식

　중국 현대의 의식형태 변화비용이란 주로 신중국 성립 이후 의식형태 정립을 위한 노력, 걸어온 굽은 길, 현재의 모순과 위험을 가리킨다. 중국은 마르크스주의 이론을 견지하는 사회주의 국가로서 서구 국가의 의식형태와는 본질적인 구별이 있다. 모든 의식형태의 변화와 조정은 국가의 건설사업, 인민의 사회생활에 중대한 영향을 주는 것이므로 우리는 여기에 크나큰대가를 지불했다. 의식형태의 건설비용은 통제할 수 있는 것이므로 그 방향과 조정, 통제방식에 대해서 깊은 탐구를 해야 할 것이다. 이것은 국가의 대사이다.

　이 책에서는 중국의 의식형태 변화방식이 주로 다음과 같은 4가지 표현형식으로 진행되었다고 보았다. 즉 신중국 성립 이후 의식형태의 변화비용, 현재의 의식형태의 일상적 건설비용, 현재의 의식형태 건설 위험비용, 국제 의식형태와의 대립과 충돌비용 등이다. 그 구체적인 내용은 표 20-1을 참고할 것.

표 20-1 중국 의식형태의 변화비용 표현

비용 분류	표현형식	구체적 내용
중국 의식형태의 변화 비용	신중국 성립 이후 의식형태의 변화비용	의식형태 건설의 부당함, 정치운동의 비이성화, 사회국면의 동요는 국가건설에 손실을 끼치고 인민의 마음에 상처를 주었다.
	현 의식형태 건설의 일상적인 비용	당 이론의 형성과 완벽화, 그리고 선전. 사회 기타 각항 사업건설 지도에서의 모순과 충돌이 발생하여 배합비용을 지불해야 했다.
	현 의식형태 건설의 위험비용	서구 사상문화의 침투: 국내 시장경제의 건설에 있어서 다비용 취향이 나타나서 주된 의식형태가 충격을 받았다. 사회주의 핵심가치관의 제기와 제창.
	국제 의식형태와의 대립과 충돌비용	세계화 과정은 중국에 새로운 도전을 가져왔다. 서구의식형태의 침투가 강화되었다. 사상을 혁신하고 의식형태를 조절하여 더욱 개방적인 자태로 국제경쟁에 참여해야 한다.

1. 신중국 성립 이후 의식형태의 변화비용

(1) 신중국 성립 초기 의식형태 건설의 확대화와 곡절비용

신중국 성립 초기 각항 사업의 순조로운 진행에 따라서 국가의 주요영도자는 원래의 판단과 생각을 변화시켰고, 경제건설에만 급급해하며, 주관적인 능동성을 일면적으로 과장하는 경향을 보였다.[1] 1950년대 초기에 비교적 큰 실수가 나타나고 사회 불안정 요소가 출현했다. 1966년부터 '좌'경 사조가 전반적으로 의식형태를 주도했고, 의식형태가 모든 것을 압도하는

위치에 놓였으며[2], 사회주의 의식형태는 심각한 곡절을 겪었다. 그 결과 의식형태의 확대화, 개인숭배와 군중운동의 결합은 의식형태의 비(非)이성적 요소를 증가시켰고 사회주의 의식형태에 큰 손사을 주었다.[3] 1950-70년대 사이으 정치운동은 아주 활발했기에 매우 높은 경제비용과 정치비용을 지불했으며, 사회주의 의식형태 이미지에 큰 상처를 주었다.

(2) 의식형태 건설의 2차례 중대한 전략적 전환

1980년대 이후 중국의 의식형태 건설에는 2차례의 중대한 전략적 전환이 발생했고, 사회의 각항 사업은 바른 궤도에 들어섰으며, 중국은 번영 발전하는 단계에 진입했다.(표 20-2를 참조)

---

1) 1956년 국제공산주의운동에는 심각한 문제가 발생했고, 폴란드 헝가리사건, 소련공산당 20대의 영향은 중국 에 미쳐서 국내의 정치적 공기가 갑자기 팽팽해졌다. 1957년 모택동은 계급투쟁을 다시 강조하고 계급투쟁의 확대화 추세가 나타났다. 당과 국가정책은 정확한 궤도를 벗어나고 갈수록 더욱 심각한 착오가 나타났다.

2) 당시 의식형태 분야의 분기에 대하여 2가지 사회제도의 대립이라고 단언하고 '전면 독재', '계속 혁명'을 요구 했다. 개인숭배가 엄중해짐에 따라서 다른 마음을 품은 개별적인 인간은 영수를 '천재', '최고봉'이라고 부추기 면서 전례 없는 '신선 만들기운동'을 벌리고 영수에 대한 미신과 맹종을 부단히 강화했다. 무릇 영수, 경전, 정책과 일치하지 않은 관점은 존재의 합리성을 잃고 의식형태는 점차 교조화, 절대화, 신성화로 나갔고 정확 한 관점에 대하여 비판했다. 문화대혁명이 의식형태에 엄청난 영향을 미쳤다는 것은 의심할 바가 없다.

3) 1966년 이후 당 이론과 정책에 비교적 큰 편차가 생기고 인민군중의 생활수준은 명확한 개선이 없었으며, 경 제가 멈추고 사회가 동요했다. 의식형태는 사회발전, 인민생활을 이탈했거나 심지어 질곡으로 점철되어 나갔 다. 당은 두터운 군중의 기초를 가지고 있고, 영수는 숭고한 개인적 위망을 가지고 있었기에 사회주의 의식형 태는 오랫동안 명확한 위기는 없었지만 거대한 우환을 가지고 있었다.

표 20-2 개혁개방 이후 2차례의 중대한 의식형태의 전략적 전환

영도자	연대	조정 책략	심원한 의의
등소평	1980년대	의식형태의 혁명 기능을 강조하던 데에서 의식형태의 서비스와 통합 기능을 중시하는 쪽으로 전환했다.	사상노선의 바로 잡기: 교조주의와 극 '좌' 사조를 비판하고 의식형태 분야의 비정상적인 상태를 결속했다.
강택민	1990년대	의식형태는 주로 실천적 기초의 창조를 위주로 시장경제에 적응하는 의식형태의 기본 틀을 초보적으로 건설했다.	위에서 아래로 이르는 '개혁'에 대한 저지력이 뚜렷하게 줄어들었다. 전반적인 행정과 관리시스템은 공리원칙에 근거하여 새로 통일하고 사회의 열렬한 호응을 얻었다.
호금도	21세기 초	당의 16차 중전회에서 사회주의 핵심가치관의 구축을 중점 위치에 놓고 마르크스주의을 지도로 중국 특색의 사회주의 공동신념을 주제로 개혁 창조를 특징으로 하는 시대정신과 애국주의를 핵심으로 하는 민족정신을 정수로 사회주의 영욕관을 기초로 하는 '4위 1체'적 가치체계를 제기했다	문화대혁명이 끝나서 등소평의 의식형태사업을 경제건설을 중심으로 하는 현대화 건설국면에 넣은 것은 또 한 차례의 중대한 전략성 전환이었다. 이 전환은 새 시대의 특징과 역사조건의 심후한 파악, 국내외 의식형태의 건설 경험과 교훈을 성실하게 받아들이는 태도를 표현했다.

2. 현 의식형태 건설의 일상적인 비용

(1) 중국 특색 사회주의 의식형태의 이론건설비용

중국 특색 사회주의 의식형태의 과학적 체계는 수 십 년의 탐구를 통하여 실천에서 얻은 것이다. 당의 17대 보고에서는 다음과 같이 명확하게 지적했다. "개혁개방 이래 우리가 취득한 모든 성과와 진보의 근본원인을

요약하면 중국 특색 사회주의 길을 개척하고 중국 특색 사회주의 이론체계를 형성한 것이다."[1] 중국 특색 사회주의 이론체계에는 "등소평 이론"과 "3개 대표"의 중요사상과 "과학적 발전관" 등 중대한 전략사상을 포함한 과학적 이론체계가 포함되어 있다.[2]

(2) 중국 의식형태의 발전과 문화산업은 서로 비용에 영향을 주고 있다.

1) 문화사업의 흥기단계와 주류 의식형태의 전파 곤경

1978-1992년은 문화대혁명의 결속 이후 인간사상이 점차 활약하고 사회주의 문화 사업이 다시 바른 길로 나아가는 단계였다.[3] 당시 문화 사업일꾼들은 어떻게 문화 사업에 의식형태를 융합시키겠는가를 몰랐기에 서구의 대중문화를 일방적으로 모방했다. 그러한 작품들은 중국 주류의 의식형태에 소극적인 영향을 주었다.

당시는 문화산업 발전을 위한 관리경험이 부족했고 사회 환경과 국제 배경의 복잡함으로 인해 사회에는 여러 차례 시대를 역류하는 사조가 나타났다. 그리하여 중앙에서는 여러 차례 문건을 반포하고 정돈사업을 했다.[4] 문화 사업은 줄곧 당의 의식형태 선전과 문화건설을 진행하는 주요 경로였다.

---

1) ≪17대 보고 보충지도 독본≫, 인민출판사, 2007년판, 10-11쪽

2) 위의 책, 11쪽

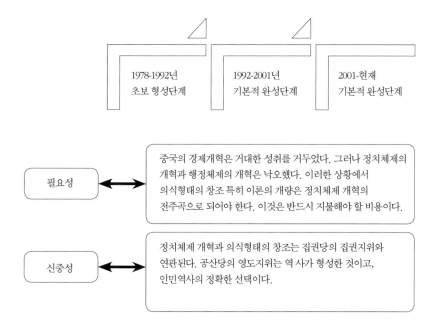

| 1978-1992년 | 1992-2001년 | 2001-현재 |
| 초보 형성단계 | 기본적 완성단계 | 기본적 완성단계 |

필요성 ◄► 중국의 경제개혁은 거대한 성취를 거두었다. 그러나 정치체제의 개혁과 행정체제의 개혁은 낙오했다. 이러한 상황에서 의식형태의 창조 특히 이론의 개량은 정치체제 개혁의 전주곡으로 되어야 한다. 이것은 반드시 지불해야 할 비용이다.

신중성 ◄► 정치체제 개혁과 의식형태의 창조는 집권당의 집권지위와 연관된다. 공산당의 영도지위는 역사가 형성한 것이고, 인민역사의 정확한 선택이다.

그림 20-1 중국 특색 사회주의 의식형태 과학 이론 체계의 형성과 필요성

---

3) 진리표준 문제의 대토론, 11차 3중 전회 소집, 사상해방, 실사구시 사상노선의 재확립은 인간들의 사상을 대대적으로 해방시켰고, '좌'경 사조에서 벗어나게 했으며, 새로운 생활과 지식에 대한 인식을 갈망하게 했으며, 문화소비의 수요를 증가시켰다. 문화산업은 이런 분위기에서 자라기 시작했다. 당시는 계획경제시대로서 문화 산업발전에 아주 중요한 문화시장과 느슨한 문화 생태환경이 아직 조성되지 않았기에 문화산업은 보잘 것 없었다. 하지만 문화산업은 인간의 가치관과 정신생활에 일정한 충격을 주었다.

4) 1983년 6월 6일 제6차 인대 1차 회의 "정부사업보고"에서는 다음과 같이 지적했다. "다수의 정신 산품은 상 품형식으로 유통 분야에 들어간다. 그러나 우리는 '금전만 추구하는' 부패한 사상이 우리사회에서 자유로 범람 하게 해서는 안 된다." 1983년 10월 12일 등소평은 다음과 같이 지적했다. "금전만 추구하고 정신 산품을 상품화하는 경향이 정신생산의 기타 면에도 존재하며 일부 예술계, 출판계, 문물계의 사람들은 이익만 추구하 는 상인으로 되었다." ≪등소평문선≫ 제3권, 인민출판사, 1993년판, 43쪽

421

그런데 이 역사단계에서 문화산업의 발전은 주류 의식형태의 전파 역할을 잘하지 못했을 뿐만 아니라 방향에도 이견이 있었다.

2) 문화산업 궐기단계와 주류 의식형태의 전파에 대한 충돌

1992년 이후, 당과 정부에서 문화관리 정책 제한을 늦추자 문화산업 발전은 다양화 추세를 보이고 주류 의식형태와 사상문화 진지를 쟁탈하게 되었다. [1] 대중문화 발전상황이 양호하지만 줄곧 2가지 불량한 태세가 있었다.

첫째, 경제이익만 추구하고 사회이익을 상관하지 않으며 저속화(庸俗化), 세속화, 대강 제작을 통속화와 대중화와 동등시했다.

둘째, 문화산업과 정치선전을 일면적으로 격리하고 문화는 의식형태의 관제와 속박에서 반드시 벗어나야 한다고 주장했다. 의식형태의 다양화 국면에서 정부는 다음과 같은 인도방식을 취했다. 점차 문화체제를 개혁하고 문화시장의 인도와 관리를 강화하며 행정관리 위주에서 법에 의한 관리를 위주로 하고 문화산업에 대한 문화정책을 조정했다. 문화산업 의식형태 전파에서 주류의식 형태의 목소리를 높였다. [2]

---

1) 1992년 당의 14대에서는 사회주의 시장경제 체제 건립이라는 개혁목표를 세우고 시장경제와 밀접한 연관성이 있는 문화산업 발전에 더욱 훌륭한 환경을 마련해주었다. 중국의 문화산업 발전 속도는 빨라지고 유통업에서 제조업과 서비스업으로 확장하고, 소규모 기업에서 대규모 문화그룹으로 발전했다. 문화산업의 물결은 개인 기업에서 대형의 국유골간기업으로 확장다. 정부의 문화체제 개혁도 진행되고 문화부문은 "직접 관리"에서 "간접 관리"를 실시했다.

문화시장의 인도와 관리에서는 단순히 행정문건으로 문화시장을 관리하던 방법을 변화시키고 타격을 가하는 행동을 주동적으로 진행했다. [3]

3) 문화산업 규모화와 주류 의식형태 전파의 규범화

당의 16대 이후에 날로 느슨해지고 조화로운 문화생태 환경에서 문화산업 발전은 규범화의 길로 나아갔다. 주요선율을 발양해야 한다는 전제 하에서 더욱 많은 경제이익을 얻는 것은 대다수 문화산업 기업의 경영책략과 목표가 되었다. 이것은 주로 중국공산당 문화산업 발전과 의식형태와의 관계에서 진행한 노력과 갈라놓을 수 없다.

---

2) 1992년 당의 14대 보고에서는 "문화 경제정책의 완벽화"를 명확하게 제기했다. 그해 "중공중앙, 국무원 제3 산업발전을 촉구하는 결정"에서는 "문화위생산업"을 제3산업 발전의 중점으로 삼았다. ≪중대 전략결책-제3 산업 발전을 촉구해야≫에서는 '문화산업' 개념을 명확하게 제기했다. 1999년 "1998년 국민경제와 사회발전 계획집행정황, 1999년 국민경제와 사회발전 계획 초안보고"에서는 "문화산업화의 추진"을 명확하게 제기했고 문화산업은 처음으로 국가 발전계획에 들어갔다. 2000년 10월 "중공중앙 '10. 5'계획의 건의"에서는 "문화산 업정책을 완벽히 하고, 문화시장 건설과 관리를 강화하며 문화산업 발전을 촉진시켜야 한다"고 제기했다.

3) 1994년은 문화시장 공연의 해로서 공연시장의 거시적 조절과 통제를 강화했다. 1996년은 문화시장 음향의 해로서 불법 음향제품의 창궐한 기세를 대대적으로 타격했다. 1998년은 문화 시장 법제의 해로서 문화시장 법제건설을 추진했다.

첫째, 문화체제의 개혁, 더욱 완벽한 문화산업 정책과 법률을 통하여 문화산업 단위의 거시적 관리를 강화했다. 둘째, "주요 선율의 발양, 다양화의 제창"이라는 문화방침을 견지하고 주류 의식형태 건설을 통하여 호소력을 증강시켰으며, 주류 의식형태가 문화발전에서 선두작용을 착실하게 하도록 하고, 다양화된 의식형태의 발전을 이끌게 했다.[4] 중국 문화산업은 산업화 발전단계와 규모화 경영에 들어섰다.

3. 현 중국 의식형태 건설의 위험비용

1990년대 이래, 경제의 세계화, 신과학기술 혁명이라는 배경 하에서 각국의 소프트파워 경쟁이 치열해지고, 중국의 주류 의식형태는 거대한 도전을 받아야 했다. 중국의 주류 의식형태 건설을 완벽히 하려면 아래와 같은 위험을 정확하게 대해야 한다. "적을 알고 나를 알면 백번 싸워도 위태롭지 않다."

---

4) 당의 16대 보고에서는 다음과 같이 지적했다. "문화 사업과 문화산업을 적극 발전시키고 문화체제 개혁을 심 화해야 하며" "문화산업은 시장경제조건에서 사회주의 문화, 인민군중 정신문화 수요에 만족을 주는 중요한 경로이다". 이것은 문화 "아침 산업"에 대한 당의 전례없는 관심과 강력한 지지를 표명했다. 2003년, 전국선 전사업회의에서 호금도는 "문화 사업과 문화산업의 적극적인 발전을 선전문화 부문의 중요한 임무로 삼아야 한다."라고 강조했다. 당의 16차 3중 전회 "중공중앙 사회주의 시장경제 체제 약간한 문제에 관한 결의"에서 는 정부 문화사업 관리 직능을 전환하고 문화분야에서 주식제도를 보급하며 투자주체 다원화를 실현할 것을 지적했다. 이는 중국 문화체제 개혁의 방향을 가리켜주었다. 당의 16차 4중 전회 "중공중앙 당의 집권능력 건 설 강화에 관한 결정"에서는 "문화체제 개혁을 심화하고 문화 생산력을 해방, 발전시키며 문화발전을 제약하 는 체제성 장애를 더욱 제거해야 한다."고 지적했다.

표 20-3 현 중국 의식형태 건설의 위험비용에 대한 구체적 내용

위험 형식	가능한 결과	표현형식
서구 적대세력의 문화 침투, 중국 의식형태의 위협	사회주의 국가의 평화에 대한 변화 발생	경제, 정치, 군사의 우세를 이용하여 서구는 서구의 '자유민주제도'를 선전하고 발전도상국가 현대화 과정의 민족문화를 인정받아야 하는 위기를 이용하여 그들에게 서구의 가치를 인정하도록 강박 또는 유인할 수 있다.
신과학기술의 혁명으로 인한 사회변화는 2대 의식형태의 차이를 약화시킴	경제 현대화를 건설하고 있는 국가들은 과학기술의 동질화 길에 들어설 수 있다.	신과학기술 혁명은 인간의 주의력을 과학기술 차원에 집중시키고, 과학기술을 주요 매개물로 하는 도구의 이성은 현대 사회의 주요 의식형태가 되었으며 인간은 도구 이성에 의해 좌우되고 있다.
사회주의 시장경제의 다원적인 가치 취향은 중국의 주류 의식형태에 불리한 영향을 주고 있다.	일정한 정도에서 중국의 주류 가치관, 의식형태와 이견과 충돌을 일으켰다.	중국의 경제체제 변혁, 각종 사상문화의 상호 교차, 상호 충격의 복잡한 배경 하에서 다른 사회계층과 이익집단이 많이 나타났다. 이는 가치관과 의식형태 다원화에 현실적인 토양을 마련해주었다.
인터넷 전파방식은 중국 의식형태의 안전에 대한 거대한 도전이다.	사회주의 의식형태 전파에 새로운 경로를 제공하고 중국 의식형태의 흡인력과 응집력에 새로운 기회를 주었다. 뿐만 아니라 이는 중국 의식형태 안전의 준엄한 도전이 되었다.	정보 인터넷화의 발전은 전통적인 문화 전파방식을 변화시켰고, 인터넷의 적시성, 대량성, 세계성, 상호성 등의 특점으로 인해 국가의 조치는 완전히 공개되었고 적대분자들에게 이용 기회를 제공했다.

4. 국제 의식형태와의 대립과 충돌비용

(1) 중국 사회주의 의식형태의 세계화 대비비용

의식형태는 줄곧 국가 정권의 개혁과 전환에서 제일 어려운 분야이다. 개혁개방 이후에 중국공산당은 성공적으로 의식형태의 전략적 전환을 완수했다. 과거의 실천을 통해 공산주의 제도는 개혁할 수 있으며, 세계화에 적응하는 길에서 부단히 조정하고 자아적 전환을 실현할 수 있다는 것을 증명했다. 그런데 관리의 법제화 나아가 국가의 제도화를 실현하는 것은 우리 당이 직면한 중대한 도전으로 되었다.

개혁개방 이전에 중국은 정치 의식형태에 의해 건립된 사회로 인식되었다.[1] 1970년대 말 등소평을 핵심으로 하는 영도집단은 사업의 중심을 경제에 두었다. 개인영역의 급속한 확장은 정치충돌의 강도를 대대적으로 약화시켰고, 당과 정부의 개혁부담을 줄였다. 이는 국가개조의 일종의 경로가 되었다.[2] 세계적 체제에 융합한 후에 이익을 기초로 하는 사회질서에는 새로운 문제가 많이 발생했으며, 신흥의 사회역량은 정치질서의 개혁을 요구했다.[3] 현행 정치질서는 부단히 내부 충격을 받고 있고, 정치개혁에 대한 압력은 날로 증가하고 있다.[4]

(2) 서구 의식형태 침투의 반대비용

냉전의 결속에 따라 서구 당국, 정부, 자산계급은 강대한 경제실력을 이용하여 "인류 역사는 서구 자유민주주의 가치관으로써 종결될 것이다"라는 관념과 시장경제 모식을 전 세계에서 보급하고 있다. 이 상황에서 중국의 특수한 의식형태 모식은 서구의 충격을 받게 되었다.

현재 서구국가는 여러 가지 방식을 통하여 그들의 의식형태를 선전하고 사회 각 역량을 통합하여 체계적으로 인터넷을 장악했다. 이를테면 신문, 잡지, 도서, 라디오, 텔레비전, 인터넷 등의 전파수단을 이용하여 의식형태의 침투를 실현하고, [5] 각종 문화교류 활동을 통하여 지식 문화계의 사상정치 영향을 강화하고 있다. [6]

---

1) 사회는 고도로 통일된 정치 의식형태에 의하여 조직되고, 호구제도, 단위제도, 대량의 군중조직 등 강력한 무 기를 통하여 토지개혁, 집체화, 공상업 국유화 등 심각하고 복잡한 사회임무를 실현했다.

2) 1980년대에 중공은 실제정책적 차원에서 자본주의 각종 경제형식의 실험을 반대하지 않았다. 그러나 의식형 태 차원에서는 자본주의 경제의 합법화를 인정하지 않았다.

3) 1990년대에 사회 구성원들은 돈벌이에 몰두하고 정치에 대한 적극정은 줄어들었다. 당은 정치 압력이 줄어들 고 정권의 합법성이 제고되었다. 하지만 적합한 압력이 없었기에 정치질서는 이 익기초의 사회질서에 적응하려 하지 않았다.

4) 최근에 미덕과 도덕가치의 제창은 당을 부흥시키려는 영도자들의 가장 중요한 방법이 되었다. 2000년부터 지 금까지 중공은 대규모적으로 간부에 대한 교육강습을 진행했다.

5) 세계에 영향을 주는 미국의 소리, 자유 유럽 라디오 등 매체를 설립하고 이를 이용하여 직접 진격할 뿐만 아 니라 대상국 정권의 반대파를 도와 매체를 설립하고 민중을 선동했다.

6) 최근 서구국가에서는 각종 기금회, 연구기구 등의 명의로 다양한 국제학술 교류활동을 조직하고, 학자간 상호 방문, 강연, 대학교류 등의 형식을 통하여 소위 문화교류로써 지식인에게 영향을 주고, 사회여론에 영향을 주는 목적을 달성하고자 한다. 이를테면 미국 국회, 정부, 국가안전위원회, 미국해군학원 등이 운영하거나 후원 하는 대량의 '연구센터', 기금회 및 대학연구소에서는 학자간 상호 교류, 후원항목 연구 등 명의로 중국에서 빈번하게 활동하고 있다.

대상국의 "다른 정치견해를 가진 인간", "반대파"의 양성과 지지를 통하여 의식형태에 대한 공격과 대상국 전복의 목적을 달성하고자 하고 있다.[7] 이러한 상황에서 중국은 반드시 이에 대해 예방할 수 있는 비용을 증가시키고, 대외 선전 교류무대를 건설하며, 외교책략을 조절하고, 경제수단과 문화수단을 교차적으로 사용하며, 자신의 진영을 공고히 하는 기초 위에서 문화가치관의 수출을 강화해야 한다.

---

1) 중국의 대만문제, 신강(위그루)문제, 서장(티베트)문제는 서구국가에서 자주 이용하는 중점이다. 특히 서장문제 가 그러하다. 위명류,, "달라이라마 집단의 돈은 어디서 나오는가?", ≪청년참고≫ 2008년 4월 12일.

제2절

중국현대 매체제도 건설비용의 의미와 그 표현형식

중국 현대 매체제도의 건설비용은 매체의 기본 기능과 관계된다. 중국의 매체는 '대변자'와 '보초병'의 중요한 기능을 감당하고 있다. 그 건설비용은 주로 당과 정부의 매체사업에 대한 경영관리(포괄적인 재정 지출과 인재 양성 등), 현재 매체의 체제개혁과 신매체 시대의 각종 가능성에 대한 위기 대비 등 면에서 체현된다.

이 책은 중국 현대 매체제도의 건설비용에는 주로 중국 특색 매체 체제의 일반적인 관리비용과 현대 매체체제 개혁비용이 포함된다고 본다. 구체적인 내용은 표 20-4를 참고할 것.

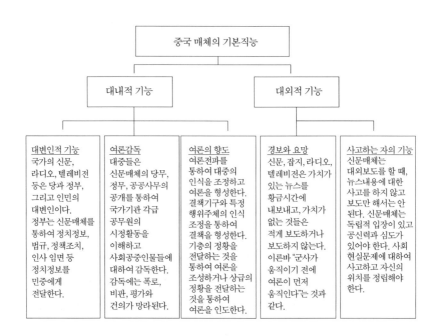

표 20-2 중국 매체의 기본기능

표 20-4　중국 현대 매체제도의 건설성과에 대한 표현형식

비용분류	표현 형식	구체적 내용
중국 현대 매체제도의 건설비용	중국 특색의 매체체제의 일반적 관리비용	원래 문화기구 체제에 대한 관리 시스템은 복잡하고 관계되는 면이 넓으므로 대량의 불필요한 행정비용을 소모한다. 개혁을 할 때에는 개혁을 방애하는 걸림돌이 되었다.
	현대 매체제도의 개혁비용	체제 개혁은 새로운 관리제도와 운영제도의 건립을 의미한다. 시장경제의 환경에서 매체의 도덕수준 하락과 새 매체의 출현은 체제 개혁에 어려움을 조성한다. 과도한 행정 간섭문제도 존재하여 매체들이 활력을 충분히 발휘하지 못하게 한다.

1. 중국 특성을 지닌 미디어시스템의 일반 관리비용

현재 중요한 문화 관리 기구에는 중앙선전부, 문화부, 국가라디 오텔레비전총국, 신문출판총서, 국무원 신문판공실(외선판), 신화사[1] 등이 있다. 이들 체제의 형성과 운행에는 깊은 역사적인 원인이 있다.

문화사업 발전이 심화되어 감에 따라 이런 관리체제는 명확하게 관리비용을 증가시키고[2] 매체 운영비용을 제고시키고 [3] 있다.

2006년 중공중앙, 국무원 "문화체제 개혁에 관한 의견"에서는 문화분야의 거시적 관리를 강화하고, 정부의 기능 전환을 촉구하며, 문화행정 관리부문의 기능을 명확히 하고, 문화관리 부문과 소속 문화기업의 관계를 정리할 것을 요구했다.

2009년 "국가 '11.5'시기 문화발전 전망계획 요강"에서는 다음과 같이 지적했다. "정부의 기능전환을 적극 추진하고 정부와 기업의 분리, 정부와 사무의 분리, 정부와 자본의 분리, 관리와 사무의 분리를 실시하며, 문화 운영의 정부기능을 사회관리와 공공서비스에로 전환시켜야 한다." 중앙문건은 이미 발표되었지만 문화 관리부문은 아직도 혼란스럽다. [4]

---

1) 중앙선전부를 종합관리기구라고 하면 나머지는 구체적인 관리부문으로 각기 일정한 문화분야를 관리하고 있 다. 문화부는 문화예술을, 국가라디오텔레비전총국은 라디오와 텔레비전을, 신문출판총서는 신문출판을, 국무 원 신문판공실은 대외선전을, 신화사는 외국 통신사의 중국 경내 해당업무를 심사하고 비준한다.

2. 현대 매체체제의 개혁비용

(1) 1980년대 이래 개혁 여정의 회고

중국 매체의 산업화 [5] 는 1978년 재정부에서 인민일보 등 8개 중앙 신문단위 기업관리 제도를 실시하는 데서 시작했는데 그 여정은 2단계로 나눌 수 있다. 첫 단계는 1978-1992년으로 중국 매체산업의 흥기시기이다.

신문매체는 점차 적당한 경영자주권을 가지고 매체광고 형식은 날로 다양화 했으며, 광고수입이 증가하여 매체기업에 대량의 자본을 축적해 주었다. 제2단계는 1992년부터 현재까지로 매체산업의 고속발전시기였다. 중국 사회주의 시장경제제도의 확립에 따라 매체기업의 시장화 정도가 제고되었다. 국내외 경쟁의 국면에서 중국 매체 기업은 집단화, 규모화적 경영을 했다.

---

2) 과거의 매체와 비교해 보면 지금의 매체는 제품의 다양할 뿐만 아니라, 경영수단이 풍부하며 신문 산품 뿐만 아니라 뉴스가 아닌 문화예술 활동도 있다. 특정 업종, 특정 경영이 있을 뿐만 아니라 업종과 지역을 초월한 경영도 있다. 전통적인 매체 운영도 있고, 시장경제 법칙에 맞는 자본 운영도 있다. 전통 문화 관리체제는 변하 지 않았지만, 각 관리기구가 서로 교차하고, 그 권한을 더욱 분간하기 어렵게 되었다.

2008년 10월 중공중앙 선전부, 조직부, 중앙 편제(編制)판공실, 발전개혁위원회, 재정부, 인력자원과 사회보장부, 문화부, 세무총국, 공상총국, 라디오텔레비전총국, 신문출판총서에서 제정한 "문화체제 개혁에서 경영성 단위를 기업으로 전환하는 규정", "문화체제 개혁에서 경영성 문화기업 발전을 지원하는 규정"에서는 매체 무형자산 운영범위와 투자비례를 더욱 확대한다면서 다음과 같이 명확하게 제기했다.

---

3) 신기술 특히 인터넷 기술이 발전하는 배경 하에서 다른 관리부문의 권한 경계선이 분명하지 않아 직책이 서로 교차했다. 직책이 불분명한 관리자들은 한 분야를 장악하고 서로 다투는 바람에 문화시장과 매체에서는 어쩔 바를 모르게 되었다. 이를테면 인터넷에 대하여 관리기능이 있는 부문은 문화부, 국가라디오텔레비전총국, 국 무원 신문판공실, 신문출판총서였다. 문화부는 "문예유형 산품의 인터넷 전파 이전의 심사비준, PC방 등 인터 넷 서비스 영업장소의 경영 허가증 관리를 책임지고 인터넷 오락서비스를 감독, 관리(인터넷 오락의 출판 이 전 심사, 비준이 포함되지 않았다.)한다." 국가라디오텔레비전총국에서는 정보 인터넷 시청각 프로그램 서비스 기구와 업무 관리 및 진입의 비준과 퇴출 관리를 책임지고, 정보 인터넷 시청각 프로그램의 내용과 품질을 심사한다. 국무원 신문판공실은 "인터넷 신문사업 발전계획을 세우고 인터넷 보도사업을 지도 협조한다." 신문 출판총서는 "인터넷 출판활동, 핸드폰 출판, 핸드폰 업무의 심사, 비준, 감독, 관리를 책임지며" 그 소속 과학 기술과 데이터사는 "인터넷(인터넷 오락을 포함)출판, 데이터 출판의 법규, 제도의 작성에 참여하고 인터넷 출 판, 핸드폰 출판, 데이터 출판 정책과 중요 관리조치를 제정, 감독, 실시한다." 그리고 "인터넷 출판, 핸드폰 출판, 데이터 출판활동의 감독관리 사업을 책임지고 진입, 퇴출시스템을 실시"하며 "인터넷 출판, 핸드폰 출판 의 규정과 법률 위반 행위를 조사 처리한다."

4) 국가라디오텔레비전총국 선전관리사 제10조의 직책은 "총국 소속 단위의 라디오, 영화, 텔레비전, 도서, 신문, 잡지 출판의 관리사업을 책임"지는 것이다. 여기에는 두 가지 문제가 있다. 첫째, 국가라디오텔레비전총국은 문화 관리부문이고 문화 생산단위라는 '재판관'이며 '운동선수'이다. 따라서 이는 시장경제의 원칙에 위배된다. 둘째, 신문출판총서의 직책은 전국의 신문출판업을 관리하는 것이다. 그런데 국가라디오텔레비전총국에서 출 판한 도서, 신문, 잡지는 국가라디오텔레비전총국 선전관리사에서 관리하는데 이는 합리적이지 못하다.

5) 예를 들어, 미디어 산업은 미디어제품의 생산 및 판매, 관리 등 국가 산업부문의 업종 운영규칙에 근거하여 진행된다. 즉 시장화 수단으로 매체 자원을 배치한다.

"문화기업의 특점에 비추어 저작권, 문화브랜드 등 무형자산의 평가 외에 저당 방법을 연구하여 제정하고, 상업은행을 인도하여 문화기업에 대출 지지를 주도록" 하며 "투자인이 지식 재산권 등 무형자산의 평가, 가격으로 출자하여 문화기업을 건립할 수 있다.

화폐가 아닌 재산 주식은 등기 자본 비례의 70%를 초과하지 못한다."새로운 문화체제의 개혁정책은 당보(党報), 당간(党刊)의 선전과 경영분리를 하는 동시에 시정 유형이 아닌 신문, 잡지, 중점 뉴스 웹사이트의 기업전환 체제개혁을 더욱 두드러지게 했으며, 매체의 무형자산 표현형식의 특수성을 긍정하고, 무형자산의 투자비율을 제고하여 전파매체의 신문매체, 문화매체를 초월하는 발전에 통로를 열어놓았다.

(2) 매체체제의 개혁으로 인해 증가된 비용

1) 매체 직업도덕이 하강하고 여론에 대한 향도가 정확한 궤도를 벗어났다.

정부에 있어서 매체의 중요한 기능의 하나가 바로 정확한 여론을 이끄는 것(향도)이다. 현재의 시장 환경에서 매체의 여론 향도 작용이 약화하고, 주된 의식형태가 커다란 도전에 직면하고 있다. 사회공중의 시선을 끌기 위해 매체 경영에는 저속화, 중복화, 허위선전이 나타나고 있다.[1]

---

1) 현재의 텔레비전 프로그램에 맞서기 위해 오디션은 많으나 그러다 보니 예술성이 높은 프로그램은 비교적 적 다. 이런 프로와 뉴스는 군중들에게 유익한 점이 별로 없다. 뿐만 아니라 문명적인 프로그램 시간을 점하고 매체의 여론 향도 기능을 약화시킨다.

이익의 유혹으로 인해 일부 매체의 직업도덕은 상실되고 있다. "유상 뉴스", "유상 불문" 현상이 종종 나타나고 있다. 공중 매체들에게 필요한 것은 객관적이고 진실한 보도이다.

그런데 정부 또는 기업의 "유상 뉴스"는 정부 또는 기업이 사전에 준비한 허위자료를 보도하며 광고와 비슷한 역할을 하고 있다. 정부 또는 기업에 불리한 정보를 얻었다면 진실하게 보도하고 여론 감독의 기능을 발휘해야 한다. 그런데 이익의 유혹에 넘어가서 매체는 이것을 보도하지 않고 있다.

이러한 현상은 매체의 여론감독 기능을 약화시키고 있다. 무력한 매체 감독에 대하여 군중들은 불만이 많다. 허위사실을 보도하면 군중들이 속아서 간접적으로 사회갈등을 심화시킬 수가 있다.

2) 전통적 매체가 시장화 운영에 적응하지 못하는 가장 큰 질곡은 낡은 체제 때문이다.

개혁개방 이전에 위에서 아래로 내려오면서 관리하는 매체방법은 급별이 삼엄하고 유동성이 떨어졌다. 기업으로 전환했거나 전환을 준비하는 매체는 자본유동을 포함한 자유유동이 필요하다. 낡은 체제는 이런 유동에 장애를 가져와 매체기업을 속박하고 있다.[2]

---

2) "중앙-성-지역(시)-현" 등 4개의 급이 존재한다. 중국에서 중앙부터 현에 이르기까지 모두 자신의 매체를 가 지고 있다. 2003년 신문잡지를 관리하기 위해 대다수의 현급 당보는 사라졌지만, 일부 현급 당보는 아직도 존재하고 있다. 이런 신문과 현급 텔레비전은 다음과 같은 큰 문제가 존재한다. 즉 뉴스가 군중생활을 반영하 지 않고, 프로그램 품질이 비교적 떨어지며 경제적 빈곤으로 인해 규정을 위반한 광고를 하는 것 등이다.

원래 많은 매체의 우세는 독점적 지위를 이용하여 얻은 것이다. 사업단위가 기업으로 전환한 후 이런 매체는 독립 생존문제가 걸려 있고, 재정 지원을 기대할 수 없게 된다. 왜냐하면 시장은 생명력이 있는 문화 산품만 인정하기 때문이다. 시장경제에 대해서 이런 매체가 생존하고 발전공간이 있는지 하는 것은 큰 의문이다.

3) 과도한 행정 간섭과 매체의 자유정도 문제

국민경제가 평온하고 빠르게 발전하며 국내 소비시장의 활성화로 인해 매체의 광고시장도 급속히 성장하고 있다. 2006년 중국의 국내생산 총액은 20여 만 위안에 달했고, 전해보다 10.7%나 증가했다. 중국의 매체 광고시장 소비 총액은 2,875억 위안으로 동시기 대비 18% 성장했는데 그 속도가 많은 서구 선진국보다 빨랐다.[1] 하지만 매체는 생존환경이 매우 열악하고 힘이 들며 그 독립성을 발전시킬 수 없다고 한다.

그 원인은 적지 않은 지방정부에서 항상 행정수단을 사용하여 매체의 보도 또는 광고권을 간섭하기 때문이다. 이는 관리규정 뿐만 아니라 시장법칙에도 어긋나는 일이다. 이를테면 일부 지방정부는 실적 선전 또는 당지 모종의 사업을 발전 촉진시켜야 하는 목적을 달성하기 위하여 당지 매체에 대량의 광고를 한다. 매체에서는 최선을 다하지만 나중에 보수를 받지 못하거나 상징적으로 조금밖에 받지 못하고 있다.

현재의 정책은 사상적 문제를 활발히 다루는 신흥매체를 아주 엄하게 제한하고 있다. 그리하여 매체는 언론권리가 없고 사회현상을 진실되게 보도하지 못하고 있다. 다른 지방에 가서 신문을 발행하는 문제에 대하여 과거에는 아주 엄하게 통제했다. 현재는 제한이 조금은 풀렸지만 아직도 아주 어렵기는 마찬가지이다. 이를테면 동방조보(東方早報), 신경보(新京報) 등은 남방신문매체그룹에서 벗어나기 위하여 일련의 시도를 진행했는데 그 결과는 "첩첩 산중"[2]이었다.

매체체제 개혁의 심화에 따라서 정부의 관리기능은 약화될 것이다. 하지만 어떻게 약화하고 매체 생존의 자유정도와 정부 관리의 합리성 사이의 모순을 어떻게 해결할 것이지, 중국 특유의 의식형태를 수호하는 동시에 어떻게 백화제방(百花齊放), 백가쟁명(百家爭鳴)을 하게 할 것인지를 해결하려면 시간이 필요하다. 현재 매체의 자유정도가 낮고 독립성이 약하며 인원의 자질이 일치하지 못하고 산품의 품질도 높지 못하다. 이는 중국 매체가 발전과정에 있고, 매체의 발전과 정부의 관리가 적응과정에 처해있다는 것을 말해 준다. 필요한 대가와 비용은 지불해야 할 것이다.

1) 崔保国, 《2007年:中国传媒产业发展报告》,社会科学文献出版社, 2007年版,383-384页.

2) 甘险峰, 李旭, 《推进传统媒体体制改革》, 《新闻战线》 2009年 第5期.

4) 새로운 매체의 의식형태 안전 수호를 위한 비용

2010년 7월 12일 중국사회과학원 신문전파연구소와 사회과 학문헌 출판사에서 반포한 "중국 신매체 발전 보고(2011)"에서는 다음과 같은 것을 지적했다. 인터넷과 핸드폰 등 신매체는 계속 비약하고 세계적으로 신속하게 확장하고 있다. 신매체의 사회 침투는 국가 사회에 대해 전면적인 변혁을 촉진시키는 사회적 매체가 되었다. 이 과정에서 중국 신매체의 본토화 발전 특징이 날로 선명해지고 있고, 중국 특색의 매체발전 길이 점차 형성되고 있다.[3] 신매체는 진정으로 발전했다.

이 1년은 신매체 발전역사에서 이정표적 의의가 있는 1년이었다. 이 1년 동안에 웨이보(微博), 사교 사이트, 인스턴트메시지(Instant messaging), 논단, 블로그, 인터넷 방송, 검색, 핸드폰 메시지, 인터넷 텔레비전, 인터넷 잡지, 핸드폰 신문, 전자 도서 등 신매체가 흥기했던 것이다. 이 매체는 융합화, 이동화, 사회화 발전추세가 명확했고, 매체의 형식을 대대적으로 풍부히 했으며, 매체의 생존공간을 확장하고, 뉴스 보도의 참신한 방식과 사회여론 방향을 인도했다. 뿐만 아니라 중국의 정치 문화 생태에 심각한 영향을 주었고, 경제 산업발전의 중요한 동력이 되었으며, 사회의 존재방식에 깊이 침투하게 될 것이다.

---

3) 상술한 보고에는 다음과 같은 놀라운 통계를 반포했다. 2010년 세계 인터넷 사용 인구는 20억 명이고, 핸드폰 사용 가정은 50억 호이며, 중국의 인터넷 사용 인구는 4.5억 명이고, 핸드폰 사용 가정은 9억 호를 돌파하 여 중국은 세계 신매체 사용 가정 제1 대국이 되었다는 통계였다. 2000년의 2,250만 명에서 2010년의 4.57 억 명에 이르기까지 10년밖에 걸리지 않았는데, 중국 인터넷 사용자는 20배나 증가했던 것이다.

동시에 서구의 신매체도 의식형태를 침투하는 발걸음을 멈추지 않았으며, 인터넷은 서구의 가치관을 세계에 수출하는 말단 도구가 되었다. 신매체는 미국의 대 중국 의식형태 전쟁의 주요한 무대가 될 것이라는 점은 의심할 바가 없다. 미국은 자신의 이익과 전파효과를 고려하여 대 중국 전파 전략을 전환하여 신매체로 인한 전파 국면의 변화를 묘하게 이용하고 있다. 신매체는 미국이 의식형태 패권을 구축하는 주요 매개물이 될 것이다. 이런 상황에서 의식형태의 안전은 현재 중국의 가장 중요한 문제로 되었다.

신매체 기술은 의식형태 구축에 거대한 영향을 주었고, 문화와 의식형태를 침투하는 문턱을 낮추었다. 중국에서 세계화, 인터넷화, 사회화 발전의 신매체는 의식형태 존재에 대한 시간과 공간을 넓혔고, 다른 의식형태의 충돌과 투쟁을 더욱 직접적으로 치열화 및 다양화하게 했다. 중국은 이 치열한 방식을 바로 보고 신매체 싸움에서 이겨야 하며, 중국의 뉴스와 목소리를 세계에 전파해야지 피동적으로 응전해서는 안 될 것이다.

제3절

의식형태 변화비용과 현대 매체제도 건설비용의 형성원인

신중국 성립 이래 중국의 의식형태에는 일련의 변화가 발생했는데, 그 주요 원인은 다음과 같다. 즉 당대 중국사회의 전환과정에서 이익관계를 조정하고 원래의 이익국면을 개혁, 타파하며 단일한 계획경제 구조를 시장 합동식 다원화 구조로 전환시킨 것이다. 사회계급, 계층 구조에 중대한 변화가 발생하여 사회이익의 주체구조가 다양화 되는 추세를 보이고 있다. 일원화 사회에서 다원화 사회로의 전환은 사회계층의 구성을 변화시키고, 각 계층은 정치 민주화와 법제화 관리에 더욱 높은 요구를 제기하게 되었고, 본 계층 또는 본 집단의 정치이익과 권리가 민주체제에서 만족을 얻기를 바라고 있다. 그리하여 더욱 많은 정치생활에 대한 참여권리가 산생되고 있는데, 이는 아래에서 위에 이르는 수요에 다른 것이다.

위에서 아래로 이르는 면에서 보면 집권당인 중국공산당은 국가의 강성, 민족의 부흥이라는 위대한 사명을 짊어지고 있다. 당과 정부는 발전의 계획자이고 추동자이다. 당의 견고한 집권지위를 보전하려면 집권의 합법성과 권위성을 제고시키고, 조화로운 정치 참여시스템을 구축하여 당내 민주와 인민민주를 확대하고, 사회 각 계층의 이익에 대한 수요를 조정해야 한다. 그렇기 때문에 의식형태 조정은 반드시 진행되어야 한다.

현대의 매체 개혁은 의식형태 조절과 선전에 배합해야 하고, 또 매체 자신의 생존발전에 필요한 수요를 만족시키고자 하려는 것이다. 서구 국가와 다른 점은 중국 매체와 정부는 피 영도와 영도 관계라는 것이다.

현대 정치문명의 발전에 따라서 인민민주의식이 부단히 제고되고 있고, 매체의 여론 감독기능이 두드러지기 시작했다. 이때 매체와 정부의 관계는 원래의 관계에서 감독과 피 감독의 관계가 파생하게 되고, 매체의 독립성이 점차 나타나게 된다. 신매체의 출현은 중국의 의식형태 건설과 문화건설에 새로운 수단을 제공하게 되고, 또 잠재적 거대한 위험을 가져오게 되었다.

이것은 초연함이 없는 가치관, 국가 소프트파워, 문화 흡인력의 경쟁을 가져올 것이다. 중국이 대국적 지위를 보전하고 의식형태의 안전을 보호하려면 이에 대해 응전할 수밖에 없다. 후퇴할 수가 없는 것이다.

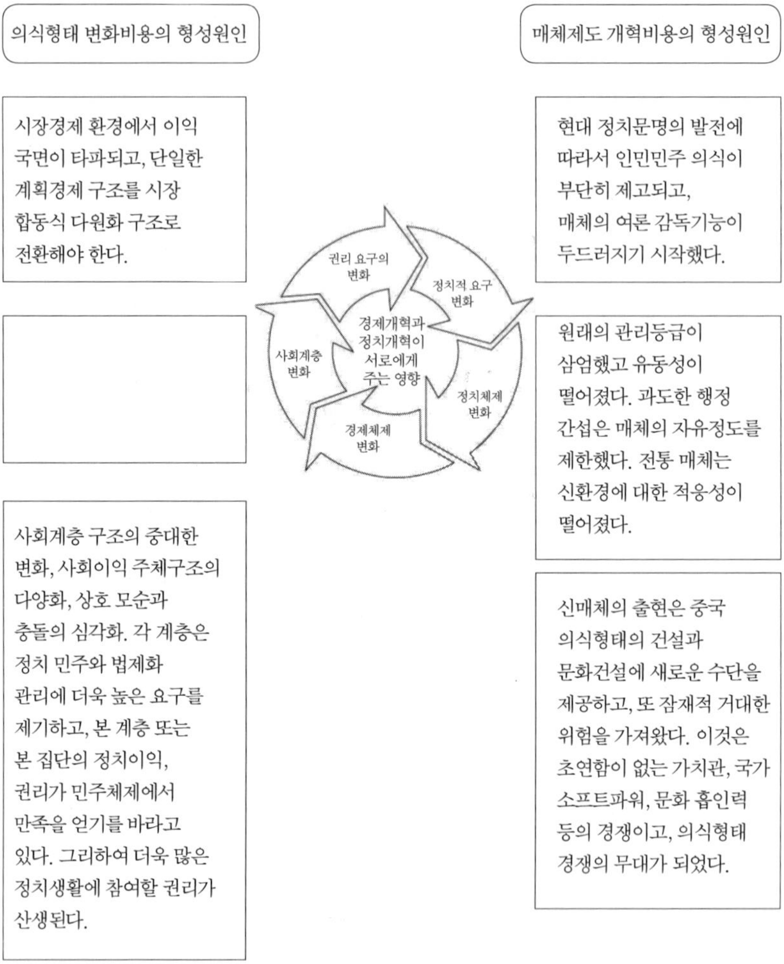
의식형태 변화비용의 형성원인
매체제도 개혁비용의 형성원인
시장경제 환경에서 이익 국면이 타파되고, 단일한 계획경제 구조를 시장 합동식 다원화 구조로 전환해야 한다.
현대 정치문명의 발전에 따라서 인민민주 의식이 부단히 제고되고, 매체의 여론 감독기능이 두드러지기 시작했다.
권리 요구의 변화
정치적 요구 변화
경제개혁과 정치개혁이 서로에게 주는 영향
사회계층 변화
정치체제 변화
경제체제 변화
원래의 관리등급이 삼엄했고 유동성이 떨어졌다. 과도한 행정 간섭은 매체의 자유정도를 제한했다. 전통 매체는 신환경에 대한 적응성이 떨어졌다.
사회계층 구조의 중대한 변화, 사회이익 주체구조의 다양화, 상호 모순과 충돌의 심각화. 각 계층은 정치 민주와 법제화 관리에 더욱 높은 요구를 제기하고, 본 계층 또는 본 집단의 정치이익, 권리가 민주체제에서 만족을 얻기를 바라고 있다. 그리하여 더욱 많은 정치생활에 참여할 권리가 산생된다.
신매체의 출현은 중국 의식형태의 건설과 문화건설에 새로운 수단을 제공하고, 또 잠재적 거대한 위험을 가져왔다. 이것은 초연함이 없는 가치관, 국가 소프트파워, 문화 흡인력 등의 경쟁이고, 의식형태 경쟁의 무대가 되었다.

그림 20-3 의식형태 변화비용과 중국의 현대 매체제도 건설 원인형성에 대한 분석

제4절

의식형태 변화비용과 현대 매체제도 건설비용에 대한 대응책

　의식형태 변화에 적극 대비하고 현대 매체제도의 건설비용을 낮추려면 더욱 사상을 해방시키고 사상문화의 진지를 효과적으로 점령하며, WTO에 가입한 후 외국자본, 문화 산품의 경쟁압력 증가의 도전에 대비해야 한다. 애국주의 교육을 심화하여 진행하고, 대외교류와 합작에 대해 적극적으로 예방해야 한다. 신문, 출판, 라디오, 영화, 텔레비전 업종의 개혁을 심화하고 당과 정부가 이 분야에 대한 통제력을 견지하고 유지해야 한다.

　현재 당과 정부는 발전과 의식형태의 전파와 관계되는 문제를 처리하는 과정에서 점차 피동에서 주동으로 전환하고, 일원 문화의 주도 아래 다양한 문화발전을 허용하고 있다. 이는 아주 훌륭한 추세이다. 나아가 의식형태 분야의 목소리에도 귀를 기울여야 한다. 무조건 언론 금지', '행동 금지'를 하지 말고 매체에 더욱 많은 자유공간을 주어 매체가 여론감독기능을 발휘토록 해야 한다.

표 20-5 이식형태 변화비용과 현대 매체제도 건설비용의 대응책

대응책	요점	사례 설명
일원화를 주도하여 다양한 문화를 취용해야 한다	다른 집단의 문화요구와 정치요구를 존중하고, 시대적 특징이 다분한 "당대의 중국이미지"를 힘써 구축하며, 애국주의를 핵심으로 하는 의식형태와 연월을 창조하고, 사회주의 의식형태의 기본노선을 단호히 수호한다.	'중국특색'을 해심이념으로 당대 중국의 새로운 이미지를 전면적으로 전시해야 한다. 주로 3대 이미지를 전시해야 한다. 첫째, 중국발전에 입각하여 시대조류를 따르는 개혁개방 이미지이다. 둘째, 대외적으로 평화적 발전, 대내적으로 안정, 단결, 화해, 안정 등의 이미지이다. 셋째, 독립자주, 최임감, 사심을 말하는 이미지이다.
매체의 여론감독 및 인도하는 작용을 중시해야 한다	당의, 정부는 매체의 기능을 중시하고, 매체와 자각적으로 긴밀히 결합하며, 매체 감독의 주동성과 필요성을 파악해야 한다. 매체의 보도에 대하여 무조건 아누르지 말고, 매체에 종사하는 인원들을 존중하며, 매체 관리를 간단히 하려고 조장하고 난폭한 작풍을 개선해야 한다.	주류 매체는 여론 정황을 측정하는 시스템을 건설하고, 논단, 사회구역, 웨이버 등에서 여론을 감독하는 단서를 찾으며, 속히 감독에 참여해야 한다. 나타납수 있는 여론의 관심사에 대하여 대비책을 세우고, 돌발적인 여론정황에 대하여 감독 주도권을 장취하여 여론을 정확하게 인도해야 한다. 특히 향도를 결하고 맹목적으로 남을 따르지 않으며, 자기마음대로 선전하지 말고, 여론을 잘 인도하여 인터넷 감독을 정확한 방향으로 인도해야 한다.
신과학기술혁명의 의식형태에 대해 경각성을 가져야 한다	각국의 종합국력을 주시하고 인제와 과학기술 경쟁을 주시하며, 동시에 문화와 전통 의식형태와의 차이와 대립관계를 주목해야 한다.	지식과 인제를 존중하고 과학기술을 대매적으로 발전시켜야 한다. 그리고 과학기술의 도구성을 충분히 인식하고 외국의 조종을 받지 않아야 하며 매체를 맹목적으로 따르지 말아야 한다. 과학기술의 동정하는 의식형태의 동질화를 일으킬 수 있다. 여기에 특별히 경각성을 높여야 한다.
인터넷 환경을, 전파방식을 강화해야 한다	인터넷 환경에서의 국제적 의식형태의 지위를 취득하고, 사회주의 의식형태의 권위와 인식을 강화하여, 인터넷 전파의 대량성으로 인한 정보 선택의 다양성과 가치취향의 다원성을 철저하게 처리해야 한다.	웨이보의 관리 사업을 중시해야 한다. 정부는 인터넷 사용자들에게 인터넷의 적극적이고 건강한 사용을 제창해야 한다. 각급 정부의 인터넷을 웨이보의 장구체업을 중시하고, 군중과의 교류를 강화해야 한다. 선전부문에서는 당의 방침과 정책 선전, 요인 해소 업무를 담당하고 기층 선전부에서는 웨이보 전시를 적극 이용. 점령해야 한다. 진보하는 인터넷 문화를 적극적으로 건설해야 한다. 건강하고 진보적인 인터넷 문화를 건설해야 한다. 경체건설과 인민의 정신생활을 위하여 서비스를 할 수 있을 것이다.

현재 중국은 세계화 과정에 대해 적극적으로 대비하고, 새로운 의식형태의 경쟁을 성실하게 처리하고 있다. 최근 중국은 국제 여론 공간에서 점차 발언권을 확대하고, 주류매체는 신매체를 활용하여 대외전파를 강화하고 있다. 민간의 애국주의와 민족주의는 인터넷 여론 공간에서 활발하게 표현되고 있다.

신매체시대 전파법칙의 탐구를 통하여 우리 사회주의 주류 의식형태가 실천을 이탈하지 않게 하고, 사회 주요 집단의 인정과 받아들임을 얻게 하는 것은 중국의 의식형태를 안전 수호하는데 아주 중요하고 또 깊이 연구해야 할 과제이다.

제5부
중국 문화발전의 비용

제21장

중국 소프트파워 건설 및 국제문화

침략비용에 대한 대응

제1절

소프트파워 건설비용의 의미

1990년, 미국 학자 조지프 나이(Joseph S Nye, Jr)는 정치학계간, 외교정책 등 잡지에 일련의 논문을 발표하고 제일 처음으로 '소프트파워' 개념을 제기했다. 그는 소프트파워에는 주로 다음 3가지 역량자원이 포함된다고 했다. 문화와 가치관 등 의식형태 면의 흡인력과 호소력, 사회정치 경제 제도와 발전 유형 등의 흡인력과 영향력, 국제 이미지 친화력과 다각도 외교에서의 국제규칙과 문화발전 전략 국제시스템의 통제력이다.[1] 일반적으로 소프트파워는 그림 21-1의 특성을 가지고 있다.

---

1) Joseph S Nye., "Foreign Policy Fall", The Boston Glob, 1990, (2), pp.165-166
2) 2006년 호금도는 '소프트파워' 개념을 명확하게 제기하고 다음과 같이 지적했다. "중국문화의 발전방향을 찾 고 민족문화의 찬란한 꽃을 피우며 중국문화의 국제경쟁력을 제고하고, 국가 문화 소프트파워를 제고시키는 것은 우리의 중대한 과제이다." '17대'에서 호금도는 "국가 문화 소프트파워를 제고시키고" "문화의 대발전, 대번영을 더욱 자각적이고 주동적으로 추진해야 한다"고 했다. 문화 건설에서 '17대' 보고의 최대 발광점은 현재 문화건설의 총적인 전략 중심과 전략 사로를 명확하게 제기한 것이다. '17대' 보고 서언에서는 다음과 같이 지적했다. "사회주의 선진문화의 전진 방향을 견지하고 사회주의 문화건설에 대한 새로운 고조를 일으키 며, 전 민족문화의 창조에 활력을 불러일으키며, 국가는 문화 소프트파워를 제고하여 인민의 기본 문화권익을 더욱 잘 보장하고, 사회주의 문화생활을 더욱 풍부히 하고, 다채롭게 해야 하며, 인민들이 더욱 분발하고 진보 할 수 있게 해야 한다.

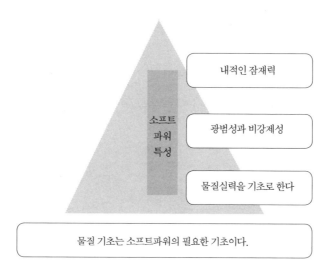

내적인 잠재력

광범성과 비강제성

물질실력을 기초로 한다

소프트
파워
특성

물질 기초는 소프트파워의 필요한 기초이다.

그림 21-1 소프트파워의 3가지 특성

최근 10년 동안 중국은 국가 소프트파워 건설의 중요성을 인식했다.[2] 중국의 궐기는 새로운 세계화 물결, 국제질서의 전환과 거의 동시에 진행되었다.[3] 조화 이념을 핵심으로 대전략의 틀을 구축하며 소프트파워 건설을 국가 전략을 구축하는 차원에 놓고, 국가 소프트파워 건설에 많은 비용을 투입하고 있다. 그리고 국가 차원, 구역 차원, 조직 차원, 국민 차원에서 적극 건설하고 있다.

---

1) 국제 실력의 이전은 중국에 일상 법칙, 발전단계를 초월한 진보를 가져다주었을 뿐만 아니라, 준엄한 도전도 가져다주었다. 도전은 주로 많은 국내문제, 돌파단계에 진입한 개혁, 국제압력의 증대, 의구심의 심화 등에서 체현된다. 이것은 "궐기의 곤경"으로 19세기 중기 피동적인 국면과는 완전히 다르다. 중국은 곤경에서 벗어나 는 길을 비교적 쉽게 찾아서 나갈 것이다.

제2절

다른 차원의 소프트파워 건설과 외국문화
침략대응비용의 표현형식

상술한 분석에 기초하여 이 책은 다른 차원의 소프트파워 건설과 외국의 문화침략에 대응하는 비용의 표현형식은 다음 4개 면을 포함하고 있다고 보았다. 국가, 구역, 조직(기업), 국민(개인)의 국가 발언권의 쟁탈비용, 구역 소프트파워 건설비용, 현대 조직(기업) 소프트파워 건설비용, 과학적 소양과 인문교양 제고비용이다. 그 구체적인 내용은 표 21-1을 참고할 것.

표 21-1 다른 차원의 소프트파워 건설과 외국의 문화침략에 대응하는 비용의 표현형식

비용 분류	표현형식	구체적인 내용 해설
소프트파워의 건설 표현형식	국가차원: 국제적 발언권의 쟁탈 원가	세계발언권 국면이 변화한 후 주동권을 얻고 본국의 이익을 수호하며 국제무대에서 작용을 발휘하는 것을 주로 가리킨다. 반드시 대량의 원가를 투입하여 경제, 외교, 매체, 문화분야의 발언권 경쟁력을 제고시켜야 한다.
	구역차원: 구역 소프트파워의 건설 원가	구역 소프트파워 발전과 투입을 주로 가리킨다. 주요 실현수단은 정책의 인도, 경제의 인도, 사회분위기의 인도이다. 그런데 구역 소프트파워의 과도한 확장은 역효과를 일으킬 수 있다.
	조직(기업)차원: 현대 조직(기업) 소프트파워 건설. 제고 원가	정부조직 발전의 불량으로 인한 사회의 소극적인 영향, 중국기업이 소프트파워 건설을 중시하지 않거나 할 줄 몰라서 외국으로 진출하지 못하여 생명력이 짧고 사회에 효과적으로 반환하지를 못한다.
	국민차원: 과학 소양, 인문교양의 제고원가	정부 주도의 국민의 과학과 문화소양 제고를 위한 기초건설과 정신문명 건설을 주로 가리킨다.

1. 국가차원: 국제 발언권 쟁탈 비용

(1) 세계 발언권 국면의 변혁

'발언권'의 본질은 일종의 정치 경제적 권리이다.[1] 15세기 지리상의 대발견 이후에 유럽과 미국은 무력과 자본을 믿고 확장을 통해 원시 축적을 완수했다. 이 과정에서 서구선진국 특히 미국은 국제 금융에서 독점적 지위를 점하고 기타 문명에게 소위 "자유와 민주"라는 틀의 언어시스템에

가입할 것을 강박했다. 국제교류에서 서구는 세계 발언권을 점차 독점했다.

중국은 국제무대의 실패자와 맞대응하면서 점차 발언권을 얻었는데 그것은 어려운 박투의 길이었다.[2] 중국은 강대해진 후에 국제경쟁에 더욱 많이 참여할 것이다. 이를테면 무역분야에서의 경쟁, 금융 지배권 경쟁 등이다. 만약 발언권이 없다면 자아권리 수호의 길도 없게 된다. 과거에 중국은 국제기구에 들어서지 못했기에 국제사회의 유희규칙을 잘 모를 뿐만 아니라, 규칙의 제정은 더구나 운운할 수가 없다. 이것은 중국이 세계로 나아가고 세계 국면의 조정에 참여하는 것에 많은 어려움을 가져다준다. 그렇기 때문에 중국이 발언권을 장악하고 규칙의 제정에 참여하려면 여러 면에서 경쟁비용을 투입해야 한다.[3]

---

1) 동서양 국가의 관계에 대해서는 흔히 '발언권' 개념을 사용하고 있다. 그 유래는 1970년 프랑스 사회학자 미 셸 푸크의 "언어와 사회권력 관계" 이론에서 찾을 수 있다. 그는 언어는 사유 부호와 교제 도구일 뿐만 아니 라 자기 이익 표현과 쟁취의 투쟁수단이라고 했다. 의식형태의 색채를 띠지 않은 것 같은 이 어휘에는 권력과 이익기능이 부여되었다.

2) 21세기에 들어선 후 특히 이번 금융위기 이래 세계 각국은 중국이 세계 제2대 경제체가 되었다는 것을 발견 했다. 이번 금융위기를 징표로 경제성장 중심이 발전도상국가 특히 중국으로 기울어짐에 따라 세계성 권리관 계는 구조적 변화를 하고 있다. 경제실력의 성장은 중국 발언권 제고의 물질적 기초가 되었다. 30여 년간 개 혁개방의 지속적이고 신속한 발전을 하는 가운데 이를 통해 중국은 세계 최대의 외환 비축국가, 제2 무역수출 입 국가, 제2경제체가 되었다. 중국과 세계의 연관성은 전례 없이 제고되었고, 중국은 세계와 구역 합작에 광 범위하게 참여하며, 국제와 지역사무에 적극 참여하고, 국제의무를 이행하며, 테러 반대 및 확산 방지, 해적에 대한 타도 등 국제사무에서 책임성 있는 건설적인 역할을 하고 있다. 중국은 세계평화의 수호, 공동발전을 촉진시키는 중요한 역량이 되었다.

3) 중국의 흥기는 중국의 경제체제, 정치 구조, 문화가치가 서구를 대체하는 패권적 지위를 의미하지는 않는다. 개혁개방 32년 동안, 중국은 세계 경제성장률에서 앞장서고 있다. 신중국 성립 61년 동안 축적한 경제역량으 로 인해 중국적 요소는 세계 경제변화의 변수 중에서 가장 주요한 영향력의 하나가 되고 있다. 중국은 전통적 인 세계 구도의 변화에 심각한 영향을 줄 것이다.

(2) 국제 발언권 획득을 위한 중국의 비용

국제 발언권은 각국의 이익과 밀접한 연관성을 가지고 있다. 이를테면 국제 인권 준칙, 인도주의 간섭, 의식형태 준칙, 기후변화, 국제 온실 기체의 배출 표준, 환율 논쟁, 국제 금융 시스템에 대한 개혁방안 등 문제의 논쟁은 국제 발언권 논쟁으로 표현된다. 중국은 현재 서구국가가 주도하는 국제시스템에서 본국의 이익을 수호하려면 더욱 많은 발언권을 얻어야 한다. 국제 발언권의 쟁취비용은 주로 경제 발언권 쟁취비용, 매체 발언권 쟁취비용, 외교 발언권 쟁취비용, 문화 발언권 쟁취비용으로 조성되었다.

2. 구역차원: 구역 소프트파워의 건설비용

(1) 구역 소프트파워의 정의

소프트파워는 한 지역에서 종합 경쟁력의 중요한 조성부분으로 정부 관리와 서비스[4], 구역 문화[5], 인력자원[6], 구역 이미지[7]와 생활환경[8] 등으로 나눌 수 있다. 도시 소프트파워는 그림 21-3과 같은데 주로 과학기술과 문화실력의 종합이다.

---

4) 주로 두 가지 면에서 체현된다. 첫째, 정부 서비스 품질의 인정도이다. 여기에는 주로 정부의 정치 합법성에 대한 국민의 인정, 정부제도와 공공 선택과정의 공공성과 합리성의 인정 정도, 정부의 운행 효율, 민주와 법치 화 정도, 정부 사업 인원의 이미지 등이다. 양호한 정부의 신용은 제도의 안정성과 정책의 예기성을 비교적 잘 보증하고 대량의 자금과 투자자들을 유입하여 지방경제의 활력을 제고시킬 수 있다. 그리고 지방의 경제성 장을 촉진시키고 지방경제의 경쟁력을 제고시킬 수 있다. 둘째, 해당제도의 완벽한 정도와 집행능력이다.

(2) 중국 도시의 소프트파워 구축 결과 및 비용 투입

중국 구역의 소프트파워 건설비용은 주로 도시 집결대의 대량 출현, 구역경제 우세성의 현저한 증강으로써 체현된다.[9] 산업의 집결은 다른 산업변화의 결과이고 정부의 대대적인 인도에 의한 결과이다. 다른 산업은 비교적 우세한 기초 위에서 다른 지방에 집결하며 대량의 기업들을 유치하여 그 지역의 도시들을 더욱 추동한다.

---

5) 구역문화는 특정구역에서 생활하는 인간들이 물질생산, 정신생산과 사회생활에서 형성한 농후한 지방특색이 있는 가치관념, 사유방식, 인문심리, 민족예술, 풍속습관, 도덕규범의 요약이다. 구역문화는 무형의 역량으로서 구역 발전주체에 모름지기 영향을 주고 주체조직 통합기능을 통하여 구역경제 발전의 각 단계에 영향을 준다. 구역문화는 구역 공동의 가치관, 신앙, 태도, 습관, 행위규범 등으로 창업정신, 창조의식, 신용관념, 합작의식, 개방사유 등의 내용을 포함하고 있다. 이것은 구역경제 발전에 특별히 중요한 의의가 있다. 창조, 신용, 합작, 개방의 구역문화 배경에서 구역 내 기업들은 서로 승낙, 신뢰하는 관계를 맺고 정보의 불확실성을 감소시키며 경쟁의 기초 위에서 분공과 합작을 할 수 있다. 문화의 계승과 발굴, 문화건설을 통하여 구역문화의 자원을 통합하고 구역특색의 문화를 형성케 하며, 사회 공동의 가치 관념을 조성하고, 문화산업 건설과 야행산업 건 설을 통하여 구역문화의 호소력과 복사력을 제고시키며, 외부의 인재, 자본, 산업의 유입을 유치할 수 있다. 구역문화는 구역 소프트파워의 중요한 기초이다. 양호한 구역문화는 구역 경제발전의 추진기이다.

6) 인력자원이란 주로 인력자질을 가리킨다. 인력자질은 심리, 관념, 인격, 전업기능, 종합 자질 등 면에서 시대적 요구에 적응할 것을 요구한다. 그리고 부단한 창조, 융합, 새 정신의 흡수, 능력에 대한 요구가 있다. 구역의 사회, 경제, 문화발전에 높은 자질의 인재를 보내야 한다.

7) 주로 전반적인 구역 이미지, 구역 주민의 전반적인 이미지, 구역 발전과 자연환경의 이미지 등을 가리킨다. 북 경대학 소프트파워 과제조(課題組)에서 지적한 것처럼 구역 이미지는 그 구역의 물질실력, 정부 서비스, 인력 자질과 천만갈래로 연계가 되어있다. 하지만 우리는 이것으로 인해 이 지표의 중요성을 부정하지는 않는다. 한 개 구역 이미지의 우열은 내부의 응집력, 외부자원의 흡인력과 직접적인 관계가 있다. 이를테면 구역의 이 미지가 나쁘면 외부자금은 들어오기를 꺼려한다. 이런 의미에서 구역의 이미지는 선전역할을 하고 브랜드 효 과를 발휘한다고 할 수 있다.

8) 생활환경이란 주로 생활환경의 물질부분을 가리킨다. 사회 환경은 상술한 지표로 체현되었다. 이를테면 정책 환경은 정부 관리와 서비스에 포함되고, 인문환경은 인력자질과 구역문화에서 체현되었다. 우리가 강조하는 생활환경은 주로 다음의 2개 면이다. 첫째, 자연환경이다. 이를테면 유명한 산, 큰 강, 아름다운 자연풍광은 응집력, 외부자원의 유치에 큰 작용을 할 수 있다. 둘째, 역사자원이다. 이런 자원은 조각 등 인공적인 흔적을 남겼지만 외부에서 모방, 참조할 수 없는 것들이다.

9) 주강 3각주, 장강 3각주, 발해만 지역 등 도시 집결대의 형성에서 아주 중요한 추동력은 일정한 장점을 가진 특정산업이다. 이런 산업의 상류, 중류, 하류가 고도로 집중하여 산업발전비용을 대대적으로 낮추고 지역발전 에서 매우 강한 경쟁에서의 우세를 조성하고 있다.

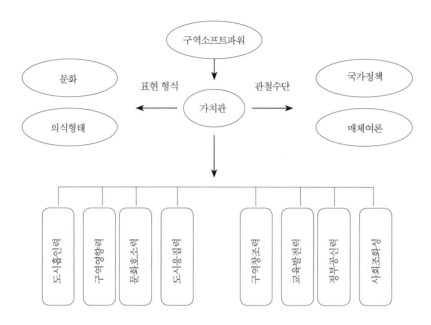

그림 21-2 구역 소프트파워 조성부분

도시 집결구의 출현은 지역경제의 발전을 촉진했지만 발달하지 못한 지역과의 격차를 확대하고 지역 간의 충돌을 조성했다. 광대한 중서부지역과 동부지역 도시와 농촌주민의 수입, 소비수준, 시장화 정도 특히 기초시설, 의무교육, 기본의료, 사회보장 등 기본 공공서비스 수준의 격차가 확대되고 있다. 지역발전의 불균형 해소는 중국이 해결해야 할 기본 국정목표이다.

만약 지역발전의 격차가 그냥 확대되고, 장기간 지역발전이 균형을 잃으면, 경제의 지속적인 발전과 사회의 화해에 심각한 영향을 줄 수가 있다.

이것이 바로 미래 지역 소프트파워 건설에서 중점적으로 해결해야 할 문제이다.

3. 조직(기업)차원: 현대조직(기업)의 건설과 소프트파워 제고비용

최근 중국정부는 비정부조직의 대외 문화교류, 외부 세계의 중국인식 촉진, 국가 '소프트파워'에서의 지위와 작용을 인식했다. 하지만 정부가 신중한 태도를 취하기에 비정부조직[1]은 강력한 지지를 얻지 못하고 있고, 또 비정부조직 독립성이 인정을 받지도 못하고 있다. 그 결과 정부가 모든 사회문제를 해결하고, 대량의 재력, 인력, 물력을 소모하고 있다. 정부가 모든 것을 다할 수는 없다. 따라서 적지 않은 사회문제가 중시를 받지 못하고, 더욱 심각한 불만과 민중의 분노를 유발시키고 있다. 그러나 비정부 조직의 발전도 수많은 어려움을 겪고 있다. 이를테면 신분의 합법성[2], 정책 지지의 결핍[3], 자금의 결핍[4], 독립성의 부족 [5] 등이다.

---

1) "비정부 조직(NGO)" 또는 "비영리 조직(NPO)"이란 정부, 회사, 기업이 아니고 영리를 목적으로 하지 않는 사 회조직을 가리킨다. 이를테면 각종 지원자조직, 민간기금회, 공익성 조직, 자선기구, 환경보호 조직, 야생동물 보호 조직 등이다.

2) 해당 정책이 없기에 현재 비정부 조직은 등기와 비준에서 비교적 어렵다. 특히 국제와 홍콩, 대만 해당 조직 의 중국 대륙 진입 심사와 비준에서 큰 진전이 없다. 하여 이런 조직은 합법적인 신분을 얻어서 활동하기 아 주 어렵다.

3) 현재 중국 비정부 조직의 합법적 운행과 자금모집의 지지, 규범화 법률 시스템이 아직 형성되지 않았다. 하여 많은 비정부 조직은 등기, 비준을 받은 후에도 발전할 수 없다.

4) 대다수 중국 본토 비정부 조직은 자금이 결핍하고 안정한 원천이 없기에 반 마비상태에 있고 기능을 발휘하지못하고 있다.

5) 현재 중국에는 진정한 비정부 조직이 많지 않은데 그 대다수는 반 관방 조직이다. 이들은 관념, 조직, 직능, 활동방식, 관리체제 등 면에서 정부에 의뢰하거나 심지어 정부 부속기관으로서 작용을 하고 있다.

비정부 조직의 결핍은 방대한 정부 운영비용의 원인 중의 하나이고 중국사회가 개방되지 못한 표현의 하나이다.

개혁개방 30년에 중국의 기업발전은 대부분 물질 실력 건설을 중시하는데, 이는 현실적으로 국정의 제약을 받기 때문이다. 절대다수의 기업들은 장기간 생사의 갈림길에 있기에 소프트파워 건설을 중시할 겨를이 없다. 중국기업에게 시작단계서부터 물질실력과 소프트파워를 갖추라고 하는 것은 너무 가혹한 요구이다. 기업의 소프트파워 건설은 수량화할 수 없고 그 주기가 길고 효과가 늦게 나타난다. 눈앞의 이익만 추구하는 성장형기업은 소프트파워 건설을 경시한다. 때문에 소프트파워 결핍은 중국의 기업 확장과 발전에 걸림돌이 되고 있다.

중국 기업 소프트파워의 건설은 기업에게만 달려 있는 것이 아니다. 국가정책의 '경사성'으로 인해 민영기업은 생산과 경쟁에서 약세에 처하고, 국유기업도 '꼬리'가 너무 긴 불량한 태세를 갖추고 있다. 불완전한 시장시스템, 과도한 국가의 정책적 관리에 의한 간섭, 눈앞의 이익만 추구하는 사상은 기업발전에 수많은 장애물을 조성하고 있다.

4. 국민차원 : 과학적 소양과 인문교양을 제고시키는데 드는 비용

(1) 시민의 과학적 소양비용을 높인다

2010년 중국과학기술협회에서 공포한 중국국민의 과학소양 조사결과에 의하면, '11.5' 기간 중국 국민의 과학적 소양은 안정되게 제고되었고, 국민의 과학적 소양 배양사업에서 현저한 성과를 거두었다. 특히 소도시와 진(鎭)

노동자와 농민의 과학소양 제고속도가 비교적 빨랐다.[1] 국민의 과학소양을 제고시키는 주요 원인은 아래 몇 개 방면에 대한 투자가 있었기 때문이다.

표 21-2 근래 중국 국민의 과학소양 제고를 위한 국가의 투자비용

더욱 많은 기회와 경로를 제공	국민은 주로 과학기술교육, 전파와 보급 등의 경로를 통하여 자신의 과학소양을 제고시킨다. 텔레비전과 신문 등 전통매체는 중국 국민이 과학기술 정보를 얻는 주요경로이다. 인터넷은 과학기술 정보 획득에 더욱 많은 기회를 제공하고 있다.
더욱 많은 과학보급설비를 제공	주로 동물원, 수족관, 식물원, 과학기술관, 자연박물관 등 과학기술박물관, 공공도서관, 미술관 또는 전람관 등 인문예술 류의 장(場과 관(館)을 건립한다. 사회구역과 대학생, 중소학생을 각종 과학 보급활동에 참여시키고 전람관을 참관시킨다.
국민의 이성사유를 배양	'자연법칙', "인간과 자연의 조화로운 공존" 등의 관념을 선전한다. 교원, 과학자, 의사 등 과학교육 서비스 직업이 갈수록 더 많은 존중을 받게 한다.

현재 중국 국민의 과학소양 수준은 일본, 캐나다, 유럽연맹 등 주요한 선진국과 선진지역의 1980년대 말, 90년대 수준에 해당한다.[2]

---

1) 기본 과학소양이 있는 소도시 노동자의 비례는 2005년 2.37%에서 2010년 4.79%로 제고되었고, 기본 과학소 양이 있는 농민의 비례는 2005년 0.72%에서 2010년 1.51%로 제고되었다. 소도시 노동자와 농민의 기본 과 학소양의 제고는 중국 기본 과학소양의 제고에서 중요한 작용을 했다. 이 통계는 2011년 11월 25일에 반포한 제8차 중국 국민 과학소양 조사결과를 참고했다.
2) 중국과 미국은 동시에 2007년 말, 국민 기본 과학소양 비례를 공포했는데, 미국은 25%이고 중국은 2.25%밖 에 안 되었다. 2001년 유럽연맹 15개 나라, 일본, 미국 등 나라와 비교하면 중국인 과학지식의 인식은 꼴찌였다. 자료 출처는 위와 같다.

국민의 과학소양 수준이 낮은 원인은 정규교육의 과학기술 교육 환경이 너무 빈약하기 때문이다. 국민의 과학소양 수준 제고에서 진정으로 작용을 할 수 있는 것은 학교의 정규교육이다.[3] 마땅히 기초교육 개혁을 대대적으로 추진해야 한다.

(2) 국민의 인문교양 제고비용

중국국민의 사상문화자질의 상태는 여러 가지 요소의 종합적인 작용의 결과이다. 중국의 전통문화는 윤리도덕 관념이 부족하지는 않지만, 가장 발달한 것은 부자(父子), 군신(君臣), 부부(夫婦), 장유(長幼), 친구 등 오륜의 사적인 도덕으로, 이 오륜을 초과한 공덕이 부족하다. 전통적 신민(臣民)사회가 현대사회로 전환할 때 전통 윤리도덕이 기여할 수 있는 자원은 제한되어 있다. 그렇기 때문에 새로운 사회주의 도덕관을 발전시켜야 한다.

그밖에 현대화 추구과정에서 우리는 굴곡된 길을 많이 걸었다. 문화 분야에서 전통문화를 무조건 부정하고, 전통문화의 적극적이고 우수한 부분을 파괴했다.

---

3) 각국의 주요 조치는 정규교육의 과학기술교육에 집중되었다. 우선은 교육개혁이 문제이다. 이를테면 미국의 '2061계획'과 같은 것이다. 대다수 서구의 선진국에서는 1980년대에 교육개혁을 실시했다. 특히 과학기술 교육 개혁이 그러했다.

특히 문화대혁명 10년 동안에 극단적으로 파괴를 앞세우고 모든 것을 의심하고 파괴하는 문화 허무주의 정책을 실시하면서 인문을 반대하는 방식으로 문화를 대했다. 이것은 문화의 진정한 혁명을 가져오지 못하게 했을 뿐만 아니라, 각종 문화자원을 파괴하여 낙후하고 우매한 사상자원 찌꺼기가 범람하게 했다. 이러한 역사적 원인으로 인해 새로운 사상문화를 구축할 때 거대한 공백을 미봉해야 한다.

30여 년의 개혁개방에서 중국사회의 발전은 정확한 궤도에 진입했다. 하지만 경제의 신속한 발전과 더불어 시장경제의 역효과도 사상문화 분야에서 나타나고 있다. 이는 사상문화의 혼란을 가중시키고 있으며, 사회의 안정과 발전에 장애가 되고 있다.

국민의 인문소양 제고는 긴박하고 중요한 임무이다. 여기에는 더욱 많은 인력과 물력을 투입해야 하는데, 정부에서 이끌고 전민이 참여토록 해야 한다.

제3절

현대화 건설과정의 사회문명비용이 내포하는 의미와
비용의 표현형식

현대화 건설과정에서 사회문명비용이란 주로 중국 현대화 진척의 가속화, 시장 경제규모의 확대, 경제체제 개혁의 심화에 따라 사회관계에 거대한 변화가 발생한 것을 가리킨다. 계층 사이에는 이익 분배의 불균형으로 인해 마찰이 끊이지 않고, 하층 민중과 신흥 중산층은 자신의 권리요구가 있다. 사회 관리층은 권력 부패, 공권력 수익, 흡인력 결핍 등의 문제가 갈수록 더 엄중해져서 각 계층 사이의 갈등이 심해지고, 사회적 충돌사건이 증가하여 사회 안정성에 영향을 주고 있다. 금전 만능주의 유행으로 하여 불법상인들은 법률과 도덕을 무시하거나 심지어 도덕의 최전선에 도전하고 인민의 생산과 생활에 심각한 해를 끼치고 있다. 이런 현상은 사회질서, 국가 이미지에 파괴적인 영향을 끼치고 있다.

물질문명, 정신문명, 정치문명, 생태문명은 사회주의 문명체계를 구성하고 있다. 이것은 중국공산당 집권기간에 점차 풍부히 하게 된 것이다. 정신문명을 더욱 풍부히 해야 한다는 것은 사회문명의 개념이 되었다.

표 21-3 사회문명 변화비용의 주요 표현형식

비용 분류	표현형식	구체적 내용 해설
사회문명 변화 비용	사회집단의 도덕관 하강 비용	민족 신앙체계의 변화, 민족문화 인정감의 약화, 금전 만능주의, 권력의 부패 등 사회문제는 사회집단의 도덕성 하강이 심각한 정도에 이르렀다는 것을 집중적으로 보여준다. 이는 사회 안정과 문명에 아주 나쁜 영향을 끼치고, 중국 문명 진보의 발걸음에 영향을 끼치고 있다. 도덕성 하강을 억제하려면 당과 정부, 사회에서 사회주의 핵심가치관을 성실하게 학습하게 하고 사회주의 핵심가치관을 건립해야 한다.
	사회관계의 변화비용	개혁개방은 대량의 '사회공간'과 '사회자원'을 석방하여 사회계층의 분화, 새로운 중산층의 굴기를 조성했다. 원래 이익분배 형식을 타파해야 하는데, 이는 적지 않은 갈등을 유발했다. 권력은 당대 중국의 사회계층 운행의 주요시스템이 되었고, 사회적 약자의 생존상황은 우려수준에 이르렀다.
	사회의 새로운 집단 형성으로 인한 갈등비용	중산층의 형성은 사회 기타 계층의 조합형식에 영향을 주었다. 중산층의 이익 요구는 충분한 중시를 받지 못하여 전 중산층은 불만과 불안 상태에 처해 있다. 중산층의 형성과 행위는 권력계층과 중국의 민주 법치화 진척에 충격을 주어 민주 법치화의 속도를 촉구하고 있다.

이 책에서는 사회문명 변화비용의 주요표현 형식을 표 21-3과 같다고 본다.

1. 사회집단 도덕성의 하강비용

최근 중국사회의 도덕상황은 대중의 우려를 자아내고 있다. 탐오, 부패, 권력으로 사리사욕을 채우는 현상, 성실과 믿음의 결핍, 식품 안전, 짝퉁,

권리 침해 등이 만연하기 때문이다. 매일 매체에 실리는 놀라운 도덕 상실 행위는 사회의 일상이 되었다. 우수한 문화전통이 있고 도덕을 최고로 여기는 국가에서 도덕준칙에 마구 도전하는 행위가 부단히 나타나고 있고, 심지어는 갈수록 더 심해지는 것 같은 상황은 상상조차 할 수 없던 일이었다.

인간들은 이런 상황으로 인해 사회기풍에 대하여 실망하고 불만이 아주 많다. 정지굉(程志宏)은 이에 대하여 계산했는데, 중국은 해마다 성실하지 못하고 믿음이 없음으로 인해 5,855억 위안의 대가(비용)를 지불한다고 한다.

국민자질의 제고와 도덕적 역량이 없는 국가는 진정으로 강대하고 남의 존중을 받는 국가가 될 수 없다. 중국 국민의 도덕체계는 시급히 재건해야 할 중요한 시기에 이르렀다. 한마디로 말해 중국의 도덕문제와 사회의 난잡한 현상은 다음과 같은 사회문제의 종합적 반영이다.

표 21-4 중국사회의 도덕문제와 사회 불량현상의 분류

문제 분류	문제 성질	구체적 설명
민족 신앙체계의 변화	낡은 신앙체계가 파괴된 후 새로운 신앙체계가 아직 충분히 건립되지 않아서 민족정신은 구체적으로 의지할 곳이 없다.	중화민족의 신앙체계는 유가, 도가 핵심의 전통문화 기초에 건립되었다. 그런데 일정한 시기에 사회신앙 건설은 원래 신앙을 완전히 이탈하고 새로운 사회주의 핵심가치관은 아직 완전히 보급되지 않아서 민족 신앙체계는 불안정한 상태에 처하게 되었다.
민족문화 정체성의 약화	민족문화 인정감의 곤혹, 서구문화의 충격으로 인하여 민족문화 인정감이 약화되었다.	100여 년의 굴욕적인 역사를 가진 중국은 오늘날 경제가 신속하게 발전했다. 하지만 발전이 균형적이지 못하고 정신문명 발전이 낙후한 현실로 하여 중화민족은 심리적 우세를 점차 잃어버리고 문화적 신심이 하강했으며 응집력이 영향을 받았다.
국민도덕의 하강	오늘날의 도덕적 하강은 최저선을 넘었고 수많은 문제가 연속적으로 발생하여 치리 난도가 아주 크다.	시장경제의 상품교환 원칙은 사회정치생활과 인간의 정신생활 분야를 침식하고 사리사욕, 권력과 금전의 교역, 탐오, 부패 추악한 현상을 일으켰다. 그리하여 금전만능주의, 향락주의, 극단적 개인주의가 만연하고 있다.

국민교육의 도의 상실	교육체제의 개혁은 큰 논쟁이 있다. 교육의 산업화로 인해 경제이익은 교육성패의 간접적인 평가표준으로 되었다.	기초교육은 응시를 목적으로 하고 성적만 중시하고 품성을 경시한다. 대학은 도구화를 취향으로 하고 지식만 가르치고 도리는 가르치지 않으며 인재육성을 하지 않는다. 교육 산업화의 폐계로 교육은 돈벌이 도구가 되고 경제이익은 교육성패를 가늠하는 표준이 되었다. 마구 수금하는 현상이 끊이지 않고 많은 빈곤가정의 학생들은 학교에 가지를 못하고 있다. 교원은 직업도덕이 없고 석사와 박사를 대량으로 생산한다.
권력의 부패	국가공직인원은 권력을 남용하고 사리사욕을 채우거나 권력과 금전교육을 하며 인민의 근본이익을 침해한다.	전형적인 특권형 부패는 바로 공금으로 마구 먹고 마시고 여행(외국 여행 포함)을 하며 관용차를 사용하는 '3공' 소비문제를 말한다. 이밖에 제일 책임자의 권력 독점, 과도한 행정간섭, 권력남용, 국가법률의 무시 등이 있다.
이익 최고주의	금전 만능주의가 유행하고 금전 이익을 위하여 일부 인간들은 도덕과 법률을 무시하고 공공연하게 도전한다.	금전 만능주의 만연으로 인해 "금전 제일"관념이 모든 분야에서 범람하고 있다. 이익 추구라는 인식 하에 식품안전 문제, 상품 사기문제, 학술 부정행위 등 문제들이 분분히 나타나고 있다.

2. 사회관계의 변화비용

대변화시대의 중국 최대의 특점은 전현대(前現代), 현대화, 후현대(后現代) 과정을 짧디짧은10-20년 동안에 지나온 것인데, 이는 복잡한 계층관계를를 조성했다. 현재 중국의 계층이익 관계는 다음의 3가지 관계로 표현된다. 첫째, 합작하며 서로 간의 이익을 취하는(合作互利) 관계이다. 개혁개방은 대량의 자유로운 '사회공간'과 '사회자원'을 해방시켜 주었다. 이는 사회계층 분화의 조건을 창조했을 뿐만 아니라, 매개 계층에 이익 획득의 일정한 기회를 제공했다. 다른 계층은 다른 계층에게 해당 이익 공간을 제공했다.

이것은 각 계층 상호간의 합작관계 기초이다.[1] 둘째, 공동으로 도모하고 박탈하는 관계이다.[2] 강한 계층의 성원은 손을 잡고 각종 수단을 이용하여 취약계층 성원의 이익을 박탈하고 있다. 강한계층의 특점은 자기 이익과 주장을 강조하면서 강제로 빼앗거나 심지어 사회적 도리와 공정을 무시하고, 사회 공익과 취약계층의 이익을 멸시하는 정도에 이르렀다.

---

1) 대량의 외국 자본의 진입과 민간자본의 투입이 없이 정부의 재력에만 의존한다면 그처럼 많은 취업기회를 만 들 수 없다. 대량의 농민들이 도시에 진출하여 일하는 것은 각종 자본의 투입과 밀접한 관계가 있다. 정부 관 원과 기업 사장의 합작은 더욱 명확하다. 정부 관원은 경제발전을 통하여 더욱 좋은 실적을 올리고 흔히 상인 의 이익을 먼저 고려한다. 그리하여 각 지방정부는 각종 우대정책을 내세워 외부자금을 유입하여 본 지방에 투자하게 한다. 중앙의 안정정책의 압력으로 인해 각 지방 관원들은 강제수단 외에 민생에 주목한다. 특히 취 약계층의 정서를 위로한다. 대다수 군중들은 정부에 저항하는 방식으로 자신의 이익을 지키려 하지 않고 있 다. 왜냐하면 그것은 아주 높은 비용을 지불해야 하기 때문이다. 그들은 정부와의 합작에서 자기 이익을 의한 지원을 얻으려 한다.

셋째, 경쟁관계이다. 경쟁시스템 시장은 각 계층에게 이익경쟁의 무대를 제공했다. 국가 기타제도의 개혁도 일부 경쟁시스템을 도입하여 일정한 정도에서 계층 간의 경쟁을 심화시켰다.

상술한 사회관계의 변화에서 권력은 중국의 사회계층 관계의 운행 형성의 주요시스템이다. 이익쟁탈은 현재 중국 계층관계의 주요한 체현형식이지만, 권력은 관계조성의 역량이 되었다.[3] 절대다수의 사회 성원들은 중국공산당의 집권적 지위를 인정하고 있다. 그러나 국가 사회 관리자와 기타계층 사이에는 이익분쟁과 갈등이 존재하고 있다. 이를테면 관리자의 특권에 대하여 다른 계층은 전혀 인정하지 않고 있다. 부패문제는 국가 사회 관리자의 합법적 기초에 심각한 손해를 주었다.

---

1) 강한 계층의 약탈행위에 대항하기 위해 손해를 입은 취약계층의 성원은 신고하거나, 앉아버티기를 하고 있다. 갈수록 많은 사람들은 자살이라는 극단적인 방식으로 어쩔 수 없는 처지와 저항의사를 표시한다. 일부의 인 간들은 폭력으로 강제 철거행위에 대항하거나 지방정부에게 충격을 가한다.

2) 현재중국계층별악성경쟁은주로강한계층이자신의강세를믿고이익을무한히취하고취약계층은자 기가 생각할 수 있는 부당한 방법(가짜 제작, 사기)으로 자기 이익을 챙기는 것이다. 그리하여 계층 간 상호 믿음은 유실되고 있다.

3) 개혁개방 과정에서 국가는 많은 권력을 지방, 기업, 개인, 사회로 내려 보내 후자의 지배능력을 효과적으로 증 강시켰다. 하지만 이것은 원래의 치리 국면을 근본적으로 변화시키지 못하고, 권력계층의 지배적 지위를 흔들 지 못했다.

일부 국가 사회 관리자는 일상 관리에서 다른 계층의 이익에 대하여 자기 마음대로 해를 끼치고 군중의 호소를 무시한다. 관리 층은 다른 계층에 대해 지배능력 특히 통제력을 가지고 있지만 공신력이 낮고 행동력이 약하며 사회적 사건에 대한 처리능력이 떨어진다. 그리하여 다른 계층은 이런 지배관계에 불만을 가지고 있다. 비록 일상생활에서는 국가 사회 관리계층의 지지를 떠날 수가 없지만 말이다.[4] 따라서 사회 전반에는 거대한 모순과 각 계층의 마찰 속에 있는 것이고 사회 불안정 요소는 현저하게 증가하고 있는 것이다.

3. 사회 새 집단의 형성에 의한 모순비용

사회관계가 변하고 계층분화가 갈수록 현저해지는 단계에서 새로운 집단인 중산층이 형성되었다.[5] 중국 중산층의 확대는 많은 정도에서 중국 사회계층 간 관계를 개선했다.

---

4) 정부 관리의 기율위반, 법률위반 사건이 적발되기만 하면 민중은 적극 참여하고 소위 "이익과 상관없는" 집단 사건이 발생한다. 최근의 계층 관계는 이익 충돌이 "이익과 상관없는"차원으로 만 연하고 있는데, 모두 이런 추세에 있다. 이 추세는 일부 계층 성원들이 마음속에 오랫동안 쌓여 있던 권력자에 대한 불만과 원한을 쏟아 붓고 있다는 것을 설명해준다. 이는 집권자의 합법성 수준을 더욱 떨어뜨린다.

5) 중산층이 계층관계에서 어떤 역할을 해야 하는가 하는 것은 논쟁이 아주 큰 문제이다. 한 관점은 중산층은 사 회 안정의 기초 또는 진동 완화기라고 인정한다. 중산층은 일정한 지배능력을 가지고 있는데 이 지배능력은 상층의 지배능력과 달라서 하층에게 쉽게 받아들여진다. 많은 서구 학자들은 중산층은 사회 안정의 기초이고 성숙한 사회의 징표라고 인정한다. 일부 관점은 중산층의 확대에 따라서 그들의 민주화 요구가 갈수록 높아가 고 더욱 많은 지배와 동원능력을 가지고 민주 혁명을 일으킬 수 있다고 주장한다.

왜냐하면 중산층의 궐기는 경제발전이 새로운 단계에 들어서고 개인 수입이 제고했으며 문명 소양도 제고되었다는 것을 의미하기 때문이다. 하지만 중국 중산층은 강대하지 못하고 공동의 가치관을 형성하지 못했으며 권력과 시장의 영향을 많이 받고 있다. 중산층은 자기 이익의 쟁취를 위하여 많은 재력과 정력을 사회책임을 감당하는데 쏟아붓는 자가 많지 않다. 중산층이 사회 지배역량, 사회 관리자 계층이 되려면 많은 장애를 극복해야 한다. 그리고 중산층의 이익원천도 안전하지 못하다. 이는 중국의 특수한 경제발전 유형, 세계화 추세에서 중국경제가 남의 영향을 받지 않고 자기 혼자서 나아갈 수 없는 점과 밀접한 관계가 있다. 중산층의 부단한 확대에 따라 중산층 일부는 중요한 사회역량이 되어 사회주의 정의, 공평, 공정을 선양하고 일정한 정도에서 합법적 지위를 얻고 있다. 이는 당대 중국 민주화의 진척에 도움이 될 것이다.

중산층의 궐기는 원래의 사회계층 구조형식을 변화시켜 각 계층이 서로 인정하는 신분관계를 형성시키지 못하고 모순과 충돌만이 갈수록 심화되었다. 사회 중산층과 상층은 많은 사회자원과 관리권을 가지고 있고, 또 자원과 권력을 남용하여 다른 계층의 불만을 야기 시키고 있다. 일부 인간들의 '재부 자랑', '아버지 자랑' 행위는 적나라한 자랑과 도전으로서 다른 계층을 강하게 자극하고 사회의 반감을 일으키고 있다.

이는 그들의 사회적 지위를 약화시킨다. 사회의 중하계층은 수입이 부족하고 정신문화 생활이 부족하며 사회적 지위가 없다. 사회적 신분지위와 생활품질이 직접 연결되어 있다는 것을 인식할 때, 그들은 '포퓰리즘'의 경지에 처하고 강한 항의운동을 하며 더욱 치열한 신분 충돌과 압력을 받는다. 너무 강한 관리계층과 너무 약하고 아직 유치한 중산층이 중국의 사회계층을 새로 조성하는 그림을 그려놓았다.

계층 사이의 신분적 지위관계는 이익관계와 지배관계의 영향을 받고, 심지어는 이를 좌지우지 하게 되는데, 신분의 지위관계는 이익관계와 지배관계 운행에 영향을 주기도 한다. 중국의 사회계층 관계의 최대 도전은 이 3가지 관계가 역강화(逆强化) 상태에 빠졌다는 점이다. 이는 사회질서의 수호와 조화로운 사회건설에 아주 불리하다.

제4절

소프트파워 건설 및 외국문화 침략비용 형성원인에 대한 대응

개혁개방 30여 년 이래 중국경제는 중대한 성적을 거두었다. 국내총생산(GDP)의 통계에 의하면 중국은 세계 제2의 경제대국이라는 지위를 얻었다. 그런데 중국은 경제대국인데 반해 문화면에서는 소국이다.

국제무대에서 중국은 항상 서구에 끌려 다니고 서구정부와 매체에 대응하면서 변호하는데 매달리고 있는 상황이다. 정치에서 이렇게 할 뿐만 아니라 경제 무역활동, 문화교류 방문활동에서도 중국은 주도권과 인도권을 아주 적게만 점하고 있다. 이는 중국 국익에 많은 손해를 끼치는 부분이다.

서구의 가치체계와 문화적 침습에 대하여 중국은 사회주의 국가로서 거대한 흡인력과 설득력 있는 정치 이념, 정치 제도, 국내 정책, 대외 정책을 가져야 하며, 이에 상응하는 사회 핵심관을 체계화 하여 이것을 서비스하고 선정하는 문화 사업에 힘을 모아야 할 것이다. 당대 인류의 기본 가치관인 민주, 자유, 법제 등의 기본 개념에서 중국은 개념의 정의권, 사용권, 의제 설치권, 발언권을 가져야 한다. 국내 문제의 처리에 있어서는 사회관계의 변화, 이익의 공평분배를 중시하여 국내환경의 평온과 안정을 보증해 주어야 한다.

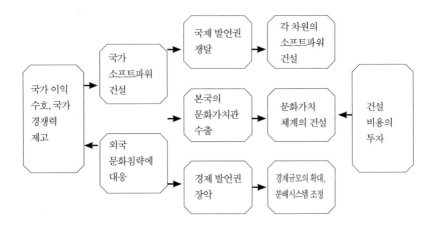

그림 21-3 중국의 소프트파워 건설 및 외국의 문화 침략비용 형성원인

제5절

소프트파워 건설 및 국제문화 침략비용에 대한 대응책

상술한 분석에 근거하여 우리는 소프트파워 건설을 더욱 강화해야 한다. 중국문화가 세계로 나가는 대책은 주로 아래 몇 개면으로 조성할 수 있다.

표 21-5 소프트파워 건설과 국제적 문화 침략비용의 대응책

대응책	요점	사례 설명
각 차원의 소프트파워 건설을 중시해야 한다	소프트파워 건설을 독점하지 말고 국가, 구역, 조직, 국민 차원에서 구별하여 대응해야 한다. 매개 차원은 중점 공략항목이 있어야 한다.	국가 차원의 소프트파워 건설은 주로 발언권을 쟁취하는데 있다. 구역, 조직 차원의 소프트파워 건설은 주로 과학기술의 역량, 문화 실력의 건설이다. 국민 차원의 소프트파워 건설을 중시해야 한다. 지혜형 국민, 기율과 법률의 준수, 문명 국민은 국가 소프트파워의 강대한 기초이다.

국내 계층간 모순을 잘 처리해야 한다	이익 분배 연구와 이에 대한 조정을 하고 사회 각 계층의 의견을 들으며 각 계층의 목소리를 존중하고 권력계층의 권력시스템을 조정하여 과도한 권력의 집중과 남용을 피해야 한다.	특히 농촌 기층인 향, 진 간부와 농민과의 관계, 도시 건설 관리자와 주민의 관계, 국유기업 사업단위 관리자와 직공과의 관계, 중층 및 고층 당정 영도간부와 군중의 관계를 중시해야 한다. 간부제도의 개혁을 심화하고 당의 작풍인 염정(廉政, 청렴한 정치) 건설을 강화하며, 부패를 반대하는 강도를 높이고 신방(信訪, 대중이 서신과 방문을 통하여 유관 부문에 의견을 제시하고 해결을 요구하는 것)시스템을 완벽히 해야 한다.
매체건설의 사로를 변화시켜야 한다	매체를 제고시키는 개혁을 추진하고, 매체의 독립성을 존중하며, 일정한 자유공간을 주어야 한다. 매체를 이끄는 영수와 영재를 잘 양성하고 매체의 공신력을 기르도록 해야 한다.	매체는 도덕건설을 제창해야 한다. 억압만 하고 듣기 좋은 말만 하며 원론적인 말만 하는 정부당국의 매체가 아니라, 공신력이 있고 사실을 존중하며 백성을 대변하고 사회문제를 진실하게 반영하는 매체를 건설해야 한다. 각종 매체로 하여금 다양한 탐구를 하게 하고 자유 보도 권리를 보호하며 매체 인사들을 존중해야 한다.
대외 교류방식을 변화시켜야 한다	민주자치를 포함한 서구 가치의 합리성을 부인하지 말고, 서구 자유민주의 가치가 중국 실정에 부합되지 않는다는 것을 논증해야 한다.	사회 전환, 정치체제 개혁 등 민감한 화제를 회피하지 말도록 해야 한다. 문명적이고 포용하는 태도는 중국과 국제사회의 효과적인 교류를 촉진하고 세계가 중국과의 경제 협력이 소중하다는 것을 인식하게 했다. 최근에 아시아, 아프리카, 라틴아메리카 일부 지역에서 시장경제를 보급하는 "북경 공동인식"이 환영을 받고 있다.
정부 자원을 신중하게 사용토록 해야 한다	소프트파워의 정부 자원에는 정치이념, 정치제도, 국내정책, 대외정책이 망라되어 있다. 비정부 조직 자원을 이용할 수 있는 상황에서 정부 자원의 수출을 될수록 피해야 한다.	비정부 조직이 역할을 잘 발휘할 수 있는 분야, 이를테면 인도주의 원조, 민간 문화교류, 과학기술 합작분야에서 정부가 도맡아 하지 말고 비정부조직의 힘을 발휘시켜야 한다. 각종 해외자원(해외 중국인을 포함)을 잘 발굴하고 그들의 능동성을 발휘시켜야 한다. 인위적 장애를 설치하거나 인적적 딱지를 붙이지 말고 더욱 많은 포용과 지지를 해주어야 한다.

제2 경제대국으로서 중국은 주권 기금, 투자 시장, 대외 투자, 경외 무역 등을 망라한 세계 금융체계에서 갈수록 더 중요한 역할을 하고 있다. 이것은 국제 발언 공간, 세계 무역, 비(非)무역 규정의 제정에서 중국이 더욱 중요한 역할을 하고 더욱 많은 비용과 노력을 투입할 것을 요구받고 있는 것이다.

중국의 소프트 건설에 있어서의 핵심은 문화이다. 하지만 최종적으로는 의식형태, 정치적 요구에 대한 충돌 등 장기간 존재하는 문제이다. 서구의 '민주', '인권' 가치체계의 침투와 강세에서 자아 핵심가치체계를 세우고 안정적인 문화체계 발전을 보증하는 것은 세계로 나아가고 세계를 얻는 관건이다. 문화는 소프트파워 요소의 하나로서 물론 중요하다. 하지만 더욱 중요한 것은 중국의 현대문화, 정치사상 체제가 경제체제 발전에 적응해야 한다는 점이다. 조화로운 사회는 자연적으로 형성되는 것이지 권력의 강박에 의해 조성되는 것이 아니다.

중국문화 발전비용의 요약

　　현재 중국에서는 심각한 현대화 변화가 발생하고 있다. 현대화 과정은 사회질서와 문명을 정리하고 재건하는 과정이다. 이 과정에서 문화의 역할은 보편적인 인정을 받아서 형성된 문화관(가치관, 인생관, 의식형태 신앙 등), 시장경제 운행에 보편적으로 적응하여 형성된 문화산업(신문매체 업종, 도서출판 업종, 라디오 영화 텔레비전 업종 등)이 결합하여 조성된 거대한 사회 영향력으로 사회 진보 유형과 민중의 자질을 다시 구축하는 것이다. 개혁은 이런 과정에서 지나야 할 불가결한 단계이다. 중국의 개혁 대업은 수량의 증가에서 수량을 저장하고, 경제에서 정치에 이르는 과정이다.

　　문화와 의식형태 개혁의 발걸음은 항상 경제 생산에 뒤지고 있다. 과거 60년 동안 문화 발전비용의 주요표현은 신앙의 부족, 도덕의 하강, 문화의 다양성이 심각한 위협을 받았고, 창조력의 심각한 부족, 시장 적응력의 박약 등 사회 안정의 충격 및 국가발전의 제약 현상이다. 문화 생산력을 속박하는 체제시스템의 문제가 아직 근본적으로 해결되지 않았고, 문화발전 요구의 자유와 개방이 아직 관철되지 않았다. 문화의 경제화, 산업화, 공리화를 일면적으로 강조하게 되면 문화발전의 길이 갈수록 더 좁아질 것이다.

현재 중국의 문화산업 비중은 GDP의 5%도 안 되지만, 미국의 문화산업 비중은 GDP의 4분의 1을 초과한다.[1] 문화산업은 나라의 중요한 경제적 기둥일 뿐만 아니라, 소프트파워의 중요한 매개물이기도 하다.

문화산품의 수출은 한 국가의 생활방식과 가치 관념의 수출이며, 국제적 영향력을 확대하는 근본 경로의 하나이다. 중국문화의 발전비용을 정시하고 문화체제 개혁을 심화시키며, 사상을 해방해야만 대대적인 문화발전과 번영을 진정으로 실현할 수 있는 것이다.

---

1) 문화산업이 GDP에서 차지하는 비중은 2.5%이고, 서구국가의 문화산업 비중은 일반적으로 10%를 초과한다. 여기서 중국의 문화산업은 거대한 발전 공간이 있고, 신흥의 조양 산업이라는 것을 알 수 있다. 2005-2008 년 문화산업 증가치의 증가속도는 3대 산업과 GDP의 증가 속도를 초과하고 경제성장에 명확한 촉진역할을 했다. 분석에 의하면 경제성장에 대한 문화산업의 영향은 제1차 산업의 영향을 훨씬 초월했다. 2009년 금융 위기의 영향으로 인해 문화산업 분야의 문화 제조는 비교적 큰 타격을 받았고, 그 증가치는 제2차 산업 증가 치의 하락과 함께 약간 하락했다. 자료원천: 李增福, 劉万琪, "중국 문화산업의 경제성장 영향 실증 연구", ≪산경평론≫, 2001년 제5호

제6부

대외개방의 발전비용

제22장

중국 개방발전의 사상관념 및 그 비용

제1절

개방발전의 사상관념 및 그 비용의 개요

세계로 나아가는 중국의 발걸음이 어렵고 곡절적인 것이 많은 것과 마찬가지로 역사과정을 반영하는 대외적 개방사상의 발전도 여러 곡절을 겪었다. 20세기 초, 손중산은 '개방주의'를 명확하게 제기하고 세계에서 공동으로 중국을 개발을 할 것을 호소했다.

이 시기에 모택동은 혁명근거지에서 외국에 대한 학습, 대외 개방사상을 명확하게 서술하고 신중국 성립 초기의 경제건설에서 이를 실천했다. 그러나 계획경제 유형의 확립과 국제환경의 제한으로 인해 중국의 경제건설은 점차 폐쇄적, 반(半)폐쇄적 상태로 되돌아갔다. 13차 3중전회 이후에 등소평은 중국 역사발전의 경험과 교훈 특히 신 중국경제 건설의 경험과 교훈을 요약한 기초 위에서 대외 개방사상을 다시 천명하여 중국경제가 다시 세계로 나가게 했다. 당의 14대 이후에 강택민을 핵심으로 하는 제3세대 영도집단은 중국을 전면 개방으로 인도했다. 개방하지 않던 데서부터 전면적인 개방발전 사상관념을 수립하는 과정에서 중국사회는 아주 비싼 대가를 지불했다.

제2절

개방발전의 사상관념 및 그 비용의 표현형식

이 책의 중국 개방발전 사상관념이란 중국사회가 개방하지 않던 데로부터 전면 개방하는 과정에 지불한 대가를 가리킨다. 여기에는 개방하지 않은 대가, 사상투쟁비용, 전면 개방비용이 포함된다. 구체적인 내용은 표 22-1을 참고할 것. 개방하지 않은 비용이란 신중국에서 단일 공유제의 기초 하에 고도로 집중된 계획경제 발전 유형을 실시하고 계급투쟁을 일면적으로 강조하여 중국경제 발전과 인력자원에 조성한 거대한 기회비용을 가리킨다.

대외개방사상의 형성 비용은 등소평을 핵심으로 하는 제2세대 중앙 영도집단의 대외개방 사상의 형성과 실천 과정에서의 '문화대혁명과 개혁개방 실천이 조성한 일부 역효과를 가리킨다. 전면 개방비용이란 세계화라는 배경 아래 전면 개방단계에서 경제의 자주권, 의식형태와 가치관 면에서 지불한 대가와 직면한 위험을 가리킨다.

표 22-1 중국 개발발전 사상관념 비용의 표현형식

비용 분류	표현형식	구체적 내용
중국 개발발전 사상관념 비용	개방하지 않은 대가와 사상투쟁비용	인력 자본 존재량의 손실, 사상투쟁의 비용, 노선투쟁의 비용, 사상의 초보적 형성의 실천비용
	전면개방 형성비용	경제 자주권, 의식형태, 가치관 면에서 지불한 대가와 직면한 위험

1. 개방하지 않은 대가와 사상투쟁비용

(1) 개방하지 않은 대가, 인력자본 사례

1840년에 일어난 아편전쟁 이후 중국의 전통경제는 외국자본주의의 압박과 착취 하에서 점차 현대경제로 전환했고, 중국사회는 폐쇄로부터 점차 개방으로 전환했다. 중국의 현대화는 서구국가들이 식민지 약탈을 통하여 원시적 축적을 한 것처럼 할 수는 없었고, 또 중국 전통사회의 자금은 아주 제한적이어서 현대적 경제발전의 수요에 만족을 줄 수 없었다. 그리고 중국 전통경제의 쇠락과 해체의 속도는 현대경제의 발전 속도를 초월했다. 완만하게 발전하는 현대경제는 전통경제의 해체로 인하여 실업한 많은 인구의 가장 기본적인 생활보장을 만족시키지 못하고 사회 갈등은 특별히 복잡하고 치열했으며, 전 사회는 동요하고 불안했다.

바로 이 시기에 서구 현대화에 대하여 반성하고 구조하기 위한 마르크스주의가 중국에 전파되었다. 모택동을 대표로 하는 중국공산당은 마르크스-레닌주의를 창조적으로 발전시키고 농촌에서 혁명근거지를 건립했으며, 각종 효과적인 경제정책을 실시하고 부분적으로 계획 수단을 이용하여 날로 쇠락해가는 전통경제를 유기적으로 조직하고, 전통경제에 의존하는 많은 농민들의 기본생활을 보장했다. 신중국 성립 이후에 혁명근거지의 경제발전 유형을 전국에 보급하고 소련 경제 발전유형을 참조하여 단일 공유제를 기초로 하는 고도로 집중하는 계획경제 발전유형을 발전시켰다. 이런 계획경제의 발전유형의 건립에 따라 모택동의 대외개방사상은 계획경제 체제에 뿌리를 박고 날로 폐쇄되어 갔다.

1950년대 말에 중국과 소련 관계의 악화, 서구 자본주의 국가의 폐쇄주의가 연속됨에 따라 모택동은 자력갱생을 강조했다. 중국경제와 사회국정 인식의 부족으로 인해 계급투쟁을 일면적으로 강조했기에 중국은 황금과 같은 발전기회를 잃어버리고 중국경제 발전의 거대한 기회비용을 조성했다. '문화대혁명'은 경제성장에 영향을 주었을 뿐만 아니라 인력 자본의 축적에 단층성, 장기적 영향을 주었다. 등소평은 이것을 "문화대혁명의 최대 손실"이라고 했다.[1]

---

1) 1978년 7월 등소평은 다음과 같이 말했다. "문화대혁명은 각 방면에 교란, 파괴를 하고 각 업종은 모두 손실 을 입었다. 하지만 최대의 손실은 과학과 교육 특히 교육에서 입었다. 10년 동안에 기본적으로 인재 양성을 하지 못하고 1세대의 일을 그르쳤으며, 우리와 세계 선진수준의 격차를 크게 확대시켰다. 공농업의 손실을 미 봉하는 것은 비교적 쉽지만 과학기술과 교육 손실을 미봉하는 것은 많은 시간이 필요하다. 중앙문헌연구실 편, ≪등소평연보(1975-1997)≫, 중앙문헌출판사, 2004년판, 347쪽

표 22-2와 같이 10년 동안에 대학 교육과 중등학교에서는 몇 백 만 명의 전문 인재들을 적게 양성했고 중국 지식인 대오를 건하는 데설에는 장기적인 공백이 나타났다. 1982년 인구 보편조사 통계에 의하면 전국 문맹과 반문맹은 2.3억 명으로 당시 전국 인구의 1/4을 차지했다.

채방(蔡昉), 도양(都陽)의 '문화대혁명 당시 인력과 자본 손실에 대한 계산에 의하면 학제의 단축(중학교와 소학교 학제는 12년에서 9년 또는 10년으로 줄어들었다), 대학과 중등전문학교의 운영 중지, 교수내용의 변화, 직업교육의 취소 등으로 인한 인력과 자본 존재량의 변화 및 그 후 인력과 자본 축적의 영향으로 인해 "1982년 15세 이상 인구의 평균 교육연한은 4.8년인데 '문화대혁명'의 일부 영향을 제거한다면 5.6년은 되었을 것으로 추산하고 있다. 다시 말하면 '문화대혁명'으로 인해 잠재적 인력과 자본의 존재량은 14.3%가 줄어들었던 것이다."[2]

2) 채방, 도양, "문화대혁명의 물질 자본과 인력 자본 파괴", ≪경제학≫ 2003년 제2권 제4호

표 22-2 대학과 중등전문학교의 학생 모집 인원수(1965-1976년)

연도	대학/만명	중등학교/ 만명	중등전문학교/ 만명	연구생/명	출국 유학생/명
1965	–	673.0	20.8	1456	454
1966	–	298.0	4.6	–	–
1967	–	212.7	0.8	–	–
1968	–	713.3	1.8	–	–
1969	–	1128.3	1.3	–	–
1970	4 2	1420.7	5.4	–	–
1971	4 2	1577.5	21.3	–	–
1972	13 4	1752.9	26.8	–	36
1973	15 0	1620.4	20.4	–	259
1974	16 5	1918.9	32.7	–	180
1975	19 1	2478.0	34.4	–	245
1976	21 7	3240.2	34.8		277

자료 출처: 국가통계국, 신중국 50년 1949-1999 , 중국통계출판사, 1999년판, 577, 581쪽

(2) 사상투쟁의 비용

모택동 서거 후 등소평을 핵심으로 한 중국공산당 제2세대 중앙
영도집단은 모택동시대의 사회주의 건설의 승리와 좌절이라는 역사적
경험과 교훈을 요약하고 단호하게 개혁개방을 제기하고 실시하여 중국을
폐쇄에서 세계에 융합되게 했다. 등소평을 핵심으로 한 제2세대 영도집단의
대외개방사상은 일조일석에 이루어진 것이 아니라 두 갈래의 노선투쟁에서
부단히 조정되었고 사회 실천에서 부단히 풍부하게 발전한 것이다.

그 형성과 발전과정에 거대한 대가를 지불했다. 1954년 4월 등소평은 서안에서 있었던 간부회의 보고에서 다음과 같이 명확하게 지적했다. "중국은 빈곤한 국가이다. 이처럼 빈곤하고 낙후한 국가를 사회주의 선진적 공업국가로 건설하는 면에서 우리는 아직 초등학생이다. 따라서 우리는 세계의 모든 선진 경험을 학습해야 한다.

미국을 포함한 세계 각국의 선진적인 것을 모두 학습해야 한다."[1] 1962년 농업생산을 회복해야 하는 바를 이야기할 때 등소평은 외국에서 비닐론 원료와 설비를 수입하여 국내 면화생산에 대한 공급압력을 경감할 것을 다시 제기했다.[2] 그 실질은 바로 추후에 대대적으로 추진한 대외개방 정책이었다.

---

1) 등소평, "중국 신민주주의 청년단 제3차 전국대표대회 축하사", ≪등소평문선≫ 제1권, 인민출판사, 1994년판, 279쪽
2) 등소평, "어떻게 농업생산을 회복할까", ≪등소평문선≫ 제1권, 인민출판사, 1994년판, 326쪽

소련에 유학한 등소평의 개혁개방사상
형성에 대한 작용

등소평이 소련에 유학하던 당시 소련은 자본주의 세계에 개방한 상태였다. 정권 창건초기에는 일련의 실패를 겪었지만 그 후 소련의 영도자는 소련이 대외적으로 폐쇄상태에서 독립적으로 사회주의 건설을 완수할 수 없다는 것을 인식했다. 레닌은 다음과 같이 명확하게 제기했다. "사회주의공화국이 세계와 연계하지 않는다면 생존할 수가 없다. 현재 자기 생존과 자본주의와의 관계를 연결시켜야 한다." 반드시 대외개방을 통해 자본주의세계의 자금, 기술, 설비와 인재를 얻어야 하고, 사회주의 건설의 발전을 촉진시켜야 한다. 1920년 11월 소비에트 인민위원회에서는 임대, 양도에 관한 법령을 반포하고, 기업, 광산, 삼림을 외국자본가에게 임대하여 경영하게 했는데, 후자는 자금과 기술을 투자하는 것 외에 일부 생산품을 소비에트 국가에 바쳐야 했다.

소련은 대외개방의 대문을 열고 외국자본가와 합작회사를 설립했으며 외국의 자금, 기술, 기계, 설비를 끌어들이고 외국전문가와 기술원들을 초빙했다. 자본주의 세계의 저명한 자본가 헨리 포드, 아이미 해머 등은 소련에 투자하여 공장을 설립했는데, 전자는 과거에는 절대적인 반공분자였다. 등소평의 소련 유학 시기는 소련 개혁개방이 대대적으로 진행되는 시기로서 등소평에게 많은 영향을 주었을 것이다. 레닌과 등소평의 대외개방 사상에서 등소평은 레닌사상을 견지했을 뿐만 아니라, 그것의 기초 하에서 개척하고 창조함으로써 레닌의 대외개방사상을 크게 발전시켰다는 것을 알 수 있다. 그 주요 표현은 다음과 같다. 경제의 대외개방을 더욱 넓은 분야로 확장시켰다. 당시의 객관조건과 실천경험의 제약으로 인해 레닌의 개방사상은 경제적 의의에만 국한되어 있었고, "국가경제가 아주 박약할 때에만" "자산계급의 자본"이용이 필요하다고 했다. 등소평은 다음과 같이 말했다. 이것은 '전략문제'로서 "정치 전략적 의의"가 있고, "장기적 정책이다"라고 했다. 등소평의 대외개방사상은 경제분야에만 국한된 것이 아니라 정치와 문화 분야에까지 이르렀다. 즉 국부적인 개방에서 전면적인 개방에 이르게 했던 것이다.

레닌은 대외개방을 중시했지만, 개방의 대상을 발달한 자본주의 국가로 제한했고, 국부 지역에서만 개방했으며, 전국 범위에서는 개방하지 않았다. 등소평의 대외개방 사상은 레닌보다 더 전면적이었다. "세계 모든 국가에 개방했고, 각종 유형의 국가에 개방하며" 개방 범위에서는 "경제특구(연해지역 개방도시, 연해 경제 개방구)와 내륙"의 전면적 개방국면을 형성했고, 후에는 전국적으로 대외개방을 확대 실현했다. 그다음 개방은 형식상 임대, 양도하는 제도에서 경제특구를 건립했다. 소련은 임대, 양도제도를 주요형식으로 했다. 등소평은 중국사회주의 건설의 실제정황에 근거하여 경제특구 건설사상을 대담하게 제기했던 것이다. 이는 레닌의 임대, 양도 제도와 비교하면 질적 비약이라고 할 수 있다.

자료 출처: 최염홍(崔艶紅), "소련 유학의 등소평 개혁개방 사상 형성에 대한 작용", 광동외어외무대학학보 2009년 제5호.

'문화대혁명' 초기에 등소평은 "유(소기), 등(소평) 자산계습 사령부"의 두 번째 "자본주의 길로 나가는 당권파"라는 누명을 쓰고 비판과 투쟁을 받고 모든 직무를 박탈당했다. 그의 가족들도 연좌되어 강서성 신건현(新建縣) 트랙터 공장으로 가서 노동 개조를 했다.

1973년 등소평은 다시 복권되었으나 '문화대혁명'으로 인해 나타난 매우 어려운 국면을 벗어나기 위해 당시의 폐쇄되고 격리된 정책을 단호히 포기하고 대외개방을 해야 한다는 주장을 명확하게 제기했다. 이는 그의 뛰어난 담력과 식견, 기백을 잘 보여준다. 1975년 주은래의 병세가 위중할 때, 등소평은 모택동의 지지를 받고 중앙사업을 영도했으며, 일련의 중요한 정리된 사상을 제기하고 전면적인 정리를 시작했다. 그리고 대외개방 정책을 실시하려 했다.

1975년 8월 그는 "공업발전의 몇 가지 의견"에서 "새로운 기술, 새로운 설비를 유입하고 수출입을 확대해야 한다"는 "큰 정책"을 명확하게 제기했다".[1]

---

1) 등소평, "공업발전의 몇가지 문제", ≪등소평문선≫ 제2권, 인민출판사, 1994년판, 29쪽

'문화대혁명'을 수정주의 반대와 방지, 자본주의 복벽 예방의 연습이라고 한다면 '전면 정돈'은 중국 개혁개방의 연습이다.[2] 그런데 호시절은 오래 가지 못했다. 등소평의 대외개방 사상과 방법은 그가 다시 타도 당했기에 중지될 수밖에 없었다. 이 과정에서 진운(陳云), 호요방(胡耀邦), 등소평은 타도당하고 영도직무를 잃어버렸으며 '4인방'과 투쟁할 기회를 상실했다.

1978년 12월에 열린 중국공산당 11차 3중전회는 신중국 성립 이래 당과 국가 역사에서 심원한 의의를 가진 위대한 전환이었다. 이 전회 직전에 등소평은 "사상을 해방하고 실사구시하며 일치단결하여 앞으로 나가자"는 강화를 발표하고 비교적 체계적으로 개혁개방의 기본사상을 서술했다. 개혁개방은 당의 근본방칙과 정책으로 공식적으로 확정되었다. 등소평의 대외개방사상은 기본적으로 형성되고 대규모 실천에 들어갔다.

주지하는 바와 같이 중국의 개혁개방과 사회주의 현대화 건설에서는 일부 대가를 지불했다. 첫째, 전통적인 계획경제체제와 정치체제의 개혁에서 일정한 대가를 지불하고 새로운 모순과 문제를 가져왔다. 그 중 다음과 같은 내용이 포함된다. "

(1) 정책의 불건전, 불규범으로 인해 소수 인간들이 국가 이익에 손해를 끼치고 사리사욕을 채운 불법활동이 조성한 것이다.
(2) 인치(人治) 관리와 법치 불건전으로 인한 권력과 금전 교역 등 부패의 만연이 조성된 것이다.

---

2) 공육지, ≪모택동에서 등소평로≫, 중공당사출판사, 1994년판, 285-287쪽

(3) 정치사상이론의 건설이 뒤졌고, 일부 당원 간부의 사상 자질의 저질로 인한 사악한 기풍의 상승과 도덕적 저하가 조성된 것이다."

둘째, 새로운 체제의 건립, 새로운 정책의 실시에는 일정한 위험이 있고 일정한 대가를 치르게 마련이다. 중국은 개방정책을 실시하고 외국자본을 유입하며 경제특구를 건립하고 국유의 대중형기업에 대하여 조정과 개혁을 진행했다. 그러는 가운데 일정한 대가를 지불했다. 이를테면 중국은 대외개방을 하고 경제가 발전했지만, 서구국가의 부패한 문화가 아주 큰 영향을 주었던 것이다.

2. 전면 개방에 다른 비용

경제의 세계화에 적극 참가하는 과정에서 중국의 경제발전은 세계 시장과의 무역에서 제약과 영향을 받았으며, 선진국이 제정한 불합리한 경제 질서의 압력도 받고 있다. 현재경제의 세계화는 선진국에 더욱 유리하다. 발전도상국가들은 경쟁력이 비교적 떨어지고 선진국보다 이득을 적게 볼 뿐만 아니라 국제경제 파동이 일 때면 더욱 큰 충격을 받는다.

경제의 세계화와 더불어 서구국가에서는 정치사상, 의식형태, 가치 선택의 동일화와 일체화를 도모하려 하고 있다. 서구 선진국에서는 발전도상국가에 대해 경제 패권을 강요하는 동시에 정치의 전복, 사상의식형태의 침투와 침식을 멈추지 않고 있다. 그들은 경제의 세계화를 추진하는 동시에 '국가 약화론', '새로운 간섭주의'를 적극 제창하고 있다. 그리하여 민족국가(더욱 적절하게 말하면 약소국가)는 점차 권리를 잃고 있다.

전면 개방에 따른 비용은 중국이 점진적 개방에서 전면적 개방으로 나가는 준비와 대비에서 체현된다. 이 내용은 경제 전환비용(세계화 전환비용)에서 서술하고 연구했으므로 더 이상 서술하지 않고자 한다.

제3절

개방발전의 사상관념 및 그 비용의 형성원인

1. 영도자의 결책 실수로 인한 장기적 미개방(未開放)

1958년 당의 8대부터 1973년 당의 10대까지 역차적으로 수정한 중국공산당 장정 에서는 당의 영도자 임기를 규정하지 않았다. 신중국 성립 이래 모택동은 중국 집권당 최고 영도자 직무를 27년이나 맡았다.

집권 후기에 그는 '대약진운동'과 '문화대혁명' 등 장기적, 전국적, 역사적 결책의 중대한 실수를 했다. 제도의 실시를 보면 민주집중제, 집단영도, 당내 개인 책임제도가 단호히 실시되지 않았기에 모택동이 중대한 결책 실수를 할 때 당내에는 그를 제약, 제한, 중지, 대체할 능력이 없었고 결과는 갈수록 더욱 엄중해졌다. 이밖에 전략 이견에 다른 계급투쟁화도 중요한 표현이었다. 중국 영도자들은 중국 공업화의 길, 경제발전 전략에 대하여 다른 관점과 선택이 있었는데, 이런 이견을 계급투쟁 방식으로 처리하여 당내 영도자는 다른 의견을 내놓을 수가 없었다.

'문화대혁명' 시기 등소평의 '2번의 난'으로 인해 등소평의 대외개방사상은 실천에 옮기지 못했거나 잠깐 실천에 옮긴 후 동 중지됨으로서 사상과 실천의 혼란을 일으키고 중국의 대외개방은 더욱 지연되었다.

2. 새로운 체제의 탐구와 발전을 위한 필연적인 대가

자원의 국한성으로 인해 개혁은 본래의 사회질서와 이익국면을 타파하여 모 지역과 모 업종이 먼저 발전하고, 경제생활, 사회생활, 사업방식과 정신상태에 일련의 심각한 변화를 일으키며 생존상태의 격차와 인간심리의 차이를 조성해야 했다. 그리고 중국은 계획경제에서 시장경제로의 전환시기에 처하고, 사회주의 시장경제체제의 건립 등의 조치를 취했기에 체제 사이의 마찰과 충돌이 발생했고, '좌'와 '우'의 교란을 받아야 했으며, 사회구조의 변동과 일부 사회규범의 소실을 일으켰다.

3. 세계화 추세의 동반 효과

국제적 경제운행의 많은 규칙은 주권국가가 아니라 서구 선진국의 통제를 받는 국제경제기구에서 제정한 것이다. 선진국은 경제적 실력과 우세를 이용하여 불공평하고 불평등한 국제 경제 운행규칙과 질서를 제정하고, 발전도상국가에 대한 경제적 착취를 하며, 이런 국가들이 국제경제의 무역에서 불평등한 무역규칙을 받아들이도록 하려고 하고 있다.

서구의 선진국들은 현대 정보기술과 매체수단을 이용하여 서구의 민주, 자유, 인권 등의 가치관을 보급하고 있다. '미국문명', '서구문명'을 인류현대문명의 출발점과 귀착점으로 하고, 민주 시장자본주의를 영원한 유형으로 하려고 하는데, 많은 고대 문명국가의 전통문화가치관이 위협을 받고 있다. 때문에 우리는 세계와의 교류가운데서 서구국가의 정치적 목적에 대해 경각성을 높여야 한다. 중국 개방사상관념 비용의 형성원인은 그림 22-1과 같이 요약할 수 있다.

제4절

개방발전의 사상 관념 및 그 비용의 대책

1. 제도개혁을 통해 민주집중제를 관철시켜야 한다

국가 영도자의 '무한 임시스템도'와 '종신제'를 폐지했다. 1982년 '헌법'
에서는 국가 영도자는 '2차 임시스템'를 실시한다고 규정했다.

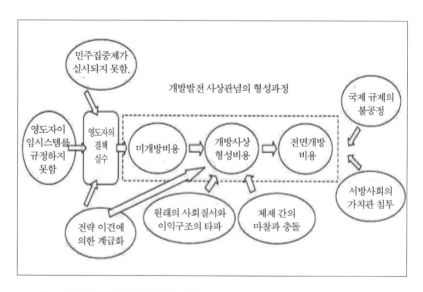

그림 22-1 중국의 개방사상관념의 형성원인

1987년 당의 13대에서는 영도자의 '종신제'를 타파하고[1] 영도자의 권리를 제한했으며, 민주집중제를 관철하고 헌법의 각도에서 개인의 독재를 근절하고 제도에서 영도집단의 결책을 확보했다.

2. 개혁개방관념 형성의 필연적인 비용을 정확히 대하고 처리해야 한다.

중국사회주의 시장경제체제의 개혁은 참고할 수 있는 기성의 유형이 없고 참고할 경험도 없다. 바로 등소평이 말한 것처럼 "현재의 사업은 새로운 사업으로서 마르크스가 말한 적도 없고, 우리 선인들이 해본 적도 없으며, 기타 사회주의 국가에서도 해본 적이 없다. 그리하여 우리는 학습할 경험이 없으므로 실천에서 탐구해야 한다."[2]

사회발전은 필연코 일정한 대가를 지불한다는 기본법칙으로부터 출발하여 중국 개혁개방의 문제를 정확하게 대해야 한다. 문제가 나타났다고 하여 개혁개방에 대하여 신심을 잃어버리고 개혁개방의 성적을 부정하지 말아야 한다. 1989년 풍파사건이 사라진 후에 등소평은 6월 9일 강화에서 다음과 같이 명확하게 대답했다. "개혁개방의 기본점이 착오적인 것인가? 아니다.

---

1) 호안강, ≪중국정치 경제사론≫, 청화대학출판사, 2008년판, 495쪽
2) ≪등소평문선≫ 제3권 인민출판사 1993년판 258-259쪽

개혁개방이 없었더라면 어찌 오늘이 있을 수 있겠는가. 이 10년 동안 인민의 생활수준이 비교적 많이 제고되었고, 우리는 새로운 단계에 들어섰다. 비록 인플레이션 등의 문제가 나타났지만 10년 동안 개혁개방이 성취한 성과를 충분히 알아야 한다."[2]

법치국을 견지하려면 헌법과 법률규정에 근거하여 각종 경로와 형식을 통해 국가사무를 관리하고 사회주의의 민주 법제화를 실현해야 한다. 그리고 의덕치국(以德治國)을 착실하게 관철해야 한다. 마르크스, 엥겔스는 다음과 같이 말했다. "통치계급의 사상은 어느 시대나 통치지위를 차지한 사상이다."[3] 영도 간부의 도덕수준은 사회 도덕체계 건설의 풍향계이다. 때문에 영도 간부의 도덕건설을 강화하고, 제도화의 제한을 받아 완벽하게 해야 한다.

등소평은 다음과 같이 지적했다. "이런 제도는 나쁜 인간이 자기마음대로 날뛰지 못하게 할 수 있다. 나쁜 제도는 좋은 인간이 좋은 일을 많이 할 수 없게 할 뿐만 아니라 심지어는 나쁜 길로 나가게 할 수도 있다."[4]

2) 중앙문헌연구실, ≪13대이래 중요문헌 선편≫ 인민출판사 1991년판 제540쪽
3) ≪마르크스 엥겔스 선집≫ 제1권 인민출판사 1995년판 제98쪽
4) 《邓小平文选》第二卷,人民出版社1994年版,第333页.

3. 세계화 동반 위험의 대응책

첫째, 전체 국민의 사상도덕과 과학문화의 자질을 제고시키고 사회주의 방향을 견지하며 사회주의 현대화 사업에 부합되지 않는 사상관념을 버려야 한다. 둘째, 세계화 과정에 독립자주 원칙을 견지하고 서구사회의 신뢰를 두절시켜야 한다. 유리한 것만 좇고 해로운 것을 피하며 서구국가와의 투쟁과 합작에서 진정으로 합리적이고 공정한 국제 정치, 경제의 새 질서를 건립해야 한다. 셋째, 세계화 관념을 수립하고, 서구 적대세력에 대한 경각성을 높이는 동시에 경제 세계화의 발전에 적극 참여해야 한다. 다양한 방위, 다양한 차원, 넓은 분야의 대외개방 국면을 완벽히 하고, 중국 국제경쟁력을 높여야 한다. 개발발전 사상관념비용에 대한 대응책은 그림 22-2와 같다.

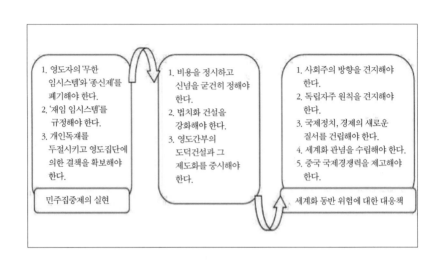

그림 22-2 개발발전 사상관념비용에 대한 대응책

제6부

대외개방의 발전비용

제23장

중국의 국제교류와 공동인식의 비용

제1절

국제교류와 공동인식 비용의 개설 및 표현형식

신중국 성립 이래 중국은 다른 국가, 국제기구와 많은 국제 공동인식을 달성했는데, 길고 험난하고 복잡한 과정을 경과했고, 중국은 아주 힘든 노력을 했다. 발전도상대국으로서 경제실력의 제고와 더불어 경로, 여러 분야 국제교류를 적극 벌이고 다른 국제기구에 가입, 협상, 합작하며 국제제도의 제정에 참여하고 일정한 발언권을 장악하며 세계로 하여금 진실한 중국을 인식하게 했다. 이것은 중국이 더욱 발전하고 세계와 지역 사무에서 더욱 적극적인 역할을 하는데 중요한 의의가 있다.

총체적으로 신중국 성립초기 중국의 국제교류는 상대적으로 적고, 정치적 목적성이 비교적 강했으며 상대적으로 폐쇄적인 상태에 처해 있었다. 유엔에서의 중국 지위의 회복, 개혁개방의 초보적이고 점차적인 전개에 따라서 중국의 국제교류는 전면적인 발전 태세를 갖추게 되었다.

중국은 더욱 적극적이고 주동적으로 국제기구의 회의와 공약에 참여하고, 국제형세의 발전에 근거하여 주동적으로 지역 국제기구의 전략을 구상하고, 중국 주변지역의 조직망을 초보적으로 건립하기에 이르렀다. 그리고 중대한 국제 공공사무와 위기에 대하여 자신의 주장을 제기하게 되었으며,

책임성 있는 국제 대국으로서의 직책을 주동적으로 감당하게 됐고, 많은 발전도상국가들의 이익을 적극 제창하고 수호했다. 구체적인 국제교류와 공동인식비용의 표현형식은 표 23-1과 같다.

표23-1 국제교류와 공동인식 비용의 표현형식

비용 분류	표현형식	구체적 내용
국제교류와 공통인식의 비용	국제교류 참여와 비용	신중국 성립 이후 각 시기 국제기구의 참여, 국제 공약의 체결에 노력함
	국제교류 기구비용	논단 메커니즘을 발기, 건립하고, 중국의 국제기구망을 구축하며, 대형 국제교류의 장을 조직하고 조성하는 등으 노력을 함
	국제 공통인식 이행비용	중대한 국제사무와 위기에 대하여 주동적으로 일정한 직책을 감당하고, 국제적 새 질서의 형성을 추진함.

1. 국제교류 참여비용

신중국 성립초기부터 1970년까지 중국의 국제교류는 상대적으로 폐쇄상태에 처해 있었다. 이 시기 중국의 국제교류는 국제적 승인을 중심으로 하였고, 여러 국가 및 국제기구와 제한적인 접촉과 합작을 했다.

국제적 승인이라는 점을 둘러싸고 중국은 유엔에서의 합법적인 지위의 회복을 목표로 한 국제교류를 했으며, 유엔에서 중국의 합법적인 지위 회복을 저해하는 미국과 투쟁했다.[1]

중국은 유엔에서의 합법적인 지위를 회복하려고 노력했고, 기타 국제기구와의 연계를 건립했다. 이를테면 1950년대에 세계보건기구, 세계기상기구, 국제노동기구, IMF, 세계은행 등 국제기구에 가입 신청을 했지만 미국의 방해를 받는 바람에 소련을 비롯한 사회주의 진영의 일부 조직과 기구 밖에 가입하지를 못했다. 미국을 위수로 하는 서구의 폐쇄와 고립으로 인해 중국은 장기간 유엔체제 밖으로 배척되었다. 중국은 유엔을 미국의 표결 기계로 보았다.

---

1) 1949년 11월 5일, 주은래 외교부장은 각각 유엔사무총장 트리구 하부단 라이(Trygve Halvdam Lie)와 제4차 유엔 대회 주석 카로스 P 로므보(Carlos P. Romubo)에게 전문을 보내 다음과 같이 정중하게 성명했다. "중 화인민공화국 중앙인민정부는 중국인민을 대표하는 유일한 합법적 정부이다. 국민당정부는 중국인민 대표의 모든 법률과 사실적 근거를 상실했기에" 중국 국민정부 대표단의 "중국인민을 계속 대표하여 유엔활동에 참 가할 모든 권리를 즉각 취소할 것을 요구한다."

유엔에서 중화인민공화국의 합법적인 지위 회복[2]은 중국의 유엔 대표권 문제를 완전히 해결했으며, 이는 중국 국제교류와 상호활동이 새로운 단계에 진입했다는 것을 의미한다. 이때 중국은 국제기구 방관자와 참가자 사이에서 배회하며 피동적이고 소극적인 참가자라는 국제적 이미지가 아주 강했다.

이 시기의 중국은 대외 정치관계의 발전에 주력했고, 유엔 부속기구와 연계를 건립했으며 그 활동에 참여했다. 1972년 중국은 유엔 개발계획, 유엔 환경계획, 유엔 공업발전계획, 유엔 무역과 발전회의 등 기구의 공식적인 활동에 참여했다. 1973년 11월 중국대표단은 제17차 유엔 식량계획 조직대회에 참여했고 이사국에 당선되었다. 그리고 라틴아메리카 핵무기 금지 조직, 국제 댐위원회, 국제 대지측량과 물리연합회, 국제표준화 조직, 국제 올림픽위원회, 아시아 운동연합회, 아프리카 노동조합통일조직 등 국제기구와 우호관계를 회복 발전시켰다. 이 시기 중국이 참여한 국제기구는 1966년의 1개에서 1977년의 21개에 이르렀고 비정부기구는 58개에서 71개로 증가했다.[3]

1979년 사업중심을 계급투쟁에서 경제건설로 전환함에 따라 개혁개방은 당과 국가의 지도방침이 되었고, 중국의 국제교류는 전례 없이 발전했으며, 중국은 국제교류에 전면적으로 참여하기 시작했다. 이 시기 중국이 국제기구에 참여한 수 및 적극성과 질은 모두 앞의 두 시기를 초월했다.

---

2) 1971년 10월 25일 제26차 유엔총회에서는 치열한 변론을 통해 압도적인 다수로 유엔에서 중화인민공화국의 합법적인 지위를 회복한다는 안건이 통과됐다.

3) Gerald Chan, China's Compliance in Global Affairs, New Jersey, World Scientific Publishing Company, 2006, p.51

표 23-2   개혁개방 이후 중국의 국제조직, 조약 가입현황 개요

분야	연도	가입한 국제조직과 조약 명칭
경제	1980년	화폐기금 조직과 세계은행 이사국이 되고 국제농업개발기금에 가입했다.
	1986년	아시아개발은행에 가입했다.
	2001년	세계무역조직의 성원국으로 되었다.
	2006년	세계지식재산권조직조약 에 가입했다.
군비감축	1988년	유엔평화수호행동위원회 구성원이 되었다.
	1989년	유엔정전감독조직에 5명의 군사관찰원을 파견했다.
환경	1992년	유엔기후변화협약 에 서명했다.
	1998년	교토의정서 에 서명했다.
핵무기 비확산	1983년	남극조약 , 외층공간조약 에 서명했다.
	1987년	남태평양무핵화구역조약 에 서명했다.
	1992년	아프리카무핵화구역조약 에 서명했다.
	1996년	핵실험전면금지조약 에 서명했다.
인권	1997년	경제 · 사회 · 문화권리 국제공약 에 서명했다.
	1998년	공민권리와 정치권리 국제공약 에 서명했다.

자료원천, 왕일주의 중국오교 60년 중국사회과학출판사 2009년판 제58쪽를 요약했음

중국의 국제조직 참여 수와 조약에 사인한 수는 현저하게 증가했다. 하지만 전체적으로 보면 개혁개방 초기 국제교류 참여과정에서 중국은 원칙성 성명과 입장을 많이 발표했지, 의정의 제정에는 비교적 적게 참여했으며, 의정 제정에 대한 의식이 부족했다.

이로 인해 행동상 피동적이었다.

2. 국제교류 조직비용

국제교류가 더욱 심화됨에 따라 중국은 국제제도의 제정과 실시에 참여하는 것은 국제무대에서 명망을 얻는 아주 중요한 조건이라는 점을 명확하게 인식했다. 국제사회 또는 중대한 세계문제에서 중국은 갈수록 국제제도에 더욱 융합하고 더욱 합작하고 있다.

중국은 대화형식으로 국제논단의 교류에 참여하고 국제기구에 참여하여 전면적으로 국제교류를 할 뿐만 아니라, 논단을 적극 발기 건립하고 중국의 국제조직망을 구축하고 있다.

1993년 중국은 일부 국가와 함께 아시아 태평양 경제 합작조직 영도자들과 비공식 회의를 발기하고 일종의 제도를 조성했으며 1년에 한번 소집했는데 20011년까지 도합 19차 회의를 소집했다. 1999년 9월 25일 20개 국가 그룹(Group20)이 공식 출범했다. 중국은 그 창시국이고 신흥 경제체의 대표로서 그 활동에 적극 참여하여 중요한 역할을 하고 있다. 2000년 10월 중국 아프리카 논단 제1차 부장급 회의가 북경에서 열렸다.

중국과 아프리카 44개 국가 80여 명의 국가 또는 정부 수뇌, 부장(장관), 17개 구역과 차구역(次區域) 조직의 대표들이 회의에 참석했다. 회의에서는 중국과 아프리카의 정기적 협상의 집단대화 메커니즘을 확정했다. 2004년 중국외교부와 아랍연맹 비서처에서는 중국과 아랍국가의 합작논단을 설립하고, 2004년 9월에 카이로에서 중국과 아랍국가 합작논단 제1회 장관급

회의를 거행했다. 2006년 4월 중국과 태평양 섬나라의 경제발전 합작논단이 중국의 발기아래 설립되었고, 피지에서 제1회 부장급 회의를 열었다.

온가보와 8개 태평양 섬나라 영도자와 해당 장관들이 논단에 참가했고 회의에 참석한 9개 국가에서는 중국-태평양 섬나라 경제발전 합작 행동 강령 에 사인했다. 중국-카리브 제도의 경제합작 논단은 중국이 2004년에 발기하여 건립되었는데, 그 취지는 중국과 카리브 제도 사이의 경제무역 교류와 합작을 촉진시키고 공동발전을 실현하자는 것이었다.

중국은 조직망의 중점과 기점을 주변지역에 두었다. 왜냐하면 주변지역의 안정과 발전은 중국의 평화적인 발전과 직접적인 관계가 있기 때문이다. 지난날 일부 대국의 주변관계 처리와 다른 것은 중국은 세계화와 지역 일체화 발전추세에 순응하고 지역간 합작방식으로 진행하고 있다.

더욱 중요한 것은 1996년 4월 26일 중국, 러시아, 카자흐스탄, 키르기스스탄, 타지키스탄 등 5개 국가가 상해에서 변경지역 군사 분야 신임을 강화하는데 관한 협정을 체결하고 "상해 5개 국가"시스템을 건립하였다. 2001년 '상해 5개국가'시스템은 상해합작조직으로 발전했다. 제일 처음 중국 도시이름으로 명명한 정부간 국제조직으로서 상해합작조직은 중국과 국제조직 발전역사에서 상징성 의의를 가지고 있다. 중국은 상해합작조직을 무대로 하여 변계문제 분쟁해결의 합작의 길을 찾았을 뿐만 아니라, 러시아, 중아시아 국가 사이의 여러 분야 합작의 무대를 조성했다. 그리고 다양한 동아시아 합작시스템을 구축했다. 이를테면 동남아 연맹+중국('10+1'), 동남아+중국, 일본, 한국('10+3') 등이 그것이다. 한국의 핵문제에서 적극적으로 노력하고 다양한 외교를 펼쳤으며, 6자회담을 추진하여 한국의 핵문제를 해결하려 하고 있다. 최근에 중국은 8개국과 발전도상국가간 대화회의에 적극 참여하고 있다.

한편, 중국정부는 올림픽, 세계박람회 등 대형 국제 활동의 신청과 준비, 그리고 거행을 대대적으로 지원하고, 국제사회가 신중국을 더욱 깊이 인식할 수 있도록 초청 교류무대를 만들고, 국제사회 대가정에 재빨리 융합하고 있으며 세계의 눈길을 사로잡고 있다. 그리고 중화문명을 전파하고 국가의 이미지를 높이고 있다. 우리는 국제효과를 보는 과정에 크나큰 노력을 하고 많은 대가를 지불했다. 그 비용분석은 그림 23-1과 같다.

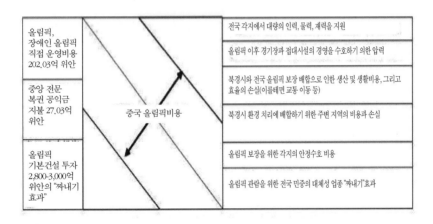

올림픽,
장애인 올림픽
직접 운영비용
202.03억 위안

중앙 전문
복권 공익금
지불 27.03억
위안

올림픽
기본건설 투자
2,800-3,000억
위안의 "짜내기
효과"

중국 올림픽비용

전국 각지에서 대량의 인력, 물력, 재력을 지원

올림픽 이후 경기장과 접대시설의 경영을 수호하기 의한 압력

북경시와 전국 올림픽 보장 배합으로 인한 생산 및 생활비용, 그리고 효율의 손실(이를테면 교통 이동 등)

북경시 환경 처리에 배합하기 위한 주변 지역의 비용과 손실

올림픽 보장을 위한 각지의 안정수호 비용

올림픽 관람을 위한 전국 민중의 대체성 업종 "짜내기"효과

그림 23-1 국제교류 조직비용, 중국 올림픽비용의 사례

3. 국제 공동인식 이행비용

중국의 경제발전, 정치민주화 진척의 가속화에 따라 중국은 국제 책임, 국제 공동인식 이행 능력이 갈수록 제고되고 있다. 1997년 아시아 금융위기가 폭발한 후에 중국정부는 세계에 인민폐 가치하락을 하지 않을 것이라고 승낙했다. 외환보유액이 충족하지 않은 상황에서 태국 등 동남아 국가에 40여 억 달러의 지원을 하고, "국제사회의 책임성 있는 대국"의 전략적 목표를 공식적으로 제기했다. 이것은 중국의 자아인식에 거대한 변화가 발생하고 주권을 중심으로 독립자주 대국의 핵심인식과 책임성 있는 대국을 다시 결합시킨다는 것을 의미한다. 후자는 국제제도와 직접적인 관련이 있다. 국제행위는 갈수록 국제제도의 조정을 더 많이 받고 건설성, 책임성의 국제 이미지 목표는 중국과 국제제도의 상호 추동 과정에서 구축되었다.

세계 기후변화 문제만 보아도 중국은 책임성 있는 대국으로서 세계 기후보호의 국제적 공동인식의 이행에서 공헌을 했으며 중요한 적극적인 역량으로 되었다. 2002년 9월 온실가스 배출 감소 지표와 의무는 없지만 중국은 교토의정서 를 비준한다고 선포했다. 1990-2005년, 중국은 10,000元 GDP 당 에너지 소모가 47% 줄어들었는데, 이는 8억 톤의 표준석탄을 절약하고 이산화탄소를 18억 톤 적게 배출한 것이 된다. 이 시기 중국은 식수조림, 삼림 관리와 보호를 통해 50억 톤의 이산화탄소를 흡수했다.

특히 20세기 이래 중국은 계획출산을 통해 3억 명을 적게 출산했다. 지금 2004년의 표준에 근거하면 세계 1인당 1년 평균 이산화탄소 배출량이 4톤인데 3억 명이면 중국에서는 작년에 12억 톤의 이산화탄소를 적게 배출한 것이 된다. [1] 2007년 6월 중국은 대외적으로 "중국의 기후변화에 대한 국가 대비 방안"을 공식적으로 발표했다. 이는 중국 제일 처음의 기후변화에 대한 전면적인 대비성 정책성 문건이고, 발전도상국가에서 반포한 첫 번째 기후 대비 국가 방안이다. 이 방안의 반포와 실시는 중국정부의 책임성 있는 대국적 태도를 보여준 것이었으며, 중국이 기후대비 사업에 적극적인 영향을 주고 세계 기후변화 대비에 새로운 공헌을 했음을 알려주었다.

중국은 핵실험 금지와 환경 등 면에서 더욱 적극적으로 행동하여 거대한 명망을 얻었으며, 적극적인 참여자의 특징을 체현하고 그에 대한 의정(議程)을 창설할 능력도 제고시켰다. 특히 21세기에 들어서 유엔 개혁의 틀에 대하여 중국은 발전도상국가의 이익을 매우 강조했다. 중국은 유엔 개혁 입장 문건에서 다음과 같이 명확하게 지적했다. 개혁은 모든 회원국 특히 많은 발전도상국가의 요구와 관심을 최대한으로 만족시켜야 한다. 빈곤, 질병, 환경악화도 국제사회의 심각한 도전을 받고 있다.

발전도상국가가 필요한 것에 대해 중시하고 세계의 조화롭고 균일되고 보편적인 발전을 실현시켜야 한다. 세계화의 균일한 발전을 인도하고 국제 경제업무에서 발전도상국가의 평등한 참여권과 결책권을 강화해야 한다.

---

1) 이혜명, "국제사회 책임성 있는 대국-현대 중국의 신분요구와 실천 구축", ≪국제관계학원 학보≫, 2008년 제1호

각국에서는 마땅히 "공동히 부담하지만 구별이 있게 책임진다"는 원칙에 근거하여 국제간 지속적인 합작을 해야 한다. 그 중점은 발전도상국가를 도와 환경에 대한 도전 특히 수자원 부족, 도시 공기의 오염, 생태 악화, 사막화 등 긴박한 문제를 해결하는 것이다. 선진국은 발전도상국가에게 해당하는 기술이전과 자금 지원 특히 능력발전을 돕겠다는 것을 승인해야 한다. 중국은 안보리 대 테러기능의 강화를 지원하고 집행국 권한을 확대하며 특히 발전도상국가의 대 테러 능력을 제고시키는 일을 지원한다.

중국은 대회의정의 적당한 간소화를 지원하고 의사일정을 우수화하여 해마다 각 방면 특히 발전도상국가 문제에 근거하여 중대하고 실질적인 문제를 토론하는 것을 지지한다. 발전도상국가의 대표성을 우선적으로 증가시켜야 한다. 발전도상국가는 유엔 회원국 총수의 2/3이상을 차지하고 있지만 안보리의 대표성은 매우 부족하다. 이 상황은 반드시 시정되어야 한다. 더욱 많은 국가 특히 중소국가들이 더욱 많은 기회를 얻어 안보리에 순번제로 참여하여 그 결책에 참여하도록 해야 한다.

2008년 국제사회가 제2차 세계대전 이후 가장 심각한 경제위기에 처했을 때, 중국은 밖에서 구경만한 것이 아니라 국제사회의 책임성을 갖는 성원으로써 국제기구와 공동으로 이 위기에 적극 대비하고 발전도상대국의 책임을 짊어졌다. 2008년 말과 2009년 3월 초 2차례에 걸쳐 열린 G 20 정상회의에서 중국은 적극적인 참여자일 뿐만 아니라 하나의 주역을 맡았다. 이 회의에서 중국은 자신의 주장을 명확하게 제기하고 다음과 같이 요구했다. "전면성, 균형성, 점진성, 실효성을 추구한다는 원칙 하에 국제금융 질서가 공정, 공평, 포용과 질서 있는 방향으로 발전하도록 추진해야 한다.

국제금융기구는 발전도상국가에게 원조를 확대하고 국제통화기금과 세계은행의 치리 구조를 개진해야 하며, 발전도상국가의 대표성과 발언권을 제고시켜야 한다.

국제사회는 국제금융위기의 발전도상국가 특히 제일 발달하지 못한 국가의 손해에 고도의 관심을 돌리고 될수록 줄여주어야 한다. 국제사회 특히 선진국은 상응하는 책임과 의무를 짊어지고 원조, 채무감소 등에 대한 승인을 계속 이행하며, 발전도상국가의 원조를 성실하게 보전하고 증가시키며 발전도상국가 금융안정의 수호와 경제성장의 촉진을 성실하게 협조해 주어야 한다. 그리고 발전도상국가 특히 아프리카 국가들에 협조하여 어려움을 이겨내고 이런 국가들의 외부환경을 부단히 개선해야 한다."

제2절

국제교류와 공동인식 비용의 형성원인

앞에서 언급한 중국의 국제교류 참여, 국제교류의 조직, 국제 공동인식 이행 등의 노력을 보면, 1970년 이전에 중국의 제한적인 국제교류는 주로 국제사회의 인정을 얻으려는 것이었다. 물론 우선적으로 사회주의 국가 또는 일부 우호적인 국가나 제3세계의 인정을 얻는 것이었다.

1970년대 후기에 특히 개혁개방 이후에 중국은 국제교류에 더욱 적극 참여하고 평화적인 환경창조에 주력했으며, 국제 규칙과 제도를 충분히 이용하여 국내 경제건설에 매진했다. 중국은 일종 도구론 방식으로 국제적 규칙과 제도를 이해하고 참여절차와 방식은 국내 개혁개방과 밀접한 연관성을 가지고 있었다. 1990년대 후기에 중국은 종합국력이 큰 발전을 가져왔고 국제사회와 전면적으로 보조를 맞추었다. 특히 국제기구 참여의 폭과 열정은 전례 없는 것이었다.

세계화의 규범화 · 제도화의 발걸음이 빨라지고, 주권국가들이 국제적인 일체화 과정에 갈수록 더 참가함에 따라서 비국가행위체(非國家行爲体)의 역할이 갈수록 증가하고 국제관계의 상호 의존이 심화되었으며, 대세는 국제충돌에서 국제합작으로 바뀌고, 윈-윈하는 원칙이 국제관계의 대세가 되었다. 국제기구는 국가관계를 조정하는 중요한 지렛대가 되어 갈수록 국제행위 규범자의 역할을 하고 있다. 이는 중국이 국제시스템에 전면적으로 참여하는데 동력과 기회를 제공했기 때문이다.[1] 21세기에 들어선 후 중국은 자신의 발전이 세계 발전과 불가분한 관계이고, 중국 운명과 세계 운명은 긴밀히 연결되었다는 것을 심각하게 인식하게 되었다. 중국은 국제조직에서 평화적인 발전대국의 책임의식을 갖고 국제조직과 제도의 개혁의 완벽화에 적극 참여하며, 국제조직이 더욱 공정하고 합리적인 방향으로 발전 수 있도록 추진하고 있다.

중국은 평화적 발전의 중요한 시기에 처해있다. 공정하고 적극적이고 책임성이 있는 대국 의 이지미를 구축하고 양호한 국제 분위기를 조성하는 것은 국가 현대화 발전의 큰 국면과 관계된다. 국가 이미지 구축과 국제기구의 참여는 변증법적 통일의 과정이다. 국제적 시스템 적극 참여하는 것은 중국 국가 이익의 확장에 더욱 넓은 전략공간을 제공하고, 또 중국의 국제적 이미지 개선과 제고에 도움이 된다. 중국의 국제적 이미지 제고는 국제기구 참여에 대한 저항을 완화시키는 데 도움이 되며, 지역적 및 국제적 메커니즘에서 중요한 역할을 하는데 도움이 된다.

---

1) 이혜명, "국제사회 책임성 있는 대국-현대 중국의 신분요구와 실천 구축", ≪국제관계학원 학보≫, 2008년 제1호

제3절

국제교류와 공동인식비용의 대응책

첫째, 국가이익의 수호라는 점에 착안하여 국제사회의 책임을 감당해야 한다. 아시아에 입각하여 특히 동아시아 업무에서 건설적 역할을 하고 동아시아와 아시아 국제시스템의 건립과 그에 대한 완벽화 및 이를 수호하는 일에 참여해야 한다.

둘째, 국제적 활동공간을 확대하고 모든 세계화 국제시스템에 참여하여 명실상부한 "국제사회에서 책임성을 갖는 대국"이 되어야 한다. 세계 대다수 국가들과 연합하여 폐권주의와 강권 정치를 억제하고 공정, 합리, 민주적 국제질서를 구축하는 일에 상응하는 공헌을 해야 한다.

셋째, 현재 세계적인 국면은 미국을 위수로 하는 서구국가들이 줄곧 국제체계를 주도하고 있다. 중국은 현유 국제체계에서 규칙을 준수하는 동시에 실력으로 발언권을 쟁취해야 한다.

넷째, 국제시스템 창조에 더욱 많이 참여하는 상황에서 중국은 국제사회에 공공산품을 더욱 적극적으로 제공하고, 대국적 이미지를 구축해야 할 뿐만 아니라 자신의 국가를 정확하게 인식하고 힘에 맞게 진행토록 해야 한다.

제6부

대외개방의 발전비용

제24장

중국의 투자와 투자환경 건설의 비용

제1절

투자와 투자환경 건설비용의 개술 및 표현형식

대규모의 외국자본 이용은 중국 현대화 건설에 필요한 대량의 자금을 제공하고 중국 기초시설 건설에 아주 큰 촉진역할을 했다. 외국자본의 유입은 선진적인 기술과 관리경험을 가져오고 신흥 산업의 발전과 전통산업을 현대산업으로의 이전을 촉진시켰다. 하지만 외국자본의 유입은 중국경제의 파동, 산업구조의 조정 실패, 경제발전의 지역 격차를 악화시켰고, 민족공업의 발전과 유치한 산업의 성장을 억제했으며, 중국 채무의 본금과 이자 지불 부담을 가중시켰다.[1]

학자들의 연구와 분석에 의하면 외국자본을 끌어들이고 투자환경을 개선하기 위해 중국은 사회안정의 수호, 감독 관리의 강화, 금융 기초시설의 건설, 인력자본의 양성, 해당 법규의 실시를 통한 투자자 권익과 지식재산권의 보호, 투자자에 대한 "최혜국 대우", "국민에 대한 대우를 넘어선 시혜" 등을 실시해야 하는 등 외국자본을 유치하여 경제발전을 이룩하는 데는 여러 가지 대가를 지불해야 했다.

---

1) 장도전, "대외경제관계의 대가의식을 수립해야", ≪경제문제탐구≫, 2004년 제11호, 76-78쪽

이 장에서는 투자 · 투자환경 · 비용을 투자환경에 제공한 비용으로 나눈다. 그 주요 표현은 세계화의 경제 의존도가 대대적으로 증가하고 금융안전에 일정한 위험이 있으며, 외국기업의 불공정한 경쟁으로 인해 민족공업이 충격을 받은 것이다. 중국의 대외투자 비용의 주요 표현은 대외에 대한 직접투자액의 부단한 증가, 중국기업의 해외 기업인수시 투자효율의 손실, 시간의 손실과 자산 유실 비용이다. 그 구체적인 내용은 표 24-1을 참고할 것.

표 24-1 중국 투자와 투자환경 건설비용의 표현형식

비용 분류	표현형식	구체적 내용
중국의 투자와 투자환경 건설비용	투자환경 제공　비용	세계경제의 의존도, 금융시장의 충격, 민족공업의 손실
	중국의 대외투자　비용	대외 직접투자액의 부단한 증가, 중국기업의 해외기업인수 투자효율의 손실, 시간손실과 자산유실의 비용

1. 투자환경 제공비용

첫째, 외국자본에 개방적인 투자환경을 조성하는 동시에 중국경제는 세계경제에 따라서 더욱 쉽게 파동하게 되었다. 대대적인 대외경제의 중국경제와 세계경제와의 연결은 날로 밀접해지고 있고, 상호 의존성이 전례 없이 강화되었다. 세계경제 특히 선진국경제는 중국에 갈수록 더 큰 영향을 주고 중국도 세계경제에 영향을 주고 있다. 해당 자료에 의하면 중국경제 의존도는 1978년의 9.8%에서 1994년의 45.5%에 이르렀고, 1997년에는 36.1%로 하강했다. 2000년 이래 이 수치는 43%와 47% 등으로 달라졌으며, 이는 미국, 일본 등 선진국 및 인도, 브라질 등 발전도상국가보다 훨씬 높은데 25%의 안전선을 훨씬 초과한 수치였다.[2]

이처럼 높은 외국무역 의존도에 속에서 우리는 세계경제 번영의 혜택을 누리는 동시에 외부경제 파동에 의한 불리한 영향을 감당해야 한다. 세계경제 특히 우리의 주요한 무역대상국의 동요 또는 쇠퇴가 발생하면 우리 수출입과 국민경제는 불가피하게 충격을 받을 것이다. 중국경제에 대한 아시아 금융위기의 불리한 영향이 바로 그 하나의 사례이다.

둘째, 중국의 금융안전은 일정한 영향을 받고 있다. 최근 중국경제의 고속 성장, 인민폐의 가치 상승 예상의 영향을 받아서 대량의 '핫머니'가 중국 경내에 흘러 들어오고 있다.(표 24-2를 참조할 것) '핫머니'의 대량 유입은 화폐정책의 효과에 영향을 주고, 금융체계의 정상적인 운행을 교란시키며, 국내 통화팽창을 가중시키고 있다. 국내에 유입한 대부분의 '핫머니'는 부동산, 주식 등 가상 경제시장에 진입하여 가상 경제시장의 열기상황을 조성하고 실물 경제발전에 영향을 주고 있다.[3]

---

2) 장도전, 위의 논문.
3) 이해용, 이정단,"'핫머니'의 중국경제 영향과 대비조치",≪복건금융≫, 2011년 제4호.

경제의 기본 면에 파동이 생기면 '핫머니'는 "화살에 놀란 새"처럼 신속하게 철수한다. '핫머니'가 대규모로 철수하면 그 나라 자본시장 심지어 전국 금융 체계와 질서에 거대한 충격을 줄 수 있다.

표 24-2 2001-2010년 중국 '핫머니' 유동액의 추산 (단위 : 억 달러)

	외국무역 흑자①	직접투자 순유입②	경외투자 수익③	경외 상장융자④	앞 4항의 합계⑤	외환비축 증가량⑥	'핫머니' 순유동액 ⑦=⑥-⑤
2001년	225	398	91	9	723	466	−257
2002년	304	500	77	23	904	742	−162
2003년	255	507	148	65	975	1377	402
2004년	321	551	185	78	1135	1904	769
2005년	1021	481	356	206	2064	2526	462
2006년	1775	454	503	394	3126	2853	−273
2007년	2643	499	762	127	4031	4609	578
2008년	2981	505	925	46	4457	4783	326
2009년	1957	422	994	157	3530	3821	291
2010년	1831	467	1289	354	3941	4696	755
합계	13313	4785	5330	1459	24887	27777	2890

수치 출처 : 국가외환관리국 국제수지 분석소조, 2010년 중국 국제자금 유동감독측정보고,
중국금융출판사, 2011년판

셋째, 불공평 경쟁을 통해 중국 민족공업의 발전을 억제했다. 외국자본이 중국에 투자한 주요목적의 하나가 바로 중국의 많은 시장을 점령하려는 것인데, 중국의 "시장으로 기술을 교환"하려는 정책이 여기에 기회를 제공했다. 외국자본과의 경쟁과정에서 국내기업은 시장 점유율이 내려갔고, 일부 업종은 외국자본의 통제 심지어 독점적인 국면이 나타났다. 중국의 일부 기업은 다국적 기업의 자회사 또는 부속기구가 되어 남을 위해 가공하는 간단한 직장으로 전락했다. 중국의 기계공업, 석유공업, 일용화학공업, 전자통신 등은 정도상에서 외국자본의 충격을 받고 있다.

2. 중국의 대외투자비용

1990년대 이래 중국의 국제수지 평형표에서 FDI 유출액은 10억 달러가 되지 않던 것이, 해마다 20억 달러를 초과하여 많은 주의를 일으키고 있다. 1997-1998년에 있었던 동아시아 금융위기 이후, 중국 정부는 "세계로 나가는 전략"을 제기하고 기업이 외국에 진출하여 직접적으로 대외투자활동을 할 것을 장려했다. 이 전략의 호소 아래 중국기업의 대외 직접투자액은 대폭 증가하였고 신속하게 발전했다. 2009년 세계 FDI 유출량은 43%로 급감했지만, 중국의 FDI 유량은 565.3억 달러로 최고기록을 달성했는데, 동기 대비 1.1% 증가했으며, 그 중 비금융류(非金融類) FDI는 478억 달러로 동기 대비 14.2%나 증가했다.

유엔무역발전회의(UNCTAD)의 2011년 세계무역투자보고 에 의하면, 2010년 세계 외국 직접투자 유출량은 1.32만 억 달러이고, 연말 저축량은

20.4만 억 달러였다. 여기에 근거하여 계산하면 2010년 중국의 대외 직접투자는 각각 세계 유출량, 저축량의 5.2%와 1.6%를 차지하고, 2010년 중국 대외 직접투자 유출량은 세계 국가(지역)의 5번째를 차지하였으며, 저축량은 17번째를 차지했다. 이것은 중국이 점차 대외투자 대국의 대열에 들어서고 있다는 것을 설명해 준다.

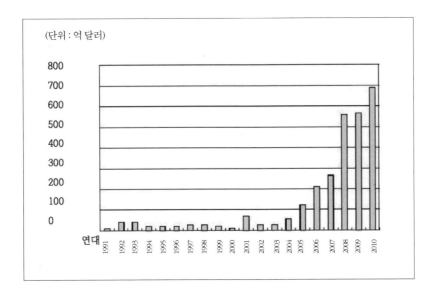

그림 24-1 1991-2010년 중국의 대외 직접투자 증가 현황
자료 출처, 1991년부터 2001년까지 중국의 대외 직접투자 수치는 유엔 무역발전촉진회의 역대 세계투자 보고에서 발췌했고, 2002-2010년의 수치는 중국상무부 통계 수치에 따름.

국가통계국 "2010년 중국 대외 직접투자 통계 공보"에 의하면 최근 인수합병 방식의 국제 직접투자 비중은 갈수록 더 커지고 국제 인수합병이 국제 직접투자의 현저한 특점이 되고 있다. 중국기업의 해외 인수합병 교역액은 FDI의 비중이 아주 큰 파동상태에 처해 있다. 그 구체적인 표현은 해외 인수합병 교역액이 부단히 증가했고 또 중국 대외 직접투자 총액의 비중이 부단히 확대되고 있다는 것이다. 표 24-3은 이와 같은 상황을 구체적으로 반영하고 있다.

표 24-3 1991-2008년, 중국기업의 해외 인수합병이 중국 FDI에서 차지하는 비중

연도	해외 인수합병 교역액(백만 달러)	FDI(백만 달러)	해외 인수합병 FDI의 비례(%)	연도	해외 인수합병 교역액(백만 달러)	FDI(백만 달러)	해외 인수합병 FDI의 비례(%)
1991	3	1000	0 30	2000	470	1000	47.00
1992	573	4000	14 33	2001	452	6900	6.55
1993	485	4300	11 28	2002	1047	2700	38.78
1994	307	2000	15 35	2003	1647	2850	57.79
1995	249	2000	12 45	2004	1125	5500	20.45
1996	451	2100	21 48	2005	5279	12260	43.06
1997	799	2600	30 73	2006	14904	21160	70.43
1998	1276	2700	47 26	2007	-2388	26510	-9.01
1999	101	1900	5 32	2008	36861	55910	65.93

자료 출처, 1991년부터 2001년까지 중국 대외 직접투자 수치, 1991년부터 2008년까지 해외 인수합병액 수치는 유엔무역발전촉진회의 역대 세계투자보고에서 발췌하고, 2002-2008년의 수치는 중국상무부 통계 수치임

1997년부터 중국 기업의 해외 인수합병은 다른 배경에서 대체적으로 두 차례의 고조를 일으켰다. 중국기업의 해외 인수합병의 주요 지역는 이웃나라였고, 그 주요목표는 석유, 전환통신, 교통 등 국가자원과 기초시설 업종이었다. 2001년 중국이 WTO에 가입한 후 두 번째 인수합병 고조가 일어났는데 이 때 일련의 중대한 영향이 있는 해외 인수합병 사건들이 발생했다. (구체적인 것은 표 24-4를 참고할 것.)

표 24-4 2001년 이후 중대한 해외 인수합병 사건표

번호	시간	사건	금액
1	2001년 7월	상해건공(建工)그룹이 홍콩 건설(지배)유한회사를 인수합병	2억 홍콩달러
2	2001년 9월	화립(華立)그룹이 황가 필립스 미국의 CDMA이동 통신 실무를 인수합병	1.8억 미국달러
3	2001년 10월	광동 미더(美的)그룹이 일본 산요(三洋) 전기의 전자관(電磁管)사업을 인수합병	23.5억 엔화
4	2002년 1월	중국 해양석유유한회사가 스페인 루푸스회사 인도네시아 5대 유전의 일부 권익을 인수합병	5.85억 미국달러
5	2002년 4월	중국석유가 미국 대문 에너지 그룹 인도네시아 석유 가스 자산을 인수합병	2.16억 미국달러
6	2002년 7월	중국 해양석유유한회사가 영국석유(BP)인도네시아 Tangguh가스의 주식을 인수합병	78억 홍콩달러
7	2002년 9월	중국 텔레콤이 미국 아시아 세계 전환통신회사를 인수합병	8,000만 미국달러
8	2002년 10월	상해자동차그룹 인수합병 통용 대우 10% 주식	5970만 미국달러
9	2003년 2월	경동방(京東方)이 한국 현대 연시기술주식회사(HYDIS) 의 TFT-LCD(박막 결정 삼극관 액정 연시기기)실무를 인수합병	3.8억 미국달러
10	2003년 3월	중국 해양석유유한회사, 중국석유화학 각각 6.15억 달러 출자하여 영국 천연가스의 카자흐스탄 카스피 해 북부 항목 1/12의 권익을 인수합병	12.3억 미국달러
11	2003년 4월	중국 석유 국제 회사와 말레이시아 국가석유공사(Petromas) 연합하여 인도네시아 지배회사(AHIH)를 인수합병	8,200만 미국달러

12	2004년 4월	TCL이 알카트 핸드폰 실무를 인수합병	5,500만 유로화
13	2004년 7월	상해자동차그룹이 한국 쌍용자동차를 인수합병	약 5억 미국달러
14	2004년 8월	중국 항공유가 싱가포르 국가석유공사 20.6%의 주식을 인수합병	5.43억 싱가포르달러
15	2004년 9월	중국 5광그룹이 캐나다 놀란다 광업유한회사를 인수합병(실패)	가격제시 60억 미국달러
16	2004년 11월	상공주식이 독일 FAG소속 1개 자회사주식을 인수합병	2,430만 미국달러
17	2004년 12월	연상그룹이 IBM PC실무를 인수합병	6.5억달러 현금과 6억 달러 주식
18	2004년 12월	성대(盛大)가 한국 AetozSoft회사를 인수합병	9,170만 달러
19	2005년 1월	중국 텔레콤이 홍콩 전신영과 20%주식을 인수하병	10.16억 달러
20	2005년 4월	중국 해양석유이 캐나다 MEG회사 주식을 인수합병	1.23억 달러
21	2005년 6월	하이얼 전기가 미국 메그태회사(퇴출)를 인수합병	출자 12.8억 달러
22	2005년 7월	중국 해양석유가 미국 유니크회사(퇴출)를 인수합병	출자 185억 달러
23	2005년 7월	남기(南汽)가 영국 '백년이나 된 오래된 공장'인 로버회사와 엔진생산본부를 인수합병	8,700만 달러
24	2005년 10월	중국 해양석유 자회사인 중유국제가카자흐스탄석유회사를 100% 인수	41.8억 달러

자료 출처 : 요운봉(廖運鳳), 중국기업의 해외 인수합병 , 중국경제출판사, 2006년판, 7-10쪽

그런데 중국의 "해외로 나가는" 것은 순풍에 돛을 다는 방식이 아니었다. 중국을 떠나서 해외 인수에 나서면 많은 저해력에 부딪치게 된다. 1990년 중국 항천(航天)항공기술 수출입 회사의 시애틀 만크회사의 인수, 2008년 중국 화웨이(華爲)와 미국 기금 베은 자본의 3Ｃｏｍ인수합병, 2010년 모토로라 회사 이동 인터넷 실무 도로 망, 2011년 미국 서비스기(器) 기술 회사 3D시스템 회사 부분 자산 인수에서의 퇴출 등은 미국정부의 각가지 저해를 받아서 성공하지 못했다.

　　"해외로 나가서" 인수합병을 했지만 예상했던 목표를 달성하지 못한 사례도 적지 않은 것이다.

24-1 TCL의 톰슨과 알카트에 대한 인수 실수

2004년 TCL은 프랑스 톰슨 컬러텔레비전 업무와 알카트 이동전환 업무를 인수했다. 하지만 1년 후, 2005년 제3계도 업무보고에 실적이 급격히 하강하는 사실이 반영되었다. 해외 인수 실패로 인해 전반 기업의 경제이익이 전면적으로 내려가고 기업발전에 심각한 영향을 주었다.

TCL이사장 이동승(李東升)은 이 거대한 손실에 대하여 다음과 같이 해설했다. 첫째, 톰슨 컬러텔레비전 업무의 기술적 우세와 브랜드에 대한 가치 판단에서 실수가 발생했다. 둘째, 해외 인수합병 통합 비용의 예측이 부족했다. 다시 말하면 선진기술이 없는 컬러텔레비전 기술과 브랜드를 인수하고 인수 후의 통합 난도와 비용을 적게 예측하여 기업발전이 심각한 고험을 맞게 되었다는 것이다.

자료원천, 요운봉, 중국기업의 해외 인수합병 , 중국경제출판사, 2005년판, 123-124쪽

해외투자를 할 때 기업 내부 인사의 외국기업과 함께 국유자산 이전 또는 해외경영에서 국유자산의 횡령과 이전으로 인하여 인수합병에서

국유자산이 대량으로 유실되었다. 다시 말하면 외국자본이 중국 국유기업의 처리 구조문제를 알고 있기에 인수합병에서 인수 측과 짜고 국유자산을 빼돌렸던 것이다. 그 구체적인 방법은 인수가격을 허위로 올리거나 통합비용이 너무 크거나 핵심기술의 인수를 회피하는 것 등이다.

인수기업의 가치를 부풀리는 방식을 통하여 인수업체인 국유기업은 인수되는 기업의 가치보다 훨씬 더 높은 가격을 지불하고 인수를 결정하고, 참여한 기업의 내부인사와 정부관원은 액수하고는 별개로 '좋은 점(경험)'을 얻었던 것이다.

제2절

투자와 투자환경 건설비용의 형성원인

1. 투자환경 제공비용의 형성원인

중국의 대외무역 발전은 비교적 넓은 국가별 지역 정책이 없기에 무역 파트너가 불균형하고 대량의 무역액은 소수 국가와 지역에 집중되었다. 개혁개방 이후에 중국은 점차 수출주도형 대외무역 정책을 확립하고, 외환할당, 수출환급, 수출보조 등 우대정책을 실시하고 기업의 수출확대를 장려하여 수출액이 1년 평균 12.4%씩 증가했다. 과도한 외국자본의 유입과 부당한 이용으로 인해 중국의 외부 자본기업의 수출입 총액은 중국기업 수출입 총액을 훨씬 초과했다.

경제 세계화에서 중요한 조성부분의 하나는 금융의 세계화인데 그 핵심은 세계범위에서 금융자본의 자유로운 유동과 합리적인 배치이다. 이것은 단기 자본 즉 '핫머니' 국제범위 자유유동에 편리한 문을 열어놓았다. 단기자본의 최대 특점은 강한 투기성이다. 이러한 특징으로 인해 '핫머니'는 고속으로 각국의 자본시장에 출입하고 각국에 자본을 공급하는 동시에 각국 금융시장에 커다란 충격을 가하고 있다.[1] 아시아의 금융위기, 미국의 서브프라임 모기지론 위기 등 국제 금융위기는 개방한 경제체는 국제자본의 충격을 피할 수 없다는 것을 증명했다.

개혁개방 초기에 투자환경을 개선하고 외국자본의 유입을 가속화하기 위하여 중국은 외국자본에 대하여 일련의 우대정책을 실시하고, 일부 지방정부도 외국자본을 과도하게 돌보는 정책을 실시했다. 그리하여 외국의 투자기업은 "국민을 초월하는 대우"를 누렸다. 그 결과 국내의 동일한 업종의 다른 기업의 발전을 억제했다. 특히 국유기업은 장기간 불평등한 경쟁적 위치에 처하게 되었다. 물품이 부족한 시대에 시장발전의 공간이 아주 크기에 이런 상황의 표현은 명확하지는 않았지만 판매자 시장이 구매자 시장으로 이전한 후에는 아주 명확하게 나타났다.

2. 대외투자 비용의 형성원인

대외에 대한 직접투자와 국제적 인수합병의 승패는 여러 가지 요인에 의하여 결정됨으로 기업 내부의 각종 조건뿐만 아니라 인수합병 쌍방 국가의 외부환경과도 연관성을 가지고 있다.

중국은 특수한 국정과 경제체제가 있기에 사업의 해외인수 승패 요소가 더욱 복잡하고 그 위험도 더욱 크다.

---

1) 장도전, "대외 경제관계의 대가 의식을 수립해야" ≪경제문제 탐구≫ 2004년 제11호.

재산권의 상호 독립과 공평 교역은 인수합병의 순조롭고 효과적인 기본조건이다. 해외 인수합병은 국가와 국가 사이의 기업 인수합병으로서 명확한 재산권 요구는 더욱 구체적이다. 해외 인수합병에 참여한 중국의 주체는 국유기업 또는 국가 지배하는 주식회사이다. 일부 국가의 법규는 중요한 업종의 기업은 다른 나라 국유기업에 인수합병될 수 없다고 규정했거나, 중요한 기업의 인수합병이 발생했을 때 국내기업을 우선적으로 고려하고 있다. 외국의 국유기업에 인수당해도 복잡하고 번잡한 심사비준 절차를 거쳐야 한다. 일부 국가는 중요한 기업을 매각할 때 흔히 여러 차원의 심사를 한다. 중국기업은 해외 인수합병에서 이런 문제에 비교적 많이 봉착했고 경제와 사회의 이익이 있는 중대한 인수합병은 이것으로 인해 실패했다.

해외 인수합병에서 국유기업은 보편적으로 일처리가 현실적이지 못하고 지나치게 겉치레에 신경 쓰며 맹목적으로 인수하는 문제가 존재한다. 중국의 많은 대기업은 해외 인수를 '실적 공정'으로 여기거나 해외 인수를 이상으로 삼고 추구하거나 심지어 거액의 해외 인수를 기업가의 영광스러운 퇴직 '기념비'로 삼곤한다. 그 배후는 정부 관원의 '저가 투표권'의 결과이고 효과적인 제약이 부족한 맹목적인 행위이다. 이는 인수 효율의 손실을 조성한다.

한편 국제적 각도에서 보면, 많은 국가는 중국이 투자시장에 진입하는데 비교적 엄격하게 규제하는데 이는 그 필연성을 가지고 있다. 국제 직접투자시장의 새로운 선수로서 개인, 민중, 기구, 정부는 적응과 습관의 과정이 필요하다. 일부 서구국가는 궐기하고 있는 중국을 신흥의 강력한 도전자로 여기고 있다. 그리하여 문제는 더욱 복잡해지는 데 이 점은 미국에서 제일 선명하게 나타난다. 중국 제조업기업은 미국의 자본과 기술이 밀집되어 있는 업종에 직접투자하는 항목에서 미국은 '국가 안전'이라는 이유로 방해하는 바람에 거듭해서 실패했다.

중국의 투자와 투자환경 건설비용의 형성원인은 그림 24-2와 같다.

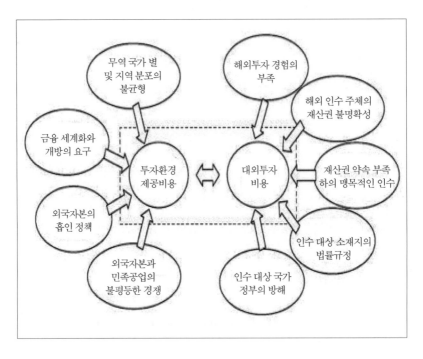

그림 24-2 중국의 투자와 투자환경 건설비용의 형성원인

제3절

투자와 투자환경 건설비용의 대책

1. 투자환경 제공비용의 대응책

국내의 시장수요를 확대하고 소비비율을 높이며, 기업의 신흥시장 개발을
지원하며 대외 의존도의 위험과 우환을 줄여야 한다.[1] 감독 관리부문을 통해
자금의 총액, 구조, 원천과 행방을 장악하고 규정을 어기고 유입하는 외환
결제행위에 대한 타격 강도를 제고시켜야 하며, 거시적 조정 관리를 완벽히
하고 사회안정과 금융건강을 적극적으로 수호해야 한다.[2] 중국경제발전과
민족공업 보호의 관계를 조화롭게 하고 시장개방은 점진적이고 질서 있게
진행해야 하며, 민족공업 보호에서는 아래의 원칙을 준수해야 한다.

1) 경월미, "높은 외국무역 의존도의 중국경제에 대한 영향 및 대응책 연구", ≪안휘 전자정보
   직업기술학원 학 보≫, 2011년 제2호
2) 관도, "화폐전쟁의 중국 대응책, 국제 자본 유동 충격을 적극 대비", ≪국제경제평론≫ 2011년
   제2호

1) 보호는 정도가 있어야 한다.

2) 보호의 목적은 민족공업의 국제경쟁력을 제고하려는 것이다.

3) 보호대상은 반드시 선택해야 한다.

4) 보호강도는 큰 데서 작은 데로 이르게 해야 한다.

2. 대외투자 비용의 대응책

1) 정부는 '세계로 나가는' 전략의 종합적 발전계획을 제정 실시하고, 정기적으로 대외투자 중점업종을 선택 공포해야 하며, 중국의 비교우세를 이용하여 해외 투자기업의 정책인도를 실시해야 한다.

2) 발전 잠재력과 경쟁 우세가 있는 민영기업을 우대정책의 대상으로 삼고, 해외투자 주체의 다원화 국면을 형성해야 한다.

3) 정부 관리기능을 강화하고 다변(多邊)과 쌍변(双邊)시스템을 통하여 대외투자의 장애를 해결하며, 중국기업의 세계 진출을 보호해야 한다.

4) 정부의 감독기능을 강화하고 전문적인 국가의 해외투자 감독 관리기구를 설립하며, 해외 투자항목의 운행상황에 대해 동적인 관리 감독을 진행하고, 해외로 진출한 기업의 거시적 통제를 강화해야 한다.

5) 해당 업종의 조직과 중개기구의 역할을 발휘케 하여 해외진출 전략을 실시하는 기업의 지도와 협조를 진행해야 한다.

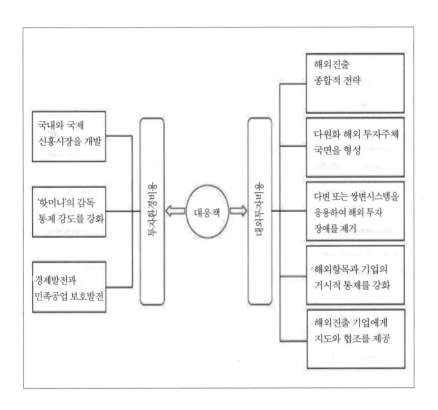

그림 24-3 중국의 투자와 투자환경 건설비용의 대응책

제6부

대외개방의 발전비용

제25장

국제무역 발전비용

제1절

국제무역 발전비용의 개술

개혁개방 30년은 중국 상품 수출입무역이 신속하게 발전한 30년이다. 중국 상품 수출입액은 1978년의 206.4억 달러에서 2007년 21,738.3억 달러에 이르고, 무역 차액은 1978년의 11.4억 달러 적자에서 2007년 2,622억 달러 흑자에 이르렀다. 중국 상품무역 1년 성장률은 동기 GDP의 성장률보다 높고, 무역 의존도는 1985년의 23%에서 2007년 67%로 상승했다.[1] 실천은 중국 대외무역의 발전은 중국경제성장에 대하여 현저한 촉진작용을 한다는 것을 보여준다. 현재 중국은 경제의 세계화 과정에 깊이 참여하고 있다.

개혁개방 30년 이래 중국의 대외무역, 외국자본, 외환 등 제도의 배합개혁, 대외개방정책의 대담한 실시는 대외무역 기업과 경영부문, 외국자본의 대중국 투자의 적극성을 대대적으로 불러일으켰다. 그리고 중국경제의 세계화 과정을 향한 적극 참여, 대외무역의 신속한 발전에 효과적인 장려시스템과 제도적 보장을 제공했다. 이 단계의 일부 정책은 대외무역의 신속한 발전을 촉진시킨 동시에 중국경제가 아주 큰 대가를 지불하도록 했다.

---

1) 김철송, 이군, ≪중국 대외무역성장과 경제발전, 개혁개방 30주년 회억과 전망≫, 중국인민대학출판사, 2008 년판, 1~2쪽

제2절

국제무역 발전비용의 표현형식

중국 무역비용의 표현형식에는 환급 부담, 고액 외환비축의 기회비용과
위험, 무역마찰 대비비용 등이 있다. 구체적인 내용은 표 25-1을 참고할 것.

표 25-1 국제무역비용의 표현형식

비용 분류	표현형식	구체적 내용
비용	환급 부담	여러 차례 외환환급 비율을 낮추고 무역 수출입의 신속하고 지속적인 성장을 촉진시켰다. 하지만 중앙 재정 수출환급 부담이 부단히 커지고, 환급 부채현상이 나타났다. 이는 부담능력과 심각한 모순을 형성했다.
	고액 외환비축의 기회비용과 위험	외환비축 증가로 인해 화폐공급이 증가하고 장기적인 통화팽창 압력이 형성되었으며, 외환비축이 기회비용을 증가시키고 환급 위험을 증가시켰다.
	무역마찰 대비 비용	수출상품은 외국의 기술 장벽과 반덤핑 제한에 부딪쳐 수출의 진일보적인 성장을 심각하게 방해했다.

1. 환급 부담

1985년, 중국은 공상세금을 산품세, 부가가치세, 영업세와 소득세로 나누었다. 그해 3월 국무원은 "수출상품 산품세 또는 부가가치세 징수, 환급에 관한 규정"을 비준했다. 이 규정은 그해 4월 1일부터 실시했는데, 이는 중국 수출 환급제도의 재확립의 표징이다. 환급제도 특히 1994년 수출화물 '0세율' 정책은 수출기업의 적극성을 대대적으로 불러일으켜서 중국 수출무역은 해마다 고속으로 성장했다. [1] 동시에 이 정책은 국가재정에 지속적인 환급 부담을 가져와서 계속 실시할 수는 없었다. [2]

1994년 중국은 국제관례에 비추어 수출화물에 대하여 '0세율'정책을 실시했는데 수출화물에 적용하는 환급율은 17%와 13%였다. 소규모 납세자가 구입한 특별비준 환급의 수출화물 환급율은 6%였다. 여기에 근거하여 추산하면 평균 수출 환급율은 16.13%였다. 1995년 7월 1일부터 국무원은 화물의 실제 세금 유형에 근거하여 수출 화물의 환급율을 제정한다고 규정했다.

---

1) 김철송, 이군, ≪중국 대외무역성장과 경제발전, 개혁개방 30주년 회억과 전망≫, 중국인민대학출판사, 2008년판, 1~2쪽
2) 배장홍, 고배용, ≪수출 환급과 중국 대외무역≫, 사회과학문헌출판사, 2008년판, 5~12쪽

수출환급율은 3.7퍼센트 포인트 낮아지고 평균 환급율은 12.90%로 되었다. 1996년 1월 1일부터 46% 포인트 낮추었다. 3개 주요 차원 수출 환급율은 9%, 6%, 3%로 낮아졌고 평균 환급율은 8.29%로 낮아졌다. 1년 환급지표 액수가 지표를 초과한 것은 다음 해에 결산한다고 규정했다. 1998년과 1999년에 아시아 금융위기의 대외무역 수출의 영향을 경감시키기 위하여 국가는 8차례에 걸쳐 수출상품의 환급율을 높였다.

제일 먼저 17%의 환급율을 회복한 것은 방직품과 방직기계이고, 1998년 평균 수출 환급율은 9.32%에 달했다. 수차례 조정을 거친 후 수출 화물 종합 수출 환급율은 15.11%가량 되었다. 수출 환급율의 상승은 외국무역 수출의 지속적이고 신속한 성장을 촉진시킨 동시에 중앙재정 수출환급 부담을 부단히 증가시켰다. 재력의 제한으로 인해 재정부에서 확정한 1년 수출환급 지표와 실제 환급격차는 아주 컸다. 1997-2002년, 환급 지표 1년 평균 성장률은 17.8%이고 마땅히 환급해야 할 액수 1년 평균 성장률은 37.4%였는데, 그 격차가 20퍼센트 포인트가 거의 되었다.

2002년부터 외국무역 수출의 대폭적인 증가, 이에 따른 거액의 수출 환급에 대하여 중앙재정은 감당할 수 없었다. 수출 환급의 압력을 줄이기 위하여 2003년 10월 13일 재정부, 국가세무총국은 연합으로 문건을 발부하여 현행 수출화물 부가가치세율에 대하여 구조조정을 진행했는데, 수출산품이 다름에 따라서 수출 환급율을 17%, 13%, 11%, 8%, 5% 5개 차원으로 나누었으며, 2004년 1월 1일부터 실시하기로 했다.

현행 수출구조에 의하면 수출 환급율의 평균 수준은 3% 포인트 가량 하락했고 15.11%에서 12.16%로 되었다. 이 조정은 "환급해야 할 것을 모두 환급한다"는 중성 환급원칙을 "차별 있게 환급한다"는 비중성(非中性)원칙으로 이전시켰다. 수출 환급은 많은 정도에서 한 가지 제도에서 정부의 수출과 산업구조 조정관리 정책도구로 변화했다. 2005년과 2007년 국가는 수출 환급율을 다시 내렸다. 이 2차례의 실시는 재정압력과 직접적인 관계가 없었다. 하지만 2005년과 2006년 재정부담의 수출 환급규모는 3,372억 위안과 4,285억 위안 인민폐에 달하여 수출 환급에 대한 지속문제가 실제로 나타났다.

2. 고액의 외환보유고 기회비용과 위험

1978년 개혁개방을 실시한 이래 중국 상품 수출입 무역은 신속하게 발전했다. 그림 25-1을 보면, 1978년 이래 중국 상품 수출입 무역총액은 신속하게 증가했다. 1978년 중국 상품 수출입 무역총액은 겨우 206.4억 달러였으나, 2010년 중국 수출입 무역총액은 29,727.6억 달러로 1978년의 144배나 되었다. 1990년 이래 중국 대외무역 발전은 21년이나 오랫동안 무역흑자(1993년을 제외) 국면이 나타났고 무역흑자가 부단히 확대되었으며, 2008년에 최고치 2,954.6억달러에 달했다. 중국의 외환보유고도 신속하게 증가했다.(그림 25-1을 참고할 것.) 국가외환관리국의 통계에 의하면 2010년 중국 외환비축(보유액)은 28,473.38억달러로서 그 전해보다 4,481억 달러 증가하여 세계 최대 외환 비축국가로 되었다.[1]

---

1) 2011년 중국통계연감 해당 수치에 근거하여 정리했음.

외환비축의 증가로 인하여 기초화폐가 증가하고 나아가 통화승수 (貨幣乘數)가 증가하여 화폐 공급량의 증가를 가져왔다. 이론상 단기간의 외환 비축은 한 나라 기초화폐의 일부가 된다.

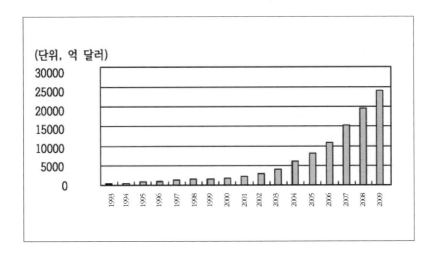

그림 25-1 1993년 이래 중국 외환비축의 증가
자료출처: 2011년 중국 통계연감 해당 수치에 근거하여 정리함.

기타 조건이 변하지 않는 상황에서 외환 비축의 증가는 화폐공급의 증가로 이어진다. 장기적으로 보면 외환 비축은 화폐발행을 통하여 소비자 물가지수에 간접적으로 영향을 주고 물가상승의 압력을 조성한다.

외환비축의 증가는 인민폐 가치 상승의 예상을 증강하고, 인민폐 가치 상승의 예상은 '핫머니'를 흘러들어오게 하며, '핫머니'의 유입은 외환비축을 증가하게 하고 인민폐 가치 상승의 예상을 더욱 증가시키고 '핫머니'가 또 흘러든다. 이런 악순환으로 인해 인민폐 가치 상승의 압력은 갈수록 더

커진다. 인민폐 가치 상승의 예상으로 인해 대량의 투기 자본이 중국에 진입하여 경제거품의 형성을 조장하고, 경제의 양호한 운행에 크나큰 위해를 끼치고 있다. 외환비축의 지속적인 증가는 경제에 소극적인 영향을 주고 비축비용을 증가시켰다.

외환 비축은 기회비용이 있다. 외환 비축 기회비용 국내투자수익-외환비축 이자 수익율이다. 발전도상국가에게 있어서 국내 투자 수익율 또는 수입물가가 가져온 국민 경제성장률은 외환 비축 이자 수익률 보다 훨씬 더 큰데 그 차액이 외환비축 기회비용으로 된다.

미국 경제학자 덴 비커(Dean Beker)와 칼 와렌틴(Karl Walentin)은 발전도상국가 외환비축 증가로 인한 거대한 기회비용을 체계적으로 분석했다. 그들은 과거 10년 동안 동아시아 국가 외환비축 대가는 국민생산 총액의 20%이상에 달한다고 했다.[2] 세계은행의 통계에 의하면 발전도상국가의 외환비축비용은 표 25-2와 같다.

---

2) 왕령,≪중국 외환비축 관리연구≫ 중국금융출판사 2007년판 제132쪽

표 25-2 발전도상국가의 외환 비축비용(GDP의 비중)

지역	1년 비용(%)		10년의 비용(%)	
	최저	최고	최저	최고
동아시아와 태평양 지역	1.2	2.5	12.6	25.2
남아시아	0.14	0.9	4.5	9.0
남미와 카리브해 지역	0.8	1.6	9.4	18.8
아프리카 사하라 이남 지역	0.8	1.6	9.5	18.2
중동과 북아프리카	0.9	1.8	10.5	21.1

자료 출처 : 왕령, 중국 외환비축 관리연구 , 중국금융출판사, 2007년판, 132쪽

1970년대 이래 미국 국제수지 상황의 부단한 악화에 따라 달러의 국제 비축 화폐지위가 부단히 하강했고 비축화폐는 다극화적으로 발전했는데, 독일 마르크, 일본 엔, 스위스 프랑 등이 부단히 상승했다. 유로화가 등장한 후 유로화 비축화폐 비중이 날로 상승하였다. 하지만 역사적 국제 화폐체계의 원인으로 인하여 달러는 각국의 국제 비축에서 아직 절대적인 우세를 점하였다. 다만 2002년 이래 달러 가치는 하락하기 시작했다. 경제학자들은 부시 정책은 달러 가치의 "질서 있는 하락" 정책을 단호히 실시하고 있는데, 앞으로 달러 가치는 15~20%로 하락할 것이라고 인정했다.

달러 가치의 지속적인 대폭 하락은 세계 달러로 계산하는 전략자원의 가격이 2003년 이래 대폭 상승하게 하고, 중국의 수입 지출을 증가하게 했다. IMF의 예측에 의하면 달러 가치가 25% 하락하면 달러 자산을 소유한

사람들의 손실은 미국 GDP의 10%에 달하는데, 그 중 동아시아경제는 달러 비축으로 인한 손실이 미국 GDP의 1.5%에 달할 것이라고 했다.

저명한 국제경제학자 맥키논은 다음과 같이 지적했다. 동아시아국가는 보편적으로 "충돌의 미덕"을 소유하고 있다. 동아시아 국가는 저금율이 투자율보다 높다. 동아시아국가는 경상항목 흑자를 이용하여 돈을 많이 쓰는 미국인에게 융자해준다. 그리고 동아시아국가는 고정 환율제를 통하여 대량의 외환 비축을 했다. 이는 동아시아국가 환율제도 변화 능력을 제한하고 있다. 만약 동아시아국가에서 변동환율을 실시하면 동아시아국가의 화폐는 달러 대비 가치가 대폭 상승할 수 있다.

동아시아국가의 외환비축은 대부분이 달러 자산형식이기에 환율변동은 외환비축의 대폭 축소를 의미한다. 중국을 예로 들면 중앙은행의 "2010년 금융통계 수치보고"에 의하면 2010년 말 국가 외환비축 잔고는 28,473억 달러였다. 외환비축의 50%가 달러 자산형식이라고 가설한다면 인민폐 대비 달러가치가 10% 하락할 때 중국 외환비축 손실은 1,423.65억 달러나 될 것이다. 그리하여 동아시아 경제체는 난처한 국면에 처하게 되었다.

외환비축이 많을수록 더욱 쉽게 달러 본위제(本位制)의 '볼모'가 될 수 있기 때문이었다. 달러가치가 전면적으로 하락하면 손실을 제일 많이 받는 것은 미국이 아니라 달러자산을 보유한 외국정부와 투자자들이다. 미국 경제학자 로고프와 오버스트벨드는 "미국이 거대한 경영항목 적자를 해소하려면 적어도 달러가치를 20~30%를 하락해야 한다"고 했다. 만약 인민폐 변동환율을 실시하면 기타 손실을 제쳐놓고 외환비축 손실만 하여도 3,000~4,000억 달러나 될 것이다.

중국의 이처럼 대규모 외환비축은 크나큰 환율위험에 직면하고 있었다.

3. 무역마찰 대비비용

이 책은 무역마찰 대비 비용의 주요 표현은 무역 보호주의, 국제사회 관행의 영향, 반덤핑 소송의 손실 등이라고 보았다.

최근 무역 자유화 추세와 무역체제의 다변화 작용의 강화로 인하여 관세, 배당액, 허가증 등 전통무역에 대한 제한조치는 투명도가 높기에 큰 억제를 가져왔다. 이런 형세에서 신무역 보호주의가 등장했다. 은폐성이 강한 기술 장벽과 반덤핑은 점차 일부 국가의 국내시장 보호의 주요 수단으로 되었다. 중국은 수출무역 대국으로서 수출상품이 외국의 기술 장벽과 반덤핑 제한에 부딪쳐 수출의 진일보적인 성장에 심각한 저해를 받았다.

중국의 수출상품 특히 방직품은 국제시장에서 늘 반덤핑 소송을 당했다. 1995년 WTO 성립부터 2006년까지 세계에서 모두 3,044건 반덤핑 입안 조사를 했는데, 그 중 반덤핑 조치를 당한 것이 1,941건으로 그 비중이 약 64%를 차지했다. 중국의 반덤핑 조사 건수는 세계 제1로서 536건에 달했고, 세계 총수의 28%를 차지했다. 반덤핑 조치를 당한 사건 수량은 중국이 375건으로 세계 1위이며, 이에 버금가는 한국, 미국보다 훨씬 많다.[1]

---

1) 이계방, ≪중국 기업 대외직접투자 분석보고≫ 중국경제출판사 2007년판 제53-54쪽

중국이 반덤핑 조치를 당한 원인은 다음과 같다. 첫째, 발전도상국가의 경쟁이다. 저급 삼품의 동구성(同构性)과 시장의 협소함으로 인해 일부 발전도상국가와는 무역마찰이 발생했다. 이를테면 인도는 세계에서 반덤핑 조사를 제일 많이 발기한 국가로서 457건인데, 그 중 196건은 중국을 대상으로 했으며 이는 총수의 42%를 차지했다. 중국과 터키는 방직품 수출경쟁을 하고 있는데 유럽과 미국 시장에서 중국 방직품 수출의 확대로 인해 터키와 무역마찰이 발생했다. 2001-2006년, 터키는 중국에 향해 반덤핑 조사를 비교적 많이 제기한 발전도상국가인데 1/6이 방직품 무역이었다.

둘째, 발전도상국가 수출상품의 저렴한 가격이다. 이를테면 중국에서 유럽연맹에 수출하는 화학섬유 천의 가격은 0.9달러/평방미터로 일본의 3.29달러/평방미터, 한국의 1.94달러/평방미터보다 훨씬 저렴했다. 중국에서 인도에 수출하는 비단가격은 다른 나라에 수출하는 가격보다 25%가 저렴했다. 2005년 중국의 신발수출은 세계 시장의 60%를 차지했고 평균 한 컬레 신발가격은 2.7달러로서 스페인의 1/5, 이탈리아의 1/12밖에 안 되었다.

그밖에 기술 무역장벽도 중국 수출발전에 심각한 영향을 주었다. 해마다 약 200억 달러 수출 산품이 외국기술 무역장벽의 영향을 받고 있다. 아래에 전기산품을 예로 들어 최근에 중국이 받은 기술장벽 상황을 소개하면 다음과 같다.

표 25-3　최근 중국 전기상품이 당한 기술장벽

원인	실시한 나라	중국TBT를 당한 기업 또는 상품	연도
표준, 법규에 부합되지 않는다.	영국	영파(寧波) 빵기계, 초등기(草灯机)	2003
	일본, 유럽연맹	정보통신, 기술 원거리 통신설비, 복사기, 타자기	2001
	유럽연맹 CR법규	온주(溫州) 라이터	2001
	감비아	동림(東林) 디젤기	1999
인증에 부합되지 않는다.	브라질	와이어 로프	2000
	미국	강소 소천아(小天鵝)	1999
	미국(GS)	전기 스위치	2000
	미국(CE)	합비(合肥), 보계(寶鷄) 지게차공장	2001
	미국, 유럽연맹, 캐나다, 호주	남통(南通) 밸브공장 고압 중압 밸브	2000
	유럽연맹	라디오	1999
	미국, 유럽연맹	춘란(春蘭) 공기조정기	2000
포장, 라벨이 부합되지 않는다.	이탈리아(IMQ)	명절날 등불	2003
	미국, 유럽연맹	기계장비 산품의 나무 포장	1999
	유럽연맹(라벨)	온주 작은 가전, 장식용 산품	2003
	미국(UL라벨)	심천(深圳) 용항 변압기	1999
환경보호 요구에 부합되지 않는다 (녹색　장벽).	유럽연맹	1500CC 이하 배기량 오토바이	2003
	미국, 유럽연맹	신비(新飛), 하이얼(海爾) 냉장고	1999
	미국(EPA)	상주(常州) 디젤기 공장	1999
	미국, 유럽연맹	상해 약용 화학공장 채색관 형광가루	1999

자료 출처, 이계방, 중국기업 대외직접투자분석 보고 , 중국경제출판사, 2007년판, 53-54쪽

제3절

국제무역 발전비용의 형성원인

1998년을 제외하고 중국은 1994년 이래 줄곧 경상계좌와 자본계좌의 '2가지 흑자'를 보존하고 있다.[1] 상술한 분석에서 중국 무역흑자의 부단한 증가는 국제 산업구조 이전의 결과라는 것을 알 수 있다. 근본적으로 말하면 현재 중국 대외무역정황은 전 세계 산업구조에 의하여 결정된 것으로 하루아침에 바꿀 수 없다.

1. "환급해야 할 것을 다 환급하는"것과 재정부담 능력의 모순

수출 환급율의 빈번한 조정은 "환급해야 할 것을 다 환급하는"수출환급 원칙과 재정부담 능력의 모순을 반영하고 있다. 부가가치세 이론 설계와 국제관례에 의하면 수출환급에서는 마땅히 "환급해야 할 것을 다 환급해야 한다".

---

1) 왕진, ≪중국 외환 비축≫, 중국금융출판사, 2007년판, 190쪽

하지만 중국이 "환급해야 할 것을 다 환급하는"원칙에 근거하여 환급을 한 결과 정부는 기업에 심각한 '세금 체불'을 하고 "환급해야 할 것을 다 환급하는"것과 재정부담능력 모순이 아주 현저해졌다. 환급율 하강 폭은 수출 형세의 제약을 받는다. 너무 낮은 환급율은 수출에 부작용을 주고 나아가서 전반적으로 경제성장에 영향을 끼칠 수 있다.

수출 환급지표 관리는 문제 발생의 직접적인 원인이다. 수출환급의 규모는 발전계획 안배에 근거하여 추산한 것이다. 최근에 외국무역 수출이 해마다 큰 폭으로 계획을 초과하여 성장했기에 예산 안배 수출환급 지표와 실제 수출환급 액수는 비교적 큰 격차가 발생했고, 대량의 수출환급 체불이 생겼다.

현행 부가가치세는 중앙과 지방에서 공유하는 세금인데 그 분배시스템은 이 문제 산생의 근원이다. 1994년부터 부가가치세를 중앙과 지방에서 공유 세금으로 결정했다.[1] 이 제도로 인하여 중앙재정은 수출환급을 부담한 후에 실제 얻는 부가가치세 수익은 75%가 되지 않고, 지방의 실제 분배 부가가치세 수익은 25%를 초과한다. 지방에서 부가가치세 25% 수익을 얻은 후 중앙재정은 수출환급을 다시 각 지방기업에 나누어주고 지방은 거기서 소득세 수입을 얻고 있다. 이것은 중앙재정이 지방으로 이전한 지불로서 재정지출의 압력을 증가시켰다.

---

1) 즉 수출 판매 부가가치세의 75%를 중앙에서 가지고 25%를 지방에서 가지며 수출환급은 중앙에서 부담한다. 이밖에 또 장려시스템이 있다. 즉 부가가치세 증가부분에 대하여 지방은 25%를 갖는 외에 1,0.3의 장려를 받 는다.

2. 외환비축의 경제발전 필요성

외환비축의 대량 증가를 일으켰다. 중국경제 발전에 따라서 중국은 앞으로 한시기 외환의 수요량이 거대할 것이다. 이것은 중국이 반드시 대량의 외환을 비축해야 한다는 것을 결정지어 주었다. 충족한 외환비축은 중국 거시적 경제의 안정에 아주 필요하다. 이것은 외환비축의 거대한 무형의 수익인 것이다.

3. 무역마찰이 갈수록 심해지는 원인

2011년 911테러 이후에 세계경제는 보편적으로 쇠퇴에 빠지고 각종 무역의 보호가 머리를 쳐들었다. 1) 중국이 당한 무역마찰은 세계경제 불경기라는 대배경과 관계가 있다. 2) 중국 수출의 지속적인 고속성장은 해당 국가의 해당 산업에 충격을 주었다. 3) 중국경제구조는 비교적 낙후하고 대부분의 수출산품은 노동밀집형 산품이다. 그리하여 산품조직은 비교적 분산되고 수출질서는 비교적 혼란했다. 가격경쟁은 수출기업의 주요 수단이 되고 덤핑 상황이 불가피하게 나타났다. 4) 국제규칙과 표준의 인식부족으로 하여 국내기업은 기술 장벽 등 조치의 타격을 입고 있다.

중국의 무역비용 형성원인은 그림 25-3을 참고할 것.

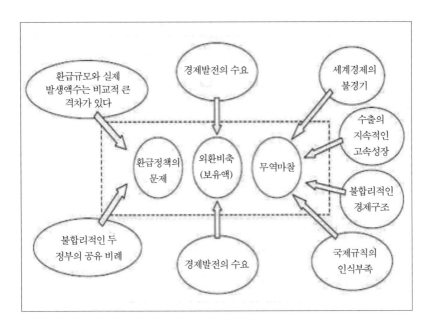

그림 25-2 국제무역 비용 형성원인 분석

제4절

국제무역 비용의 대책

1. 수출 환급제도를 개혁해야 한다.

1) 근본적인 면에서 수출환급 공동 부담시스템을 완벽히 하고 각급 정부의
   재정지출 책임을 더욱 명확히 해야 한다. 지방세금제도 구조를 완벽히
   하고 지방정부의 재정실력을 제고시켜야 한다.

2) 수출환급 지표 관리방식을 개혁하고 예산의 수출환급 액수 계획지표
   관리를 취소하고 실제 환급 발생액수에 근거하여 환급 관리를 해야 하며,
   과학적 환급의 동적인 감독 통제 체계를 건립해야 한다.

3) 수출 환급수출입 세금징수의 자아 평형시스템을 건립해야 한다.
   수입 단계의 세금으로 수출 단계의 환급을 해결하는 것은 가능하고
   합리적이다. "수입으로 수출을 보충"하는 것으로 세금 징수의 자아
   평형을 실현할 수 있다.

4) 장기적인 전략에서는 부가가치세를 중앙 세금으로 하고 중앙이 모든
   수출환급을 감당할 수 있다. 국제경험에 의하면 대부분 나라에서
   부가가치세는 중앙 세금이고 수출환급도 중앙에서 책임지고 있다.

이것은 가장 성숙하고 안정적인 수출환급 체제로서 부가가치세의 '중성'작용의 발휘에 유리하고 경제성장을 최대한 촉진시킬 수 있다.

2. 외환보유액(비축) 관리를 개선해야 한다.

외환시장 관리를 강화하고 환율제도 개혁을 추진해야 하며 환율 파동의 폭을 점차 확대하고 환율의 역할을 제고시켜야 한다. 중국의 대외직접투자와 FDI의 흡수비례는 선진국 수준보다 훨씬 낮다. 때문에 외환보유액이 충족하고 지속적으로 증가하는 현단계에서 대외적인 직접투자를 대대적으로 추진하고 무역흑자와 외국자본 대량 유입의 압력을 경감시켜야 한다.

3. 적극적이고 계획적으로 무역마찰에 대비해야 한다.

1) 경제발전 전략, 체제, 정책을 조정하고 무역마찰 유발에 대한 스스로의 요소를 해소시켜야 한다. 수출을 약화시키고 수입의 역할을 중시해야 한다.
2) 국제 경제규칙의 제정과 완벽화에 적극 참여하고, 다른 나라의 무역 자유화를 촉진시켜야 한다.
3) 국제적 경제마찰 기업의 대비체계를 구축하고, 기업의 행위를 규범화하며, 무역마찰의 발생에 적극 대비해야 한다.
4) WTO분쟁 해결시스템을 잘 이용하여 중국기업의 정당한 권익을

수호해야 한다. 중국 국제무역비용 대비책략은 그림 25-4와 같이 요약할 수 있다.

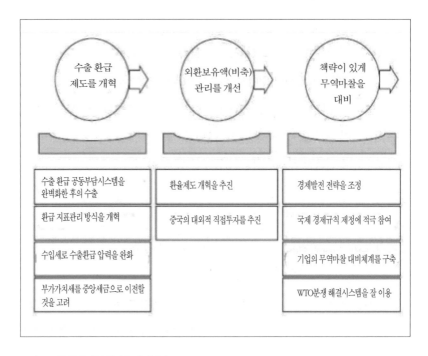

그림 25-3 중국 국제무역비용 대비책략

제6부

대외개방의 발전비용

제26장

중국의 입체교통의 건설비용

제26장

중국 입체교통의 건설비용

개방적 경제는 세계화, 네트워크화 된 교통수송시스템이 필요하다. 완벽하고 내외가 연접이 된 교통수송시스템이 있느냐 하는 것은 한 나라의 개방정도와 발전 정도의 상징이다.[1] 1980년대 이래 경제의 세계화는 경제발전의 흐름이 되었다. 이것은 세계범위에서 편리하고 신속한 교통수송 서비스시스템을 요구한다. 투자 소속국의 저렴한 노동력과 우대 세금징수정책 이외 교통 수송 편리의 여부, 공공시설 구전 여부는 국제자본의 중요한 투자결책을 고려하는 요소로 되었다. 현재 중국은 철도수송, 도로수송, 수로수송, 항공수송, 도관수송 등 현대화 수송방식으로 조성된 일정한 규모와 수송능력을 갖춘 종합 수송시스템을 기본적으로 건립했다.[2] 중국의 대외개방 국면은 연해, 연하, 도로 주변에서 내륙 지역으로 확장하고 있는데 교통수송은 중요한 역할을 하고 있다. 이러한 입체 교통망의 기초적인 건설에는 거대한 사회경제비용이 투입된다.

---

1) 백설결, 왕연, 《중국 교통수송 산업의 개혁과 발전》, 경제관리출판사, 2009년판, 18쪽
2) 백설결, 왕연, 위의 책, 18, 19쪽

제1절

입체교통 건설비용의 개술

종합적으로 보면 중국의 교통수송 시설은 경제성장의 걸림돌로서 경제발전 수요에 적응하지 못했다. 개혁개방 이후에 중국정부는 국민경제 발전에서의 기초시설 산업의 전략적 지위를 점차 중시하게 됐고, 기초시설 투자 강도를 강화하여 교통수송 발전속도를 촉구했다. 1985년 이후에 중국의 교통수송업종의 고정자산 투자는 기본적으로 GDP의 6%수준 이상을 차지했다.[3] 1990년대 이후에 중국에서 적극적인 재정정책을 실시함에 따라 교통수송시설 발전속도는 더욱 가속화 되었고 규모가 계속적으로 확대되었으며, 교통수송구조는 명확한 개선을 가져와 국민경제 발전을 촉진시켰다. 특히 고속도로, 고속철도 등 중국의 교통시설은 무에서 생겨나게 됐고 신속하게 발전하는 시기에 다양한 기술과 지표에서 신속하게 세계 앞자리에 서는 것을 보여주었다.

---

3) 고봉, ≪교통 기초 시설 투자와 경제성장≫, 중국재정경제출판사 2005년판, 57, 58쪽

종합성 입체 교통망의 형성과정에는 중앙과 지방정부, 재정과 민영자본 등 여러 방면의 자금투입과 지원이 어우러지면서 거대한 성취를 거두었다. 하지만 전 중국사회와 경제는 경험이 부족하고 관리체제가 완벽하지 못한 것 등의 여러 원인으로 인해 아주 큰 대가를 지불해야 했다.

제2절

입체교통 건설비용의 표현형식

60여 년 동안 중국 교통사업의 발전은 여러 가지 대가를 지불한 기초에서 이룩된 것이다. 종합적으로 중국의 현대 입체교통망의 초보적인 조성은 비교적 높은 수준의 고정자산 투자에서 이룩된 것이다. 그리고 교통 기초시설 건설투자의 종합적인 효율은 이상적이 되지 못했는데 이는 중복 건설과 생산능력 과잉으로 인한 지나친 투자효율의 손실이 존재했던 것이다.[4] 관리체제와 주관부문 설치로 인한 운영손실이 존재한다. 구체적인 입체 교통발전 비용의 표현형식은 다음의 표와 같다.

---

4) 투자과열에 의한 효율손실이란 겉으로 보기에는 어렵거나 쉽게 보이지 않는 투자활동 효율의 손실을 가리킨다. 많은 투자항목은 시공하기 전에 미시적인 면에서 이성적, 객관적 결책이 부족하고, 거시적인 면에서 장원 한, 전반적인 과학적 발전계획이 부족하다. 그리하여 성공한 것처럼 보이는 항목이 운영과정에서 충분한 작용 을 발휘하지 못하고 경제성장에 대한 기여율이 예상한 수준보다 훨씬 낮아서 투자과열의 효율손실이 발생한 다.

표 26-1 중국 입체교통 건설비용의 표현형식

비용 분류	표현형식	구체적내용
입체교통 건설비용	기초투자비용	교통 기초시설 건설에 대한 투자
	기초투자 기회비용	중복 건설, 생산 능력 과잉으로 인하여 투자효율이 높지 못함.[1]
	관리효율의 손실	교통망 관리시스템이 완벽하지 못하여 조성된 운영 효율의 손실

1. 교통 기초시설 건설에 대한 투입

교통수송의 발전은 반드시 일정한 교통 기초시설의 규모가 갖춰져야만 가능하다. 교통 기초 시설의 건설은 거대한 자금 투입이 필요하다. 중국 교통 수송의 발전과정에서 장기간 자금투자가 부족했던 것은 중국 교통산업의 신속한 발전에 있어서 최대 장애요소이다.[2]

중국의 교통수송은 기초가 빈약하고 선도적인 역할이 장기간 동안 경시된 배경 하에서 발전한 것이다.

---

1) 효율이 비교적 높은 분야에 투자하지 못하여 발생한 기회손실이다.
2) 백설결, 왕연, ≪중국 교통수송 산업의 개혁과 발전≫, 경제관리출판사, 2009년판, 31쪽

신중국 성립 초기부터 1980년대까지 국가의 발전전략은 공농업 진흥에 중점을 두었으며, 교통수송은 경제발전의 선행산업으로서의 마땅한 지위와 중시를 받지 못했다.

가난하고 말끔한 기초 위에서 건립된 국민경제는 교통수송발전을 위한 자원 투자가 아주 제한적이었다. 이런 상황이 교통수송이 장기적으로 국민경제 발전을 제약하는 국면을 조성했던 것이다.

표 26-2 중국의 기초시설 투자에서 교통수송업종에 대한 투자가 차지하는 비중

연도 시기	전국	교통수 송업종	비중%	연도	전국	교통수 송업종	비중%
"1.5"	588.47	90.15	15.30	1989	1551.74	166.51	10.70
"2.5"	1206.09	163.30	13.50	1990	1703.90	207.16	12.20
1963– 1965	421.89	53.78	12.70	1991	2115.80	340.18	16.10
"3.5"	976.03	150.01	15.40	1992	3012.65	457.58	15.20
"4.5"	1763.95	317.59	18.00	1993	4615.50	901.24	19.50
"5.5"	2342.17	302.45	12.90	1994	6436.74	1372.94	21.30
1980	558.89	62.34	11.20	1995	7403.62	1587.53	21.40
1981	442.91	40.47	9.10	1996	8570.79	1844.62	21.50
1982	555.53	57.21	10.30	1997	9917.02	2197.45	22.20
1983	564.13	78.40	13.90	1998	11916.42	3252.19	27.30
1984	743.15	108.46	14.60	1999	12455.28	3429.28	27.50
1985	1074.37	178.10	16.60	2000	13427.27	3641.94	27.10
1986	1176.11	180.81	15.40	2001	14820.10	4116.43	27.80
1987	1343.10	189.73	14.10	2002	17666.62	4393.98	24.90
1988	1574.30	212.17	13.50	2003	22908.60	4892.71	21.40

자료출처: 신중국 50년 통계자료 회편 과 역대 중국통계연감 에 근거하여 계산함.

1990년대는 교통수송이 신속한 발전시기에 들어선 중요한 시기였다. 등소평의 남방담화를 상징으로 하여 각 지방정부는 개혁과 건설 정에서 기성의 사유유형에 대하여 반성하고 돌파하기 시작했다. 교통건설자금 모집의 새로운 방법 탐구는 교통건설자금의 원천을 넓히고 교통시설의 발전속도를 가속화했다.[1] 중국 교통수송업종에 대한 투자는 전국의 기초시설 투자에서 차지하는 비중이 해마다 신속하게 증가했다(표 26-2를 참고할 것). 이들 단계에서 교통에 대한 투자가 신속하게 증가된 것은 교통에 대한 투자체제의 개혁이 이루어진 후에 교통투자융자 정책의 출범 덕분이었다. 국가는 일련의 새로운 규정, 새로운 정책을 제정했다. 중앙과 지방은 점차 경로를 넓히고 여러 면에서 자금을 모으며 실효성을 추구하고 현명하게 자금을 모으는 방법을 제정했다. 특히 도로, 항구 등 분야에서 "국가 투자, 지방자금 모금, 사회자금 집중, 외국에서의 대출, 외국자본의 이용" 등 다양한 자금 원천의 새로운 국면을 조성했다.

신중국 성립 60년래, 특히 개혁개방 이래 중국의 교통 기초시설 건설은 거대한 성과를 거두었고 종합적인 수송능력은 매우 많이 제고되었다. 2010년 중국 교통연감 통계에 의하면 2009년 말, 종합수송선로의 총길이는 648.42만km였고, 철도영업의 길이는 8.55만km였는데, 그 중 복선의 길이는 2.9만km였고, 전철화 된 길이는 3만km였다.

---

1) 백설결, 왕연, ≪중국 교통수송 산업의 개혁과 발전≫ 경제관리출판사 2009년판 제32쪽

개통된 도로의 길이는 386.08만km 였는데 고속도로는 6.51만km였다. 내수
통항의 거리는 12.37만km였고, 여객기 통항거리는 234.51만km였다. 송유관과
가스관 길이는 6.91만km였다. 그림 26-1을 참고할 것.

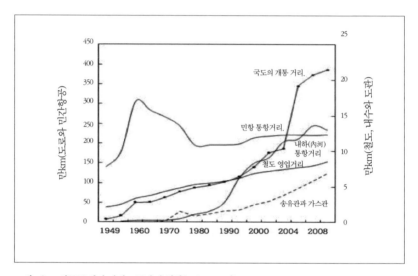

그림 26-1 신중국 성립 이래 교통발전 현황(1949-2009년)
자료출처: 2010년 중국 교통-연감 통계에 근거하여 정리 계산하여 그림.

2. 교통 기본건설의 기회비용

철도, 항구, 공항 등 교통수송의 기초시설 건설은 통일적인 고려가
부족하여 바다, 육지, 공중 수송망과 항구, 역의 분포가 합리적이지 못하며[1]
중복건설과 심각한 능력 과잉 문제가 발생하고 토지와 자금의 거대한 낭비를
초래했다.

고속철도를 예로 들면 "중국 고속철도의 굴기는… 중국 항공 수송업에 대한
직접적인 도전으로서 북경과 상해 고속철도가 개통되면 북경과 상해 여객기
탑승권 가격이 전면적으로 하락할 것이다"라고 하는 것처럼, [2] 고속철도의
개통은 여행자에게 목적지에 더욱 빨리 도달할 수 있는 수단을 제공하지만
중복 건설이라는데 문제가 있는 것이다. 특별전문코너란 26-1을 참고할 것.

---

1) ≪세계해운≫편집부, "중국해운현황" ≪세계해운≫ 2010년 제4호
2) 심배균, "북경 상해 고속철도로 본 교통자원의 우수화" ≪종합수송≫ 2011년 제7호

북경–상해 고속철도로 본 교통자원의 우수화

북경-상해 고속철도 건설은 "옥에 티가 있다." 이를테면 중복건설과 건설시기 등이 문제이다. 북경-상해 고속철도 이전에 120㎞의 경진도시(京津城際)와 호녕도시(滬宁城際) 등 2갈래의 고속철도가 건설되었다. 경영주체의 분할 등 문제로 인해 중복건설의 혐의를 무릅쓰고 1,318㎞의 북경 - 상해 고속철도를 건설하여 북경부터 천진 사이, 상해부터 남경 사이에 두 갈래 고속철도가 동시에 존재하게 되었다. 이것은 교통자원 배치의 거대한 낭비이다. 세계 고속철도 역사에 두 도시 사이에 2갈래의 고속철도를 건설한 적은 없다. 일본 신칸센의 경험에 의하면 한 갈래임에도 고속철도 1년 수송량은 1억 명 이상 달한다. 경진도시와 호녕도시간 고속철도는 설계 수송능력에 훨씬 미치지 못하는데, 북경 - 상해 고속철도 개통은 이 두 갈래 고속철도 수송능력의 방치를 가중시키고, 고속철도 시장 내부의 "형제 싸움' 같은 악성 경쟁을 일으킬 것이며, 나중에는 모두 패배의 쓴맛을 보게 될 것이다.

교통 자원 배치의 우수화 각도에서 보면 북경 - 상해 고속철도 건성을 결책을 할 때, 천진과 남경 사이 약 900㎞ 고속철도를 집중적으로 건설하고,

이미 건설한 경진도시와 호녕도시 고속철도를 이용하여 북경-상해 고속철도를 개통했더라면, 420㎞ 고속철도를 적게 건설하고 700억 위안의 자금을 절약했을 뿐만 아니,라 1년(상해 세계박람회) 앞당겨 고속철도 효과를 발휘했을 것이다.

2005년에 벌써 국토자원부 관원은 다음과 같이 지적했다. 항구 중복건설 현상이 아주 뚜렷하다. 일부 연해지역, 연하지역에는 평균 몇㎞에 한 개씩 항구가 있고, 물동능력이 아주 큰데도 "배부르게 먹지 못하는 현상"이 존재한다. 다리건설에서 장강 이빈(宜賓)부터 상해 사이에 이미 개통한 다리가 39개이고, 건설하고 있는 다리가 11개이며, 건설하려고 하는 다리가 17개이다. 앞으로 10년 동안 장강대교는 100개가 넘고, 3,000㎞ 장강에 평균 30㎞가 되지 않아서 1개의 대교가 있는 것과 같다.

3. 관리효율의 손실

중국의 교통수송은 기본적으로 각종 수송방식이 자기들 위주로 발전했는데, 각자의 목적에 의하여 수송조직은 시설배치를 해야 할 것이다. 도로망 건설, 역 건설, 정보화 건설에서 종합 수송시스템 각도에서 볼 때 서로 배합 · 공유 · 연합하는 것이 적게 고려되어 배합효율의 수준이 아주 낮다. 이것은 전형적인 생산자 각도에서 건설된 것으로 어떻게 생산요구에 부합되게 할 것인가를 고려하지 않고 건서시스템의 폐쇄적 사상이 존재하고 있다는 것을 볼 수 있다. 이것은 각종 수송방식의 시장화 정도가 다른다는 것과 관계가 있다.

철도(국유철도)는 유일한 독점경영이다. 각 철도국, 철도분국은 생산직장일 뿐 법정 재산권이 없고, 시장 활동에서 자주적인 결책, 독립 경영, 손익 자주책임 등을 독립적으로 할 수 없게 되어 있다. 자기 관할구 외에서는 독립적으로 운수서비스를 제공할 수 없고, 시장에서 독립적으로 수익을 얻을 수가 없는 것이다. 철도계열의 내부는 비용을 기초로 하는 '큰 밥통'같은 재무결산제도를 실시하고 있다. 각 철도국, 철도분국은 결책권이 없고, 기타 수송방식과 건설합작을 적극적으로 할 수 없으며, 모든 합작은 반드시 철도부를 통해서만 결정할 수 있게 되어 있다. 도로, 수로 수송 등은 기본적으로 지방에 있고 회사에서 건설과 경영을 책임지고 있다. 이런 건설 담판 주체의 극단적인 비대칭으로 인해 합작은 실현되기 매우 어려운 것이다.

중추적 역할을 하는 역참 등 각종 수송 방식의 상호 연접은 "0거리 환승"이라는 종합수송 실현의 가장 기초적인 조건의 하나이다. 하지만 각종 수송방식의 경영관리체제가 다르기에 양자는 중추 합작건설에서 아주 걸맞지 않는 위치에 처해있다. 그리고 발전목표와 대표하는 이익이 다르기 때문에 공동인식을 갖기가 어렵다. 그리하여 각종 장소와 역참은 각자의 수송 생산요구에 근거하여 제각각으로 계획하고 건설하여 자체적 시스템을 견지하고 있어, 종합적인 수송 중추로서 체제를 형성하지 못하고 있다. 각종 수송방식의 연접은 상호 역참 사이에서 서로 넘겨주어야 하는 식으로 되어 있어 시스템 효율이 대단히 낮다.

시스템 효율이 낮은 사례

건설계획이 있는 전국 중추적인 45개 도로와 낮은 차원의 중추 도로 100개는 모두 철도중추와 연합으로 건설되지 않았다. 북경은 중국에서 손님과 화물 유동량이 제일 많은 중추도시의 하나로서 철도 화물수송소 50여 개, 화물저장소 167만㎡, 3개의 철도 편조참(編組站), 26개 도로 터미널이 있다. 이런 장소와 역은 기본적으로 조잡하게 분산 포치되어 각종 수송방식을 밀접하게 연결하는 종합적 중추기관으로서의 기능을 못하고 있다. 철도역은 도시 안에 있고 도로터미널은 기본적으로 도시 변두리에 있으며, 철도 화물저장소는 도시에 접근하고, 주요 중추 도로는 기본적으로 철도 범위 밖에 있다. 각 장소와 역참 사이의 관계는 밀접하지 않고 기본적으로 서로 이탈상태에 처해 있는 상황이다. 양자의 연합수송은 단계적으로 분리되어 있어서 중간 연접은 반드시 자동차 수송이 있어야만 완수될 수 있는 상황이다.

자료원천: "중국 종합수송 발전전략" 편찬위원회, 중국 종합수송 발전전략 , 서안교통대학출판사, 2004년판, 21-22쪽

현재 전국의 도시에는 각종 수송방식을 집중적으로 도시 사이의 수송과 교통을 연결하는 대형 환승센터가 없다. 수송을 하는데 있어서 종합적인 중추기능을 하는 장소와 역참 건설계획의 낙후는 중국의 종합적인 수송시스템의 효율을 제고시키는데 심각한 제약을 하고 있는 것이다.

제3절

입체교통 건설비용의 형성원인

1. 국민경제 발전을 촉진시키는데 따른 필요성

신중국 성립 이후 특히 개혁개방 30여 년 동안 중국 교통의 기초시설 건설은 거대한 발전을 가져왔다. 교통수송 업종은 국민경제의 기초산업이고, 인류 사회진보의 중요한 물질기초이다. 교통수송 업종의 발전은 국가 사회경제 발전에 아주 중요한 영향을 준다. 교통수송 업종의 국민경제에 대한 기여는 주로 다음과 같은 2개면에서 표현된다. 1) 교통수송이 GDP에 대한 기여이다.

이는 교통 기초시설의 경영과 교통수송 업종의 생산총액 증가로 표현(즉 직접효과)될 뿐만 아니라, 교통수송 관련 가공업종, 야금업종, 대외무역, 금융업, 기타 사업의 성장 즉 파급효과로도 표현된다. 2) 교통수송의 취업에 대한 기여이다. 취업수준은 한 국가의 중요한 거시적 경제지표이다. 교통수송의 취업기여도는 주로 수송업종 단위생산액의 증가, 수송업종과 기타 업종에 취업하는 인원의 증가로써 표현된다.

교통에 대한 투자 규모는 주로 투자 체제와 자금원천 경로에 의해 결정된다.

교통수송의 발전은 반드시 높은 투자정책의 지지가 있어야 한다. 이것은 세계 각국 발전경험에 의하여 증명되었다. 현재 경제선진국의 교통수송 투자는 일반적으로 총투자의 10~14%를 차지하며, 발전도상국가는 20%이상을 차지하고 있다. 세계은행은 발전도상국가는 교통수송 투자의 한도가 20~28%를 점하도록 할 것을 건의하고 있다. 선진국은 신속한 경제발전시기에 교통투자가 30%이상을 차지하기도 했다.[1] 교통 기초시설 건설에 대한 투자를 증가하는 것은 국민경제 발전을 촉진시키기 위한 요구인 것이다.

2. 글로벌 비전이 부족한 계획

만약 전국의 교통발전 계획에 근거하여 건설한다면, 이론상 중복건설과 과잉문제가 발생할 수가 없다. 중국 교통의 기초시설 건설은 통일된 계획이 없고, 각 성과 시 정부는 각자 별도로 계획을 세웠으며, 기본적으로 국가 계획과는 달리 별도로 적지 않은 항목을 첨가했다.

과학적인 장기발전 계획은 투자항목을 성공적으로 실천하는 기초이다. 만약 투자항목의 안배를 장기발전 계획의 기초 하에 건립하지 않는다면, 항목의 기능을 발휘하지 못할 뿐만 아니라 구역과 부문 경제발전에 영향을 주고, 심지어는 전반적인 경제이익에 손실을 가져오게 할 수가 있다.

---

1) 《中国综合运输发展战略》编委会, 《中国综合运输发展战略》,西安交通大学出版社, 2004年版,21-22页.

중국의 많은 항목 결책은 과학적인 장기발전계획에 대한 지지가 부족하다. 어떤 경우에는 장기적 발전계획이 없고, 설사 있다고 해도 과학성과 조작성이 부족하며, 어떤 경우에는 장기적인 발전계획은 있지만 항목에 다른 결책을 할 때 충분히 고려하지 않는다는 점이다. 오랫동안 지방정부는 장기적인 발전계획을 세우고 인민대표대회의 심의를 거쳤지만 실시하는 점이 부족했다. 그리하여 장기적인 발전계획은 "잠들어 있고" 투자자는 자기마음대로 함으로써 전반적인 자원 배치 면에서 문제점을 일으키고 있는 것이다.

3. 관리체제가 완벽하지 못하다.

현재 중국 교통수송시스템은 여러 부문에서 관리하고 분야를 나누어서 관리하는 상태에 있다. 장기간 교통부, 철도부, 민항총국, 건설부, 공안부 등은 각각 자기 관리만을 실시했다. 이러한 상황이 2008년 3월 23일에 일부가 바뀌었다.

일반적으로 각 부위(部委) 기능은 각 성 청국(廳局)과 연결되었다. 관리기구의 기능범위를 행정구역에 따라서 나누었기에 각종 수송방식 사이는 연접이 비교적 떨어졌고, 수송 효율이 낮았으며 자원낭비와 사회비용의 제고를 조성했다. 각종 수송방식은 모 방면에서의 자신의 역할만 강조했고 자기 수송의 중추 기능만을 구축했을 뿐 합리적인 분공과 조화로운 발전을 통일적으로 고려하지 않았다.

중국의 입체교통 건설비용 형성원인은 그림 26-2와 같이 표시할 수 있다.

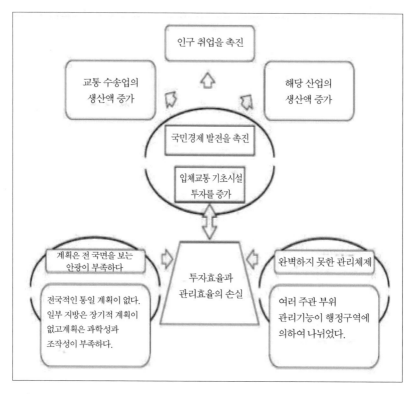

그림 26-2 중국 입체 교통 건설 비용 형성원인

제4절

입체교통 건설비용의 대책

1. 중국 교통 기초시설 건설투자 융자시스템을 개선해야 한다.

현재의 투자융자 주체와 투자방식이 비교적 단일하고 투자 결책의 주체가는 다양하다. 마땅히 속히 합리적이고 효율 높은 투자융자시스템을 구축하고 투자융자 경로를 확장하며 위험을 방지하는 투자시스템을 들여오고 사회에 교통수송 자본시장을 더욱 개방해야 한다. 국가는 교통 기초시설 건설에 대하여 재정과 세금징수에서 해당 정책을 제정하여 지원을 해주어야 한다.

2. 교통수송업의 종합관리를 실현시켜야 한다.

좋은 사회의 전면적 건설, 경제구조의 전략적 조정, 구역경제의 조화로운 발전, 농촌경제의 종합적인 발전, 소도시화 건설, 경제의 세계화, 국가 안정 수호, 지속적 발전 전략의 실시 등은 수송능력과 질적 필요성의 기초 위에서 합리적이고 종합적인 교통수송망을 건설할 것을 요구하고 있다.

수송 대통로와 도시 경제구 내부의 신속한 교통망 건설을 유기적으로 결합시키고 각종 교통방식의 효과적인 연접과 조화로운 발전을 실현시켜야 하며, 종합 교통시스템의 과학적 관리를 강화하고 교통수송 관리체제와 종합 교통수송망 운행시스템의 개혁을 촉진시켜야 한다.

각종 교통방식의 장기적인 부문별 계획, 건설과 관리 상태를 신속히 바꾸고 교통수송업종의 종합계획과 관리를 실현시키며, 각종 교통방식의 시장화 취향의 개혁을 촉구해야 하며, 현대화된 기업제도를 건립하고 교통기초시설 건설과 운영시장을 개방해야 한다.

3. 조화로운 발전계획 포석을 강화해야 한다

구성의 합리화를 실현하고자 하는 기초적 사업은 조화로운 발전사상으로 계획을 강화하는 것이다. 첫째, 교통수송 발전은 경제사회의 발전과 조화를 이루어야 한다. 국가는 생산력 구성 계획을 제정할 때 교통수송 구성계획을 세우고 교통수송 구성계획은 생산력 구성계획과 조화를 이루며 될수록 중복, 우회 등의 수송을 줄이고 수송강도를 낮추어야 한다. 수송자원의 과도한 점유를 감소시키고 교통수송의 사회적인 외부환경 등의 손상을 줄여야 한다. 둘째, 각종 교통수송방식의 통일된 계획을 강화하고 지속적 발전이념을 교통발전계획에 관통시켜야 한다.

각종 교통수송방식의 특점에 근거하여 장점을 발휘하고 단점을 피하며 유기적이고 합리적인 종합교통수송시스템을 조성하여 수송효율과 서비스수준을 제고시켜야 한다. 교통수송의 외부환경영향을 최저로 줄이고 교통의 지속적인 발전을 실현시켜야 한다.

현대화 교통수송시스템의 건립은 21세기 사회경제발전에 적응하는 절박한 수요이다. 세계경제 일체화의 기회를 잡기 위하여 중국은 선진국 현대화 교통수송시스템의 건립 경험과 교훈을 충분히 받아들이고, "후에 발전하는 장점"을 바탕으로 해서여 중국 교통수송 기초시설의 네트워크, 현대화 수준을 제고시켜야 한다. 중국 교통수송조직의 관리와 운영 수준을 제고시키고, 교통수송 현대화와 국제화를 실현하며, 중국경제의 세계화 경쟁에서의 우월성을 제고시켜야 한다.

중국 입체 교통건설비용의 대응책을 요약하면 그림 26-3과 같다.

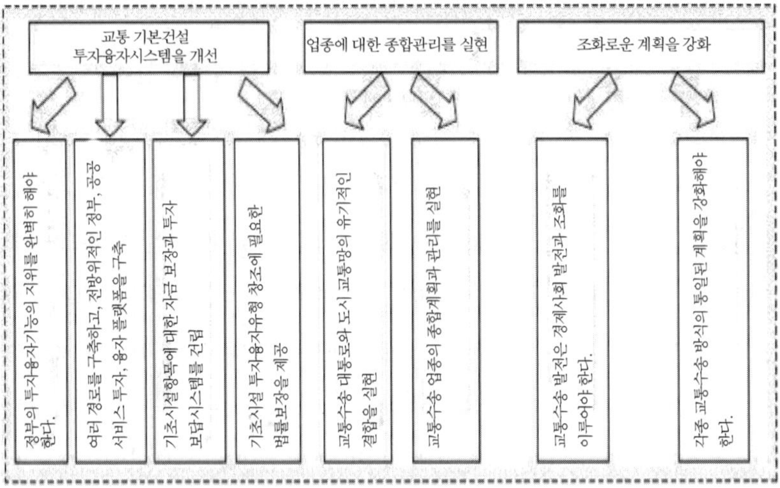

그림 26-3 중국 입체 교통건설비용의 대응책

교통 기본건설 투자융자시스템을 개선

업종에 대한 종합관리를 실현

조화로운 계획을 강화

정부의 투자융자기능의 지위를 완비히 해야 한다.

여러 경로를 구축하고, 전방위적인 정부, 공공 서비스 투자, 융자 플랫폼을 구축

기초시설항목에 대한 자금 보장과 투자 보답시스템을 건립

기초시설 투자융자유형 창조에 필요한 법률보장을 제공

교통수송 대통로와 도시 교통망의 유기적인 결합을 실현

교통수송 업종의 종합계획과 관리를 실현

교통수송 발전은 경제사회 발전과 조화를 이루어야 한다.

각종 교통수송 방식의 통일된 계획을 강화해야 한다.

제6부

대외개방의 발전비용

제27장

중국 공신력 건설과 위협대응의 비용

제1절

중국 공신력 건설과 위협대응비용의 개요와 표현형식

현대한어사전 에서는 공신력이란 공중들이 신임하는 역량이라고 설명하고 있다. 공신력은 영어 Accountability에서 유래했는데, 그 의미는 어떤 일에 대하여 보고, 해설, 변호하는 책임을 가리킨다. 자기 행위에 대하여 책임지고 질의를 받아야 한다는 말이다. 따라서 공신력이란 사회 공공생활에서 공공권력이 시간 순서, 공중 교류, 이익 교환을 상대하여 표현한 공평, 정의, 효율, 인도, 민주, 책임의 신임력이라 할 수 있다. 공신력은 사회시스템에 대한 신임이고, 공공권위의 진실한 표현이며, 정치윤리 범주에 속한다. 그런 점에서 공신력은 국가와 민족의 대사이다.

중국의 공신력 건설과 위협 대응 비용이란 중국의 국제공신력 구축비용, 국제 · 국내의 위협에 대한 대응비용을 가리킨다. 여기에는 중국의 영토와 주권 완정성의 수호비용, 민족단결비용, 대외원조비용, 국제적 책임감당비용, 대국 이미지 전파비용 등이 포함되는데 구체적인 내용은 표 27-1와 같다.

표 27-1 중국 공신력 건설과 위협 대응비용의 표현형식

비용 분류	표현형식	구체적인 내용
중국의 공신력 건설과 위협 대응비용	중국영토와 주권 완정성의 수호비용	중국 영토와 주권 완정성의 수호를 위하여 지불한 비용
	민족단결비용	민족단결과 발전 수호의 정책비용
	대외원조비용	국제사회와 재해국가에 대한 대외원조의 투입
	국제적 책임감당비용	국제적 책임을 감당하는 대한 지불한 비용
	대국 이미지 전파비용	적극적, 정면적, 책임성 있는 대국 이미지 전파 투입과 노력

1. 중국영토와 주권 완정성에 대한 수호비용

주권이란 "한 국가의 대내적인 최고권이고, 대외적인 독립권이다. 국제법상으로는 국가의 근본속성이고, 국가 기본 권리의 기초이다."[1] 국가의 통일과 영토완정은 국가 주권의 집중적 표현이,고 국가의 국제 공신력의 주요한 지지기반이다. 국가의 통일과 영토 완정을 수호하기 위해 중앙 영도집단의 영도 아래 중국정부는 끊임없이 노력해 왔다.

---

1) 辞海编辑委员会:《辞海》(中卷),上海辞书出版社,1999年版,3049页

중화인민공화국 성립 이후에 신중국 임시헌법인 공동강령에서는 다음과 같이 선포했다. "중화인민공화국은 반드시 제국주의국가적인 모든 특권을 완전히 취소해야 한다."[2] "국민당정부와 외국정부가 맺은 각항 조약과 협정에 대하여 중화인민공화국 중앙정부는 심사하여 그 내용에 근거하여 각각 인정·폐기 또는 다시 맺어야 한다."[3] 모택동을 핵심으로 당 중앙은 민족 평등과 단결을 실현하는데 최선을 다해야 하며, 국내외 반동세력에 의한 조국분열의 음모에 고도의 경각성을 높였다. 서장(티베트)의 평화적인 해방, 신강(위그루)의 반역도에 대한 평정을 순조롭게 완수하고, 항미원조(抗美援朝)와 항미원월(抗美援越)의 위대한 승리를 거둠으로써 국가의 주권과 민족의 존엄을 수호했다.

등소평을 핵심으로 하는 당의 제2세대 영도집단은 시대적 특징과 중국의 상황에 근거하여 국가 주권수호의 새로운 구상, 새로운 책략과 새로운 관점을 제기했다. 첫째, 국가주권의 기본적인 입각점에 대하여 언급할 때 등소평은 다음과 같이 강조했다. "주권문제는 토론할 문제가 아니다."[4]

중화민족의 국가통일과 영토 완정의 근본이익을 단호히 수호했다. 홍콩, 마카오, 대만 문제를 해결하고, 국가의 통일을 실현하기 위하여 등소평은 창조적으로 "1국 2제도"의 위대한 구상을 제기했다.

---

2) 《中共中央文件选集》第14卷,中共中央党校出版社, 1987年版,732页.
3) 위의 책, 734쪽.
4) 《邓小平文选》第三卷,人民出版社1993年版,第12页.

둘째, 국가 주권수호 책략에서 등소평은 혁명전쟁으로 반혁명전쟁의 중국 주권침범을 제지하는 것을 포기하지 않았다. 이를테면 대만문제에서 우리는 무력사용의 포기를 승인하지 않았다. 등소평은 중국 주권 침해의 주요 요소는 비전쟁(非戰爭) 즉 패권주의와 강권정치라고 했다. 그는 다음과 같이 강조했다. "중국이 패권주의, 강권정치의 압력을 이겨내고 우리의 사회주의 제도를 견지할 수 있는가 하는 관건은 비교적 빠른 성장속도에 의거해 우리의 발전전략을 실현하는 것이다."[5]

강택민을 핵심으로 하는 제3세대 중앙 영도집단은 등소평의 "1국 2제도"의 위대한 구상을 실천하고 홍콩과 마카오를 순조로이 반환 받았다. 중국 대만 영도자의 언행을 주의 깊게 관찰하고 중국 대만의 분열 시도 언행이 나타나기만 하면 즉각 강력한 반박과 타격을 가했다. 그리고 무력사용의 포기를 승낙하지 않았다. 당의 제3세대 영도집단은 양안관계의 해결에 구체적이고 가능한 방안을 제공했다. 1995년 1월 강택민은 양안관계의 발전, 조국통일 추진의 8가지 주장을 제기했다. [6]

---

5) 《邓小平文选》第三卷,人民出版社1993年版,第356页.

6) 1995年1月30日,江总书记在新春茶话会上发表了题为《为促进祖国统一大业的完成而继续奋斗》的讲话.江总书记在这一讲话中,就现阶段发展两岸关系,推进祖国和平统一进程的若干重要问题提出了八项看法和主张,后来被称为"江八条".其主要内容包括:坚持一个中国原则;对于台湾同外国发展民间性经济文化关系不持异议;进行海峡两岸和平统一谈判;努力实现和平统一;大力发展两岸经济交流与合作;共同继承和发扬中华文化的优秀传统;台湾同胞是我们的手足兄弟;欢迎台湾当局的领导人以适当身份前来访问,我们也愿意接受台湾方面的邀请前往台湾.这是对"一国两制"构想的继承和发展.

그리고 경제 세계화와의 국가주권 도전에 적극 대비하여 주권의 절대성과 상대성의 변증관계를 비교적 잘 처리했다. 국가이익 최고의 원칙을 견지한다는 기초 위에서 국가권력을 이용하여 경제 세계화의 역효과에 대하여 예방하며 그 위험을 피할 수 있었다.

2. 민족단결비용

중국정부는 소수민족에 대하여 민족의 평등 단결, 구역 자치, 풍속 습관의 존중, 종교신앙의 자유, 언어문자의 발전 등 정책을 실시하는 것 외에 일련의 소수민족에 대한 경제적 우대정책을 적극 취하여 민족 사이, 지역 사이의 경제와 문화발전의 격차를 줄이고, 각 민족의 공동 번영 발전을 촉진토록 했다. 민족지역 발전능력의 건설에 최선을 다하고, 민족지역의 현대화 발전과정을 성실하게 다져나갔다.

중국정부는 장기간 소수민족의 경제발전을 특히 중시했다. 각 민족의 특징과 다른 업종의 특점, 사회와 경제발전단계에 근거하여 민족지역에 대해서는 다른 세금징수 우대정책을 실시했다.(표 27-2를 참고할 것.) 그리하여 소수민족의 경제 부담을 줄이고, 민족지역의 농업, 목축업, 공업, 교통, 기타 건설사업의 정상적인 운행을 수호했다.

표 27-2 민족지역 세금징수 우대정책

번호	정책 명칭	시간(연도)
1	국가는 변강 민족지역에서 공상세를 감면했다.	1950-1993
2	국가는 소수민족 지역 농업, 목축업 세금 경감정책을 실시하고 있다.	1953부터 지금까지
3	국가는 생활이 빈곤한 소수민족 지역에서 농업세를 징수하지 않는다.	1958부터 지금까지
4	국가는 변강 현과 민족 자치현 향진기업 공상소득세를 5년 징수하지 않는다.	1979-1985
5	국가는 소수민족 8개 성, 구 기본건설기업에 대하여 비용을 낮춰 37로 나눈다.	1979-1985
6	국가는 "노, 소, 변, 빈(老,少,邊, 貧)"지역에서 소득세를 감면한다.	1985부터 지금까지
7	국가는 변경무역에 대하여 세금우대정책을 실시했다.	1991-1994
8	국가는 소수민족지역 고정자산 투자방향 조정세를 감면한다고 규정했다.	1992부터 지금까지
9	국가는 12유형 162개 품종의 변경무역 수입상품의 세금 감면정책을 실시했다.	1992-1995
10	국가는 "노, 소, 변, 빈" 지역 새 기업 소득세를 3년 감면한다고 규정했다.	1994-1997
11	국가는 변강 판매 차 원료 구입의 기업의 10% 농업특산세를 감면했다.	1994부터 지금까지
12	국가는 중서부 지역 외국투자 기업의 15%세율로 징수하던 소득세를 3년 감면했다.	2000-2002
13	국가는 서부지역 자치지방기업 소득세를 정기적 감면 또는 면했다.	2001-2010
14	국가는 서부지역 새로 건설한 교통, 전력, 수력, 우정, 라디오, 텔레비전 기업 소득세에 대하여 2년 동안 면제해 주었고, 3년 재는 절반을 감면했다.	2001-2010
15	국가는 변강 무역에 있어 차를 지정생산하고 판매 부가가치세는 면제했다.	2001-2005
16	국가는 서부지역에서 생태환경 보호, 경작을 못하게 하고 생태림과 풀을 생산케 했고, 농업특산품 수입에 대하여 10년 동안 농업특산세를 면제했다.	2001-2010

자료 출처, 온군(溫軍), "중국소수민족 경제정책 평가 (1949-2001년) ", 《국정보고》, 2003년 제42호.

소수민족 지역의 경제발전 출발점이 낮고, 문화교육 수준이 낙후하며 인재가 아주 부족한 특점에 근거하여, 정부는 재정 세금징수 등 면에서 민족지역에 특별한 혜택을 주고, 경제발전과 밀접한 관계가 있는 인구 발전, 문화교육, 인재 양성에서 소수민족을 우대해 주고 있다.(표 27-3을 참고할 것) 그리고 소수민족 경제 문화발전을 진정으로 돕고 있다.

표 27-3   소수민족의 인구, 교육, 취업에 대한 우대정책

번호	정책 명칭	시간(연도)	
인구 생육 정책	1	국가는 소수민족 '인구 번창' 정책을 실시	1951-1980
	2	국가는 소수민족의 계획출산 및 육성을 제창	1982부터 지금까지
	3	국가는 소수민족 집거구에서 계획출산 및 육성을 실시	1982부터 지금까지
	4	국가는 소수민족에 대한 인구 출산 육성에 대한 우대정책을 실시	1984부터 지금까지

	5	국가는 민족학원대학 설립을 확정	1950부터 지금까지
	6	국가는 민족교육 전문보조 경비를 설립	1952부터 지금까지
	7	국가는 민족교육 행정기구를 건립	1952부터 지금까지
	8	국가는 민족교육 운영에서 반드시 민족특점을 돌보아야 한다고 규정	1951부터 지금까지
	9	국가는 민족학원 경비지불에 대하여 규정	1963부터 지금까지
	10	국가는 소수민족 수험생 대학입학 점수기준을 낮추는 우대를 실시	1977부터 지금까지
문화 교육 정책	11	국가는 잡거지역의 소수민족 교육을 우대	1979부터 지금까지
	12	국가는 변경 민영교원이 국가교원으로 되는 것을 우대	1979-1987
	13	국가는 민족교육 방침과 정책을 확정	1981부터 지금까지
	14	국가는 소수민족지역 직업기술교육 특수정책을 실시	1992부터 지금까지
	15	국가는 소수민족 빈곤지역 의무교육 중점 지원정책을 실시	1995-2010
	16	국가는 소수민족지역 빈곤 가정 여성에게 대한 특수교육 정책을 제정	1997-부터 지금까지
	17	국가는 서부지역에서 인재 유입, 과학기술교육 발전 특수정책을 실시	2001-2010
노동 취업정책	18	국가는 소수민족 취업과 직업에 대한 주요정책을 실시	1984부터 지금까지

자료원천, 온군, "중국 소수민족 경제정책 평가 (1949-2001년)", 《국정보고》, 2003년 제42호.

신중국 성립 이후 당중앙은 재정, 세금징수, 문화교육, 빈곤 부축, 산업 등 소수민족 경제정책 123가지를 반포 실시하고, 소수민족지역의 경제발전과 인민생활 수준의 개선을 대대적으로 추진했으며, 중국의 민족단결을 강력하게 수호했다.

3. 대외 원조비용

대외 원조제공은 주권국가의 국력을 보여주고, 국제 공신력을 유지하고 제고시키는데 중요한 통로이다. 대외원조의 다소는 국가실력의 강약과 국제 공헌도의 대소 평가를 하는데 중요한 지표이다.

1950년대 초기부터 중국은 재력이 아주 부족하고 물자가 매우 모자라는 상황에서 대외 경제에 한 기술 원조를 제공하기 시작했다. 최초의 대외 원조는 중국이 제3세계 국가와의 관계를 발전시키는 중요한 수단이었고, 유엔에서의 합법적인 지위를 회복하고, '대만독립'을 반대하는 등의 분야에서 중요한 역할을 했다. 종합국력의 제고에 따라 중국의 대외원조 제공수량은 갈수록 더 많아졌고, 그 범위도 부단히 확대하고 있다.

그밖에 중국정부는 국제사회와 해당 국가의 호소에 적극 호응하여 알제리, 이란, 파키스탄 대지진, 인도양 해일, 미국의 허리케인 등 대재난 이후 가장 짧은 시간에 인도주의적 원조를 함으로써 해당 국가의 정부와 인민에 대한 재난구조사업을 효과적으로 지원했다.[1]

중국은 일련의 심각한 발전문제에 봉착하고 있지만, 대외 원조의 발걸음을 늦추지 않고 국제관계에서 진정으로 합작하는 정신을 체현했으며, 지원받은 국가와 인민의 높은 찬양을 받았다. 2004년 12월, 영국 라디오방송국에서 세계 22개국 2.3만 명을 대상으로 진행한 조사를 통해 중국이 세계의 존중을 받고 있음을 확인할 수 있었다.

약 절반(48%)의 사람들은 "중국의 국제영향력"은 적극적인 의의가 있다고 했는데, 이는 미국의 지지율보다 10% [2]가 더 높은 수치였다. 사심이 없고 진실한 원조를 통하여 중국은 다른 발전도상국가 경제발전에 크나큰 협조를 해주었고, 중국 특색의 발전유형이 보급되었고 국제사회의 인정을 받았다. 많은 발전도상국가들은 중국 발전의 성공적 경험을 학습하고 참조하기를 희망하고 있다.

---

1) 代春霞, 《试论对外援助对中国软实力提升的作用》, 《法制与社会》, 2008年 第9期.

2) 赵磊, 《理解中国软实力的三个维度:文化外交, 多边外交, 对外援助政策》, 《社会科学论坛》 (学术评论卷), 2007年 第5期.

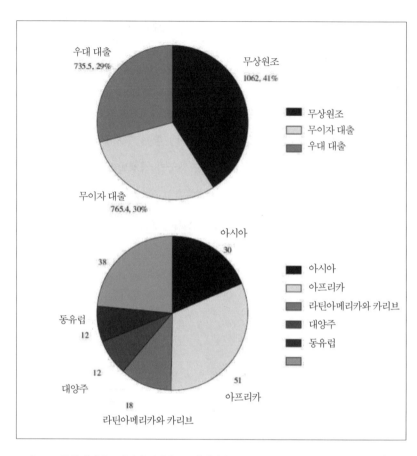

그림 27-1 　중국 대외원조 방식과 지원받은 국가지역의 분포도

자료출처: 중화인민공화국 국무원 신문판공실, 《중국 대외원조》, 인민출판사, 2011년판, 6쪽

4. 국제책임 감당비용

　최근 중국 정부와 인민은 절실하고 실시 가능하며 백성과 세계에 혜택을 주는 행동을 통하여 책임 있는 대국 이미지를 점차 구축하여 세계적으로 찬양을 받고 있다. 유엔의 평화수호 행동에도 적극 참가하고 세계 평화와 발전을 수호하는 책임을 감당하고 있어 책임 있는 정치대국의 이미지를 수립했다. 1990년 4월 중국은 유엔 휴전감독기구에 5명의 군사 관찰원을 파견한 이래 1.4만여 명의 군사.

　경찰과 민사관원들을 파견하여 24가지 평화수호 행동에 참여했는데, 이는 유엔 안보리 5개 상임이사국 중 평화수호 인원을 제일 많이 파견한 것이다. 현재 2,100여 명의 중국 평화수호 인원들이 10개 임무구역에서 유엔 평화수호 활동을 하고 있다. 중국 평화수호 인원들은 군사인원이건 경찰인원이건 모두 주동적 무력자위능력이 부족하여 수시로 공격당할 위험한 상태에 노출되어 있다. 유엔의 평화수호 임무구역은 일반적으로 아시아, 아프리카, 라틴아메리카 빈곤국가와 작은 나라이다. 그들이 겪고 있는 불행한 처지는 중국도 겪어보았다.

　중국은 이런 국가와 지역에서 평화수호를 하면서 느끼는 바가 남다르다. 중국은 이런 나라에 절실한 것은 평화이고, 그들이 바라는 것은 외래로부터의 군사 압박과 간섭이 아니라 재건이라는 것을 잘 알고 있다. 중국 평화수호부대는 평화건설의 이미지를 구축하며 실제행동으로써 세계와 임무구역 인민의 존중을 받고 있다.

　세계경제가 안정되고, 건강한 발전을 촉진시키는 책임을 적극 감당하고 있고, 책임 있는 경제대국으로서의 이미지를 날로 강력하게 수립하고 있다. 1997년 아시아이 금융폭풍은 세계의 예상을 뛰어넘었다. 중국정부는 반대의견을 무릅쓰고 수출상의 긴축압력을 이겨냈으며, 세계에 "중국은 인민폐 가치를 하락시키지 않는다는 입장을 견지하면서 아시아의 금융환경을 안정시키는 역사적 책임을 다할 것"이라고 엄숙하게 선포했다.

이는 책임 있는 대국의 이미지를 수립하는 이정표적인 사건이었다. 2009년 세계를 휩쓴 금융위기에 대하여 중국정부는 경제 자극에 대한 일련의 계획을 제정하고, 적극 책임지는 태도, 내수 확장, 구조 조정을 하면서 국제사회와 합작하여 난관을 이겨낼 것을 호소했다. 현재의 국제 금융질서를 개혁하고 세계경제의 회복을 전면적으로 추진하여 세계경제발전을 견인하는 동력원이 됨으로써 세계의 존중을 받았다.[1]

5. 대국 이미지의 전파비용

최근 중국경제, 정치문제에 대한 불공정한 보도가 국제매체에 심심찮게 나타나고 있다. 개방한 중국은 경제, 사회, 민주, 법제 등 면에서 거대한 진보를 가져옴으로써 국제사회에서 갈수록 더 중요한 역할을 하고 있다.

그러나 서구 주류매체는 그 후유증으로부터 오는 대가를 염려치 않고 그저 중국의 이미지를 파괴하고 있다.

---

1) 龙小农, 张毓强, 《从援助海地看中国负责任大国形象的建构》, 《对外传播》, 2010年 3月

여기서 중국 궐기에 대한 서구세계의 복잡한 정서를 읽을 수 있다. 중국은 패권을 도모하지 않는다. 등소평 시대 때 "재능을 감추고 드러내지 않는다"는 전략을 앞으로도 장기간 견지할 것이다. 2009년 온가보 총리는 세간을 떠들썩하게 하는 "중국과 미국이 공동관리"라는 말에 대하여 특별히 태도를 표시하고 이것은 "아무런 근거도 없고 또 착오적인 것이다."라고 했다. [2]

확실히 진실한 중국은 서구의 각종 매체를 통하여 인식한 중국과 거대한 격차가 있다. 한창 굴기하고 있는 중국에서 세계 각국의 여러 가지 우려를 잠재우고 적당한 기회를 이용하여 적극적이고 책임 지는 대국의 이미지를 구축하고 전파하는 것은 대외선전의 중요한 임무가 되었다.

2003년 '사스'는 중국 신문 대변인 제도의 신속한 발전, 관리의 매체 대응능력의 제고를 촉진시켰다. 2006년 4월 5일 중화인민공화국정보공개조례가 반포되고, 2008년 5월 1일에 공식적으로 실시되었다. 북경올림픽의 진행은 이 사업을 재차 추진했다. 그리고 중국정부의 위기 대응능력도 부단히 제고되고 있다.

"백번 듣는 것이 한번 보는 것보다 못하다." 북경올림픽은 더욱 많은 외국인들이 중국에 와서 중국의 발전과 문화를 직접 체험하게 하는 것은 국가 이미지 전파의 가장 좋은 수단이라는 것을 실증했다. 2010년 상해 세계박람회는 더욱 많은 사람들이 중국을 인식하게 했다.

---

2) 王博, 《向世界讲"中国故事"》, 《世界知识》, 2010年 第1期.

세계 금융위기에서의 중국의 안정되고 건강한 표현, 중미 무역마찰에서의 도리, 절도, 힘 있는 태도, 국경 60주년 경축행사에서 표현된 자신감, 기후문제에서의 독립 자주 등 일련의 중대사건에서의 표현은 세계에 깊은 인상을 남겨 주었다.

2009년 12월 7일 코펜하겐 회의 개막 첫날 외교부 홈페이지에서는 중국 대표단이 코펜하겐 페라센터에 "중국신문과 교류센터"를 설립한다는 뉴스를 실었다. 이번 대회에서 중국은 유일하게 단독으로 신문과 교류센터를 설립한 발전도상국가가 되어 유럽연맹 및 미국과 나란히 섰다. 코펜하겐에서 세계에 중국의 소리를 전파한 것은 사심이 없고 공명정대하며 용감하게 감당하고 도리를 따지며 대담히 논쟁한다는 이미지를 구축했다. 뿐만 아니라 지혜와 유머로 가득 차 있었다. 이것은 중국정부의 공관능력이 많이 제고되었다는 것을 말해주었다.

2011년 1월, '인물편'과 '각도편'을 대표로 한 중국 이미지를 선전하는 프로가 미국과 영국 매체에서 공식적으로 방송되면서 관중들에게 중국에 대한 감각기관 체험을 제공했다. 이는 중국 이미지 전파의 '공관시대'를 열어놓았다. 호금도의 미국 방문과 더불어 30초의 중국 이미지 선전 프로 '인물편'이 미국 뉴욕의 번화한 시대광장의 대형 스크린에 부단히 방송되었는데 그 총 회수는 8,000여 차례나 되었다. 이처럼 참신하고 거시적인 선전 프로그램은 중국의 이미지를 수립하는데 도움이 되어 세계가 중국을 인정하는데 있어서 적극적인 기회를 제공했던 것이다.

중국 공신력 건설과 위협대응비용의 형성원인

1. 중국의 국가 종합 국력 개선 및 국가 이미지 형성 수요

주권과 영토 보전, 민족 단결은 종합국력의 중요한 조성부분이고 중국 물질 실력과 소프트 파워 형성의 기초이다. 세계화가 가속화, 국가주권에 대한 다국적 기구의 영향과 쇠약이 존재하고 있는 오늘, 중국은 국가주권 독립 자주성을 견지해야만 세계에서 원원하는 동시에 자신의 안전을 수호하고 중국 발전에 평화로운 외부환경을 창조할 수 있다.

민족단결을 강화해야만 강대한 내부 합력을 형성하고 부단한 발전을 추진하며 종합국력을 더욱 제고하고 더욱 부유하고 번영하고 빛나는 앞날을 실현할 수 있다. 대외원조 자금의 유동은 필연코 문화, 지식, 기술과 생활 방식의 유동을 일으킨다. 대외지원 자금의 유동은 중국과 지원받는 국가 사이 친밀한 관계의 건립과 수호에 유조하고 지원받는 국가 정치 경제 발전 방향에 영향(직접 통제와 간섭이 아니다.)을 주며 중국의 국제 이미지를 제고하고 국제사회 인정과 합작을 얻을 수 있다.

2. 꿍꿍이가 있는 "중국 위협론"

서구의 일부 정치가들은 중국이 개혁개방 이래 사회주의 길로 착실하게 나아가고 거대한 성취를 거둔데 대하여 의심하거나 왜곡하고 있다. 그리고 의식형태의 장벽으로 인해 중국의 대량 대외원조는 "꿍꿍이가 있다."고 여기면서 중국 대외원조규모가 너무 작고 대국 직책을 다하지 않는다고 비난하고 있다. 이것은 중국 국제 이미지에 불리한 영향을 주고 있다. 이를테면 죤슨 내이는 중국 문화와 이미지 응집력 소프트 파워에 대하여 중국 군사력보다 더 경각성을 높여야 한다고 했다. 그는 다음과 같이 강조했다. 중국 소프트 파워의 궐기는 미국 이익을 해친다. 때문에 중국 소프트 파워 발전을 억제해야 한다. 소프트 파워 위협이 "중국 위협론"의 일종이 되고 있는 것이다.[1]

중국의 신속한 발전, 정치 영향력의 확대는 서구 대국의 국제사무 주도권에 영향주고 약화시키고 발전도상국가 발언권을 제고했으며 발전도상국가들의 집단 영향력을 강화했다. 발전도상국가 국제 지위 제고는 서구국가 전략 이익을 제약하고 있다. 이것은 서구국가들이 꺼려하는 것이다.

---

1) 代春霞: 《试论对外援助对中国软实力提升的作用》, 《法制与社会》 2008年第9期.

인해 중국을 중상하고 중국에 대한 국제여론의 견해를 왜곡시키고 있다. 중국경제의 신속한 발전은 발전도상국가의 전체적인 발전을 이끌고 객관상 발전도상국가에 대한 서구국가의 통제를 약화시켰다. 그리하여 서구국가는 중국 대외원조 의미를 힘을 아끼지 않고 타격하고 있다. 그 목적은 중국과 기타 발전도상국가 또는 발달하지 못한 국가의 정상적인 우호합작을 간섭하고 중국의 국제 이미지를 악화 시키려는 것이다. [2]

---

2) 王洪一:《试论〈中国威胁论〉》,《西亚非洲》2006年8月号.

제3절

중국 공신력 건설과 위협대응비용의 대책

1. 국가이미지 전파 능력을 제고해야 한다.

현재 국제 전파질서를 보면 서구이 강하고 동방이 약한 국면이 아주 명확하다. 분쟁이 발생할 때마다 국제여론은 서구으로부터 동방에 이르는 포위태세를 이루고 있다. 첫째, 중국은 자기 이미지 전파능력을 강화해야 한다. 현재 중국정부는 자기 국제 대매체 건립에 노력하고 있는데 이는 양호한 시작이다.[3] 둘째, 국가 이미지 구축에서 전파 내용과 수단은 국제 주류 정치 문화, 가치규범 시스템과 연결되어야 한다.

통속적으로 말하면 남들이 알아들을 수 있는 언어로 교류하여 남의 인식에 영향주는 목적을 달성해야 한다. 정부 이미지 전파에서는 "정치선전"의 굳어지고 텅 빈 소리를 하는 전통 설교유형을 버리고 구체적이고 생동한 사실로 친근, 성실, 낮은 자세의 면을 보여주어야 한다. 국가 이미지 구축과정에 다양한 주체의 참여를 적극 유도하고 정부의 직접 조작을 감소하며 중국 민간조직과 개인의 외국 민간사회 접촉의 경로를 확대해야 한다.[4]

2. 중국의 종합국력을 제고해야 한다.

전 주일 중국대사 중강개(中江介)는 다음과 같이 말했다. "인구가 많고 핵무기가 있는 나라가 위협이라면 미국은 인구가 많고 핵무기가 있는데 왜 미국을 위협이라고 하지 않는가?"[5] 그 원인은 단 하나 즉 미국은 너무 강대하기 때문에 미국의 위협과 위험을 말할 필요가 없다. 중국이 강대해지고 더욱 강해지는 것이 "중국 위협론"을 제거하는 근본적인 방법이고 가장 효과적인 경로이다.[6] 중국은 대외원조를 하고 국제책임을 감당하는 동시에 "재능을 감추고 드러내지 않는다."는 전략을 견지하고 자기 힘에 알맞게 진행해야 한다. 그리고 내부와 외부를 함께 돌보고 일부 발전도상국가와 국제사회의 중국에 대한 실제를 이탈한 기대, 국내의 몰이해 또는 지지하지 않는 것을 피면해야 한다.[7]

중국 무역 비용 대응책을 그림 27-2로 요약할 수 있다.

3) 龙小农, 张毓强: 《从援助海地看中国负责任大国形象的建构》, 《对外传播》 2010年3月号. 4) 李格琴: 《大国成长与中国的国家形象塑造》, 《现代国际关系》 2008年第10期.

5) 长弓: 《中国不折腾:中国的态度, 全球角色及别折腾》, 九州出版社2009年版, 第60页.

6) 黄兴华: 《"中国威胁论"的由来与发展》, 江西高校出版社2010年, 第233页

7) 龙小农, 张毓强: 《从援助海地看中国负责任大国形象的建构》, 《对外传播》 2010年3月

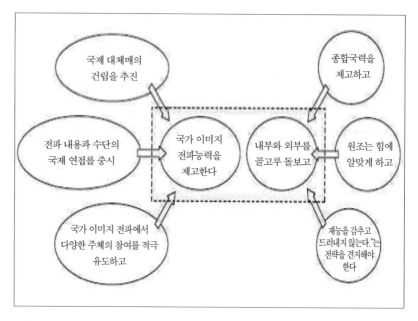

그림 27-2 공신력 건설과 위협 대응 비용

대외개발발전 비용의 요약

개혁개방 이래 중국의 개방발전 사상관념이 점차 형성되고 발전해왔으며 적극적이고 주동적인 국제교류의 확대, 대외무역의 대대적인 발전, 외국의 기술과 투자의 적극적인 흡인을 지도했다. 중국 기업은 인입에 만족하지 않고 대담하게 국제시장에 진출하기 시작하고 대외투자와 인수합병을 시작했다. 중앙과 지방은 각항 투입을 늘이고 경제와 사회 발전 촉진의 정책환경, 법률환경과 교통망을 창조했으며 개혁의 심화와 진일보의 대외개방 기초를 마련하고 경제의 고속 성장을 추진했다. 중국경제 실력의 제고에 따라서 중국은 세계 무대에서 갈수록 더욱 중요한 역할을 하고 있다. 발전도상국가로서 중국은 자기만 돌본 것이 아니라 국제 책임을 주동적으로 감당하고 기타 발전도상국가 경제발전에 매우 큰 방조를 주고 있다. 그리고 국제질서가 부단히 공평, 공정, 포용과 질서의 방향으로 나가도록 추동하고 있다. 대외개방 이래 중국의 경제발전은 장기간 투자가 이끌고 수출이 밀어주는 유형에 처해있다. 대량의 재정자금이 교통 등 기초건설분야에 진입하여 구역 대외개방을 촉진했다. 하지만 맹목적 투자와 집중투자 현상(장강대교를 례로 들면 앞으로 10년 사이에 장강대교는 100개를 초과하고 3,000㎞ 장강 주요부분에 평균 30㎞가 안되어 장강대교 1개가 놓이게 된다.)이 엄중하다. 외국자본과 수출에 과도하게 의존했기에 산업구조가 불합리하고 무역흑자가 부단히 확대되며 2008년에 무역 흑자 최고치 2,954.6억 달러에 달했다. 2010년, 중국 외환비축(보유액)은

28,473.38억 달러에 달하여 아주 큰 환율위험을 가지고 있다.(외환비축의 50%가 달러 자산형식이라고 가설한다면 인민폐 대비 달러가치가 10% 하락할 때 중국 외환비축 손실은 1423.65억 달러나 될 것이다.) 경제의 대외 의존도는 1980년의 12.54%에서 2010년 50.28%에 달하여 국제에서 인정하는 25% 안전선을 훨씬 초과했다. 민족공업의 발이전 억제를 당하고 국제무역 마찰 비용이 부단히 증가했다. 1995년 WTO성립 이후 2006년까지 중국에 대한 반덤핑 조사건수와 반덤핑조치 수량은 세계 첫자리로서 각각 536건과 375건이다. 다양한 명목의 "유연한 장벽"과 무역소송은 심각한 경제와 사회 영향을 조성했다. 이 과정에 각국은 다른 정치, 경제 또는 다른 목적으로 각종 형식의 "중국 위협론"을 제기하고 중국 평화적 궐기에 대한 국제사회 판단 및 중국과의 관계에 악영향을 주려 하고 있으며 중국 국제 이미지를 추락시키고 있다. 정치, 경제, 외교, 문화, 정부, 민간 등 각 분야의 대외교류를 촉진하고 책임이 있는 대국 이미지와 공신력을 수립하며 국제사회가 중국을 정확히 인식하게 하고 양호한 중국 발전 외부환경을 조성하기 위하여 중국은 아주 비싼 대가를 치렀다. 뿐만 아니라 대외원조와 국제교류에서 지불할 비용이 지금도 상승하고 있다. 대외개방과 세계화 참여과정에 상술한 비용과 대가는 중국이 계획경제에서 시장경제로 이전하는데서 회피할 수 없는 것이다. 하지만 30여년이 지난 오늘, 우리는 이미 발생한 비용, 한창 발생하고 있는 비용에 대하여 정확하게 대하고 반성해야 한다. 신형 개방관의 지도아래서 전반적, 장원적 관점을 가지고 중국경제 사회 지속적인 발전을 촉진하는 전제에서 개혁을 심화하고 개방을 확대해야 하며 세계화 융합 비용 효율을 더욱 제고해야 한다.

제7부

중국의 자연발전 비용

제28장

중국 자원에너지 원천 비용

제1절

중국에너지 원천비용의 개요

자원이란 "인류의 생존 발전, 생활에 필요한 모든 물질과 비물질(非物質) 요소이다".[1] 좁은 의미의 자원은 자연자원이다. 자연자원이란 사회효능과 상대적 희소성을 가진 자연 물질 또는 자연환경의 총칭을 가리킨다. 좁은 의미의 자원은 전반 환경 또는 어느 한부분이 인류에게 이용될 수 있다면 자연자원에 귀결시킬 수 있다.[2] 다시 말하면 자연자원을 인류 생산 생활에서 이용하고 일정한 사회효능을 산생할 수 있는 물질의 총칭이라고 이해할 수 있다.[3] 자연자원은 토지자원, 기후자원, 수자원, 생물자원, 광산자원, 해양자원, 에너지자원, 여행자원 등으로 나눌 수 있다. 본 장에서는 주로 토지자원과 수자원을 연구한다.

---

1) 王景平:《论自然资源的含义和特征》,《德州学院学报》2001年第7卷第2期
2) 李金昌:《关于自然资源的几个问题》,《自然资源学报》1992年第7期
3) 联合国在1970年的一份文件中对自然资源的概念做了这样的解释:人在其自然环境中发现的各种成分,
   只要它能以任何方式为人类提供福利,都属于自然资源.

에너지는 에너지의 원천이라고 이해할수 있는데 인류 생산 생활에 에너지를 공급하는 모든 자원을 가리킨다. 다른 분류표준에 근거하여 에너지를 표 28-1과 같이 분류할 수 있다.

표 28-1 다른 각도 에너지 분류표

분류 의거	에너지 유형	구체적 에너지 유형
재생할 수 있는가?	재생에너지	태양에너지, 바람에너지, 생물에너지, 해양에너지, 물 에너지, 수소 에너지, 연료전지 등
	비재생에너지	석탄, 석유, 천연가스 등
에너지 원천에 근거	지역	핵에너지, 열에너지
	지역 외 천체	우주 방사선, 태양에너지
	지역와 기타 천체의 상호작용	태양에너지로 인한 바람에너지, 물에너지, 파도에너지, 해양 온도 차이에너지, 생물에너지, 광합성, 화석연료, 조류에너지 등
이용정도에 근거	일상적 에너지	이용시간이 길고 기술이 비교적 성숙하며 대량 생산하고 광범하게 사용한다. 예를 들면 핵분열이다.
	세로운 에너지	적게 이용하고 한창 연구하고 있다. 예를 들면 핵융합이다.
획득 방법에 근거	1차 에너지	자연에 존재하고 직접 이용할 수 있다. 예를 들면 석탄, 석유, 천연가스, 바람에너지, 물에너지 등이다.
	2차 에너지	1차 에너지를 가공, 이전하여 얻은 것이다. 예를 들면 전기, 증기, 코크스, 가스, 수소 등이다.

자료원천, 작자의 요약

상술한 초보적인 이해에 근거하여 우리는 에너지 자원을 대자연이 인류에게 준 선물이라고 할 수 있다. 인류사회발전, 현대 생산에서는 에너지 자원을 떠날 수 없다. 자원은 인류 사회발전에 예측할 수 없는 역할을 하고 있다. 그런데 지역의 에너지 자원은 제한되어 있으며 대부분 에너지 자원은 재생할 수 없다. 인류 사회의 부단한 발전과정에 더욱 많은 에너지 자원이 개발, 이용되고 있다. 자원을 이용하는 과정에 필연코 비용이 발생한다.

경제학은 비용 가격을 3부분으로 이해하고 있다. 즉 상품생산에 소모한 생산자료 가치, 노동가치[1](노동력에 지불한 노임)와 증가한 잉여가치[2] 등이다. 앞의 두가지는 비용의 기본조성요소이다. 경제학의 각도로 에너지 자원 비용을 보면 에너지 자원 비용을 에너지 자원 개발과정에 인류 수요에 만족을 주기 위하여 지불한 모든 대가라고 할 수 있다.

그 의미는 다음 두 가지 방면이 있다. 첫째, 실제 생산 생활 보증을 위한 에너지 자원 개발 자본 비용과 노동력 비용이다. 둘째, 미래 압력을 피면하기 위한 에너지 자원 이용률의 제고에 투입한 과학연구와 실천의 비용이다. 구체적인 내용은 28-2를 참고할 것.

---

1) 前两者是成本的基本组成要素.

2) 刘兆洪:《关于资源成本意识理论的探析》,《中国国土资源经济》2007年第5期.

표 28-2 에너지 자원 비용의 구성

	비용 명칭	구체적 체현
제1부분	자본투입과 노동력 비용	예를 들면 광산자원 개발, 가공, 제련, 비용 개발 이용시설의 투입, 에너지 개발 이용과정의 노동자 보수 등.
제2부분	과학연구 실천 비용	예를 들면 오수 처리와 재이용, 해수의 담수화, 신에너지 연구 개발

에너지 자원 비용의 다소는 인류 생산 생활 활동의 에너지 자원 수요량에 의하여 결정된다. 만약 수요량이 부단히 증가하고 현실 자연계 제한된 에너지 자원이 인류 수요에 만족을 주지 못한다면 에너지 자원 사용 비용이 상승할 것이다. 인류 과학기술의 진보와 발전, 신에너지 자원의 개발 이용, 대체와 회수 자원 사용효율이 증가하여 에너지 자원 수요량이 인류 생산 생활 활동에 만족을 준다면 에너지 자원은 하강공간이 있게 된다.

현대화 생산에서 에너지 자원의 이용은 사회진보의 주요 동력원이다. 선진국의 경험을 보면 이런 국가가 아주 짧은 기간에 세계 강국으로 될 수 있는 결정적 요소는 에너지 자원의 대규모 개발과 이용이다. 한 국가의 국민생산 총액은 에너지 자원 소모량과 정비례를 이루고 있다. 에너지 자원 소모가 많을수록 사회발전 수준이 높다. 미국, 러시아, 일본, 영국, 프랑스, 이탈리아 등 선진국의 인구 합계는 세계인구의 20% 밖에 안되지만 세계 에너지 소모량의 67%를 차지하고 있다.[3]

---

3) 归秀娥: 《我国耕地资源可持续利用面临的问题与对策》, 《理论导刊》 2008年第7期

현재 중국 에너지자원은 비교적 풍부하다. 2006년, 1인당 석탄자원 소유량은 세계수준의 50%이고 석유 천연가스 소유량은 세계수준의 1/15이다. [4)

개혁개방 이후 신속한 경제발이전 의거한 것은 조방형 경제성장 방식으로서 많은 에너지 소모, 많은 투입, 낮은 부가가치가 이 시기 발전 특점이다. 이런 경제성장 방식으로 인하여 에너지 수요가 신속하게 증가하고 있다. [5) 2003-2007년의 에너지 소비를 보면 중국사회발전의 에너지 수요량이 부단히 증가했다. [6) 구체적인 내용은 그림 28-1을 참고할 것.

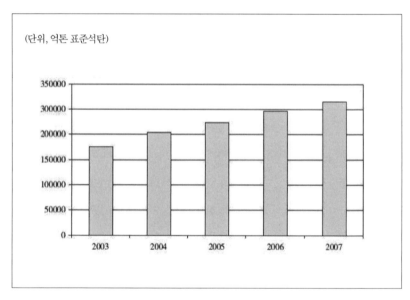

그림 28-1 중국의 에너지 소비 증가 (2003-2007년)
자료 출처, 2004-2008년 역대 《중국통계연감》을 정리하여 그림을 그렸음.

---

4) 李延明, 张庆, 张传平: 《基于使用者成本法的我国油气资源价值折耗分析》, 《金融经济》 2010年第6期

현재 중국은 세계 제2의 에너지 생산과 소비 대국이 되었다. 사회의 부단한 진보, 도시화와 공업화의 부단한 발전과정에 인류 에너지 자원 수요와 경제성장 지속적인 발전, 미래 인류와 자연의 조화로운 공존 환경사이 모순은 갈수록 더 첨예해지고 있다.

에너지 생산과 소비 단계에서는 일정한 환경오염을 조성하며 대다수 에너지 원천은 재생이 불가능하다. 이 세대 인간들이 에너지를 많이 이용하면 다음 세대들의 에너지가 줄어들게 된다. 때문에 사회발전과정에 제한된 에너지 자원 개발과 사용에서 에너지 자원 비용을 고려하는 것은 아주 필요하고 의의를 가지고 있다.

5) 林伯强, 魏巍贤, 李丕东: 《中国长期煤炭需求:影响与政策选择》, 《经济研究》 2007年第2期.

6) 国家统计局能源统计司: 《中国能源统计年鉴2006》, 中国统计出版社2006年版, 第125页

제2절

자원에너지 원천비용의 표현형식

에너지 자원 비용은 여러가지 표현형식을 가지고 있다. 에너지 자원 사용, 생산과정에 근거하여 에너지 자원 비용을 연구개발 비용, 채굴 비용, 사용 비용, 소모 비용, 설비투입 비용, 노동력 비용, 후기 수호 비용으로 나눌 수 있다. 에너지 자원 다른 종류에 근거하여 자원 비용[1]과 에너지 비[2]용으로 나눌 수 있다. 이 책은 자원 비용의 경작지 비용, 임지 비용, 광산 자원 비용의 정량 문제, 에너지 비용의 석유, 천연가스 등 비용의 정량 문제를 주로 연구한다.

중국에서 회복하거나 재생할 수 없는 것으로 표현되는 "자원"에는 경작지 감소, 임지 감소, 광산자원, 에너지 자원(석탄, 석유, 천연가스) 소모 등이다.

---

1) 资源成本进一步细分可以分为土地资源成本,气候资源成本,水资源成本,生物资源成本,矿产资源成本,海洋资源成本,能源资源成本,旅游资源成本等.

2) 而能源成本则可进一步划分为煤炭,石油,天然气,风能,水能等的成本.

1. 경작지 비용

경작지 비용 계산방법은 경작지 자원의 소모감소 가치 [1]와 위험 비용 평가방법으로 얻는다. 유엔에서 확정한 1인당 0.8무 경작지 최저선에 의하면 1인당 경작지가 0.8무를 초과할 때 경작지 비용은 경작지 소모 감소 가치이다.경작지 자원이 0.8무보다 작을 때에는 일부 인간들은 수시로 기본 생존보장이 없을 수 있고 경작지 비용에 여유 인구의 생명 비용을 더해야 한다. 즉

경작지 비용 = (그 해 경작지 면적-1978년 경작지 면적)

경작지 1년 수익가격 ＋여유인구 생명 비용 [2] (28-1)

여유인구 = 그 해 총인구-그 해 경작지 면적 0.8 무 여유인구는

정수를 취하는데 만약 마이너스이면 영이라고

설치한다. (28-2)

---

[1] 耕地的耗减量选择1978年为标准,相比1978年减少的耕地为耕地的耗减成本,相比1978年增加的耕地量为耕地成本的负增加量.

[2] 生命成本是指平均水平上一个自然人一生通过劳动所能换取的等价的财富的总量.

1978-2009년 전국 1인당 경작지 면적은 0.8무를 초과했다. 예를 들면 1979년에는 1.53무/1명, 2009년에는 1.37무/1명으로서 여유인구가 없었다. 2009년 경작지 면적은 12,172만 헥타르로서 1978년보다 2,233.1헥타르 증가했다. 1995년 경작지 면적은 제일 적었는바 9,510.13헥타르밖에 안되었고 경작지 소모 감소 손실은 760억 원 인민폐에 달했다.(표 28-1을 참고할 것.)

2. 임지 비용

임지 비용 계산은 경작지보다 간단하다. 임지는 경작지와 달리 인류 생존의 기초성이 없기에 그 위험 비용을 고려하지 않는다. 임지 소모 감소의 계산은 1978년 가치를 표준으로 하는데 감소한 자원은 정 비용(正成本)이고 증가한 자원은 부 비용(負成本)이다. 임지 비용 계산공식은 다음과 같다.

임지 비용 = (1978년 임지 면적-그 해 임지 면적) 임지 1년 수익가격   (28-3)

이 공식에 1978-2009년 임지 면적 통계수치, 임지 1년 수익가격[3] 통계수치[4] 를 대입하면 1978년 임지면적은 11,500만 헥타르로서 300여년 동안 임지면적은 줄곧 증가했다. 2009년에는 19,545.22만 헥타르였다.

---

3) 由于历年林地价格的不完整性,林地年收益价格以1991年为基准,其余年份均以可比价格进行计算.
4) 计算中国1978年至2009年林地成本,各变量统计数据详见附录.

전국 1인당 임지면적은 1978-2009년 최고로 0.146헥타르였는데 세계 평균 수치는 0.6헥타르이며 그 1/4도 되지 않았다. 비록 직관적인 비용은 없지만 생태건설의 부족, 임지자원 결함의 현상을 잘 보여주고 있다.

3. 광산자원 비용

광산자원은 재생할 수 없는 바 사용한 것 만큼 줄어들기 때문에 사용량을 비용에 넣는다. 임지와 경작지 자원은 일반적으로 회복할 수 없는 것으로 추산하고 있다. 본 장에서는 주로 철광 비용의 정량을 연구하는데, 비용은 그 해 생산량에 그 해 해당 광석의 시장가격을 곱하는 방식으로 계산한다. 철광석 자원 비용 계산공식은 다음과 같다.

철광석 비용 = 철광석 생산량 철광석 시장가격 (28-4)

이 공식에 중국 1980-2000년 역대 철광석 생산량 통계수치, 철광석 시장가격을 대입하면 철광석 비용을 계산할 수 있다.(구체적인 내용은 그림 28-2을 참고할 것.) 이 도표에서 1980년 이래 해마다 철광석 비용은 상승하고 2000년까지 최고치 22.5억 위안 인민폐에 달했다는 것을 알 수 있다. 1992년 이전에 중국 철광석 비용은 줄곧 비교적 균일한 속도로 증가했다. 1993-1998년, 중국 철광석 비용은 신속하게 증가했는 바 1980-1992년 증가속도의 2배나 되었다.

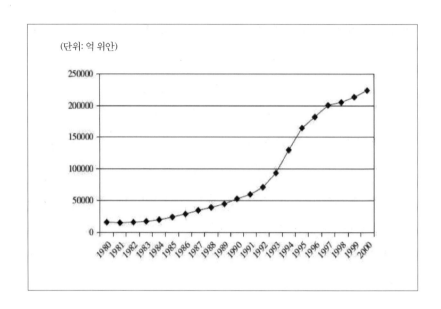

(단위: 억 위안)

그림 28-2   중국 1980-2000년 철광석 비용
자료 출처, 표 28-3의 수치에 근거하여 계산했음.

4. 석탄 비용

석탄 비용 계산은 역대 석탄 채굴량(외부에서 수입한 석탄을 포함하지 않는다.석탄의 시장가격에 근거하여 가늠한다. 석탄 비용 계산공식은 다음과 같다.

석탄 비용 = 그 해 석탄 채굴량 석탄 시장가격   (28-5)

상술한 공식에 1978-2009년 역대 석탄 채굴량 통계수치, 석탄 시장가격[1]

통계수치 [2]를 대입하면 1978-2009년 석탄 비용을 계산할 수 있다.(그림 28-3을 참고할 것.) 이 도표에서 1978년 이래 해마다 중국 석탄 비용이 상승하고 2009년에 700억 위안 인민폐에 달했다는 것을 알 수 있다. 그 중 1997-2003년 중국 석탄 비용 증가는 완만했다.

5. 석유 비용

석유 비용은 역대 중국 원유 생산량(외부에서 수입한 석유를 포함하지 않았다.) 대체, 원유 시장가격으로 가늠한다. 원유 비용 계산공식은 다음과 같다.

$$원유\ 비용 = 그\ 해\ 원유\ 생산량\ \ 원유\ 시장가격 \qquad (28\text{-}6)$$

---

1) 由于历年煤炭价格的不完整性,煤炭市场价格以1991年为基准,其余年份煤炭市场价格均以可比价格进行计算.

2) 计算中国1978年至2009年煤炭成本,各变量统计数据详见附录.

상술한 공식에 1978-2009년 역대 원유 생산량 통계수치, 원유 시장가격 통계수치를 대입하면 1978-2009년 원유 비용을 계산할 수 있다.(그림 28-4를 참고할 것.) 이 도표에서 1978년 이래 해마다 중국 석유 비용이 상승하고 2008년에 6,900억 위안 인민폐에 달했다는 것을 알 수 있다. 그 중 1993-1997년 중국의 원유 비용은 신속하게 증가하고 1997-2002년에는 평온한 상태를 유지했다.

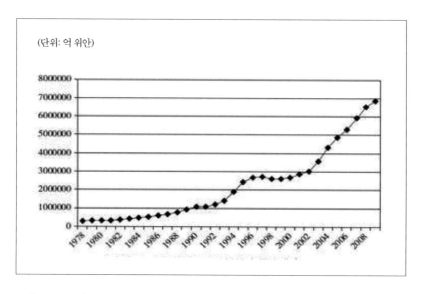

그림 28-3 중국의 1978-2009년 석탄 비용
자료 출처, 표 28-3에 근거하여 계산했음.

6. 천연가스 비용

천연가스 비용은 중국 천연가스 채굴량, 천연가스 시장가격에 의하여 가늠한다. 구체적인 계산공식은 다음과 같다.

천연가스 비용 = 그 해 천연가스 채굴량 천연가스 시장가격 (28-7)

상술한 공식에 1978-2009년 역대 천연가스 생산량 통계수치, 천연가스 시장가격 [1] 통계수치 [2] 를 대입하면 1978-2009년 중국 천연가스 비용을 계산할 수 있다.(그림 28-7을 참고할 것.) 이 도표에서 1978년 이래 해마다 중국 석유 비용이 상승하고 1978-2002년 중국 천연가스 비용 성장이 완만하며 2003년 이후 해마다 중국 천연가스 비용이 직선으로 상승하고 2009년에 최고치인 800억 위안 인민폐에 달했다는 것을 알 수 있다.

---

1) 由于历年天然气市场价格的不完整性,天然气市场价格以1991年为基准,其余年份天然气市场价格均以可比价格进行计算

2) 计算中国1978年至2009年天然气成本,各变量统计数据详见附录.

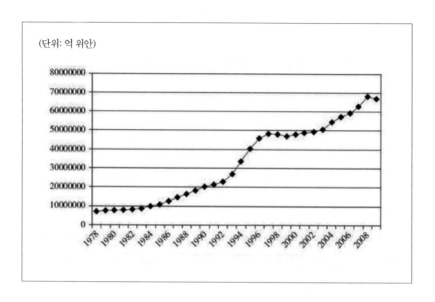

그림 28-4　중국의 1978-2009년 석유 비용

자료 출처, 표 28-5수치에 근거하여 계산

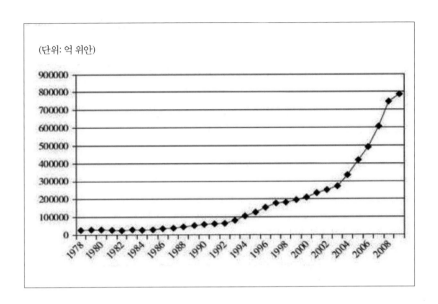

(단위: 억 위안)

그림 28-5   중국의 1978-2009년 석유 비용
자료 출처, 표 28-6 수치에 근거하여 계산

제3절

에너지 자원 원천 비용의 발생 원인

인류의 생산 생활에서 다른 에너지 자원 원천의 개발과 이용에서는 다른 비용이 산생된다. 에너지 자원 원천 비용 산생의 공동원인을 아래 몇개 면으로 요약할 수 있다.

1) 대다수 에너지 자원 원천은 재생할 수 없다. 제한된 에너지 자원 원천은 인류 생산 생활에서 대량으로 소모되어 이용할 수 있는 에너지 자원 원천 수량이 부단히 감소하고 있다. 이는 일정한 정도에서 이용이 가능한 잉여 에너지 자원 원천 사용 비용을 높이고 있다.

2) 큰 경제환경의 영향으로 인해 중국 통화팽창은 부단히 증가하고 있다.(표 28-4를 참고할 것. 표 28-3에서 중국 2003-2008년 1년 CPI 변화율이 모두 정수치라는 것을 알 수 있다. 6년 동안 중국 CPI는 증가 상태이고 각 분야의 물가상승을 조성했다. 에너지 자원 원천 채굴 설비, 노동력 비용도 오르게 되었다.

표 28-3　중국 2003-2008년 통화팽창 변화율

연도	CPI년 변화율
2008	5.86
2007	4.75
2006	1.46
2005	1.82
2004	3.88
2003	1.16

수치 출처, International Financial Statistics,IMF Members'Financial Data by Country, 14 May 2010.

에너지 자원 원천의 차이성과 특수성으로 인하여 에너지 자원 원천 개방, 이용 과정에 산생된 비용 원인은 서로 다르다. 경작지 비용 형성을 예로 들면 농촌 집단 토지 소유권[1]이 분명하지 않고 건설용 토지가 부단히 증가하며 경작지 질이 내려가는 등 요소는 경작지 비용 형성의 중요한 영향 요소이다.

1) 농촌 집단토지 소유권 재산권이 분명하지 않은 것은 중국 경작지 보호의 난도를 증가하고 있다. 중화인민공화국 토지 관리법 제 8조에서는 다음과 같이 규정했다. 농촌과 도시 교구 토지는 법률규정에 따라 국가소유에 속하는 이외 나머지는 농민 집단소유에 속한다. 하지만 헌법 은 "집단소유"의 구체적인 해설을 하지 않았다. 민법통칙 에서는 "집단소유"를 향 진, 촌 2급 소유라고 규정하고 농업법과 토지관리법 에서는 "집단소유"를 향 진, 촌 또는 촌 내 집단경제조직[2] 소유라는 정의를 내렸다. 이처럼 농촌 집단토지 소유권 재산권이 분명하지 못한 상황은

경작지 사용권의 불안정을 조성하고 대량의 경작지 자원의 점유를 초래했으며 불필요한 소모 감소를 조성했다.

2) 건설 용지의 부단한 증가도 경작지 비용 형성과 증가의 주요요소이다. 중국사회의 부단한 진보 발전에 따라서 공업화, 도시화가 부단히 추진되고 공업, 주택, 건설 용지의 수요량이 갈수록 더 많아지고 있으며 대량의 경작지가 점유, 낭비되고 있다. "11.5"기간만 해도 중국 건설 용지는 3,285만 무가 증가했는데 그 중 경작지 면적이 1,641만 무이다. 2006년까지 전국 건설 용지는 4.85억 무이고 1년 건설용지는 770.9만 무 증가하고 있다. 2006년 전국 증가한 건설 용지는 40.43만 무로서 동기 대비 15.3% 증가했다.[3]

3) 경작지 질의 하강으로 인한 경작지 비용 제고도 홀시할 수 없다. 중국 30%의 경작지는 수토유실 위기에 처해있다. 밭 유기물질 및 질소, 인, 칼륨 등 영양원소의 1년 손실은 각각 $2.7*10^7$ t , $5.5*10^6$t, $6.0*103$t, $5.0*10^6$t에 달한다. [4] 경작지 질의 하강은 경작지 이용률의 하강과 경작지 비용의 상대적 제고를 조성했다.

---

1) 农村集体土地产权制度是指构建农村集体土地产权结构和产权关系的制度安排,是农村集体的土地经济关系的具体体现.

2) 潘明才：《实施严格耕地保护制度需要解决的问题》，《理论视野》2006年第4期

3) 刘正山：《我国粮食安全与耕地保护》，《财经科学》2006年第7期

4) 张启珍,杨铭：《耕地保护与可持续发展》，《周口师范学院学报》2004年第5期

자원 비용 형성원인과 유사하게 에너지 원천 비용 형성원인도 그 국한성과 밀접한 연관성을 가지고 있다. 현재 자원 정가이론의 틀에서 에너지 원천 가격을 정할 때 재생 자연자원에 대하여 재생할 수 없다는 가설[1]을 하지 않았다. 에너지 원천의 특수성 즉 재생할 수 없다는 것은 에너지 원천 비용 산생의 하나이다.

미래에 에너지 원천 비축 또는 대체 에너지 원천을 새로 발견하지 못한다면 현재 채굴하고 있는 에너지 원천에 미래 기회 비용 즉 에너지 원천 소모 감소 비용도 포함된다. 에너지 원천의 부단한 소모 감소로 인하여 미래 에너지 원천 사용 비용도 부단히 증가할 것이다.

에너지 자원 원천 형성 비용은 다양하다. 그 비용 형성은 공동요소의 작용도 있고 차이성 에너지 자원 원천 비용 형성요소도 있다. 독자들의 이해를 돕기 위하여 에너지 자원 원천 비용 형성요소를 그림 28-6과 같이 요약한다.

---

1) 这些理论框架在对能源进行定价时,只是对常规的能源开采过程相关的因素进行考虑,例如能源的勘探成本,能源的 开采成本,能源开采设备成本与劳动力成本,而未对不可再生性与对环境的破坏等因素进行考虑.

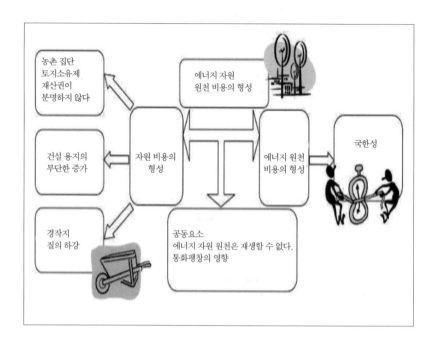

그림 28-6 에너지 자원 원천 비용의 형성

제4절

자원에너지 원천비용의 대책

에너지 자원의 이용과 경제적 이익, 사회적 이익, 환경적 이익의 관계를 정확하게 처리하기 위하여 우리는 지금부터 과학적 생태 관념을 수립하고 에너지 자원 원천과 자연계의 감당능력을 충분히 고려해야 하며, 불합리적인 에너지 자원 원천 이용방식을 엄격하게 통제하고 합리적인 대응조치와 문제해결 정책을 제정해야 한다.

에너지 자원 원천의 이용, 사회와 생태환경 종합이익의 공동발전에 주의를 돌려야 한다. 에너지 자원 원천 비용에 비추어 그 구체적인 대응책을 그림 28-7과 같이 요약할 수 있다.

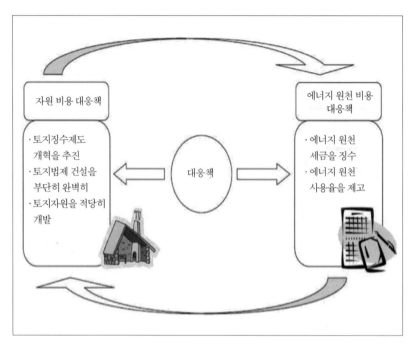

그림 28-7 에너지 자원 원천 비용 대응책

1. 자원 비용 통제 대응책

자원 비용 방면에서 농촌 집단의 토지 소유제 재산권이 분명하지 못한 문제에 비추어 국가는 토지징수제도 개혁을 적극 추진하고 토지자원을 엄격하게 관리해야 하며, 신속하게 토지 사용의 합리화, 규범화를 실현해야 한다. 사회주의 시장경제의 건립을 탐구하고 정부 의법행정(依法行政), 도시와 농촌 조화로운 발전의 토지제도를 촉진해야 한다.

경작지 징용 청문제도를 신속히 건립하고 경작지 용도를 명확히 해야 하며 경작지 남용현상을 근절하여 토지 소모 감소 비용을 더욱 줄여야 한다.

건설용지의 부단한 증가로 인한 경작지 비용에 비추어 토지 법제건설을 부단히 완벽화하고 농촌 토지소유권 제도를 명확히 해야 한다. 해당 법규 건설을 강화하고 집법부문의 감독 검사 강도를 강화해야 한다. 각급 해당 부문에서는 경작지 위법행위를 발견하면 해당 사법부문에 이송하여 경작지 점유 범죄행위를 엄하게 타격하여 경작지 점유 비용을 줄여야 한다.[1]

그밖에 토지자원을 적절히 개발하고 경작지 질을 제고하는 것은 경작지의 질 하강으로 인한 경작지 비용 대응책이다. 적절한 토지자원 개발은 경작지 면적을 효과적으로 제고하고 경작지 비용을 낮출 수 있다. 경작지 단위 면적의 생산력을 제고하면 제한된 경작지 자원 조건에서 경작지 자원 사용율을 높여 경작지 자원 비용을 간접적으로 줄일 수 있다.

2. 에너지 원천 비용 통제 대응책

에너지 원천 비용에 비추어 에너지 원천 세금징수 방식으로 조정, 통제할 수 있다. 경제학 각도로 보면 에너지 원천 세금의 징수는 에너지 원천 채굴 기업의 생산 비용을 직접 제고하지만 일정한 정도에서 에너지 원천 이용률을 제고하여 에너지 원천 소모량을 더욱 억제할 수 있다. 뿐만 아니라 에너지 원천 분야의 독점현상에 대하여 일정한 완화작용을 할 수 있다.

---

1) 赵其国 等: 《中国耕地资源变化及其可持续利用与保护对策》, 《土壤学报》 2006年第4期.

일부 학자들의 조사 연구에 의하면 에너지 원천 세금징수는 국유 독점 석유기업의 독점 임대금과 잉여이윤을 감소시켜 해당 기업이 주동적으로 채굴방식을 개량하고, 희소한 석유와 가스 자원 채굴량을 제고하게 할 수 있다.[2] 생산율 제고를 자극하는 방식을 통하여 일정한 정도에서 에너지 원천 소모 비용을 통제할 수 있다. 국제경험에 의하면 일본과 유럽의 에너지 원천 세금은 비교적 많고 미국, 호주 등 국가는 비교적 적다.

많은 세금을 징수하는 것은 일본 등 국가의 경쟁력을 약화시키지 않았을 뿐만 아니라 해당 기업의 에너지 원천 이용 효율의 관심을 일으켜서 에너지 원천 사용율을 높이고 에너지 원천 소모 비용을 간접적으로 낮추었다.

---

2) 林伯强, 何晓萍:《中国油气资源耗减成本及政策选择的宏观经济影响》,《经济研究》2008年第5期

부록 표 28-1 중국의 1978-2009년 경작지 비용

연도	경작지 면적 (만 헥타르)	경작지 가격 (위안/만 헥타르)	그 해 인구 (명)	1인당 경작지 면적 (畝/人)	경작지 원가 (억 위안)
1978	9622.9	647576099.2	962590000	1.54	-
1979	9949.8	467470393.2	975420000	1.53	-
1980	9930.5	489369101.9	987050000	1.51	-
1981	9903.5	507692511.2	1000720000	1.48	-
1982	9860.6	526462832.9	1016540000	1.46	-
1983	9835.9	545680067	1030080000	1.43	-
1984	9785.3	565791126	1043570000	1.41	-
1985	9684.6	585902185	1058510000	1.37	149.0
1986	9622.9	647576099.2	1075070000	1.34	204.6
1987	9588.8	715506787.3	1093000000	1.32	250.5
1988	9572.1	790588074.2	1110260000	1.29	289.9
1989	9565.6	873713784.6	1127040000	1.27	326.2
1990	9567.2	967118480.8	1143330000	1.26	359.5
1991	9565.3	1000190000	1158230000	1.24	373.7
1992	9542.5	1064098476	1171710000	1.22	421.8
1993	9510.1	1220517824	1185170000	1.20	523.4
1994	9510.1	1515033110	1198500000	1.19	649.6
1995	9510.1	1773795402	1211210000	1.18	760.6
1996	13003.9	1921276501	1223890000	1.59	-
1997	12990.3	1974905992	1236260000	1.58	-
1998	12964.2	1959264057	1247610000	1.56	-
1999	12920.5	1931555487	1257860000	1.54	-
2000	12824.3	1939599911	1267430000	1.52	-
2001	12761.5	1953007283	1276270000	1.50	-
2002	12592.9	1937365349	1284530000	1.47	-

2003	12339.2	1960604794	1292270000	1.43	–
2004	12244.4	2037026819	1299880000	1.41	–
2005	12206.6	2073673637	1307560000	1.40	–
2006	12177.5	2104957507	1314480000	1.39	–
2007	12173.5	2205959714	1321290000	1.38	–
2008	12171.6	2336011229	1328020000	1.37	–
2009	12172	2319475469	1334740000	1.37	–

수치 출처, 경작지 수치는 3농 수치망, 역대 중국통계연감을 정리했다. 1991년 경작지 가격은 왕개봉 "호남성 경제성장의 자원 환경 대가 평가"《장강유역자원과환경》 2007년 제2호에서 인용하고 기타 가격은 대비가격에 근거하여 추산했다.

부록 표 28-2 중국의 1978-2009년 산림 면적과 가격

연도	산림 면적 (만 헥타르)	산림 가격 (위안/만 헥타르)
1978	11500	4946.8275
1979	11500	5174.3816
1980	11500	5416.7761
1981	11500	5619.5961
1982	12000	5827.3628
1983	12000	6040.0764
1984	12500	6262.6836
1985	12500	6485.2909
1986	12500	7167.9531
1987	12500	7919.8709
1988	12500	8750.9379

1989	13400	9671.0478
1990	13400	10704.935
1991	13400	11071
1992	13400	11778.396
1993	13400	13509.786
1994	15900	16769.745
1995	15900	19633.958
1996	12863	21266.412
1997	12863	21860.031
1998	13370	21686.892
1999	13370	21380.189
2000	15894	21469.231
2001	15894	21617.636
2002	15894	21444.497
2003	15894.09	21701.732
2004	17490.92	22547.64
2005	17490.92	22953.28
2006	17490.92	23299.558
2007	17490.92	24417.541
2008	17490.92	25857.067
2009	19545.22	25674.035

수치 출처, 역대 중국통계연감, 중국종이제조년감에 근거하여 계산, 정리했다. 1991년 임지 가격은 왕개봉 "호남성 경제성장의 자원환경 대가 평가" 《장강 유역 자원과 환경》 2007년 제2호에서 인용하고 기타 가격은 대비가격에 근거하여 추산했다.

부록 표 28-3　중국의 1978-2009년 석탄 비용

연도	철광생산량(만톤)	철광시장가격 (위안/만톤)	1978_2009 가격지수	철광비용(만 위안)
1980	3802	43252.01072	109.5	16444.41
1981	3417	44871.4924	113.6	15332.32
1982	3550	46530.47364	117.8	16518.32
1983	3738	48228.95442	122.1	18027.98
1984	4001	50006.43432	126.6	20007.57
1985	4679	51783.91421	131.1	24229.69
1986	5064	57234.85255	144.9	28983.73
1987	5503	63238.78463	160.1	34800.3
1988	5704	69874.70956	176.9	39856.53
1989	5820	77221.62645	195.5	44942.99
1990	6237	85477.03307	216.4	53312.03
1991	6765	88400	223.8	59802.6
1992	7589	94048.4361	238.1	71373.36
1993	8738	107873.2797	273.1	94259.67
1994	9741	133903.4853	339	130435.4
1995	10529	156773.7265	396.9	165067.1
1996	10721	169808.5791	429.9	182051.8
1997	11511	174548.5255	441.9	200922.8
1998	11852	173166.0411	438.4	205236.4
1999	12533	170717.0688	432.2	213959.7
2000	13101	171428.0608	434	224587.9

수치 출처, 철광석 생산량 수치는 외경무부연감편찬위원회 《중국경제무역대감2001》
중국경제출판사 2001년판 제45쪽에 근거했다. 1991년 철광석 가격은 왕개봉 "호남성 경제성장의
자원환경 대가 평가" 《장강 유역 자원과 환경》 2007년 제2호에서 인용하고 기타 가격은 대비가격에
근거하여 추산했다.

부록 표 28-4   중국의 1978-2009년 석탄 비용

연도	석탄시장가격 (만위안/만톤)	석탄채굴량 (만톤)	1978-2009 가격지수	석탄 비용 (만 위안)
1978	4.463806971	61800	100	275863.2708
1979	4.669142091	63500	104.6	296490.5228
1980	4.887868633	62000	109.5	303047.8552
1981	5.70884718	62200	113.6	315409.0295
1982	5.258364611	66600	117.8	350207.0831
1983	5.450308311	71500	122.1	389697.0442
1984	5.651179625	78900	126.6	445878.0724
1985	5.852050938	87200	131.1	510298.8418
1986	6.4680563	89400	144.9	578244.2332
1987	7.14655496	92800	160.1	663200.3003
1988	7.896474531	98000	176.9	773854.504
1989	8.726742627	105400	195.5	919798.6729
1990	9.659678284	108000	216.4	1043245.255
1991	9.99	108000	223.8	1078920
1992	10.6283244	111600	238.1	1186121.033
1993	12.19065684	115100	273.1	1403144.602
1994	15.13230563	124200	339	1879432.359
1995	17.71684987	136100	396.9	2411263.267
1996	19.18990671	139700	429.9	2680829.891
1997	19.725563	138800	441.9	2737908.145
1998	19.56932976	133200	438.4	2606634.724
1999	19.29257373	136400	432.2	2631507.056

2000	19.37292225	138400	434	2681212.44
2001	19.50683646	147200	437	2871406.327
2002	19.35060322	155000	433.5	2999343.499
2003	19.58272118	183500	438.7	3593429.336
2004	20.34603217	212300	455.8	4319462.63
2005	20.71206434	235000	464	4867335.121
2006	21.02453083	252900	471	53171103.847
2007	22.03335121	269200	493.6	5931378.145
2008	23.33231903	280200	522.7	6537715.794
2009	23.16715818	297300	519	6887596.126

수치 출처, 석탄생산량 수치는 역대중국통계연감을 정리, 계산하여 얻었다. 1991년 석탄 가격은 왕개봉 "호남성 경제성장의 자원환경 대가 평가" 《장강유역 자원과 환경》 2007년 제2호에서 인용하고 기타 가격은 대비가격에 근거하여 추산했다.

부록 표 28-5 중국의 1978-2009년 석유 비용

연도	원유시장가격 (만위안/만톤)	1978- 2009 가격지수	원유산출량 (만톤)	원유 비용 (만 위안)
1978	681.7533719	100	10405	7093643.834
1979	713.114027	104.6	10615	7569705.396
1980	746.5199422	109.5	10595	7909378.788
1981	774.718304	113.6	10122	7839203.868
1982	803.1054721	117.8	10212	8201313.081
1983	832.4208671	122.1	10670	8829488.137
1984	863.0997688	126.6	11461	9891986.45
1985	893.7786705	131.1	12490	11163295.59
1986	987.8606358	144.9	13069	12910350.65
1987	1091.487148	160.1	13414	14641208.61
1988	1206.021715	176.9	13705	16528527.6
1989	1332.827842	195.5	13764	18345042.42
1990	1475..314297	216.4	13831	20405072.04
1991	1525.764046	223.8	14099	21511747.29
1992	1623.254778	238.1	14210	23066450.4
1993	1861.868459	273.1	14524	27041777.49
1994	2311.143931	339	14608	33761190.54
1995	2705.879133	396.9	15005	40601716.39
1996	2930.857746	429.9	15733	46111184.91
1997	3012.66815	441.9	16074	48425627.85
1998	2988.806782	438.4	16100	48119789.19
1999	2946.538073	432.2	16000	47144609.17

2000	2958.809634	434	16300	48228597.03
2001	2979.262235	437	16396	48847983.61
2002	2955.400867	433.5	16700	49355194.48
2003	2990.852042	438.7	16960	50724850.64
2004	3107.431869	455.8	17587	54650404.28
2005	3163.335645	464	18135	57367091.93
2006	3211.058382	471	18477	59330725.72
2007	3365.134644	493.6	18631	62695823.54
2008	3563.524875	522.7	19043	67860204.19
2009	3538.3	519	18949	67047246.7

수치 출처, 원유 생산량은 역대 중국통계연감에 근거하여 정리했다. 1991년 원유 가격은 왕개봉 "호남성 경제성장의 자원환경 대가 평가"《장강 유역 자원과 환경》 2007년 제2호에서 인용하고 기타 가격은 대비가격에 근거하여 추산했다.

부록 표 28-6 중국의 1978-2009년 천연가스 비용

연도	천연가스시장가격 (십만 위안/억㎥)	1978-2009 가격지수	천연가스산출량 (억㎥)	천연가스 비용 (십만 위안)
1978	178.2273603	100	137.3	24470.61657
1979	186.4258189	104.6	145.1	27050.38632
1980	195.1589595	109.5	142.7	27849.18353
1981	202.4662813	113.6	127.4	25794.20424
1982	209.9518304	117.8	119.3	25047.25337
1983	217.6156069	122.1	122.1	26570.86561
1984	225.6358382	126.6	124.3	28046.53468
1985	233.6560694	131.1	129.3	30211.72977
1986	258.2514451	144.9	137.6	35535.39884
1987	285.3420039	160.1	138.9	39634.00434
1988	315.2842004	176.9	142.6	44959.52697
1989	348.4344894	195.5	150.5	52439.39066
1990	385.6840077	216.4	153	59009.65318
1991	398.8728324	223.8	157.9	64098.86416
1992	424.3593449	238.1	157.9	67006.34056
1993	486.738921	273.1	167.7	81626.11705
1994	604.1907514	339	175.6	106095.896
1995	707.3843931	396.9	179.5	126975.4986
1996	766.199422	429.9	201.1	154082.7038
1997	787.5867052	44109	227	178782.1821
1998	781.3487476	438.4	232.79	181890.175
1999	770.2986513	432.2	251.98	194099.8541
2000	773.5067437	434	272	210393.8343
2001	778.8535645	437	303.29	236218.4976

2002	772.6156069	433.5	326.6	252336.2572
2003	781.8834297	438.7	350.15	273776.4829
2004	812.3603083	438.7	350.15	273776.4829
2005	826.9749518	464	509.44	421294.1195
2006	839.4508671	471	585.53	491523.6662
2007	879.7302505	493.6	692.4	609125.2254
2008	931.5944123	522.7	802.99	748060.9972
2009	925	519	852.69	788738.25

수치 출처, 천연가스 생산량은 역대 중국통계연감에 근거하여 정리했다. 1991년 천연가스 가격은
왕개봉 "호남성 경제성장의 자원환경 대가 평가" 《장강 유역 자원과 환경》 2007년 제2호에서
인용하고 기타 가격은 대비가격에 근거하여 추산했다.

제7부

중국의 자연발전 비용

제29장

중국의 생태환경 비용

제1절

중국 생태환경 비용의 개술

최근 경제의 신속한 발전에 따라 인간들은 생산 생활에서 인류 사회 발전으로 인한 환경문제를 홀시하고 생태환경을 과도하게 개발, 이용하고 있으며 자원의 고갈, 생태환경의 부단한 악화를 초래하고 인류의 미래 생존환경에 심각한 위협을 주고 있다. 통계에 의하면 20세기 90연대, 2/3의 중국 경제성장은 환경 대월의 기초에서 이룩한 것이다. 대기오염으로 인한 경제 손실은 약 GDP의 8%[1]를 차지한다. 그러나 중국 폐기물 배출량은 환경 감당 임계치를 초과하고 생태환경에 아주 큰 압력을 주고 있다.[2]

국가 2급 공기질 표준에 의하면 중국 도시 공기 질 이산화유황의 환경용량은 1,200만 톤이다. 만약 지금의 추세대로 발전한다면 중국 이산화유황 배출량이 2020년에 2,900만 톤[3] 에 달해서 국가 표준의 몇배나 되고 생태환경의 감당 능력을 훨씬 초과할 것이다. 따라서 유사화교수(2004년)는 다음과 같이 지적했다. "중국경제는 생태환경 비용이 국민 생산 총액을 초과하여 심각한 손해를 보는 경제 시스템이다.

이 시스템의 운행은 '환경 대월'과 '생태 적자'에 의하여 유지되고 있다. 과도한 자원 소모, 과중한 환경오염, 과도한 생태 파괴로 인하여 중국 생태계통의 부하는 임계상태에 이르고 일부 자원과 환경 용량은 감당하기 어려운 극한에 이르렀다." [4] 때문에 인류의 생산 생활과정에 자연환경 비용을 고려하는 것은 아주 필요하고 중요한 것이다.

생태환경 비용은 환경 비용이라고도 부르는데 인류의 생산 생활과정에 환경의 영향으로 인한 대가를 가리킨다. 부동한 각도에 환경 비용에 대하여 부동한 이해를 할 수 있다. 유엔 통계서와 미국 환경관리위원회에서 1993년에 반포한 "환경과 경제 종합 계산 시스템"(The System of Integrated Enviromental and Economic Accounting)에서는 환경 비용의 정의를 다음과 같이 내렸다.(구체적인 내용은 표 29-1을 보라.)

1) 戴利: 《超越增长———可持续发展的经济学》,上海译文出版社2001年版,第18页
2) 《2010年世界银行发展报告》中还指出我国现阶段水环境有机物含量超过环境容量的70%以上,大气中二氧化硫年排放量超过环境容量的60%以上.
3) 世界银行: 《2010年世界发展报告———发展与气候变化》,清华大学出版社2010年版,第105页.
4) 刘思华: 《关于科学发展观的几个问题》,《内蒙古财经学院学报》2004年第6期.

표 29-1   유엔 통계서와 미국 환경관리위원회의 비용 정의

유엔 통계서	미국 환경관리위원회
자연자원 수량 소모와 질량 감퇴로 인한 경제 손실	환경소모 비용. 환경오염으로 인한 비용 또는 지출을 가리킨다.
환경의 실제지출 즉 오염방지로 인한 각종 비용, 환경개선과 자연자원 수량 또는 질량의 회복으로 인한 각종 지출	환경보호 비용. 오염과 떨어지기 위하여 지불한 비용.
	환경사무 비용. 환경관리로 인한 핸드폰 환경오염 정보, 오염정도의 계산, 오염방치 정책의 집행으로 인한 각종 비용.
	환경오염 제거 비용. 환경오염 제거로 인한 비용

자료 출처 : Richard, Smith,, "Accounting for the Environment; the Role of Strategic Management Accounting", Management Accounting, Vol.4, No.2,1997

일본환경청은 환경이란 "기업 사업 단위 활동에서 발생된 환경부하 하강을 목적으로 지불한 비용과 해당 비용이다.[5] 여기에는 환경보존의 투자액과 그 시기 비용이 망라된다."라는 정의를 내렸다. 네덜란드 국가통계국은 환경비용이란 "주위환경에 대한 일부 시설의 불리한 영향을 방지하기 위하여 진행하는 환경보호활동 비용"이라고 했다.[6]

---

5) 梁利輝: 《环境———经济导向的企业环境收入与成本分析》, 《财会通讯》 2007年第6期
6) 王者丽: 《刍议环境成本及其计量》, 《财会研究》 2010年第24期.

국내에도 환경 비용에 대하여 부동한 이해가 있다. 곽도양(1992)은 환경 비용을 "생태환경 비용"의 기초에 건립하고 환경 비용 정의를 내렸다. 나국민(1997)은 다음과 같이 말했다. "환경 비용은 기업 생산 경영 활동에서 소모한 생태요소의 가치 및 생태환경 질의 회복으로 인한 각종 지출이다."(구체적인 내용은 표 29-2를 보라.)

표 29-2   국내 학자의 환경 비용에 대한 정의

번호	곽도양교수의 환경 비용 정의	나국민교수의 환경 비용 정의
1	환경악화 때문에 추가한 생태환경 처리 투입	환경수호 지출. 환경오염 전에 환경 질을 수호하고 사전에 예방하기 위한 지출
2	중대한 책임 사고로 인한 생택환경 악화의 손실, 이것으로 인한 환경 처리 비용과 벌금	오염예방 지출
3	환경보호 부문의 비준을 얻지 않고 투자한 항목의 벌금	환경 처리의 지출
4	환경 처리 무효 상황에서의 투자손실과 낭비	환경에 대한 인위적 파괴로 인한 손실

자료 출처: 작자의 요약

제2절

환경비용의 표현형식

생태환경 비용은 주로 물 오염 비용, 이산화유황과 연기 먼지 배출 비용, 공업먼지 배출 비용, 고정 폐기물 비용 등이다. 구체적인 내용은 표 29-3을 보라.

표 29-3 생태환경 비용 표현 형식

비용 분류	표현 형식	구체적 내용
생태환경 비용	물 오염 비용	생산 생활 오수의 처리에서 발생한 비용
	이산화유황과 연기 먼지 배출 비용	생산 생활 이산화유황과 연기 먼지의 처리에서 발생한 비용
	공업먼지 배출 비용	생산 생활 공업먼지의 처리에서 발생한 비용
	고정 폐기물 비용	생산 생활 고정 폐기물의 처리에서 발생한 비용

1. 물 오염 비용

물 오염에서는 주로 공업폐수 배출을 가리킨다. 물 오염 비용에서는 주로 폐수 배출 비용을 고려하는데 다음 공식으로 계산할 수 있다.

폐수 배출 비용 = 폐수 배출량 폐수 처리 가격(29-1)

경제의 신속한 발전과 인류 사회의 발전 진보에 따라서 중국 물 오염 문제는 날로 심해지고 있는데 일부 수자원 오염도 심해지고 있다. 물 오염 처리는 날로 인간들의 주의를 끌고 있다. 물 오염 처리강도를 강화하는 것은 자연환경 수호의 효과적인 경로의 하나이고 또 중국 자연환경 보호의 필연적인 추세이다.

상술한 공식에 중국 1980-2009년 통계수치를 대입하면[7] 1980년부터 2009년의 중국 공업 폐수 배출 비용을 계산할 수 있다.(그림 29-1을 보라.) 이 그림에서 해마다 공업 폐수 배출 비용이 상승하며 2008년에 최고치 19억 인민폐에 도달했다는 것을 알 수 있다.

---

7) 计算中国1980年至2009年历年工业废水排放成本,各变量统计数据详见附录.

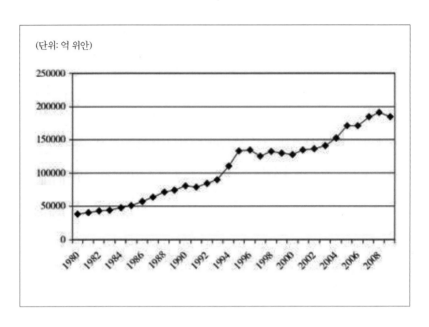

(단위: 억 위안)

그림 29-1 중국 1980-2009년 공업 폐수 배출 비용
자료 출처: 부록 표 29-1에 근거하여 계산했다.

2. 이산화유황과 연기 먼지 배출 비용

이산화유황과 연기 먼지 배출 비용은 다음 공식으로 계산할 수 있다.

이산화유황과 연기 먼지 배출 비용 = 배출 총량 처리 가격(29-2)

최근 중국 이산화유황 배출량이 환경의 자아 정화능력을 훨씬 초과하고 약 3분의 1의 국토가 산성 비의 심각한 오염을 받고 있다. 따라서 중국 각지에서는 이산화유황과 먼지 배출 대응 투입을 증가하고 있다. 상술한 공식에 중국 1992-2008년 통계수치를 대입하면[8]이 시기의 이산화유황과 먼지 배출 비용을 계산할 수 있다.

이 도표에서 이 시기 중국 이산화유황과 먼지 배출 비용은 단계식 상승추세를 보인다는 것을 알 수 있다. 2005년에 최고치 1,400억 위안 인민폐에 달했다. 2005-2008년에 이산화유황과 먼지 배출 비용은 점차 하강했다.

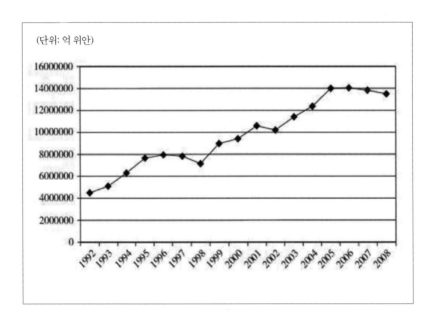

그림 29-2   중국 1992-2008년 이산화유황과 먼지 배출 비용
자료 출처: 부록 표 29-2에 근거하여 계산했다.

3. 공업먼지의 배출 비용

공업먼지의 배출 비용이란 기업 생산 공정 중 과립 물질[9] 처리과정에 지불한 비용을 가리킨다. 공업먼지의 배출 비용은 다음 공식으로 계산할 수 있다.

공업먼지의 배출 비용 = 공업먼지의 배출 총수량 · 처리가격　(29-3)

공업먼지의 대량 배출은 자연환경을 오염시킬 뿐만 아니라 인체 건강에 해를 줄 수 있다.[10] 때문에 공업먼지의 배출 처리는 인류 생존의 자연환경과 인류 건강에 적극적인 작용이 있다고 할 수 있다. 상술한 공식에 1992-2009년 통계수치[11]를 대입하면 이 시기 중국 공업먼지의 배출 비용을 계산할 수 있다.(구체적인 내용은 그림 29-3을 보라.) 이 그림에서 중국 공업먼지의 배출 비용은 2000년에 분수령을 형성했다는 것을 알 수 있다.

---

8) 计算中国1992年至2008年历年二氧化硫与烟尘排放成本,各变量统计数据详见附录.

9) 工业粉尘主要指生产工艺过程中排放的颗粒物,例如钢铁企业的耐火材料粉尘, 焦化企业的筛焦系统粉尘,烧结机的粉尘,石灰窑的粉尘,建材企业的水泥粉尘等.不包括电厂排入大气的烟尘.

10) 进入呼吸道和肺泡的粉尘,虽然绝大部分能通过人体各种清除功能将其从体内排出,但是仍会有小部分在肺组织内滞留下来.如果肺内粉尘积存总量超过5克,即可形成不同程度的尘肺病.

11) 计算中国1992年至2009年历年工业粉尘排放成本,各变量统计数据详见附录.

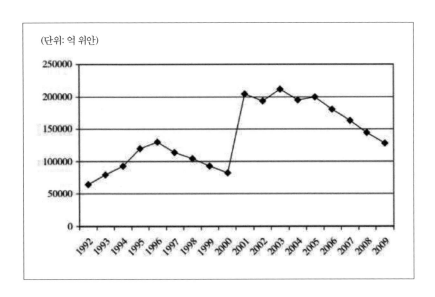

(단위: 억 위안)

그림 29-3　　중국 1992-2009년 공업먼지 배출 비용
자료 출처: 부록 표 29-3에 근거하여 계산했다.

　2000년 전에 중국 공업먼지의 배출 비용은 기본적으로 비교적 낮은
수준이고 2000년과 2001년에는 직선으로 상승했으며 2000-2005년에는
비교적 높은 수준에 처해있었다. 2005년 이후 중국 공업먼지의 배출 비용은
점차 하강했으며 2009년까지 중국 공업먼지의 배출 비용은 130억 위안으로
내려갔다.

4. 고체 폐기물 비용

경제 발전, 인구 증가, 도시화 진척의 가속화에 따라 고체 폐기물 생산량은 날로 증가하고 종류도 날로 복잡해지고 있다. 고체 폐기물 처리 비용은 직접 비용으로 되었다. 이런 유형 비용평가의 중요성은 날로 명확해지고 있다. 본 도서에서 고체 폐기물 비용은 고체 폐기물 처리의 시장 가격, 고체 폐기물 배출량, 고체 폐기물 이용량[12] 등 변수로 가늠한다. 그 계산공식은 다음과 같다.

고체 폐기물 비용 = (고체 폐기물 배출량 고체 폐기물 이용률)
처리가격   (29-4)

이 공식에 중국 1980-2008년 통계수치[13]를 대입하면 이 시기 중국 고체 폐기물 처리 비용을 계산할 수 있다.(구체적인 내용은 그림 29-4를 보라.) 이 표에서 중국 고체 폐기물 처리 비용은 1994년 전에 균일한 증가추세를 보였다는 것을 알 수 있다. 2003년 이후에 중국 고체 폐기물 처리 비용은 신속하게 증가했는데 2004년의 2,366.81억 위안에서 2008년 최고치 4,662.57억 위안에 달했다.

---

12) 由于数据的缺失,中国1980年至2009年历年固体废弃物收集量设为零,固体废弃物排放成本即为治理掉历年固体废弃物总排放量所付出的成本

13) 计算中国1980至2008年历年固体废弃物治理成本,各变量统计数据详见附录.

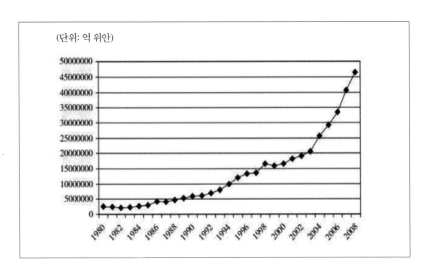

(단위: 억 위안)

그림 29-4　중국의 1980-2008년 고체 폐기물 처리 비용
자료 출처: 부록 표 29-4에 근거하여 계산했다.

제3절

생태환경 비용의 형성 원인

생태환경 비용의 형성 원인은 여러 가지인데 그림 29-5와 같이 요약할 수 있다.

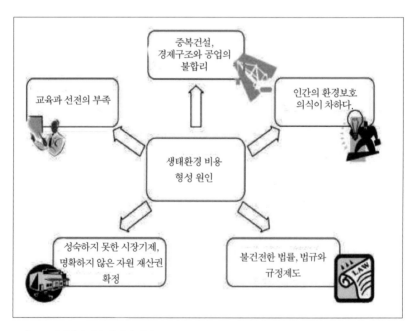

그림 29-5 생태환경 비용의 형성 원인

1) 신중국 성립 이래 내려온 역사문제는 환경 비용 발생의 중요한 요소의 하나이다. 중복건설, 불합리적인 경제구조와 공업 구성으로 따라서 사회발전과정의 경제활동과 환경 사이 모순은 날로 첨예해지고 있다. 일부 지역 발전과정에 경제기초, 기술수준, 산품 경쟁력이 차한 지역에서는 경제이익을 추구하기 위하여 생산규모를 맹목적으로 확대하고 있다.

이것은 대량의 광석과 기타 자원의 낭비를 조성하고 있다. 생산기술이 낮기에 에너지 소모 후 대량의 먼지와 오염물질이 아주 처리도 거치지 않거나 간단한 처리만 거치고 대기에 배출되고 있다. 이런 경영방식의 생태환경 비용은 생산에서 얻은 수익보다 훨씬 더 많다. 20세기 50연대부터 70연대까지 중국 도시건설에서 총체적인 계획을 제정하지 않았기 때문에 80%의 공업기업들이 도시에 집중되었으며, 많은 기업들은 주민구역 또는 수원지에 들어섰다.[14] 중국 공업화 발전과정에 오염이 심한 업종의 비중이 비교적 크다. 이는 중국 도시 오염정도를 심화하고 일정한 정도에서 중국 생태환경 오염 비용을 증가하고 있다.

2) 중국 자원 비용 인식은 늦게 형성되고 환경자원보호 교육과 선전이 부족하다. 그 주요부족과 결함은 다음과 같다. (1) 학생 환경과 자원 보호 교육정도가 낮고 교육내용이 많지 않다.

---

14) 杨敏英: 《经济效益与资源代价》, 《数量经济与技术经济研究》 1995年第7期

(2) 생산 생활에 참여하는 노동자의 환경보호 의식 배양정도가 낮고 심도가 부족하다. 정부의 환경보호 선전사업과 환경보호 의식교육 투입이 보편적으로 부족하고 형식이 단일하다. 따라서 인간의 환경보호 비용 의식이 보편적으로 차하다. 이는 미래 생산 생활 활동에서 환경보호 비용 제고의 가능성을 대대적으로 높였다.

3) 사회발전 수준과 주민 생활수준도 생태환경 비용 형성의 중요한 요소의 하나이다. 환경 비용의식은 사회발전수준, 주민생활수준과 밀접한 관계를 가지고 있다. 1개 국가 사회발전수준과 주민 생활수준이 비교적 낮은 수준에 있을 때 인간의 생존의식이 주도지위를 차지하며 환경오염의 비용문제에 대하여 많은 관심을 할 수 없다. 먹고 입는 문제를 해결한 후에 인간은 개인과 가정소비의 다양화를 추구한다. 이 단계에서는 환경 비용에 대하여 깊은 인식이 없다. 사회발전수준이 비교적 높은 단계에 이르러야 인간은 소비관념을 개변하고 정신문명을 중시한다. 중국은 상술한 2번째 단계에 처해있는 바 사회발전수준과 주민 생활수준이 선진국과 차이가 있다. 하지만 중국은 해당 예방, 처리 조치를 취하여 발전과정의 너무 많은 환경 비용을 줄이고 있다.

4) 중국의 성숙하지 못한 시장 기제, 명확하지 못한 환경자원 재산권(예를 들면 채굴, 사용, 수익, 감독관리 등) 때문에 일부 기업은 생산활동에서 투기행위를 하고 있다. 대다수 기업들은 이익 최대화 추구를 목표로 삼고 환경오염을 조성했는가, 이것으로 따라서 생태환경 비용이 올라가지

않았는가 하는 것을 많이 고려하지 않고 있다. 중국 오염배출 비용이 처리 비용보다 생태보상 비용이 회복 비용보다 적으므로 대다수 기업들은 비용을 적게 내는 것을 선택하는 바, 오염배출 비용 또는 생태 보상 비용을 내려 하고 처리 비용과 회복 비용을 내려 하지 않고 있다. 이것도 중국 환경오염 비용 형성의 중요한 요소의 하나이다.

5) 환경 법률, 법규, 규정제도가 불건전한 것은 환경 비용 형성의 요소이다. 중국 환경 자원법은 비교적 완벽한 체계를 가지고 있다. 그런데 법률은 흔히 낙후성과 예측성이 강하지 못한 특점을 가지고 있다. 때문에 원유 법률로는 새로운 정황 새로운 문제를 제때에 해결할 수 없다. 이를테면 수림의 병충해 방임으로 인한 삼림 생태계통 퇴화, 농촌 도급 경영호의 수림에 대하여 이용만 중시하고 배양을 홀시하는 등의 문제이다.

제4절

생태환경 비용의 대책

(1) 과학적 생태와 경제 조화 발전 모식의 수립은 환경 비용 통제의
효과적인 경로의 하나이다. 사회와 경제 발전으로 따라서 인류
생태환경은 날로 악화하고 있다. 때문에 소모, 투입, 오염이 많은
불합리적인 경제발전모식은 반드시 개변해야 한다. 특히 중국에서
과학적 발전관을 제기한 후에 전통적인 불합리적인 경제모식을
"녹색"경제모식으로 바꾸는 것은 필연적인 추세로 되었다. 미국
학자 댈리는 성장을 초월-지속 발전경제학 에서 경제는 환경의
자계통(子系統)이라고 했다.

그는 다음과 같이 지적했다. 인류 사회의 진보에 따라서 경제발전
잠대력은 점차 하강하고 있다. 생태자본은 점차 인공자원을 대체하고
경제발전의 희소한 비용으로 되고 있다. 미국 학자 브라운은 경제발전
모식 전이의 필요성을 제기하고 다음과 같이 지적했다. A모식에서
B 모식 즉 생태 경제 조화 발전으로 전이해야 경제사회의 지속적인
발전을 실현할 수 있다. 따라서 중국은 생산의 청결화, 소비의 녹색화를
실시하고 순환경제를 진행해야 한다. 생산 생활과정에 과학화 환경보호

의식을 보급하고 근본적인 면에서 환경 비용 발생의 가능성을 낮추어야
한다.

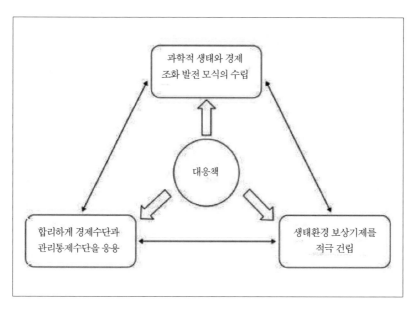

그림 29-6 생태환경 비용 처리 대응책

(2) 합리적으로 경제 수단과 관리통제 수단을 응용하여 환경보호 비용을
효과적으로 낮추어야 한다. 오염배출비를 적당히 증가하는 것은 환경
비용 하강의 효과적인 수단이다. 중국 오염배출 수금제도는 일찍
실시하고 범위가 비교적 광범하며 실천에서 소중한 경험을 축적했다.
예하면 발전소 이산화유황 배출 수금 시험은 1992년에 시작하고
1995년에 확대했으며 1997년 전력공업 오염배출 징수액은 3.15억 위안에
달했다. 이산화유황 배출 수금 표준을 0.6원으로 올리고 감독 관리를

엄하게 하자 각 발전소 이산화유황 배출량이 명확하게 줄어들었다. 2006년에 건설한 탈황 발전소는 1억 킬로와트를 초과했다. 그리고 적당히 환경세를 징수하면 기업의 환경 비용 의식을 제고할 수 있다. 중국 기업부담이 크고 기술수준이 비교적 낮기에 환경세를 징수하지 못하고 있다.

(3) 생태환경 보상기제를 적극 건립하는 것은 환경 비용 발생 가능성 하강의 경로의 일종이다. 국제경험에 의하면 생태환경 보상기제의 건립은 아주 필요하다. 이를테면 일본 기업은 환경오염에 아주 무거운 대가를 지불하여 파괴된 생태환경을 보상했다.

부록 표 29-1   중국의 1980-2009년 폐수 배출 비용 수치

연도	공업폐수배출총량 (만톤)	공업폐수처리가격 (위안/만톤)	1980—2009년 대비가격	공업폐수처리비용 (만 위안)
1980	2335512	166.3538874	109.5	38852.15003
1981	2379272	172.5826631	113.6	41062.1098
1982	2394396	178.9633601	117.8	42850.91537
1983	2387744	185.4959786	122.1	44291.69098
1984	2513637	192.3324397	126.6	48345.39367
1985	2574009	199.1689008	131.1	51266.25432
1986	2602380	220.1340483	144.9	57287.24445
1987	2637531	243.2260947	160.1	64151.63649
1988	2683886	268.7488829	176.9	72129.13644
1989	2520945	297.0062556	195.5	74873.6435
1990	2486861	328.7578195	216.4	81757.49997
1991	2358687	340	223.8	80195.358
1992	2338534	361.7247542	238.1	84590.56364
1993	2194919	414.8972297	273.1	91066.58124
1994	2155111	515.0134048	339	110991.1054
1995	2218943	602.9758713	396.9	133796.9089
1996	2058881	653.1099196	429.9	134467.5604
1997	1883296	671.3404826	441.9	126433.2845
1998	2004658	666.023235	438.4	133514.8806
1999	1973036	656.6041108	432.2	129550.3548
2000	1942405	659.3386953	434	128070.2778
2001	2026282	663.896336	437	134524.1196
2002	2071885	658.5790885	433.5	136450.0135
2003	2122527	666.4789991	438.7	141461.9671
2004	2211424	692.4575514	455.8	153131.7248
2005	2431121	704.9151028	464	171373.391
2006	2401946	715.5495979	471	171871.1494
2007	2466493	749.8838248	493.6	184958.3205
2008	2416511	794.0929401	522.7	191893.4325
2009	2343857	788.4718499	519	184806.5265

부록 표 29-2 중국의 1992-2008년 이산화유황과 먼지 배출 비용

연도	이산화유황과 먼지총배출량 (만톤)	이산화유황과 먼지처리가격 (위안/만톤)	1980—2009년 대비가격	이산화유황과 먼지배출비용 (만 위안)
1992	2192.4	2063	238.1	4522921.2
1993	2172.4	2366.254935	273.1	5140452.2
1994	2147.8	2937.240655	339	6308605.479
1995	2243	3438.910962	396.9	7713477.287
1996	2146.9	3724.837043	429.9	7996852.648
1997	2048	3828.810164	441.9	7841403.215
1998	1890	3798.48467	438.4	7179136.027
1999	2414	3744.765225	432.2	9039863.252
2000	2512.1	3760.361193	434	9446403.352
2001	2799.9	3786.354473	437	10601413..89
2002	2730.8	3756.028979	433.5	10256963.94
2003	3004.57	3801.083998	438.7	11420622.95
2004	3141.4	3949.245695	455.8	12406160.43
2005	3498.3	4020.293994	464	14064194.48
2006	3453	4080.944981	471	14091503.02
2007	3239.24	4276.761025	493.6	13853455.38
2008	2991.95	4528.895842	522.7	13550229.91

수치 출처: 공업 폐수 총배출량 수치는 역대 중국통계연감을 정리하여 얻었다. 1991년 오수 처리 시장 가격은 왕개봉 "호남성 경제성장의 자원환경 대가 평가" 《장강 유역 자원과 환경》 2007년 제2호에서 인용하고 기타 가격은 대비가격에 근거하여 추산했다.

부록 표 29-3 중국의 1978-2009년 공업먼지 배출 비용

연도	공업먼지 배출총량 (만톤)	처리가격 (위안/만톤)	1992-2008년 대비가격	공업먼지 배출비용 (만 위안)
1992	576	1130	238.1	650880
1993	617	1296.106678	273.1	799697.8202
1994	583	1608.861823	339	937966.4427
1995	639	1883.649727	396.9	1203652.176
1996	639	2040.264595	429.9	1303729.076
1997	548	2097.215456	441.9	1149274.07
1998	506	2080.604788	438.4	1052786.023
1999	458	2051.180176	432.2	939440.5208
2000	404	2059.722806	434	832128.0134
2001	990.6	2073.960521	437	2054465.292
2002	941	2057.349853	433.5	1935966.212
2003	1021.31	2082.028559	438.7	2126396.588
2004	904.8	2163.183536	455.8	1957248.464
2005	911.2	2202.099958	464	2006553.482
2006	808.4	2235.321294	471	1807033.734
2007	698.7435	2342.578748	493.6	1636861.674
2008	584.9478	2480.684586	522.7	1451070.991
2009	523.6472	2463.124738	519	1289808.372

수치 출처: 공업 먼지 총배출량 수치는 역대 중국통계연감을 정리하여 얻었다. 1991년 처리 시장 가격은 왕개봉 "호남성 경제성장의 자원환경 대가 평가" 《장강 유역 자원과 환경》 2007년 제2호에서 인용하고 기타 가격은 대비가격에 근거하여 추산했다.

부록 표 29-4 중국의 1980-2008년 고체 폐기물 처리 비용

연도	고체폐기물 배출량 (만톤)	고체폐기물 처리가격 (위안/만톤)	1980-2008년 대비가격	고체폐기물 처리비용 (만 위안)
1980	48725	51.37399464	109.5	2503197.889
1981	43055	53.29758713	113.6	2294727.614
1982	40501	55.26809651	117.8	2238413.177
1983	41185	57.28552279	122.1	2359304.256
1984	45211	59.39678284	126.6	2685387.949
1985	48409	61.5080429	131.1	2977542.849
1986	60364	67.98257373	144.9	4103700.08
1987	53541	75.11394102	160.1	4021675.516
1988	56132	82.99597855	176.9	4658730.268
1989	57173	91.72252011	195.5	5244051.642
1990	57797	101.5281501	216.4	5868022.493
1991	58759	105	223.8	6169695
1992	61884	111.7091153	238.1	6913006.89
1993	61708	128.1300268	273.1	7906647.694
1994	61704	159.0482574	339	9813913.673
1995	64474	186.2131367	396.9	12005905.78
1996	65897	201.6957105	429.9	13291142.23
1997	65750	207.3257373	441.9	13631667.23
1998	80068	205.6836461	438.4	16468678.18
1999	78442	202.7747989	432.2	15906060.78
2000	81608	203.6193029	434	16616964.08

2001	88840	205.0268097	437	18214581.77
2002	94509	203.3847158	433.5	19221686.36
2003	100428	205.8243968	438.7	20670532.52
2004	120030	213.847185	455.8	25668077.61
2005	134449	217.69437	464	29268790.35
2006	151541	220.9785523	471	33487310.79
2007	175632	231.5817694	493.6	40673169.33
2008	190127	245.2345845	522.7	46625715.84

※ 표 제목은 1978-2009년인데, 실제 도표는 1992년부터
수치 출처: 고체 폐기물 수치는 역대중국통계연감을 정리하여 얻었다. 1991년 처리 시장가격은 왕개봉 "호남성 경제성장의 자원환경 대가 평가" 《장강 유역 자원과 환경》 2007년 제2호에서 인용하고 기타 가격은 대비가격에 근거하여 추산했다.

제7부
중국의 자연발전 비용

제30장
중국의 재해 비용

제1절

중국 재해비용의 개술

현재 과학연구로 보면 자연재해의 이해를 다음의 2가지로 나눌 수 있다. 즉 하나는 학과 분류 각도로, 다른 하나는 학과 교차 각도로 자연재해를 이해하는 것이다. 자연재해에 대하여 전자는 일종 단순한 자연현상으로 본다. 후자는 자연재해에 대하여 체계론의 방식으로 재해의 원인, 사회의 자계통으로서 대계통에 가져온 영향의 각도로 이해하고 있다.(구체적인 내용은 표 30-1을 보라.

표 30-1 관점에 따른 자연 재해의 정의

번호	순수한 자연현상 관점	학제적 관점
1	재해는 일종의 자연현상으로 인류와 밀접한 관계가 있고 인류 생존에 해를 끼치거나 인류의 생활환경에 손해를 준다.[20]	재해는 인류의 생활환경에서 발생하고 사회환경 변화와 관계가 있으며 사회환경 변화에 의하여 격화되고 새로운 유형의 재해현상을 일으킬 수 있다.[21]
2	재해는 인류 예기를 훨씬 초과한 극단적 지역물리사건이다. 그 규모나 빈도를 물론하고 모두 인류의 명확한 물질파괴와 생명 손실을 가져오고 나아가서 인류를 비참한 처지에 처하게 한다.[22]	재해는 인간의 생명과 재산 손실을 일으키는 일종 자연현상으로서 대부분이 돌발과정에 속한다. 넓은 의미에서 보면 인류 번식에 영향주는 생태계통, 물질과 정신문명건설 건설 특히 생명 재산 등에 위해를 끼치는(심지어 섬멸성) 모든 천연적, 사회적 사건들을 재해라고 할 수 있다.[23]
3	재해는 인원의 사상, 재산 손실, 사회 불안정을 조성하는 일종 또는 일련의 현상이다.	재해는 자연원인, 인위적 요소 또는 자연원인과 인위적 요소가 인류 생족과 사회발전에 불리한 결과를 가져온 화근이다. 재해는 단순한 자연현상 또는 사회현상이 아니라 일종 자연 사회 현상이고 자연계통과 인류 물질 문화계통이 상호작용을 한 산물이다.[24]
4	재해계통은 임해(孕害)환경, 승재체(承災体), 치재(致災)요소, 재해정황으로 조성된 복잡한 지역 표층 이변계통이다. 이것은 지역 표층계통의 중요한 조성부분이다.[25]	자연변이, 인위적요소 또는 자연변이와 인위적 요소가 유발한 인류 생명, 재산과 인류 생존 발전 환경에 대한 파괴 손실현상 또는 과정이다.[26]

20) 金子史郎: 《世界大灾害》, 山东科技出版社1981年版, 第2页.

21) 任鲁川: 《关于灾害实质的若干哲学思考》, 《东方论坛》1995年第4期.

22) 曾维华, 程声通: 《环境灾害学引论》, 中国环境科学出版社2000年版, 第15页.

23) 李永善: 《灾害系统与灾害学探讨》, 《灾害学》1986年创刊号.

24) 罗祖德, 徐长乐: 《灾害科学》, 浙江教育出版社1998年版, 第24页

25) 史培军: 《灾害与灾害学》, 《地理知识》1991年第1期.

26) 马宗晋: 《灾害学导论》, 湖南人民出版社1998年版, 第63页.

자연재해 연구에서는 자연재해 뿐만 아니라 인간과 자연, 인간과 인간 사이 생산, 교환, 분배 등 이익관계의 중요한 영향도 연구해야 한다. 경제학 관점으로 보면 자연재해 본질은 일종 경제문제이다. 왜냐하면 자연재해의 최종결과는 인류 물질재부의 손실이기 때문이다. 경제학에서는 비용란 일종 산품의 생산에 필요한 모든 투입 비용(설비, 원재료, 인력 등)이다.[27]

　　본 도서는 자연재해 비용란 재해의 예방, 재해의 발생, 재해 후 재건에 필요한 모든 비용 및 조성된 손실이라는 정의를 내린다.

　　중국은 세계에서 자연재해가 제일 심한 국가의 하나이다. 자연재해로 인한 경제 손실은 1년 평균 1,747억 위안이고 GDP의 약 3%를 차지하며, 농업자연재해 면적은 각각 파종면적과 재해면적의 20%와 50%를 초과하고 있다. 자연재해로 인한 농촌 경제 손실은 농업 총생산액의 약 7%에 달한다.

　　중국 재해 발생 빈도는 세계 평균 수준 18%보다 높고 자연보호 비용은 세계 평균 수준 27%보다 높으며 생태회복 비용은 세계 평균 수준 36%보다 높다.[28]

27) 徐娟: 《灾害经济学中的减灾投入与成本问题》, 《灾害学》 2006年第21卷第2期.
28) 徐嵩龄等: 《灾害经济损失概念及产业关联型间接经济损失计量》, 《自然灾害学报》 1998年第7期.

이것은 자연재해와 그 형성 비용 연구의 필요성을 증가했다. 자연재해 상황은 중국 국정의 중요한 조성부분으로서 자연재해 감소와 구조 대응책, 사회경제발전 계획 제정의 의거이고 자연재해 과학연구의 제일 중요한 기초자료이다. 자연재해의 중요성으로 인하여 중국 일부 부문은 자연재해 종류 분류 사업을 진행했다.(구체적인 내용은 표30-2를 보라.)

표 30-2 중국에서 흔히 보는 자연재해와 그 현황 통계

부문	재해 종류	통계 내용
민정부	가뭄, 홍수, 바람 우박(돌개바람, 사막폭풍 등), 태풍(열대폭풍을 포함), 지진, 저온 냉해, 눈 재해, 산사태, 진흙과 모래와 돌 등이 섞인 물사태, 병충해 등	기본 정황, 인구피해 정황, 농작물 피해 정황, 손실 정황, 재해구조 사업
국가방충	홍수 재해(태풍, 열대폭풍, 폭풍해일을 포함), 가뭄	홍수의 기본 정황, 인구피해 정황, 손실 정황, 가뭄발생의 시간, 지점, 피해정도, 영향 정황, 가뭄구조 정황과 효과 등
국토자원부	산사태, 무너짐, 지면 침하, 진흙과 모래와 돌 등이 섞인 물사태 등 지질 재해	재해기본 정황, 재해손실정황, 예방구조사업
농업부	가뭄, 홍수, 바람 우박, 저온 냉해	농작물 피해 정황, 자연재해 손실 정황
중국지진국	지진	지진 정황, 인구피해 정황, 건축물과 기타 공정구조 피해정황, 경제 손실, 지면과 기타 파괴정황
중국기상국	기상 재해	재해날씨 정보
국가해양국	해양 재해(해일, 파도 재해, 적조 재해, 석유 유출 재해, 해안 침식)	재해 기본 정보, 재해정황 정보
국가임업국	삼림 화재	피해면적, 삼림화재 경제 손실

자료 출처: 원예, 장뢰 《중국 자연재해정황 통계 상황과 전망》 2006년 제21권 제4호.

제2절

중국 재해비용의 표현형식

재해 비용은 다양한 표현 형식이 있다. 중국 민정부는 자연재해로 인한 직접적 경제 손실에 대하여 초보적인 통계를 했다.(구체적인내용은 표30-3을 보라.) 흔히 볼 수 있는 자연재해는 10여 가지로서 직접적 경제 손실과 파급면이 아주 크다.

표 30-3   민정 부문 자연재해 직접적 경제 손실 통계

재해종류	직접적 경제 손실
가뭄	농업손실. 재해로 인한 재배업, 임업, 축목업, 어업의 직접적 경제 손실
홍수	
바람, 우박	공장 광산 기업 손실. 재해로 인한 광산채굴, 제조, 건축, 상업 등 기업의 직접적 경제 손실
태풍	
저온 냉해와 눈 재해	기초시설 손실. 재해로 인한 교통, 전력, 수리, 통신, 도시건설 등 공공시설의 직접적 경제 손실
고온	
지진	공공시설 손실. 재해로 인한 교육, 위생, 과학연구, 문화, 체육, 사회보장, 사회복지 등 공공시설의 직접적 경제 손실
산사태, 진흙 모래 돌이 섞인 물사태	
병충해	가정재산 손실. 재해로 인한 주민 주택과 실내 설비, 재산, 농기계, 수송 도구, 목축업의 직접적인 경제 손실
기타	

자료 출처: 민정부 《자연재해정황 통계제도》 민함(民函) 2008년 119호

본 도서는 주로 자연재해의 지질 재해 비용, 삼림화재 비용, 해양재해 비용에 대하여 정량연구를 한다.

1. 지질 재해 비용

지질 재해란 자연 또는 인위적 요소로 형성된 것으로서 인류 생면 재산, 환경에 대하여 파괴와 손실을 주는 지질작용(현상)[29]을 가리킨다. 중국은 지질 재해가 많이 발생하고 있다. 국가통계국의 통계에 의하면 중국 지질 재해의 경제적인 손실은 아주 심각하다.(구체적인 내용은 그림 30-1을 보라.

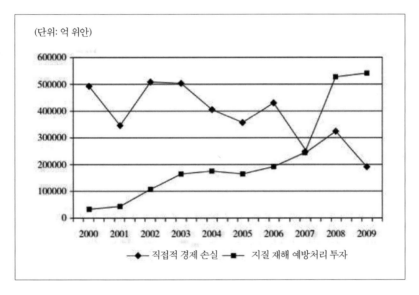

그림 30-1   중국 2000－2009년 지질 재해 비용
수치 출처: 역대 중국통계연감을 정리, 계산했다.

---

29) 如崩塌, 滑坡, 泥石流, 地裂缝, 水土流失, 土地沙漠化及沼泽化, 土壤盐碱化, 以及地震, 火山, 地热害等

그림 30-1에서 2000년 이래 중국 지질 재해 예방 처리 투입이 줄곧 증가하고 있는 바 2000년의 33,197만원에서 2009년의 542,368만원으로 증가했다는 것을 알 수 있다. 2007-2008년 증가가 특별히 많은 바 244,885만원에서 529,939만원으로 증가했다.

중국의 지질 재해 직접적인 경제 손실은 파동식 하강추세를 보이고 2009년에는 190,109만원의 최저점에 이르렀다. 2000-2009년 중국 지질 재해의 직접적인 경제 손실과 지질 재해 예방 처리 투자 사이 관계는 "지질 재해 예방 처리 투자와 지질 재해 직접적 경제 손실은 역방향 관계"라고 할 수 있다. 지질 재해 예방 처리 투자가 많을수록 지질 재해의 직접적인 경제 손실이 더 적다.

2. 삼림화재 비용

넓은 의미에서 인간의 통제를 벗어나 임지 내에서 자유롭게 확산하고 삼림, 삼림 생태 계통과 인류에게 일정한 위해와 손실을 조성하는 행위를 삼림화재라고 한다. 좁은 의미에서 삼림화재란 돌발성이 강하고 파괴성이 크며 처리, 구조가 비교적 어려운 자연재해를 가리킨다. 그 구체적인 통계 정황은 그림 30-2를 보라.

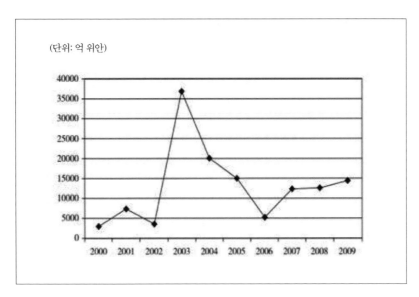

(단위: 억 위안)

그림 30-2   중국 2000-2009년 삼림화재 직접적 경제 손실
수치 출처: 역대 중국통계연감을 정리했다.

　그림 30-2에서 2000년 이래 중국 삼림화재의 직접적인 경제 손실은 파동
폭이 비교적 크고 돌발성이 비교적 강하며 예방 난도가 아주 크다는 것을 알
수 있다. 2003년에만 해도 삼림화재 횟수는 10,463회이고, 그 직접적인 경제
손실은 36,999만원이나 된다. 이는 2000-2009연도 삼림화재로 인한 직접적
경제 손실 총액의 28%를 차지한다. 2003년 중국 삼림화재 횟수와 삼림화재로
인한 직접적 경제 손실 총액은 점차 하강하고 2006년에는 최저치인
5,374만원이었다.

3. 해양재해 비용

해양재해란 해양 자연환경에서 발생한 이상 또는 격렬한 변화로 인하여 바다 또는 해안의 경제, 인간의 생명 재산에 대한 심각한 위해를 가리킨다.

해양재해에는 주로 재해성 파도, 해빙[30], 적조 [31], 해일 [32], 폭풍해일이 있다. 해양 관련 재해 현상에는 "엘리뇨 현상" [33] 과 "라니냐 현상" [34], 태풍이 있다. 역대 중국 해양재해로 인한 경제 손실은 그림 30-3을 보라.

---

30) 海冰指海洋上一切的冰,包括咸水冰,河冰和冰山等

31) 水域中一些浮游生物爆发性繁殖引起的水色异常现象称为赤潮,它主要发生在近海海域. 在人类活动的影响下,生物所需的氮,磷等营养物质大量进入海洋,引起藻类及其他浮游生物迅速繁殖,大量消耗水体中的溶解氧量,造成水 质恶化,鱼类及其他生物大量死亡的富营养化现象,这是引起赤潮的根本原因. 由于海洋环境污染日趋严重,赤潮发生的次数也随之逐年增加.

32) 暴潮是由台风,温带气旋,冷锋的强风作用和气压骤变等强烈的天气系统引起的海面异常升降现象.

33) 厄尔尼诺现象又称圣婴现象,是秘鲁,厄瓜多尔一带的渔民用以称呼一种异常气候现象的名词. 主要指太平洋东部 和中部的热带海洋的海水温度异常地持续变暖,使整个世界气候模式发生变化,造成一些地区干旱而另一些地区又降雨量过多.

34) 拉尼娜是指海洋中的赤道的中部和东部太平洋,东西上万公里,南北跨度上千公里的范围内,海洋温度比正常温度东部和中部海面温度偏低0.2摄氏度,并持续半年(与厄尔尼诺现象正好相反).

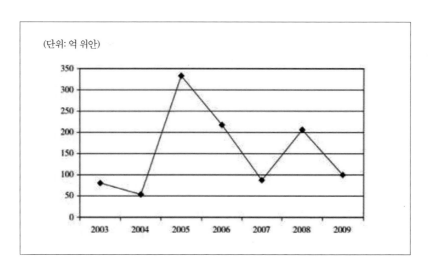

(단위: 억 위안)

그림 30-3   중국 2003−2009년 해양재해 직접적 경제 손실
수치 출처: 역대 중국통계연감을 정리했다.

　산불로 인한 직접적 경제적 손실과 유사하다. 중국 해양재해의 직접적인
경제 손실은 파동폭이 아주 크고 예측할 수 없다. 그림 30-3에서 2005년
중국 해양재해의 직접적인 경제 손실이 최고치인 332.4억 위안에 달하고
2007년에는 신속하게 줄어서 88.37억 위안이었는데 그 하강 폭이 73.4%나
되었다.

제3절

중국 재해비용의 형성 원인

　중국은 자연환경, 지리환경, 기후조건이 다양하고 자연재해 형성 요소
종류도 다양하다. 기본적으로 재해 형성은 공간, 시간과 발생기제에서
밀접한 연관성을 가지고 있다.

　그러므로 한 가지 재해는 다른 한 가지를 일으킬 수 있다. 때문에 중국은
자연재해를 폭풍우를 위주로 하는 재해 사슬, 가뭄을 위주로 하는 재해
사슬, 지진을 위주로 하는 재해 사슬 등 3개 재해 사슬로 나눈다.(구체적인
내용은 그림 30-4를 보라.) 이 3개 재해 사슬을 위주로 하는 재해 사슬은 중국
자연재해 비용 발생의 주요 요소라고 할 수 있다.

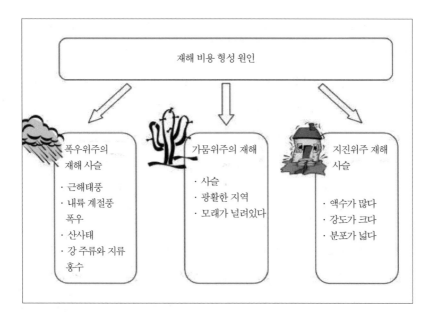

그림 30-4 재해 비용의 형성 원인

1) 폭우를 위주로 하는 재해 사슬이다. 중국 내륙 몇십 년의 평균 강우량을 보면 1년 강우량 500 m m를 분계선으로 하여 대체적으로 동남과 서북 2개 구역으로 나눌 수 있다.[35] 이 구역의 주요 재해는 근해의 태풍, 내륙 계절풍으로 인한 폭우, 산사태와 강 하류의 홍수 등이다. 이런 재해 발생은 일반적으로 연관되어 있다. 이 지역의 재해 발생의 결정적인 요소는 인구, 경제, 재해 강도이다. 이 지역의 재해는 대륙에서 제일 많고 제일 강하고 제일 심각하며 이 지역 내 공업, 농업, 상업의 파괴도 제일 크다.[36]

2) 서북 지역은 지역이 광활하고 모래가 많으며 재해는 가뭄을 위주로 하고 있다. 이것은 이 지역 경제발전에 영향을 주는 첫 번째 요소의 하나이다. 장기간 가뭄으로 인하여 바람, 모래, 빙하의 변화는 서북 농업에 직접 또는 간접적으로 영향을 주고 심지어 인구와 광산업 발전에 영향을 주고 있다. 서북 황토고원 지역은 줄곧 강우로 인한 수토 유실 문제가 존재했다. 중국 서북 지역와 중아시아, 아프리카는 이웃으로 세계에서 가장 뚜렷한 가뭄대이다. 국내 연구팀은 다음과 같은 것을 연구해 냈다. 중국 서북 지역와 중아시아, 아프리카는 이웃으로서 세계에서 제일 뚜렷한 가뭄대이다.

중아시아는 고산과 산맥이 많고 빙산이 많다. 하지만 지역 온난화로 인하여 빙산이 녹고 농업과 임업용 토지는 가뭄이 심하며 수토 유실이 있고 취약한 생태 지대가 확장하는 등 문제가 있으며 장기간 발전하고 있는 재해 사슬이다. 중국 청장고원과 그 외연지역의 가뭄, 바람 모래, 장기간의 수자원 결핍 등 민생문제는 깊이 연구해야 할 문제이다.[37]

35) 其中东南地区降水量较多,西北区域降水量普遍低于500mm. 其中东南地区包括沿海带和华南, 华北与一部分东北平原.这一区域人口稠密,经济发达中小城市约占全国的5/6.
36) 马宗晋: 《中国自然灾害和减灾对策———提高减灾效益,用科学观念指导各领域的减灾工作》,《防灾科技学院学报》2008年第10卷第1期.
37) 国家科委全国重大自然灾害综合研究组: 《中国重大自然灾害及减灾对策》,科学出版社1994年版,第56页.

3) 지진을 위주로 하는 재해 사슬이다. 중국은 지진재해가 심한 국가로서 빈도가 크고 강도가 크고 범위가 넓다. 중국 지진활동은 주로 5개 지역 23갈래 지진대에 분포되어 있다.(구체적인 내용은 그림 30-4를 보라.) 지진으로 인한 인명 사상과 재산 손실은 아주 심각하다. 때문에 지진과 기타 자연재해의 심각성은 중국 기본 국정의 하나라고 할 수 있다.

표 30-4 중국의 5대 지진구역

번호	지진지역
1	중국 대만성과 부근 해역
2	서남 지역. 주로 서장, 사천 서부와 운남 중서부
3	서북 지역. 주로 감숙 하서주랑(河西走廊), 청해, 영하, 천산 남북
4	화북 지역. 주로 태항산 양측, 분위하곡, 음산~연산 일대, 산동 중부, 발해만
5	광동, 복건 등 지역. 중국 대만성은 환태평양지진대에 있고 서장, 신강, 운남, 사천, 청해 등은 히말라야–지중해 지진대에 있으며 기타 성과 구는 해당 지진대에 있다.

자료 출처: 이가발, 오일주, 안진창, 왕월화 "중국 지역자기 이상과 지진분포 관계" 《화남지진》 1992년 제1호

제4절

중국 재해비용의 대책

 자연재해 비용 통제의 주요 대응책은 근본적인 면에서 재해 발생을 통제하는 것이다. 중국은 재해가 많이 발생하는 국가로서 재해 비용을 여러 가지 면에서 효과적으로 통제해야 한다. 그 구체적인 대응책은 그림 30-5와 같다.

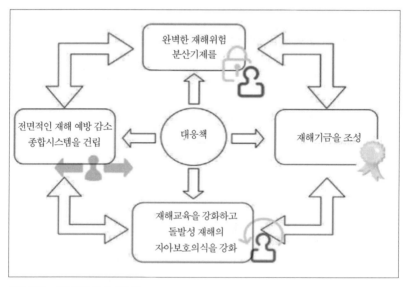

그림 30-5　재해 비용 통제 대응책

(1) 전면적인 재해 예방 감소 종합 시스템을 건립하는 것은 재해 비용의 효과적인 통제경로이다. 중국 국정에 근거하여 종합생물자원 개발, 국토, 기상, 수문, 지진, 지질, 농업, 임업 등 면에서 효과적인 자연재해 검사, 연구, 손실 기제를 건립해야 한다. 중국 재해 예방 감소 시스템에 존재하는 문제가 바로 지진, 기상, 수문, 지질, 농업, 임업 등 부문에서 제각기 사업하는 것이다. 통일적인 분석, 평가와 임시 경고를 진행하는 것은 일정한 난도가 있다. 때문에 분산한 자원을 통합하고 부동한 재해 예방 감소 반응기제를 건립하며 사전의 통일 예측, 재해과정의 자원 공유, 재해 후의 효과적인 대응을 함으로써 자연재해 손실을 최저로 줄이고 통제하며 재해 비용을 낮추어야 한다.

(2) 재해 위험 분산기제를 건립, 건전히 하고 복구 자금경로를 넓혀야 한다. 금융수단을 응용하여 재해 손실을 최저로 줄이고 재해구 기초시설을 재빨리 복구해야 하며 인간 생활이 비교적 빨리 안정상태로 돌아오게 해야 한다. 일부 서구학자들은 자연재해 손실 보상과 위험 예방의 종합적인 보험 시스템은 정부의 직접적인 보상보다 경제발전에 대하여 더 유익하다고 했다.[38]

교해서, 만영(2007년)은 다음과 같이 지적했다. "가난하고 낙후한 경제에서 개인재해 보험은 형성되기 더욱 어렵다. 때문에 정부는 중요한 역할을 하고 지속적인 사회보험 시스템을 건립해야 한다. 이 보험 시스템에는 재해 시기의 구제, 응급 공공취업, 실업보험, 수입 수당금 등 사회복지 계획이 포함되어야 한다. 자본시장은 재난채권, 원기화기권을 통하여 재해위험에 보호작용을 제공해야 한다." [39] 일부 국제 선진국과 비교하면 중국 재해 후의 경제보상기제는 아직 낙후되어 있다. 일부 학자들은 다음의 건의를 제기했다. 즉 국가 대재해 위험관리 현보기구와 대재해 재보험 회사를 건립하고 중국 국정에 알맞는 대재해 보험과 위험 전이기제를 설계, 출범하며 중구 대재해 위험 준비금 제도를 건립해야 한다. [40] 그러므로 중국 자연재해 비용을 접수할 수 있는 범위에 통제해야 한다.

(3) 재해 기금 건립도 재해 비용 통제의 효과적인 수단이다. 미국, 스페인, 프랑스 등 일부 선진국들은 전문적인 보험과 재해기금을 설립하고 양호한 실천 성적을 거두었다.

---

38) Dacy, D.C., Xunreuther, H., Economics of National Disasters : Implications for Federal Policy, Free Press, New York, 1969.

39) 桥海曙, 万英: 《自然灾害经济学理论研究述评》, 《经济学动态》 2007年第9期

40) 史培军, 李长安, 邹民生, 乐嘉春: 《构建预防救助综合体系应对巨灾风险》, 《财会研究》 2008年第10期.

일본 고베 대지진 이후의 복구자금 원천

고베 대지진 이후 《중대 재해를 위한 특별재정 지원법》,《공공시설 재해복구공정비 국고부담법》,《내진수리촉진법》에 근거하여 일본정부는 정부 책임과 의무에 대하여 적극적으로 책임지고 있다.

1) 정부 투입을 늘렸다. 추산에 의하면 고베 대지진 복구과정에 일본정부는 도합 10조 엔을 투입했다. 재해지역 1인당 복구 비용은 약 3,000여 만엔 으로서 인민폐로 환산하면 190만 위안에 달한다.

2) 재해복구기금을 설립했다. 첫째, 정부투입 위주의 기본 기금을 설립했다. 둘째, 사회자본 위주의 투자기금을 설립했다. 양자의 비례는 1:50인데 전자는 주로 기초시설과 기본 공공시설 건설에 사용하고 후자는 주로 투자이익율이 비교적 높은 산업항목에 사용하고 있다.

3) 금융기구 구조정책이다.

4) 민간의 모금이다. 고베 대지진 중점 재해구인 효고현만 해도 일본 전국 1,791억 엔 무상지원과 42억 박스의 무상 구호물자를 받았다.

자료 출처: 정아펑: "중국특색의 자연재해 경제관리 기제를 완벽히"《중국관리과학》 2009년 제10호

선진국의 경험을 바탕으로 하고 중국의 실정을 결합하여 재해 이후 기초시설 복구과정에 필요한 자금은 정부투자와 사회모금을 위주로 해야 한다. 구체적인 내용은 그림 30-5를 보라.

표 30-5 중국 재해 이후 자금획득 경로

번호	구체적 경로
1	보험배상. 정부 투자의 재보험 기금을 건립하고 금융기구의 중대 자연재해 법인 재산 손실보험, 가정재산 손실보험, 인신상해보험, 해당 파생상품 개발을 고무해야 한다.
2	기금구조. 미국 "카트리나" 돌개바람 이후 미국정부 늦은 반응과 무력한 구조 교훈을 섭취하고 역량을 집중하여 큰 일을 하는 사회주의 우월성을 충분히 발휘하여 정부 주체, 사회자본이 참여하는 중대 자연재해 기금을 설립해야 한다.
3	은행대출. 정부는 이자 보조, 담보제공을 통하여 재해지역의 중소기업과 이재민 주택에 낮은 이자의 대출 또는 무이자 소액 복구대출을 해 주어야 한다.

자료 출처: 정아펑: "중국특색의 자연재해 경제관리 기제를 완벽히"《중국관리과학》 2009년 제10호

(4) 재해교육을 강화하여 돌발 재해로 인한 인간의 자아보호 의식을 제고하면 [41] 일정한 정도에서 재해손실을 감소할수 있다. 재해 감소와 예방 의식이 있으면 대범위 심지어 세계 범위 환경재해가 발생했을 때 자아보호의식을 효과적으로 제고하고 사망율을 낮출 수 있다. 대다수 환경재해는 인류의 불합리적인 생산 생활 활동으로 조성된 것이다. 때문에 이런 행위의 위해성을 충분히 인식하고 자연재해를 유발하는 행동을 자각적으로 제약해야 하며 생태환경을 점차 회복, 개선해야 한다.

이런 상황에 비추어 일부 학자들은 다음과 같이 제기했다. 이런 상황 조성의 원인은 자연개조의 조방성, 맹목성과 약탈성이다. 기술권 내 지표 자연계 생태평형, 인류 생존 위협의 이화역량(异化力量)을 격발하고 확대했기에 일련의 자연요소와 인위적 요소가 결합된 환경재해가 날로 엄중해지고 있다.[42] 때문에 자신의 행위에 대하여 반성하고 정확한 환경보호 관념을 확립하며 자원 집약식 경제-사회발전 모델을 시행하여 근본적인 면에서 인간과 자연의 조화로운 공존을 실현해야 한다.

41) 人的灾害意识是指在灾害尚未发生时就有防灾减灾的警觉性.

42) 杨继东:《环境灾害的特点,成因类型及减灾对策》,《山东环境》1995年第3期.

부록 표 30-1   중국 2000-2009년 지질 재해로 인한 경제 손실

연도	지질 재해 횟수 (차)	인명 사상 (명)	직접적 경제 손실	지질 재해 예방 투자(만 위안)
2000	19653	27697	494201	33197
2001	5793	1675	348699	44639
2002	40246	2759	509740	110022
2003	15489	1333	504325	166514
2004	13555	1407	408828	175231
2005	17751	1223	357678	166860
2006	102804	1227	431590	193570
2007	25364	1123	247528	244885
2008	26580	1598	326936	529939
2009	10580	845	190109	542368

수치 출처: 2000-2009년 역대 중국통계연감을 정리했다.

부록 표 30-2 중국의 2000-2009년 삼림 화재·재해로 인한 경제 손실

연도	삼림 화재·재해 발생횟수 (차)	인명 사상 (명)	직접적 경제 손실 (만 위안)
2000	5934	178	3069
2001	4933	58	7408
2002	7527	98	3609
2003	10463	142	36999
2004	13466	252	20213
2005	11542	152	15028
2006	8170	102	5374
2007	9260	94	12415
2008	14144	174	12593
2009	8859	110	14511.4

수치 출처: 2000-2009년 역대 중국통계연감을 정리했다.

부록 표 30-3　중국의 2003-2009년 해양 재해로 인한 경제 손실

연도	해양 재해 발생 횟수 (차)	인명 사상 (명)	직접적 경제 손실 (만 위안)
2003	172	128	80.52
2004	155	140	54.22
2005	176	371	332.4
2006	180	492	218.45
2007	163	161	88.37
2008	128	152	206.05
2009	132	95	100.23

수치 출처: 2003-2009년 역대 중국통계연감을 정리했다.

제7부

중국의 자연발전 비용

제31장

중국 기후변화비용에 대한 대응책

제1절

중국 기후변화 대비비용의 개술

기후변화는 현재 국제사회가 공인하는 인류의 주요 환경문제의 하나이다. 기후변화란 자연기후 변화 이외에 인류 활동이 직접 또는 간접적으로 세계의 대기 환경을 개변하여 발생한 기후변화를 가리킨다.[43] 인류 생산 생활 행위, 공업화 발전으로 인하여 대량의 온실가스가 대기에 배출되어 대기의 화학성분이 변했다.

그 중 이산화탄소(CO_2), 메탄(CH_4), 일산화이질소(N_2O) 등은 가장 흔히 볼 수 있는 온실가스이다. 이런 기체는 지표 적외선 복사 흡수능력이 강하고 또 대기에 남아 있는 시간이 길기 때문에 지역 복사 평형을 바꾸고, 나아가 세계 기후 온난화 속도를 가속화하고 있다. 정부간 기후변화 전문위원회(IPCC)의 추산에 따르면, 온실가스 농도를 일정하게 유지하려면 인류 활동에서 발생된 이산화탄소 배출량을 2/3로 줄여야 한다고 한다.[44] 그리고 공업혁명 이래 인류의 활동과정에서 대량으로 발생하는 광물연료 연소는 일정한 정도에서 대기의 이산화탄소, 메탄, 일산화이질소 함량을 증가시켰다.[45] 중국 온실가스 배출량은 세계 2위로서 미국에 버금에 가며, 화석연료가 배출하는 온실가스는 세계 총량의 17.9%를 차지한다. 국제 에너지서에서는 중국 온실가스 배출량은 미국을 초월하여 세계 제1의 배출 대국으로 될 것이라고 예측했다. 중국 1인당 배출수준은 세계 평균 수준에 접근했다. [46] 때문에 중국 온실가스 배출문제에 대하여 주목해야 한다.

기후변화가 인류에게 끼치는 영향은 심각한데, 이런 영향은 흔히 물을 통하여 작용한다. 오늘 온실가스 배출로 인한 온도상승에 근거한다면 50년 뒤에 2~3 가 상승할 것이다. 만약 통제하지 않는다면 인류 생활에 거대한 영향을 줄 것이다. 온실가스가 인류의 생활에 주는 영향은 표 31-1을 보라.

43) 潘家华:《气候变化引发经济学论争》,《生态文明理论》2007年第2期.

44) IPCC, Climate Change 2001 : The Scientific Basis, Published by IPCC, 2001, p.92.

45) 在过去100年来,全球地平面气温的总趋势呈上升状态,地表平均温度上升了0.3°C - 0.6°C,其中,北半球大陆地区上升了1°C.

46) 潘家华:《气候变化引发经济学论争》,《生态文明理论》2007年第2期.

표 31-1　온실가스가 인류 생활에 끼치는 구체적인 영향

번호	온실가스가 인류 생활에 끼치는 구체적인 영향
1	녹아내린 빙하는 홍수의 위험을 증가시키다가 물 공급을 심각하게 줄이고, 나중에는 6분의 1 가량의 세계 인구를 위협할 것이다. 이런 사람들은 주로 인도 차대륙, 중국 일부 지역, 남미 안데스산맥에 거주하고 있다.
2	식량 생산량이 점차 감소하고(특히 아프리카) 몇 억명의 인간은 충분한 식량 생산 또는 구입 능력을 잃을 것이다. 중국 고위도 지역의 식량 생산은 온도의 상승 (2-3)에 따라 약간 증가하지만 온도가 지속적으로 상승하면 생산량이 줄어들 것이다. 온도가 4 에 도달하면 세계 식량 생산은 심각한 영향을 받을 수 있다.
3	고위도 지역에서는 추위로 인한 사망이 줄어들 것이다. 그러나 기후변화 때문에 영양실조로 사망하는 사람들이 증가할 것이다. 효과적인 통제를 하지 않는다면 말라리아 같은, 뎅기열[47] 등 전염병 전파 면적 범위가 더욱 확대될 것이다.
4	세계 기온이 3-4 상승하면 해마다 홍수의 습격을 받는 인구는 해수면의 상승으로 인하여 몇 천만명 심지어 몇 만명이 증가할 것이다. 동남아, 카리브, 태평양 섬과 일부 연해 도시는 심각한 위협을 받을 것이다.
5	생태계통은 기후변화의 영향을 아주 쉽게 받는다. 약 15-40％의 종은 기온이 2 상승한 후에 멸종할 위험에 처하게 된다. 해양의 산성화(酸化)[48] 는 해양 생태계 [49] 에 심각한 영향을 줄 것이다.

자료 출처: 진영, 번가화: "스투은스 보고의 요점 평가와 해설"《기후변화연구진전》 2008년 제5호

　　기후변화가 인류에게 끼치는 영향은 막대하다. 기후는 일종의 환경자원으로 인류의 사회경제 활동, 생산활동과 밀접한 관련을 가지고 있다. 인류 사회 체제의 일부로서 기후변화는 인류의 사회경제 활동에

중요한 영향을 줄 것이다. 때문에 기후변화에 관한 비용 연구는 아주 필요하다.

기후변화에 대하여는 부동한 이해가 있다. 인류사회의 부단한 발전, 인류 생산 생활의 자연에 대한 영향이 커짐에 따라 기후변화 비용도 인류 경제활동 비용의 가장 활약적이고 복잡한 비용이 되었다.[50]

기후변화 비용의 일종 이해는 기후에 대한 인류 생산 생활 활동의 영향으로 인한 재해 손실 비용이라고 한다. 다른 견해는 인류 생산활동에서 발생된 온실가스의 처리과정의 비용을 기후변화 비용이라고 인정하고 있다. 전자의 영향요소는 복잡하고 경제학각도로 가늠하기 어렵기에 본 도서는 기후변화 비용 정량에서 후자에 편중한다.

---

47) 登革热是登革热病毒引起, 依蚊传播的一种急性传染病. 临床特征为起病急骤,高热,全身肌肉, 骨髓及关节痛,极 度疲乏,部分患可有皮疹, 出血倾向和淋巴结肿大

48) 海洋酸化是指由于海洋吸收, 释放大气中过量二氧化碳(CO_2),使海水正在逐渐变酸. 工业革命以来,pH值下降了 0.1. 海水酸性的增加,将改变海水化学的种种平衡,使依赖于化学环境稳定性的多种海洋生物乃至生态系统面临巨 大威胁.

49) 海洋生态系统是海洋中由生物群落及其环境相互作用所构成的自然系统. 广义而言,全球海洋是一个大生态系统, 其中包含许多不同等级的次级生态系统. 每个次级生态系统占据一定的空间,由相互作用的生物和非生物,通过能量 流和物质流形成具有一定结构和功能的统一体.

50) 以沿海地区为例,在考虑气候成本时要同时关注人口, 人类居住环境, 生态支撑能力. 在考虑气候变化所带来的台 风,洪涝,海平面上升造成的经济损失之外, 还要考虑气候变化所带来的一系列的间接损失. 例如,人员的伤亡,公共 设施的损毁,灾后疫病,心理影响,社会稳定,物价上涨等.

제2절

중국 기후변화 비용에 대한 표현형식

기후변화 비용의 주요 표현 형식은 이산화탄소 배출 비용, 메탄 배출 비용, 이산화일질소 배출 비용 등이라고 인정한다.(구체적인 내용은 표 31-2를 보라.)

표 31-2 기후변화 비용 표현 형식

비용분류	표현 형식	구체적인 내용
기후변화 비용	이산화탄소(CO_2) 배출 비용	인류의 생산활동에서 배출한 이산화탄소 처리 비용
	메탄(CH_4) 배출 비용	인류의 생산활동에서 배출한 메탄 처리 비용
	이산화일질소(N_2O) 배출 비용	인류의 생산활동에서 배출한 이산화일질소 처리비용

1. 이산화탄소 배출 비용

앞의 절에서 주로 CO2, CH4, N2O 등 온실가스 처리 비용을 연구한다고 언급했다. 이산화탄소(CO2) 배출 비용이란 주로 에너지 연소과정에 발생한 것이다. 그 구체적인 계산공식은 아래와 같다.

이산화탄소 배출 비용 = 이산화탄소 배출량
이산화탄소 배출 처리가격　　(31-1)

이상의 공식에 1978-2009년 중국 통계수치를 대입하면[51] 1978-2008년 이산화탄소 배출 비용을 계산할 수 있다.(구체적인 내용은 그림 31-1을 보라.)

이 도표에서 1978-1997년 중국 이산화탄소 배출 비용은 상승 추세를 유지하고 1998-2003년은 대체적으로 "평온한 상태"로서 26,500만원/1년이라는 것을 알 수 있다. 2004-2008년에는 신속하게 증가하고 2008년에 6,500만원/1년 최고봉에 도달했다. 이 단계에 중국은 온실가스 배출에 큰 관심을 하고 해당 방안을 적극 취했으며 이산화탄소 배출 처리 강도를 부단히 증가했다.

51) 计算中国1978年至2009年应对二氧化碳排放成本,公式中的各个变量详见附录.

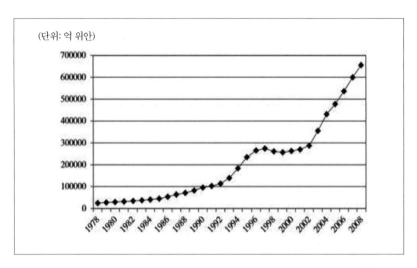

(단위: 억 위안)

그림 31-1   중국 1978—2008년 이산화탄소 배출 대응 비용

자료 출처: 부록 표 31-1의 수치를 계산했다.

2. 메탄 배출 비용

메탄(CH_4) 배출 비용은 주로 인류의 생산 활동에서 발생한 CH_4처리에 필요한 비용을 연구한다. 그 구체적인 계산공식은 아래와 같다.

$$\text{메탄 배출 비용} = \text{메탄 배출량} \times \text{메탄 처리 가격} \qquad (31\text{-}2)$$

이상의 공식에 2000-2009년 중국 통계수치[52]를 대입하면 2000-2009년 메탄 배출 비용을 계산할 수 있다.(구체적인 내용은 그림 31-2를 보라.)

이 도표에서 2000-2009년 중국 메탄 배출 비용은 비교적 높은 수준을 유지하고 2009년에 92000000만 위안의 최고봉에 도달했다는 것을 알 수 있다.

3. 일산화이질소 배출 비용

일산화이질소((N_2O)) 배출 비용은 주로 인류 생산 생활 활동에서 발생된 N_2O처리에 필요한 비용을 연구한다. 그 구체적인 계산공식은 아래와 같다.

$$일산화이질소 \ 배출 \ 비용 = 일산화이질소 \ 배출량 \ 일산화이질소$$
$$처리 \ 가격 \quad (31\text{-}3)$$

---

52) 计算中国2000年至2009年应对甲烷排放成本,公式中的各个变量详见附录.

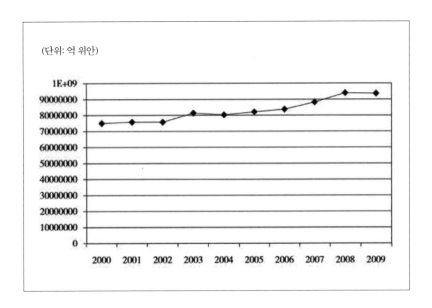

(단위: 억 위안)

그림 31-2 중국 1978—2009년 메탄 배출 대응 비용
자료 출처: 부록 표 31-2의 수치를 계산했다.

이상의 공식에 2000-2009년 중국 통계수치를 대입하면 2000-2009년 일산화이질소 배출 비용을 계산할 수 있다.(구체적인 내용은 그림 31-3을 보라.) 이 도표에서 2000-2009년 중국 일산화이질소 배출 대응 투입 비용은 비교적 높은 수준을 유지하고 균일한 속도로 증가했으며 2008년에 534920390만원 최고봉에 도달했다는 것을 알 수 있다. 2009년에는 일산화이질소 배출 비용이 약간 줄어들었다.

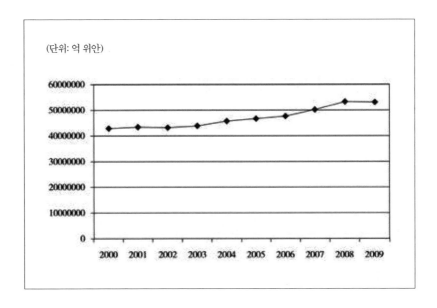

(단위: 억 위안)

그림 31-3 중국 2000—2009년 일산화이질소 배출 대응 비용

자료 출처: 부록 표 31-3의 수치를 계산했다.

제3절

기후 변화비용의 형성원인에 대한 대응책

　인류 활동과 사회의 부단한 발전 때문에 세계적인 규모로 대기의 온실가스 함량이 점차 상승하고 있다. 온실가스의 구체적인 원천은 그림 31-4를 보라. 현재 대기 온실가스 수준은 430ppm[53])에 도달했는데 공업혁명 이전에는 280ppm밖에 안되었다. 온실가스 농도의 부단한 증가로 인하여 세계 기온은 0.5 가량 상승했다. 2050년, 대기의 온실가스 함량은 공업혁명 이전의 2배에 달하며 이 추세는 부단히 지속될 것이다.

　경제의 신속한 발전 때문에 각국의 에너지 수요는 갈수록 증가하고 2035년 이산화탄소 농도는 550ppm[54])에 달할 것이다. 이런 추세는 석유의 대량 관측과 각종 연구에서 증명한 결과이다.(구체적인 내용은 표 31-3을 보라.) 중국 에너지 역조는 석탄을 위주로 하고 다음 석유와 천연가스이다. 현재 중국 에너지 소모는 주로 석탄을 위주로 하는 화학연료에 의존하며, 에너지 이용률이 보편적으로 낮다. 그리하여 중국 탄소배출량은 점차 증가하고 있다. 특히 개혁개방 이후 에너지 수요가 부단히 증가하여 중국은 세계 제2의 배출 대국이 되었다. 만약 절제하지 않는다면 인류의 생태환경에 끼치는 결과는 상상하기조차 무섭다.

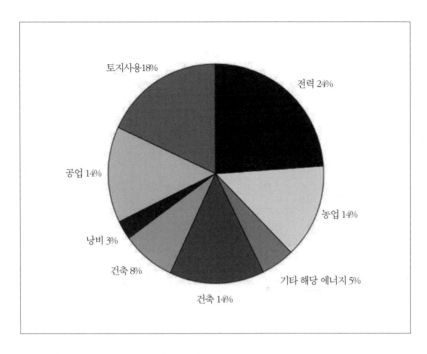

그림 31-4　2000년 에너지 획정 온실가스 배출의 비중

자료 출처: 세계 자원연구소 기후분석지수 도구 데이터뱅크 판 3.0에 근거하여 그렸다.

표 31-3 대기 주요 온실가스 농도 변화[55]

기체	CO_2	CH_4	N_2O	CFC-12	HCFC-22	CF_4
공업화 이전 농도	280ppm	0.7ppm	0.275ppm	0	0	0
1992년 농도	350ppm	1.714ppm	0.311ppm	503ppm	105	70ppt
현재 연간 증가속도	1.5ppm	0.013ppm	0.75ppb	18-20ppt	7-8ppt	1.1-1.3ppt
대기수명(년)	50-200	12-17	120	102	13.3	5000

자료 출처: IPCC.;Climate change,UK:Cambridge University Press,1994,p.339.

세계적인 범위로 대기의 온실가스 농도 증가로 인한 기후 변화의 주요 원인은 인류의 생산 생활 활동이다. 기후 변화가 인류에게 주는 영향은 두 방면에서 체현된다.

첫째, 직접적 영향이다. 대기에 직접 온실가스를 배출하고 있다. 이를테면 화학연료 연소로 인한 CO_2와 N_2O, 공업생산과정에 발생된 CO_2, CH_4와 CFC_S 등이다.

---

55) ppm,ppb,ppt分別表示某成分的体积分数为10-6,10-9和10-12.

둘째, 인류생산활동이 온실가스 흡수 원천을 개변했다. 이를테면 삼림의 대량 벌목으로 인하여 온실가스 흡수 매개물이 감소하고 대량의 온실가스가 대기에 체류하면서 양호한 순환을 하지 못하고 있다. 본 도서는 주로 인류 에너지 이용에서 발생된 CO_2, CH_4와 N_2O로 인한 기후변화 비용에 대하여 서술한다. 표 31-4, 표 31-5, 표 31-6은 이 세 가지 온실가스의 출처를 요약한 것이다.

표 31-4　대기 CO2의 주요원천 (GtC/a)

주요 출처	배출량 (GtC/a)
화석연료 연소	6.3 0.4
토지이용 변화	1.6 1.0
해양 흡수	1.4 0.7
중위도 삼림 흡수	0.5ㅍ0.5

자료 출처: [미국] 세계자연보호 동맹, 유엔환경서, 세계 야생생물기금회 연합편찬: 《지역보호－생존전략의 지지》 국가환경보호국 외사판공실 번역 중국환경과학출판사 1992년판 제97페이지

표 31-5 대기 CH$_4$ 주요 출처(Tg/a)

주요 출처	변화범위
해양	5-20
호수	100-200
툰드라	1.3-13
삼림	0-10
논밭	35-50
동물	65-100
흰개미	0-150
화석연료 생산과 이용	30-110
대기중 기화(氣化)	392-578
토지 흡수	15-45

자료 출처: [미국] 세계자연보호 동맹, 유엔환경서, 세계 야생생물기금회 연합편찬: 《지역보호－생존전략의 지지》 국가환경보호국 외사판공실 번역 중국환경과학출판사 1992년판 제99페이지

표 31-6 대기 N_2O 주요 출처

주요 출처	배출량(Gg)[56]
삼림	89.5
초원	112.13
논밭	143.33
화석연료 연소	38.4
생물질 연소	19.7
아디프산 생산	7.31

자료 출처: 〔미국〕 세계자연보호 동맹, 유엔환경서, 세계 야생생물기금회 연합편찬:《지역보호-생존전략의 지지》 국가환경보호국 외사판공실 번역 중국환경과학출판사 1992년판 제101페이지

이상의 표에서 주요한 온실가스 출처를 볼 수 있다. CO_2의 배출은 주로 광물연료의 연소에서 오는 바 광물연료의 연소에서 배출한 CO_2는 총배출량의 70% 이상을 차지하고 있다.

세계기후변화관찰소 1990년 연보에서는 1988년 세계 광물연료의 연소에서는 약 5.66 0.5Gt-c 를 배출했는데 이는 열대지역 벌목과 삼림연소에서 배출한 탄소량의 5배나 된다고 지적했다.

<hr />

56) 1G=109;g表示 "克",1Gg=1千吨

CH$_4$는 주로 소택지와 논에서 배출하며 CH$_4$ 배출량의 16%만이 에너지활동에서 온다. 대기의 N$_2$O는 대기속에 비교적 오랫동안 머물며 대기의 주요배출원천은 토양이다. 표 31-7은 공업 보일러를 사례로 탄소배출 출처를 소개했다.

표 31-7 공업 보일러 탄소배출 출처

손실 유형	구체적 체현
보일러 재 손실	보일러 재에서 연소하지 않았거나 미처 연소하지 않은 석탄 입자
날아간 재 손실	미처 연소하지 않은 석탄 입자가 연기를 따라 보일러 밖에 나간다.
잃어버린 석탄 손실	일부 석탄은 재 구덩이에 떨어져 손실을 일으킨다.

자료 출처: 마충행, 번자강 등: "중국 석탄 전기 사슬 온실가스 배출계수와 핵발전 사슬의 비교" 《과학과 공정》 1999년 제3호

이 표에서 중국 기후변화 비용 형성의 원인은 여러 가지라는 것을 알 수 있다. 첫째, 인류 생산 생활의 온실가스가 직접 대기에 진입한 것을 처리하는 비용이다. 둘째, 온실가스 흡수원천의 파괴로 인하여 지불한 대가이다. 기후변화 비용의 형성 원인은 그림 31-5로 요약할 수 있다.

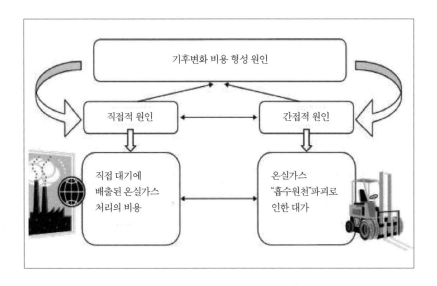

그림 31-5 기후변화 비용 형성 원인

제4절

기후 변화비용의 대책에 대한 대응책

　사회의 부단한 발전 변화에 따라 갈수록 많은 인간들이 기후변화 위기에 처할 수 있다. 때문에 세계 기후변화에 충분한 주의를 돌려야 한다. 화석연료 소비의 감소, 에너지 사용효율의 제고, 대체성 에너지의 개발, 자동차 사용의 감소, 에너지소모가 많은 건축물의 감소, 삼림관리의 강화 등 정책을 합리적으로 제정하여 부단히 악화하는 생태환경에 대비해야 한다.[57]

1. 수자원 관리 강화의 생태보호 대응책

　온실효과로 인한 기후상승은 일정한 정도에서 중국 일부 강의 흐름 량을 감소시킬 수 있다. 이것은 일정한 정도에서 중국 건조한 지역 환경의 악화와 토지 사막화 정도를 가속화 하고 있다. 이 문제에 대비하여 중국은 대규모의 식수조림, 퇴경환임(退耕還林), 수자원 관개의 절약 등 일련의 조치를 취했다. 수자원관리 일련의 대책에는 강의 소통, 습지의 보호, 물 오염의 정화 등이 포함된다. 합리적인 물 비용 정가기제의 제정, 물 절약 산품의 개발, 수요관리의 개선 등은 수자원 관리의 생태보호를 효과적으로 강화하고 있다.

전국 범위에서 수자원관리와 구역발전을 결합시키고 종합 처리를 실시하며 수자원관리 응급대책을 더욱 강화하고 있다.

2. 연해지역의 환경건설 강화

중국 70%의 대도시, 50%이상의 인구가 동부 연해지역에 분포되어 있다. 온실효과로 인하여 기온이 부단히 상승하고 연해지역 위기는 갈수록 두드러지고 있다. 지난 50년 동안 중국 연안의 해수면은 지속적으로 상승하고 있는데, 이로 인하여 해수가 흘러들고 밭의 알칼리화 심지어 연안의 제방이 붕괴될 위험이 있다. [58]

유엔 경제합작기구(OECD) 통계에 의하면 세계 홍수위험에 노출된 연해도시를 사회 자장총량(資長總量)에 따라 배열한다면 중국 광주, 상해, 천진, 홍콩, 영파, 청도 등 도시가 위험이 제일 큰 20개 도시에 속한다고 한다. [59] 이런 상황에서 중국은 연해지역 적응성 조치를 강화해야 한다. 그 구체적인 내용은 표 31-8을 보라.

57) 2007年以来联合国政府间气候变化专门委员会(IPCC)先后发表了四次气候变化评估报告,并指出人类活动引发全 球性变暖这一事实. 报告显示,气候变化将增加全球范围内自然灾害的次数,在数量上,上亿人将受到影响,面临饥荒的威胁.

58) 潘家华, 郑艳: 《适应气候变化的分析框架及政策涵义》, 《中国人口资源与环境》 2010年第10期.

59) Nicholls. R. J. et al. "Ranking Port Cities with High Exposyre and Vulnerability to Climate Extremes : Exposure Estimates." OECD : OECD Environment Woking Papers, 2008.

표 31-8 중국 연해지역 기후변화 대응에서 강화해야 할 적응성 조치

조치유형	구체적 체현
공정형	바다제방의 건설, 홍수방지 조치, 건축물의 공고, 인원 재산의 전이 등
기술형	수자원 관리모식의 개진, 연해지역 농업과 어업 생산방식의 개변, 예하면 홍수와 알칼리에 견디는 농작물을 보급하고 물이 표면을 투과할 수 있는 신형 재료를 채용한다.
제도형	건축 표준, 입법, 세금 보조, 재산보험, 사회보장 시스템의 건설 등

자료 출처: 진의유 등: 《중국기후와 환경변화》 （하권） 과학출판사 2005년판 제45페이지

3. 국제합작을 강화하여 세계 기후변화에 대비

세계화, 정보화가 심입 발전함에 따라 각국은 서로 연결되고 상호 영향을 주고 있다. 기후변화는 세계성 문제로서 국제의 긴밀한 합작이 있어야만 잘 해결할 수 있다.[60]

4. 삼림 벌목 감소

인류 사회의 발전 진보에 따라 삼림을 대량으로 벌목했다. 사회발전 초기에 국가는 일련의 정책 법규가 없고 벌목행위에 대하여 규범화하지 않았다. 때문에 중국은 삼림자원이 대량으로 소모되고 거대한 삼림소모 비용이 형성되었다. 때문에 삼림소모 비용에 대하여 합리하고 효과적인 통제를

하려면 국가 차원에서 임지 재산권, 토지 소유자, 벌목권 [61] 을 명확히 하고 삼림 벌목수량을 효과적으로 통제해야 한다. 일련의 삼림 벌목 금지행동을 벌이는 것은 나머지 삼림자원의 보호, 온실효과로 인한 세계 기온상승의 효과적인 통제에 아주 중요하다.

5. 국내 탄소거래 메커니즘 혁신

1) 각 지역, 주요 업종, 임업, 중앙기업의 탄소장부를 건립해야 한다. 삼림의 탄소회수 능력과 산소배출 능력에 대한 정보를 공개하고 강력한 사회감독 기제를 건립해야 한다. 2) 전국 탄소교역 시장을 건립하고 각 지역 사이 탄소교역을 촉진해야 한다. 특히 탄소 배출이 많은 성에서는 삼림이 많은 성의 배출지표를 직접 구입해야 한다. 3) 중앙 소속 100여개 국유 공업기업은 각 지역 임업 탄소고정지표를 직접 구입해야 한다. 4) 성을 단위로 내부 교역기제 건립을 촉진해야 한다. [62]

---

60) 《联合国气候变化框架公约》，《京都议定书》等政策的出台与签署,为国际间合作应对气候变化奠定了基础. 国 际间合作也应该在减少排放的各个方面都有所考虑,不仅在定价, 技术, 扫除行为障碍等方面加强合作,还应该在对 使用土地而产生的排放采取行动. 如果想要达到持久且广泛的合作,就必须坚持公平的原则,所以,一些发达国家应 该承担起责任,争取2050年将排放量与1990年时相比减少60%-80%.

61) 由于森林砍伐而产生的排放约占全球总排放量的18%以上,这已经在总量上超过了全球交通产生的排放量.

62) 胡鞍钢:《绿色发展实践———以"森林重庆"为例》,《国情报告》2009年第28期.

부록 표 31-1 중국 1978—2008년 이산화탄소 배출 비용

연도	CO_2 배출량 (천톤)	CO_2 처리가격	대비가격	CO_2 배출 비용
1978	1443885	178.66	100	25795.82
1979	1560672	186.87	104.6	29164.88
1980	1480575	195.63	109.5	28964.19
1981	1501080	202.95	113.6	30464.85
1982	1626464	210.46	117.8	34229.97
1983	1648128	218.14	122.1	35952.03
1984	1774069	226.18	126.6	40125.55
1985	2011169	234.22	131.1	47105.11
1986	2042633	258.87	144.9	52878.06
1987	2186000	286.03	160.1	62525.66
1988	2331546	316.04	176.9	73686.62
1989	2366784	349.27	195.5	82665.10
1990	2460744	386.61	216.4	95135.04
1991	2584538	399.83	223.8	103337.94
1992	2695982	425.38	238.1	114681.45
1993	2878694	487.91	273.1	140453.97
1994	3058241	605.64	339	185220.14
1995	3320285	709.08	396.9	235436.22
1996	3463089	768.04	429.9	265979.34
1997	3469510	789.48	441.9	273910.67
1998	3324345	783.23	438.4	260371.50
1999	3318056	772.15	432.2	256203.63
2000	3405180	775.37	434	264025.95
2001	3487566	780.73	437	272283.10

2002	3694242	774.47	433.5	286108.82
2003	4525177	783.76	438.7	354666.37
2004	5288166	814.31	455.8	430622.00
2005	5790017	828.96	464	479970.59
2006	6414463	841.47	471	539756.67
2007	6791805	881.84	493.6	598931.52
2008	7031916	933.83	522.7	656663.66

수치 출처: 1978-2008년 이산화탄소 배출량 수치 출처: UN data. A World of Information. http://data.un.org/ Data.aspx?q=CO2+&d=MDG&f=series Row ID%3a7749, Millennium Development Goals Database, United Nations Statistics Division; 1991년 이산화탄소 가격은 왕개봉 "호남성 경제성장의 자원환경 대가 평가" 《장강 유역 자원과 환경》 2007년 제2호에서 인용하고, 기타 가격은 대비가격에 근거에 따라 추산했다.

부록 표 31-2 중국의 2000-2009년 메탄 배출 비용

연도	메탄 배출량 (천톤/이산화탄소 상당량)	처리가격	메탄 배출 비용 (만 위안)
2000	973730	775.37	754996763.7
2001	978111.785	780.73	763636605.7
2002	982513.288	774.47	760929365.4
2003	986934.5978	783.76	818131594.2
2004	991375.8035	814.31	807289763.7
2005	995760	828.96	825447520
2006	1000240.92	841.47	841670943.9
2007	1004742.004	881.84	886026109.1
2008	1009263.343	933.83	942483617.4
2009	1013805.028	927.22	940023279

자료 출처: 2000년과 2005년 메탄 배출량은 세계은행 WDI 수치와 세계은행 《2009년 세계발전 지표》에서 인용하고, 기타 연도 수치는 작자가 추산한 것이다. 1991년 처리 시장 가격은 왕개봉 "호남성 경제성장의 자원환경 대가 평가"《장강 유역 자원과 환경》 2007년 제2호에서 인용하고 기타 가격은 대비가격에 근거하여 추산했다.

부록 표 31-3 중국의 2000-2009년 일산화이질소 배출 비용

연도	일산화이질소 배출량 (천톤/이산화탄소 상당량)	처리가격	일산화이질소 배출 비용 (만 위안)
2000	556620	775.37	431584010.6
2001	558623.832	780.73	436131752.5
2002	560634.8778	774.47	434196205.8
2003	562253.1634	783.76	440986413.4
2004	564678.7147	814.31	459824967
2005	566680	828.96	469756367.6
2006	568720.048	841.47	478559845
2007	570767.4402	881.84	503328070.4
2008	572822.203	933.83	534920390.8
2009	574884.3629	927.22	533045969.2

자료 출처: 2000년과 2005년 일산화이질소 배출량은 세계은행 WDI데이터뱅크 《세계발전지표》 2009년에서 오고 기타 연도 일산화이질소 배출량은 작자가 추산한 것이다. 1991년 일산화이질소 처리가격은 왕개봉 "호남성 경제성장의 자원환경 대가 평가"《장강 유역 자원과 환경》 2007년 제2호에서 인용하고 기타 가격은 대비가격에 근거하여 추산했다.

제7부
중국의 자연발전 비용

제32장
사람과 자연의 조화로운 존재의 비용

제1절

사람과 자연의 조화로운 존재비용의 개술

조화로움이란 시스템 각 요소, 각 조성원소는 잘 공존하고 적당히 배합하는 것을 가리킨다. 자연계를 예로 들면 한개 생태계통의 조화란 인류, 수토, 대기, 암석, 삼림 등 각 요소들의 상호 의존, 상호 제약, 상대적 평형, 상대적 안정 상태를 가리킨다.

일부 전문가들은 인간과 자연의 조화로운 존재에 대하여 아래 4개 방면에서 요약했다.(그 구체적인 내용은 표 32-1을 보라.)

표 32-1   인간과 자연의 조화로운 존재 4개 방면 체현

번호	체현 방면	구체적 내용
1	인류 생존환경의 최우수 상태	각종 물질 에너지, 정보를 획득, 지배, 사용할 때 생태환경 파괴를 최저로 줄이고 생태환경 악화와 퇴화를 피면한다.
2	생태평형 보전	각종 자원의 남용, 동물의 사냥을 방지하고 생태 다양성을 보전
3	최대한도로 물질, 에너지 사용효능을 제고	자원에너지 사용 효율을 제고하고 물질, 에너지 낭비와 불합리적인 소모를 감소[63]
4	자원에너지 채굴을 제한	자연계 각종 자원을 계획적으로 개발, 채굴하고 자연자원의 지속적 이용을 실현

자료 출처: 작자 요약

인간과 자연의 조화로운 공존 여부를 가늠하는 표준은 자원의 감당 능력과 환경의 감당 능력이다. [64] 인류 사회의 진보와 발전이 이 두 가지 감당 능력을 초과하지 않으면 지속적 발전이라고 할 수 있다. 구체적인 자원과 환경 감당 능력은 그림 32-1을 보라.

---

63) 人类不断发展过程的代价是资源, 能源的大量消耗和向自然界的过分索取. 据研究,人类现在在1年内所消耗的矿物燃料,相当于在自然历史中要花费100万年所积累的数量.

64) 汪恕诚:《C模式:自律式发展》,《国情报告》2005年第31期

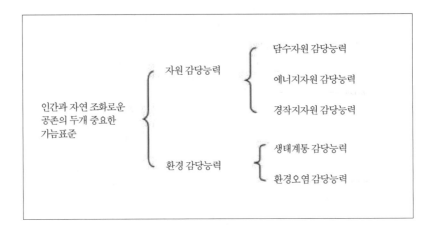

그림 32-1　자원과 환경 감당능력의 구체적 표현

　왜 인류와 이 두가지 관계를 잘 처리하면 인간과 자연의 조화로운 공존이라고 하는가? 자원 감당능력을 보면 담수자원, 에너지자원, 경작지 자원은 제한되어 있으며 대부분 에너지 자원은 재생할 수 없다. 인류사회의 부단한 발전과정에 대량의 공장, 주택, 공공시설의 건설은 토지를 이용하는데 토지자원은 제한되어 있다. 만약 인류 발전정도가 제한된 자원 감당능력을 초과하면 지속적인 발전을 할 수 없다.

　환경의 감당능력이란 주로 생태계통의 파괴 이를테면 강의 물이 끊기거나 사막화, 생물 다양화의 감소 등을 가리킨다. 환경의 감당능력에서는 오수의 배출, 독성 해로운 기체의 배출, 고체 쓰레기 배출의 영향을 고려해야 한다. 총적으로 부단한 공업화과정에 가장 소중한 수자원, 에너지, 토지로 GDP의 성장을 바꾸고 불가역적 오염을 조성하는 것은 얻는 것보다 잃는 것이 더 많다. 유물변증법은 모든 사물은 양면성을 가지고 있다는 것을 알려준다.

신속하게 발전하는 사회는 인간의 수입을 증가하고 인간의 생활 질을 제고했다. 하지만 자연계에 대한 소극적 영향을 주의하지 않으면 아주 무거운 손실을 입을 것이다.

자연계는 인류 생존 발전의 기초이다. 인류는 더욱 훌륭한 생존과 발전을 실현하는 과정에 자연계 자원을 대량 이용하고 있는데 인류 생존 발전에 필요한 모든 자원은 모두 자연계에서 온 것이다. 100여 년 전 엥겔스는 다음과 같이 지적했다. 인류는 자연의 개변을 통하여 자연계가 자기를 위하여 서비스하게 하고 자연계를 지배할 수 있다. 그러나 인류의 자연계 통치는 자연계 밖에서 진행하는 것이 아니라는 점을 기억해야 한다.[65]

이 중요한 사상을 서술할 때 엥겔스는 다음과 같이 강조했다. "자연계에 대한 승리에 너무 도취하지 말아야 한다. 이런 승리에 대하여 자연계는 우리에게 보복할 것이다. 매번의 승리 초기에 우리는 예기한 결과를 얻었다. 그러나 그후에 더 후에 완전히 부동한, 뜻밖의 영향이 발생하여 흔히 최초의 결과를 제거한다."[66] 그는 다음과 같이 경고했다. "우리는 매일 자연법칙의 정확한 이해를 배우고 자연계 일상 간섭으로 인한 비교적 가까운 또는 비교적 먼 결과의 인식을 배우고 있다. 금세기 이래 자연과학이 대대적으로 발전함에 따라 우리는 우리가 흔히 보는 생산방식으로 인한 비교적 먼 자연 결과에 대하여 인식, 통제하는 것을 배우고 있다."[67]

인간과 자연의 조화로운 공존 과정에 자연계 물질, 에너지, 정보 지배 능력과 사용능력이 부단히 강화되고 있다. 이 발전과정에 인류는 인간과 자연 조화로운 공존 최저선을 부단히 돌파하고 있다. 인류의 진보, 사회발전 성취는 세인이 다 아는 바이다. 세계발전보고에 의하면 세계 빈곤상태

발전도상국가는 절반에서 1/4로 줄어들고 기술창조는 사회의 부단한 진보를 추진했다. 중등수입 국가 1인당 수입은 1배로 증가했다. 하지만 인류 발전으로 인한 환경문제도 날로 두드러지고 있다. 빈번한 가뭄, 홍수, 폭풍 등 자연재해는 인류 생존의 생태환경을 부단히 위협하고 있다. 21세기 말기, 기온은 공업혁명 이전보다 5℃ 제고될 것이다. [68]

선진국 최근 100년 공업화과정에 나타난 문제가 중국 짧디짧은 개혁개방 30여 년 동안에 집중적으로 나타나고 있다. 통계에 의하면 중국 환경문제는 주로 3개 면을 포함하고 있다. 첫째, 환경오염문제이다. 많은 강의 상류는 이미 엄중히 오염되었는데 그 중 많은 강과 호수에는 부영양화 현상이 나타나고 있다. 도시 공기오염도 비교적 엄중하고 산성 비 침해를 받는 토지면적도 비교적 많다. 둘째, 생태환경 파괴 문제이다. 최근 중국 수토유실면적과 토지 사막화 면적은 증가하고 있다. 삼림율이 부족하고 초원 퇴화현상이 비교적 명확하다.

65) 《江泽民文选》第二卷,人民出版社2006年版,第233页.
66) 《马克思恩格斯文集》第9卷,人民出版社2009年版,第559页.
67) 《马克思恩格斯选集》第5卷,人民出版社1995年版,第384页
68) 世界银行:《世界发展报告:发展与气候变化》,清华大学出版社2010年版,第187页.

셋째, 국제 환경압력에서 커다란 도전을 받고 있다. 이를테면 해당 국제공약의 이행 등이다.

인류와 자연의 조화로운 공존에 대하여 다양한 이해를 할 수 있다. 첫째, 인류 사회 부단한 발전과정에 인류 생산 생활 활동의 자연 파괴 이후에 지불한 대가이다.[69] 둘째, 인류와 자연의 조화로운 공존에 대하여 인류와 자연의 조화로운 공존 상태에 도달하기 위한 노력이라고 이해할 수 있다. 다시 말하면 경제학각도에서 가늠하면 자연환경의 진일보 악화의 저지 또는 이상적인 상태의 회복에 지불한 비용라고 할 수 있다. 본 도서의 인류와 자연의 조화로운 공존 비용은 전자에 치중한다.

---

69) 例如,气候的变化所导致的灾害,水平面升高,耕地的毁坏,环境污染以及生态环境的破坏所带来的人类疾病, 物种 多样化的减少等,而这一系列人与自然相处过程中人类所付出的代价以经济角度来衡量其产生的成本即为人与自然和谐相处成本.

제2절

사람과 자연의 조화로운 존재비용의 표현형식

자원에너지 비용, 생태환경 비용, 재해 비용, 기후변화 대비 비용은 피동적 비용으로서 일이 발생한 후의 필요한 해결과 처리이다. 인류와 자연의 조화로운 공존 비용에는 자연관계의 모든 주동적 처리가 포함된다. 그리고 생태환경 손실의 미봉이 포함되는데 가장 중요한 미봉은 환경오염으로 인한 인류 건강손실의 미봉이다. 이밖에 삼림 적자의 삼림 잉여 변화, 재해 예방 감소 공정의 적극적 진행 등이 포함된다. 가장 중요한 것은 제도설계를 부단히 설계, 완벽히 하는 것이다.

1. 환경오염 건강 손실 비용

에너지 연소 오염으로 인한 기후오염의 가장 직접적 피해자는 인류이다. 중국 십 몇억 인민은 대기오염의 심각한 피해자이다. 중국 이산화탄소 배출량의 부단한 증가는 세계 기후변화 위기를 가속화하고 있다.[70] 2005년, 인위적 미립자 오염을 받은 인간은 11.63억 명/1년으로서 두 번째인 인도(4.32억 명/1년)보다 훨씬 많고 그 총수량은 인도의 2.69배나 된다.

이 수치에서 대기오염의 영향으로 인하여 13억 중국인민 평균 1인당 수명이 1살 줄어들었다는 것을 알 수 있다. 이 기준정경에서 배출예측을 하면 2035년에 중국 이 수치는 450 배출감소 정경의 12.15억명/1년보다 훨씬 높은 15.73억명/1년에 도달할 것이다. [71] (구체적인 내용은 표 32-2를 보라.)

표 32-2 인위적 미립자 오염으로 인한 총수명 손실(2005-2035년) (단위: 백만명/년)

	기준정경(基准情景)			450 정경(情景)	
	2005	2020	2035	2020	2035
중국	1163	1565	1573	1491	1215
인도	432	854	1466	792	1085
러시아	53	49	49	47	46
유럽연맹	234	146	119	138	108

자료 출처: IEA : IIASA(2010)의 WEO2010에서 인용

---

70) 据国际应用系统分析研究所(International Institute of Applied System Analysis, IIASA)的数据表示,世界 上由
  于人为颗粒物污染导致的国民寿命总损失我国是排在第一位的.

71) 胡鞍钢, 梁佼晨: 《后哥本哈根时代中国与世界:节能减排趋势》, 《国情报告》 2010年第41期.

미래의 추세를 보면 인위적 미립자로 인한 중국의 총수명 손실은 지속적으로 상승할 것이다. 2020년, 450 정경에서 총수명 손실은 2005년보다 28% 증가하고 기준 정경에서 2005년보다 35% 증가할 것이다. 2035년, 기준 방안은 2005년보다 35% 증가하고 450 방안은 2005년보다 4% 증가할 것이다. 2035년 중국 인구를 14.62억명으로 계산한다면 그때 기준정경에서 중국 1인당 평균 예기수명은 450정경보다 0.245년 감소할 것이다. 이로 인한 인민 생활 복지손실, 국민 생산 총액 손실은 아주 거대할 것이다. 이런 손실에 대하여 미봉해야 한다.

2. "삼림 적자"에서 "삼림 잉여"로 변화

"삼림 적자"에서는 나무의 부단한 퇴화로 인한의 인간 손실을 생태환경 비용의 중요한 발생부분으로 본다. 신중국 성립 이래 중국 사회발전, 인간의 생산활동은 삼림자원의 소모를 멈추지 않았다. 기본적으로 중국 삼림상황은 줄곧 혼합국면을 보여주고 있다. 첫째, 삼림의 부단한 퇴화를 막기 위하여 중국은 거액의 지금을 투입하여 식수조림을 하고 방호림 건설을 하고 있다. 이것은 농업대국에서 거두기 어려운 성취이다. 둘째, 사회발전 수요로 인하여 신중국 성립 50년 이래 중국 천연림은 줄곧 줄어들었는데 앞으로도 이 추세가 이어질 것이다.

이 추세도 중국 "삼림 적자"[72]를 조성했다. 중국 "삼림 적자"는 아주 거대하다. 통계에 의하면 중국 "사용 삼림"성숙한 재료 1년 소모량은 성숙삼림 성장량과 거의 성숙한 삼림이 성숙삼림에 들어서는 생장량의 합을 초과하고 평균 "삼림 적자"는 약 1.7억 입방미터에 달한다. 50년까지 계산하면 당좌대월 총액은 85억 입방미터가 된다. [73]

경제학적 관점에서 보면 "삼림 적자"는 삼림 순소모(net forest depletion) [74] 의 국민수입(GNI, Gross National Income) 비중으로 표시할 수 있다.

중국 1976-2000년 삼림 순소모의 총국민 수입비중에 근거하여 부동한 시기 경제정책과 임업정책 이익에 대하여 계산하고 객관적으로 평가할 수 있다.

특히 그 생태 경제 손실을 평가할 수 있다. 20세기 70연대 중국 "삼림 적자"는 부단히 확대하고 20세기 80연대에 비교적 높은 수준에 도달했으며 1995년 0.45%에서 2000년의 0.07%로 신속하게 줄어들었다. 그러나 세계 수준 0.037%와 일정한 차이가 있다. 1993년부터 중국은 천연림 벌목을 대규모로 감소하고 경제삼림 소모의 국민 수입비중이 직선으로 하강했으며 "삼림 적자" 비용을 직접 줄였다. [75]

72) 所谓"森林赤字"的含义,是指森林采伐量超过生长量. 反之,"森林盈余"是指森林自然生长量远远超过采伐量.

73) 胡鞍钢:《让天然林休养生息50年:从森林赤字到森林盈余的重大林业战略转变》,《国情报告》22002年第93期.

74) 根据世界银行使用的绿色总国民收入账户方法计算,净森林消耗等于单位资源租金和超过自然生长量的原木采集量的乘积.

75) 胡鞍钢:《让天然林休养生息50年:从森林赤字到森林盈余的重大林业战略转变》,《国情报告》2002年第93期.

호안강, 유민(2011)의 연구에 의하면 중국의 삼림자원은 "U"자형 곡선변화를 보이는데 하강했다가 상승하고 있다. 신중국 임업발전은 신정전 시기(新政前時期)와 신정시기로 나누고 구체적으로 6 단계로 나눌 수 있다. 제1차 임업 신정시기 중국은 "삼림 적자"상황을 개변하고 "삼림 잉여"황금시기를 맞이했다.[76] 제2차 녹색 임업 신정단계, 중점은 임업발전 전이이다. 즉 임업의 자연우세를 충분히 발휘하고 전면적인 녹색발전으로 전화한다.

---

76) 胡鞍钢, 刘珉: 《从森林赤字到森林盈余:林业发展转型与绿色新政》, 《国情报告》 2011年第3期.

제3절

사람과 자연의 조화로운 존재 유지비용

인류의 발전, 사회의 부단한 진보로 인하여 인간과 자연의 관계가 점차 변하고 있다. 인류는 점차 "자연을 경외"상태에서 "자연을 정복"상태로 전변하고 자연은 인류의 개조대상으로 되었다. 농업사회 이후에 자연 개조는 규모화를 이루고 경작지 면적이 부단히 확대되었으며 식량수요가 부단히 증가했다. 그런데 이런 진보는 일런의 환경문제를 조성했다. 특히 공업문명 이후에 인류와 자연 관계는 근본적 전변을 가져왔다.

자연계의 역량이 과거처럼 신비하지 않고 인류의 자연계 의존과 경외에서 점차 대규모 개발과 이용으로 변화하고 자연과 생태환경 부단한 악화로 인한 일런의 손실을 조성했다. 현대 생태문명 건설시기에 인류는 주동적으로 자원, 에너지, 환경, 생태 지속적인 발전 사고와 행동을 진행하고 주동적으로 재해 예방 감소와 제도 설계를 하고 있다. 이 비용 투입은 현실적 의의가 있을 뿐만 아니라 미래 이익도 있다. 당의 18대에서 특별히 강조한 "아름다운 중국"과 생태문명 건설을 적극 수호하고 전망계획에서 제도설계와 전략보장을 중점적으로 체현해야 한다.

제4절

사람과 자연의 조화로운 존재비용의 대책

　상술한 절에서는 인간과 자연 조화로운 공존의 환경오염 비용, 생태환경 비용에 대하여 서술했다. 본 절에서는 중국 국정에 근거하여 이 두가지 비용형성 대응책에 대하여 서술하여 인간과 자연의 관계를 잘 처리하고 미래사회의 지속적 발전을 촉진하려 한다.

　환경오염은 주로 인류 공업화로 인하여 조성된 것이다. 조기의 공업화는 많은 투입, 많은 소모, 많은 오염 배출의 "흑색 모식"으로 진행되었다. 세계 공업화 발전과정을 보면 매번 공업혁명은 부동한 동력을 가지고 있었다. 18세기 말기부터 세계에는 3차 공업혁명이 발생했는데 매번의 공업혁명은 전형적인 모식과 대표성을 가지고 있다. 21세기에 과학의 진보, 세계 정보화 영향으로 인하여 인류는 새로운 공업혁명을 맞이하고 있다.

　제4차 공업혁명의 대환경에서 중국 환경오염문제에 비추어 2006년에 중국은 자기 국정에 비추어 처음으로 "자원 절약형, 환경 우호형 사회의 건설"을 "국가 '11.5'계획 요강"에 넣고 자원절약과 환경보호 기본 국책을 제기했으며 적은 투입, 많은 생산, 적은 소모, 적은 배출, 순환, 지속적 국민경제 시스템과 자원절약형, 환경 우호형 사회[77]의 건설을 제기했다.

따라서 녹색 발전은 녹색 공업혁명의 필연적 산물이다. 여기서 중국에서 현재 부단히 악화되고 있는 환경오염을 합리하게 통제하기 위한 노력을 엿볼 수 있다.

---

77) 胡鞍钢, 梁佼晨: 《中国绿色发展战略与"十二五"规划》, 《国情报告》 2011年第16期.

중국 자연 발전 비용 요약

여러 비용의 정량연구를 통하여 중국 자연발전 비용은 개혁개방부터 지금까지 증가상태를 유지하고 있다는 것을 알 수 있다. 개혁개방부터 20세기 90연대까지 중국 자연발전 비용은 성장이 보편적으로 완만했다. 중국경제의 고속성장으로 인하여 사회발전과정 인류생산의 자연자원 수요가 부단히 증가하고 있다. 재해 비용을 제외하고 대부분 자연발전 비용은 20세기 90연대부터 육속 고속성장시기에 들어섰다.

그 중 중국 천연가스의 이 특징이 가장 뚜렷하다. 1978-1993년, 중국 천연가스 비용 1년 평균 성장율은 8.4%수준에 머물고 1993년의 천연가스 비용은 약 1978년의 3배이다. 1993-2009년 중국 천연가스 비용은 1년 평균 성장율이 15.2%이고 2009년 천연가스 비용은 1993년의 10배가 되었다. 중국 자연재해는 자신의 돌발성과 불가예측성으로 인하여 그 비용이 대체적으로 파동상태를 보이고 있다. 중국 재해 비용 투입의 방지 각도로 보면 재해투입은 해마다 증가하는 추세를 보이고 있다. 대체로 중국의 경제발전 속도와 자원 수요량의 증가에 따라 자연발전 비용도 상응하게 증가할 것이다.

20세기 90년대 이후에 과도한 공업화, 과도한 조방성장 모식의 영향으로 인하여 우성 자연환경 비용의 인류환경에 대한 영향은 의심할 바 없다.

열성 자연환경 비용(이를테면 본 도서에서 제기한 환경오염의 건강손실 비용)의 인류 생존환경 영향은 부단히 강화되고 있다.

자연환경을 과도하게 이용한다면 조화롭지 못한 인간과 자연 공존관계를 조성하고 인류와 사회 지속적 발전에 불리한 영향을 끼칠 수 있다. 우리는 중국 국정과 장원한 발전목표에 근거하여 인간과 자연의 관계를 잘 처리하고 책임이 있는 대국 역할을 잘하며 조화로운 세계 건설의 영도자로 되어야 한다.

제8부

중국발전 비용론이 중국발전에 대한 계시

제33장

발전비용의 지표체계 기초

제33장

발전 비용의 지표 시스템 기초

　제2-7부 연구와 사고를 통하여 본 도서는 발전 비용은 비용 체계를 형성할 수 있다고 인정한다. 여기에는 대체로 경제, 정치, 사회, 문화, 생태 등 5개 부분이 포함되어 있다. 현재 서술할 수 있는 기초 발전 비용 지표 체계는 표 33-1과 같다.

표33-1 발전 비용의 지표 시스템

F4 기후변화 대비 비용 (피동)	F4.1 이산화탄소 배출
	F4.2 메탄 배출
	F4.3 일산화이질소 배출
F5 인간과 자연 조화로운 공존 비용 (주동)	F5.1 "삼림 잉여" 촉진
	F5.2 환경오염으로 인한 건강손실을 미봉
	F5.3 재해 예방 감소
	F5.4 생태 문명 제도 설계
경제발전 비용(내부)	
1급 지표	세밀화
A1 경제성장 비용 (주동)	A1.1 투자 확대
	A1.2 내수 확대
	A1.3 수출 확대
A2 경제전이 비용 (주동)	A2.1 체제전이
	A2.2 구조전이
	A2.3 발전방식전이
	A2.4 세계화전이
A3 경제교란 비용 (피동)	A3.1 통화팽창
	A3.2 환율변동
	A3.3 경제위기 위험
A4 경제조절관리 비용 (주동)	A4.1 경제수단 조절
	A4.2 법률수단 조절
	A4.3 행정수단 조절
정치발전 비용	
1급 지표	2급 지표
B1 정치변혁 비용 (피동)	B1.1 정치투쟁
	B1.2 정치위험
B2 정치제도 건설 비용 (주동)	B2.1 부패 처리
	B2.2 정치체제 개혁
	B2.3 정치제도 설계

B3 정치결책 비용 (주동)	B3.1 결책체계 건립
	B3.2 결책 실수 대비
	B3.3 결책 건전기제
B4 집권당 건설 비용 (주동)	B4.1 조직건설
	B4.2 작풍건설
	B4.3 사상문화건설
	B4.4 당내 민주건설
	B4.5 정치문명건설
B5 정치협상 비용과 정보격차 초월 비용 (주동)	B5.1 정치협상제도 건설
	B5.2 정보격차 초월
B6 민주건설 비용 (주동)	B6.1 민주해설
	B6.2 민주건설
	B6.3 정치풍파
사회발전 비용	
1급 지표	2급 지표
C1 민생문제 해결 비용 (피동)	C1.1 균일한 교육발전
	C1.2 취업 촉진
	C1.3 사회보장
	C1.4 수입분배의 불균형
	C1.5 의료위생발전
C2 인구변화 비용 (피동)	C2.1 인구증가 압력
	C2.2 노령화, 소자화(少子化)대비
	C2.3 인구 과학관리
C3 사회 관리 비용 (주동)	C3.1 행정관리 비용
C4 사회안정 비용 (피동)	C4.1 국방지출
	C4.2 안정수호 비용
	C4.3 사회 안정 파괴사건의 경제와 사회 대가
C5 사회진보 비용 (주동)	C5.1 창조와 활력을 고무
	C5.2 정보의 충분한 대칭
	C5.3 정면발전
문화발전 비용	
1급 지표	2급 지표

D1 문화계승 비용 (주동)	D1.1 문명충돌 중 평화 수호
	D1.2 문명 도태와 진화
	D1.3 문명보호와 계승 비용
D2 민족습관 보호 비용 (주동)	D2.1 민족 충돌 피면
	D2.2 민족융합 촉진
	D2.3 종교신앙 보호
D3 의식형태 변화 비용 (피동)	D3.1 의식형태 변화 비용
	D3.2 의식형태 일상적 건설 비용
	D3.3 의식형태 건설 위험
	D3.4 국제의식형태 대립과 충돌 비용
D4 현대매체 제도 건설 비용 (주동)	D4.1 현대매체 건설의 일반적 관리 비용
	D4.2 현대매체 체제개혁 비용
D5 소프트 파워 건설 비용 (주동)	D5.1 국제 발언권 쟁탈 비용
	D5.2 구역 소프트 파워 건설 비용
	D5.3 현대 조직 체계 건설 비용
	D5.4 과학소양과 인문소양 제고 비용
D6 사회문명 변화 비용 (주동)	D6.1 사회집단 도덕하강 비용
	D6.2 사회 관계 변화 비용
	D6.3 사회 새로운 집단형성으로 인한 모순 충돌 비용
	D6.4 사회 진보사상 개방 창조
경제발전 비용 (대외 개방 발전 비용)	
1급 지표	2급 지표
E1 개방 발전 사상관념 비용 (주동)	E1.1 미개방 비용과 사상투쟁
	E1.2 점진적 개방에서 전면적 개방에로
E2 국제교류와 공동인식 현성 비용 (주동)	E2.1국제교류 참여
	E2.2 국제기구 가입
	E2.3 국제 공동인식 이행
E3 투자촉진과 투자환경 건설 비용 (주동)	E3.1 대외투자
	E3.2 대내건설 투자 환경
E4 국제무역 비용(피동)	E4.1 환급부담
	E4.2 고액 외환보유액 기회 비용과 위험
	E4.3 무역마찰 대비

745

E5 입체교통 건설 발전 비용 (주동)	E5.1 기초투자
	E5.2 기초투자기회
	E5.3 관리효율 손실
E6 공신력 건설과 위험 대비 비용 (피동)	E6.1 영토와 주권 완정의 수호
	E6.2 민족단결
	E6.3 대외원조
	E6.4 국제책임 감당
	E6.5 대국 이미지 전파
자연 발전 비용	
1급 지표	2급 지표
F1 에너지 자원 비용 (피동)	F1.1 경작지 감소
	F1.2 임지 감소
	F1.3 광산자원 소모
	F1.4 석탄 소모
	F1.5 석유 소모
	F1.6 천연가스 소모
F2 생태환경 비용 (피동)	F2.1 물오염
	F2.2 이산화탄소와 연기 먼지 배출
	F2.3 공업먼지 배출
	F2.4 고체 폐기물 배출
F3 재해 비용 (피동)	F3.1 지질 재해
	F3.2 삼림화재 재해
	F3.3 해양 재해

발전 비용 체계에는 32개 1급 지표가 있는데 그 중 12개는 피동적 즉 이미 발생하고 이미 조성한 손실을 반영하고 있다. 일부 비용은 중시를 받고 있지만 일부는 그렇지 못하다. 주로 이 12개 지표를 우선적으로 해결해야 한다.

제8부

중국발전 비용론이 중국발전에 대한 계시

제34장

전요소는 생산력제고를 촉진시키고,

발전비용을 낮추어야 한다

제34장

전요소는생산력제고를촉진시키고,
발전비용을 낮추어야 한다

인류의 발전과 복지는 재부의 창조에서 온다. 그러므로 경제발전은 한 때 중국 발전의 주선율이었다. 경제발전의 주요동력은 경제성장이다. 하지만 단순히 경제성장의 표징인 국내 생산 총액(GDP) 등으로 경제성장을 가늠하는 것은 현재 이론 발전과 발전배경에서 부족하다. 작자는 다음과 같이 인정한다. 투입의 각도에서 이해한다면 경제, 정치, 사회, 문화, 생태 발전에는 자원(인력, 물력, 재력)의 투입이 필요하다. 전 요소 생산률(TFP)의 일반적인 함의 체현은 자원의 개발 이용 효율이다. 전 요소 생산률 원천에는 기술진보, 체제개혁, 조직 창조, 요소 우수화 배치, 노동력 자질의 제고 등이 포함된다.

아보라모비치(Abramovitz, 1993)는 공업화 초기에 기술진보 고도는 실물자본의 사용방향에 편중해 있었다고 지적했다. 시장의 신속한 확장은 대규모 생산, 공장건물과 도시기초시설의 대규모 투자를 고무했다. 조기 공업화 단계 경제성장 요소 분해에서 자본 축적의 거대한 공헌과 비교적 낮은 TFP의 성장을 발견할 수 있다. 공업화 제1단계가 결속된 후에 실물자본이 편중하는 기술진보는 감소하고 기술진보는 무형자본의 사용에 편중하며 이로 인하여 비교적 높은 TFP의 성장을 조성한다.[78]

중국은 개혁개방 이래 전 요소 생산률 추산은 비교적 성숙한 연구이다. 유명, 이선동(2011)은 다음과 같이 지적했다. 중국 전 요소 생산률 신속한 성장의 주요요소는 기술진보, 체제개혁, 요소 우수화 배치, 대외 개방, 외국자본의 직접 투자, 노동력 자질의 제고, 기초시설과 서비스업의 발전 등 요소이다. 개혁개방 이래 특히 2990년 이후에 TFP공헌률의 제고는 아주 뚜렷하다.(표 34-1을 보라.) 조지경, 양조봉(2011)은 다음과 같이 지적했다.

기술진보는 개혁개방 이래 전 요소 생산률 변화의 주요 원인이다. 특히 1994년 이래 제도 변화의 경제성장 작용은 자본, 노동 성장을 전 요소 생산률 성장의 궤도에 올라서도록 추진했다. 하지만 일정한 문제가 있다. 이를테면 연구개발경비가 증가했지만 직접적 효과는 기술지식 비축량을 증가했을 뿐 전 요소 생산률의 제고로 이어지지 않았다.[79]

78) 刘明, 李善同:《改革开放以来中国全要素生产率变化和未来增长趋势》,《经济研究参考》2011年第33期.

79) 赵志耘, 杨朝峰:《中国全要素生产率的测算与解释:1979-2009年》,《财经问题研究》2011年第9期.

표 34-1 중국 경제성장의 요인 분해

연도		1978-1990	1991-2000	2001-2008	1978-2008
GD성장율(%)		9.02	10.56	10.46	9.80
각 요소의 공헌	자본	4.29	4.29	5.25	5.27
	노동	2.13	2.13	0.54	1.02
	TFP	2.60	2.60	4.77	3.51

자료 출처 : 유명, 이선동 : "개혁개방 이래 중국 전 요소 생산률 변화와 미래 성장추세"
《경제연구참고》 2011년 제33호

중국 전 요소 생산률의 제고는 경제전이, 제도건설, 인류발전과 관계된다. 작자는 발전 비용 범주와 영향은 이런 방면과 상관이 있다고 인정한다. 발전 비용의 감소 또는 증가는 전 요소 생산률의 변화에 영향을 줄 수 있다.

경제성장의 효과와 성과 검열에서 전 요소 생산률 생산력으로 내부구조 변화와 우수화를 연구해야 한다. 그리고 발전 비용을 이용하여 외부영향 면에서 평가해야 한다.

제8부

중국발전 비용론이 중국발전에 대한 계시

제35장
과학적치적관의대비기준

제35장

과학적 치적관의 대비기준

표준이란 대비 표준에 비추어 격차를 찾는 것을 가리킨다. 과학적 실적관은 순복지의 최대화를 위주로 전 요소 생산률의 안정적인 제고와 발전 비용의 합리적인 하강을 강조하고 있다. 중국 발전 비용의 계산에서는 기타 국가 발전 비용과 대비해야 한다. 복지 수준이 비교적 높고 전 요소 생산률이 인정적으로 성장하며 발전 비용이 합리적인 국가를 찾아서 과학적 실적관을 다시 설계해야 한다.

발전 비용을 목표성 규칙(objective-based regulation)의 일종 수단으로 삼을 수 있다. 발전 비용을 계획설계, 정책제정과 감독관리 전반 과정에 넣을 수 있다. 발전 비용, 경제성장, 발전의 협조기제를 건립하고 정치발전, 사회발전, 문화발전, 생태발전의 유기적인 연계를 건립해야 한다. 비용의 투입이 있어야만 재부를 창조할 수 있다. 비용 투입의 구조가 다르면 재부와 복지의 구조도 다르다. 본 도서에서 제기한 다른 시각 즉 대가는 일종 기회 비용의 손실로서 외부성을 가지고 있다. 이런 대가성 비용은 제도 건설자와 개혁자들이 주의할 바이다. 왜냐하면 이것은 흔히 보이지 않고 홀시, 은폐, 상각되거나 축적될 수 있기 때문이다.

표 35-1 발전 비용의 현재의 관심도와 중요성 비교

발전 비용 유형	관심도	중요성	발전 비용 유형	관심도	중요성
A1 경제성장 비용	+ + + +	+ + + +	D1 문화계승 비용	+ + +	+ + + +
A2 경제전이 비용	+ + +	+ + + +	D2 민족습관 보호 비용	+ +	+ + + +
A3 경제교란 비용	+ + +	+ + + +	D3 의식형태변화 비용	+ +	+ + +
A4 경제조절 비용	+ +	+ + + +	D4 매개체제도건설 비용	+ +	+ + +
B1 정치변혁 비용	+ + +	+ + + +	D5 소프트 파워 건설 비용	+ + +	+ + + +
B2 정치제도 건설 비용	+ + + +	+ + + +	D6 사회문명 변화 비용	+	+ + +
B3 정치결책 비용	+ + +	+ + + +	E1 개방발전 사상관념 비용	+	+ +
B4 집권당 건설 비용	+ + + +	+ + + +	E2 국제교류와 공감행성의 비용	+ +	+ + +

753

B5 정치협상과 정보격차 초과 비용	++	+++	E3 투자 촉진과 투자 환경 건설 비용	++++	++++
B6민주건설 비용	++	+++	E4국제무역 비용	++++	++++
C1 민생문제 해결 비용	++++	++++	E5 입체교통 건설 비용	+++	++++
C2인구변화 비용	+++	++++	E6중신력건설과 위협대비 비용	++	++++
C3사회 관리 비용	+++	++++	F1 에너지 자원 비용	+++	++++
C4사회안정 비용	+++	++++	F2생태환경 비용	+++	++++
C5사회치보 비용	+	++++	F3재해 비용	+++	++++
			F4기후변화대비 비용	+++	++++
			F5인간과 자연 조화로운 공존 비용	+++	++++

정부는 제도 건설, 개혁의 주도자와 추진자이고 "발전 비용"계산의 주요 감당자이다. 각급 정부는 관할구역 "발전 비용" 계산 사업을 적극 감당하고 낮은 비용 발전 전략의 건립에 참고의거를 제공해야 한다. 체계적이고 지속적인 발전정책 시스템의 건립에 불가결한 수치기초를 제공하고 장기간 낮은 비용 전략 시스템 설계에 모를 박아야 하며 전면적이고 과학적인 "발전 비용관"을 과학적 발전실천에 포함시켜야 한다. 이것은 본 도서에서 대대적으로 제창하는 바이다.

참고문헌

영어부분

1. Dacy, D.C., Xunreuther, H., Economics of Natural Disasters: Implications for Feder- Policy, New York : Free Press, 1969.

2. Gerald Chan, China's Complance in Global Affairs, New Jersey: World Scientifie Publishing Company, 2006.

3. IHS Global Insight, World Industry Servuce database ; National Science Foundation(NSF), Science and Engineering Indicators 2010.

4. IPCC, Climate Change 2001; The Scientifie Basis, Published IPCC, 2001.

5. Joseph S Nye., The Boston Glob, Foreign Policy Fall, 1990(2).

6. Nicholls. R.J., et al. " Ranking Port Cities with High Exposure and Vulnerability to Cli-mate Extremes: Exposure Estimates ." OECD Environment Working Papers, 2008.

7. World bank,2006, World Development Report 2006, Oxford University Press.

8. Y.Kwan and C. Chow, " Estimating Economic Effects of Political Movements in China", Jornal of Comparative Economics, Vol.23, 1996.

중문부분

1. 《마르크스 엥겔스 전집》 제16권 인민출판사 1964년판

2. 《자본론》 제3권 인민출판사 1975년판

3. 돌메일: 《주체성의 황혼》 상해인민출판사 1992년판

4. 금자사랑: 《세계 대재해》 산동과학출판사 1981년판

5. 유엔 무역과 발전회의: 《2011년 세계투자보고》
   경제관리출판사 2011년판

6. 《마르크스엥겔스 문집》 제9권 인민출판사 2009년판

7. 《마르크스엥겔스 선집》 제1권 인민출판사 1995년판

8. 마이클·스팽스: "중국 개혁개방의 성공경험과 새로운 도전"
   《해외중국연구》 2008년 제8호

9. 세계은행: 《2008년 세계발전지표》 (중문판)
   중국재정경제출판사 2008년판

10. 세계은행: 《2010년 세계발전보고-발전과 기후변화》
    청화대학출판사 2010년판

11. 존슨·나이 《물질권력과 소프트 권력》 문홍화 역
    북경대학출판사 2005년판

12. 백홍발: "소수민족 습관규범과 생태보호" 《청해민족학원 학보》
    2005년 제1호

13. 백설결, 왕연: 《중국 교통수송 산업의 개혁과 발전》
    경제관리출판사 2009년판

14. 보건운: "경제 전환의 자연과정과 정치통제-이론가설과 경제 전환방식, 실적차이의 새로운 경제해설" 《제도경제학 연구》 2006년 제1호

15. 박일파: 《약간의 중대결책과 사건의 회고》 하권 중공중앙당교출판사 1993년판

16. 채방, 도양: "'문화대혁명'의 물질자본과 인력자본 파괴" 《경제학》 2003년 제2권 제4호

17. 초고강: "중국 종교신앙자유의 법률보호-국제인권공약으로 본 중국 종교입법" 《상담대학 사회과학 학보》 2002년 제S1호

18. 채효림: "중국전통행정문화의 결함과 현대전이" 《천수행정학원 학보》 2006년 제1호

19. 조미방: "무엇이 경제성장을 이끄는 '3대 마차'인가" 《통계과학과 실천》 2011년 제4호

20. 장궁 : 《중국 난리치지 않는다 : 중국 태도, 세계 역할, 난리치지 않기》 구주출판사 2009년판

21. 상기문 : "중국 현재 차생 환경자원문제의 발생원인" 《환경과 개발》 1999년 제14권 제2호

22. 항서하, 사미: "중국행정관리비 지출변동의 실증연구" 《동방기업문화》 2011년 제2호

23. 진보: "경제 세계화와 중국사회발전 방략" 《안휘교육학원 학보》 2002년 7월

24. 진보국: "새로운 정보기술혁명 격랑의 중국 영향" 《과학결책》 2010년 제11호

25. 진단단 : "중국 경제 전환 비용의 추산도 : 1978-2008년" 《수량경제기술 경제연구》 2010년 제2호

26. 진건평: "중국 인구규모와 구조문제 및 해당 정책조절" 《인구와 발전》 2009년 제2호

27. 진란지 : "'이요스난제'와 근대 중국 발전기회의 상실" 《남화대학 학

보》 2009년 제4호

28. 진려방, 진육옥: "정부행정결책 실수원인과 대책건의"《중경공상대학 학보(사회과학판)》 2007년 8월 제4호

29. 진리권: "의식형태내포로 본 중국의식형태 건설"《절강학간》 2010년 제1호

30. 진상곤: "유동인구 위법범죄문제와 대책사고"《인구학간》 2004년 제5호

31. 진정홍: "중국매체와 중국 소프트 파워건설 전략 해설"《과기전파》 2009년 제4호

32. 사해편집위원회:《사해》 (중권) 상해사서출판사 1999년판

33. 최보국:《2007년: 중국전매산업 발전보고》 사회과학문헌출판사 2007년판

34. 최건군:《재정, 화폐정책 작용공간의 역사변화 및 계시-중국재정, 화폐정책 실천에 기초하여》 2008년 제3호

35. 대춘하: "대외원조의 중국 소프트 파워 제고의 작용"《법제와 사회》 2008년 제9호

36. 대리 :《성장초월-지속적 발전의 경제학》 상해역문출판사 2001년판

37. 《당건연구》잡지 편집부 주필: "전국 공산당원 총수 8026.9만명 당의 기층조직 총수 389.2만개"《당건연구》 2011년 제7호

38. 《등소평문선》제2권 인민출판사 1994년판

39. 《등소평문선》제3권 인민출판사 1993년판

40. 《등소평문선》제1권 인민출판사 1994년판

41. 등소평: "당장수정에 관한 보고"《등소평문선》제1권 인민출판사 1994년판

42. 정군강: "21세기 중국 인구 노령화의 지속적 발전영향 분석과 대책"《이론월간》 2002년 제10호

43. 동재평: "중국 행정관리비의 현재 상황과 통제"《행정론단》 2008년 제1호

44. 범연녕: "사회발전 대가문제의 역사적 고찰과 현실 분석"《무한대학 학보》 2001년 제4호

45. 복단대학 국제공공관계연구센터(중국 도시 소프트 파워 조사연구 과 제조) "2009 중국 도시 소프트 파워 조사"《국제공관》 2009년 제4호

46. 고방: "세계화 새로운 격랑에 대비해 사회주의민주를 발전"《녕하당 교학보》 2005년 5월 제7권 제3호

47. 고봉: 《교통기초 시설 투자와 경제성장》 중국재정경제출판사 2005 년판

48. 고리평: "산동성 사회보장수준과 적합도 선택"《인구와 경제》 2002 년 제5호

49. 갈위: "중국특색 전매체제, 역사연혁과 발전 완벽"《중국행정관리》 2011년 제6호

50. 공육지: 《모택동으로부터 등소평에로》 중공당사출판사 1994년판

51. 고동: "등소평 종합국력 제고사상의 심원한 역사의의"《남통방직직 업학원 학보(종합판)》 2007년 제3호

52. 관립신, 왕학충: "중국 전통경전문화의 보급"《가목사대학 사회과학 학보》 2008년 제4호

53. 관도: "화폐전쟁의 중국대책: 국제자본 유동충격을 적극 대비"《국제 경제평론》 2011년 제2호

54. 귀수아: "중국 경작지 지속적 이용의 문제와 대책"《이론도간》 2008 년 제7호

55. 곽도양: "녹색 비용 통제를 논함"《재회월간》 1997년 제5호

56. 국가과위 전국중대자연재해 종합연구조: 《중국중대자연재해와 재해 감소대책》 과학출판사 1994년판

57. 국가통계국: 《중국발전보고 2011》 중국통계출판사 2011년판

58. 국가통계국: 《신중국 50년 통계자료 회편》 중국통계출판사 1999년 판

59. 국가통계국: 《중국통계연감1993》 중국통계출판사 1993년판

60. 국가통계국 에너지통계사: 《중국 에너지통계연감 2006》 중국통계 출판사 2006년판

61. 하정리: "당대 중국 소수민족 종교정책 평가" 《중공제남시위 당교학 보》 2009년 제2호

62. 한문수, 윤연림: "중국 주민수입 격차연구종술" 《경제연구참고》 2003년 제83호

63. 하성량: "중국소수민족 전통문화와 생태보호" 《운남민족대학 학보 (철학사회과학 판)》 2004년 제1호

64. 후청: "중국에 최우수 통화팽창 구간이 존재하는가-통화팽창과 경제 성장 관계 실증연구" 《가치공정》 2010년 제2호

65. 호안강, 양교신: "포스트 코펜하겐 시대 중국과 세계: 에너지절약과 배 출감소 추세" 《국정보고》 2010년 제41호

66. 호안강, 양교신: "중국 녹색발전 전략과 '12.5계획" 《국정보고》 2011 년 제16호

67. 호안강: "녹색발전 실천-'삼림 증경'을 사례로" 《국정보고》 2009년 제 28호

68. 호안강: "천연림을 50년 쉬게 하자: 삼림적자에서 삼림잉여의 중대한 임업전략 전이" 《국정보고》 2002년 제93호

69. 호안강: 《중국: 민생과 발전》 중국경제출판사 2008년판

70. 호안강: "중국 날로 확대되는 데이터 격차에 어떻게 대비할까" 《국정 보고》 2002년 제3호

71. 호안강: "중국 현대화의 길: 회고와 전망(1950-2050)" 《국정보고》 2006년 특별호 제7호

72. 호안강: 《중국정치 경제 사론(1949-1976)》 청화대학출판사 2008년

판

73. 호안강: "중국 중장기 인구종합발전 전략"《청화대학 학보》 2007년 제5호

74. 호안강 등: "중국 미국 일본 인도 국방실력비교"《전략과 관리》 2003년 제6호

75. 호금도: "중국공산당 제17차 전국대표대회 보고"《인민일보》 2007년 10월 25일

76. 황광학:《당대 중국 민족사업》 상권 당대중국출판사 1993년판

77. 황철묘, 조정: "결책실수로 인한 낭비가 제일 많다"《남방일보》 2011년 11월 4일

78. 황홍화:《중국위협론"의 유래와 발전》 강서고교출판사 2010년판

79.《강택민문선》 제2권 인민출판사 2006년판

80.《강택민문선》 제3권 인민출판사 2006년판

81. 강운창: "구역 소프트 파워 개념, 요소와 평가지표체계"《계해논총》 2010년 제3호

82. 장영주, 엽연려: "국가 소프트 파워 연구평가"《무한대학 학보(철학사회과학 판)》 2009년 제2호

83. 김명: "현단계 중국 집단사건의 특징과 처리책략"《이론전연》 2009년 제24호

84. 경월미: "높은 외무 의존도의 중국 경제 영향과 대비책략 연구"《안휘전자정보직업기술학원 학보》 2011년 제2호

85. 거위: "사회주의 공동부유 역사고찰과 계시"《녕하당교 당보》 2011년 제1호

86. 공경동: "'아'와 '속' 표준을 어떻게 식별할까"《인민논단》 2010년 제24호

87. 이창평: "신소자는 왜 날로 북경에 집중할까"《3농 중국》 2006년 제4

호

88. 이춘령: "중국 사회차원과 생활방식의 새 추세" 《과학사회주의》
    2004년 제1호

89. 이격금: "대국 성장과 중국 국가 이미지역축" 《현대국제관계》 2008
    년 제10호

90. 이해용, 이정단: "핫머니' 중국경제 영향과 대응책" 《복건금융》 2011
년 제4호

91. 이혜련: "중국 무형문화유산 보호 상황과 대책을 논함" 《경제사》
    2011년 제7호

92. 이혜명: "국제사회 책임있는 대국-당대 중국 신분요구와 실천구축"
    《국제관계학원 학보》 2008년 제1호

93. 이금창: "자연자원의 몇 개 문제" 《자연자원학보》 1992년 제7호

94. 이경경: "실적관을 바로잡고 결제발전방식을 재빨리 전이" 《China's
    Foreign Trade》 2011년 제12호

95. 이군붕: "중국정부 사회 관리의 성취, 문제와 대책을 논함" 《호북행정
    학원 학보》 2005년 제1호

96. 이승란, 주림빈, 구해양: "법률 비용과 중국경제법제건설" 《중국사회
    과학》 1997년 제4호

97. 이승란 등: "법률 비용과 중국경제법제건설" 《중국사회과학》 1997
년 제4호

98. 이설혜: "제일 책임자' 독단전횡을 반드시 처리해야" 《당건》 2004년
    제4호

99. 이연명, 장경, 장전평: "사용자 비용법에 기초한 중국 석유 가스 가격
    분석" 《금융경제》 2010년 제6호

100. 이영선: "재해계통과 재해학 탐구" 《재해학》 1986년 발간호

101. 이우병: "투자확대로 경제성장을 촉진할데 관한 몇가지 사고" 《산동
    사회과학》 2000년 제1호

102. 양려평: "현대 조화사회로-중공중앙당교 오충민교수를 만나서"《중국당정간부논단》 2004년 제11호

103. 양리휘: "환경-경제도향의 기업 환경수입과 비용 분석"《대회통신》 2007년 제6호

104. 양미나: "중국인 수입격차는 더 커질까?"《중국경영보》 2005년 1월 15일

105. 양유: "안정수호 곤혹과 공민사회의 결함"《영남학간》 2011년 제3호

106. 요웅군: "정부결책기제 개혁과 완벽화 탐구"《성도행정학원 학보》 2003년 8월 제4호

107. 임백강, 하효평: "중국 원유 가스 자원소모 비용과 정책선택의 거시적 경제영향"《경제연구》 2008년 제5호

108. 임백강, 위위현, 이비동: "중국 장기 석탄수요: 영향과 정책선택"《경제연구》 2007년 제2호

109. 임금수: "명나라 청나라 사대부와 중서 예의쟁론"《역사연구》 1993년 제2호

110. 임자신 등: 《B 모식-지역를 구하고 문명을 계승》 동방출판사 2003년판

111. 유몽계: "백년 중국: 문화전통의 유실과 재건"《남경사범대학 문학원 학보》 2004년 제1호

112. 유명, 이선동: "개혁개방 이래 중국 전 요소 생산률변화와 미래성장 추세"《경제연구참고》 2011년 제33호

113. 유소기: "당장수정 보고" 1945년 5월 《유소기선집》 상권 인민출판사 1981년판

114. 유사화: "과학적 발전관의 몇개 문제"《내몽골재경학원 학보》 2004년 제6호

115. 유수광: "이자율 운행 기제론" 복건인민출판사 2006년판

116. 유조흥: "자원 비용의식 이론의 탐구"《중국 국토자원경제》 2007년
제5호

117. 유정산: "중국 식량안전과 경작지 보호"《재경과학》 2006년 제7호

118. 용소농, 장유강: "아이티 원조로 본 중국 책임있는 대국이미지 구축"
《대외전파》 2010년 3월

119. 노풍:《계몽 이후》 호남대학출판사 2003년판

120. 노하, 장나: "중국 정부 사회 관리의 현상태와 문제분석"
《동남학술》 2005년 제4호

121. 노신덕: "문화 소프트파워건설과 중국 의식형태 안전 수호"
《산동대학학보(철학사화과학판)》 2010년 제3호

122. 노지국: "인구 노령화의 중국 산업구조 조절 영향을 론함"
《심천대학학보》 2001년 제2호

123. 여위: "중국식 전이: 내적 특성, 변화논리와 정경전망-중국 개혁개방
30주년을 기념"《재경문제연구》 2009년 제3호

124. 난이미: "신매체와 중국 소프트 파워 구축, 전파"《문화예술연구》
2011년 제2호

125. 나국민 등:《녹색판매》 경제과학출판사 1997년판

126. 나능생, 곽갱신, 사리: "중국 구역문화 소프트 파워 평가연구"《경제
지리》 2010년 제9호

127. 나수걸, 서걸순: "세기 교체시기 중국 민족정책조절 사고"《광서민
족학원 학보(철학사회과학판)》 1999년 제2호

128. 나조덕, 서장락:《재해과학》 절강교육출판사 1998년판

129. 마홍림:《강유위 평가》 남경대학출판사 1998년판

130. 마건당: "환경 외부 비용 내부화 이론분석-염배출감소 이론 틀과 정
책건의"《청해환경》 2007년 제17권 제3호

131. 마종보:《재해학도론》 호남인민출판사 1998년판

132. 마종진: "중국자연재해와 재해감소 대책-재해감소효율을 높이고 과학적 관념으로 각 분야 재해감소사업을 지도"《재해방지과학기술학원 학보》 2008년 제10권 제1호

133. 모택동: "중국공산당 전국대표대회 강화" 1955년 3월 《모택동문집》 제6권 인민출판사 1999년판

134. 맹려, 상가문: "중외세제대비 분석과 정책개혁 건의"《세무와 경제》 2007년 제6호

135. 미건혜: "중국 경제성장속도가 늦어지는 원인과 대책탐구"《상업시대》 2011년 제20호

136. 번가화, 정연: "기후변화 적응 분석 틀과 정책내포"《중국 인구자원과 환경》 2010년 제10호

137. 번가화: "기후변화로 인한 경제학 논쟁"《생태문명이론》 2007년 제2호

138. 번명재: "경작지보호제도의 엄격한 실시에서 해결할 문제"《이론시야》 2006년 제4호

139. 방송: 《모택동동지 시대 중국(1949-1976)》(一) 중공당사출판사 2003년판

140. 배장홍, 고배용: "수출환급과 중국대외무역" 사회과학문헌출판사 2008년판

141. 배삼삼: "웅피트 창조이론과 신발전관"《염성공학원 학보(사회과학판)》 2005년 제3호

142. 평계홍: "개혁개방 30년 문화산업발전과 의식형태 변화 해당 연구"《호남사범대학 사회과학 학보》 2009년 제1호

143. 양수유: "공공안전 중시를 기본국책으로"《중국사회도간》 2005년 제4호

144. 교해서, 만영: "자연재해 경제학이론 연구 종합서술"《경제학동태》 2007년 제9호

145. 진나: "중국 통화팽창원인의 몇개 사고" 《과학과 관리》 2011년 제3호

146. 전민과학자질강요 실시사업 판공실: 《전민과학자질 행동계획 요강 연보》 과학보급출판사 2010년판

147. 임로천: "재해실질의 약간한 철학사고" 《동방논단》 1995년 제4호

148. 심배균: "경호 고속철로 본 교통자원 우수화" 《종합수송》 2011년 제7호

149. 심영화: 《정부기제》 국가행정학원출판사 2003년판

150. 시설화, 양단화: "조화로운 사회구축에 사회자본건설이 필요" 《북경행정학원 학보》 2009년 제5호

151. 시조휘: "국외 종합국렬론 연구" 《외국경제와 관리》 2000년 제1호

152. 사배군, 이장안, 추민생, 낙가춘: "예방 구조 종합구조를 구축하여 큰 재해위험에 대비" 《재회연구》 2008년 제10호

153. 사배군: "재해와 재해학" 《지리지식》 1991년 제1호

154. 송해원: "엄격한 인구증가 통제는 동부격차 축소목표실현의 중요한 보증" 《경제개혁》 1996년 제6호

155. 송검: "정치협상 내포와 기본형식을 논함" 《사양사범고등전과학교 학보》 2008년 제1호

156. 손봉화, 위효: "중국범죄지리연구" 《요녕사범대학 학보(자연과학판)》 2006년 4월

157. 손수연: "사회건설과 관리 강화 유연과 도전 분석" 《중공 복건성당교학보》 2005년 제12호

158. 손영정: "도시경영 위험을 분석" 《강소건설》 2003년 제1호

159. 《손중산선집》 인민출판사 1981년판

160. 당정: "당전 중국 통화팽창압력 형성 원인과 완화대책" 《청년사상가》 2004년 제3호

161. 왕서성: "C 모식: 자율식 발전" 《국정보고》 2005년 제31호

162. 왕소소: "중국 국가외환 보유액 현상태를 논함" 《중국상계》 2008년
제4호

163. 왕박: "세계에 '중국 이야기'를" 《세계지식》 2010년 제1호

164. 왕홍일: "중국 위협론'을 논함" 《서아비주》 2006년 8월

165. 왕경평: "자연자원의 내포와 특징을 논함" 《덕주학원 학보》 2001년
제7권 제2호

166. 왕려림: "발전도상국가 외부충격의 저항책략" 《청해사범대학 학보
(철학사회과학판)》 1999년 제4호

167. 왕량: "11회 3중전회 이래 당의 종교정책발전의 역사 맥락" 《광주사
원학보(사회과학판)》 2000년 제12호

168. 왕매지: "강성 안정수호에서 유연성 안정수호 전변을 논함" 《당정간
부학간》 2010년 제4호

169. 왕명성 등: 《온실가스 농도와 배출검사, 해당 과정》 중국환경과학
출판사 1996년판

170. 왕소광: "중국 불평등의 도전과 대비" 《국정보고》 1998년 제34호

171. 왕희: "대중전파매체와 의식형태 전파-신자유주의 중국 영향을 사례
로" 《사회과학자》 2007년 제1호

172. 왕하건: "모택동 대동세계 발전모식의 탐구를 논함" 《마르크스주의
연구》 2011년 제2호

173. 왕소로: "회색수입과 국민수입 분배" 《비교》 제48집 중신출판사
2010년판

174. 왕영지, 장영도: "중국 평화전략시야 소프트 파워 건설" 《섬서행정
학원 학보》 2010년 제2호

175. 왕원, 손승영: 《흑색 녹색 기로》 산서경제출판사 1996년판

176. 왕자렴: "환경 비용과 계량을 논함" 《재회연구》 2010년 제24회

177. 오충민: "민생의 기본내포와 특징" 《중국당정간부논단》 2008년 제5호

178. 무수용: "기업 어떻게 재무 세밀화 관리능력을 제고할까" 《시대경무》 2007년 제11호

179. 향수견: "전국 주민수입분배 지니계수의 추산과 회귀분석" 《재정이론과 실천》 1998년 제1호

180. 초자력, 주쌍초: 《중국 인구와 지속적 발전》 중국 인구출판사 1998년판

181. 사진생: "신중국 문물보호사업 50년" 《당대중국사 연구》 2002년 제3호

182. 사향양, 막화생: "고대 중국사상문화정책 결함과 계시" 《복건성사회주의학원 학보》 2008년 제1호

183. 웅영: "무형문화유산 획정" 《중국지질대학 학보(사회과학판)》 2008년 제5호

184. 서빈: "중국 러시아 경제 전환과 비용 비교연구" 《시베리아연구》 2011년 4월 제38권 제2호

185. 서광의: "중국 국방경비 투입강도를논함" 《경제종횡》 2007년 제6호

186. 서연: "재해경제학 재해감소투입과 비용문제" 《재해학》 2006년 제21권 제2호

187. 서정: "수출확대와 경제성장" 《북방경무》 2005년 제7호

188. 서고령 등: "재해경제 손실개념과 산업관련형 간접 경제 손실 계량" 《자연재해학보》 1998년 제7호

189. 설건중 주필: 《3대 중앙영도집단 집권당 건설이론 요강》 중공중앙당교출판사 2008년판

190. 엄욱, 무박: "개혁개방 중국 경제성장특징의 경제학 해설" 《효감학원 학보》 2010년 3월 제30권 제2호

191. 양계동: "환경재해 특점, 원인과 재해감소 대책" 《산동환경》 1995년 제3호

192. 양량재: "전통발전관에서 과학적 발전관으로: 발전관 당대 전이" 《연안대학학보(사회과학판)》 2004년 제5호

193. 양민영: "경제이익과 자원대가" 《수량경제와 기술경제연구》 1995년 제7호

194. 양중신: 《노령화와 산업구조 조절》 광서인민출판사 2000년판

195. 윤호: "개혁개방 후 중국경제성장, 노동시장변화, 미래전망" 《인구학간》 2001년 제5호

196. 윤위화, 장환명: "중국 자본도망 규모추산(1985-2008)》 《금융발전연구》 2009년 제8호

197. 어해청 등: "지니계수로 분해한 산동성 구역경제차이 실증성 분석" 《노동대학학보》 2010년 1월

198. 어경휘: "중국 출생인구 성별비례 실조의 원인과 대책" 《학술교류》 2008년 제1호

199. 어신문: "중국 장기 2000-2050년 이산화탄소 배출감소 참여 정경선택" 《기후변화연구 진전》 2010년 제1호

200. 여림방: "중국 행정관리비 증가 원인과 통제조치" 《현대경제정보》 2010년 제9호

201. 유평편: 《중국모식과 '북경공동인식': '워싱턴 공동인식'을 초월》 사회과학문헌출판사 2006년판

202. 증국안: "중국 주민수입 격차 특점, 원인과 대책" 《중국지질대학학보》(사회과학판) 2001년 제4호

203. 증유화, 정성통: 《환경재해학 서론》 중국환경과학출판사 2000년판

204. 구진무: "중국 인구발전, 새로운 도전과 선택" 《이론시야》 2007년 제9호

205. 구진무: "중국 인구규모와 연령구조 모순 분석" 《인구연구》 2001년 제3호

206. 장전학: "중국 집단사건 최신 발전태세, 원인과 대책 연구" 《산동사 회과학》 2010년 제5호

207. 장도전: "대외경제관계의 대가의식을 수립" 《경제문제 탐구》 2004 년 제11호

208. 장건강: "개혁개방 이래 중국 경제 고속성장 원인과 전망" 《경제종 횡》 2009년 제3호

209. 장형홍: "'권리수호'와 '안정수호'의 높은 비용 곤혹" 《이론과 개혁》 2011년 제3호

210. 장이지: "경제 복지 성장', '제4산업'과 경제성장의 새 정의를 논함" 《청해사회과학》 2004년 제5호

211. 장명팽: 《중국 '정치인'》 중국사회과학출판사 1994년판

212. 장평: "개혁개방 30년 중국경제성방과 구조변혁" 《현대경제탐구》 2008년 제7호

213. 장계진, 양명: "경작지 보호와 지속적 발전" 《주구사범학원 학보》 2004년 제5호

214. 장효명, 호혜림, 장건강: 《2009년 중국 문화산업발전 보고》 사회과 학문헌출판사 2009년판

215. 장효명: "새 의리관과 시장경제의 도덕문제—중국 사회전환시기의 도덕건설 분석" 《화동교통대학 학보》 2004년 제3호

216. 장혼: "강유위 대동세계와 사회주의 조화사회 비교연구" 《지식경 제》 2008년 제2호

217. 조뢰: "중국 소프트 파워 이해의 3개 차원: 문화외교, 다변외교, 대외 원조정책" 《사회과학논단(학술평론권)》 2007년 제5호

218. 조기국 등: "중국 경작지자원 변화와 지속적 이용 및 보호대책" 《토 양학회》 2006년 제4호

219. 조학림: "구역문화 소프트 파워 발전경로 전반적 구상" 《하남사범대학 학보(철학사회과학 판)》 2009년 제2호

220. 조지경, 양조봉: "중국 전 요소 생산률 추산과 해설: 1979-2009년" 《재경문제연구》 2011년 제9호

221. 정항생, 홍대용: "중국 전환시기 사회안전우환과 대책" 《중국인민대학 학보》 2004년 제2호

222. 정경평: "'은색 격랑' 중국 양로보험체계의 충격과 대책" 《통계연구》 2002년 제1호

223. 정과양, 이충걸: 《'3개 대표'중요사상 연구》 사천인민출판사 2002년판

224. 정생빈: "매체의 여론감독직능을 논함" 《복주당교학보》 2003년 제4호

225. 정만통: 《중국공산당 영도아래 다당합작과 정치협상제도를 견지, 완벽히 하고 광범한 애국통일전선을 공고, 발전》 《중공중앙 당의 집권능력 건설 강화에 관한 결정》 편찬조: 《중공중앙 당의 집권능력 건설 강화에 관한 결정》 지도독본 인민출판사 2004년판

226. 중공중앙 당사연구실: 《중국공산당 70년》 중공당사출판사 1991년판

227. 《모택동문집》 제6권 인민출판사 1999년판

228. 중공중문헌연구실: 《3중 전회이래 중요문헌회편》 (하) 인민출판사 1982년판

229. 중공중앙 선전부 이론국: 《7개 어떻게 볼까》 학습출판사, 인민출판사 2010년판

230. 중국군사사편찬조: 《역대전쟁연표》 해방군출판사 1986년판

231. 중국사회과학원 법학연구소: 《중국법치발전보고NO.8(2010)》 사회과학문헌출판사 2010년판

232. 중앙서류관: 《중공중앙 문건선집》 제14권 중공중앙당교출판사

1978년판

233. 중앙문헌연구실: 《13대이래 중요문헌선편》 인민출판사 1991년판

234. 중앙문헌연구실: 《등소평연보》(1975-1997) 중앙문헌출판사 2004년판

235. 중앙문헌연구실: 《16대이래 중요문헌선편》 중앙문헌출판사 2006년판

236. 주천용, 왕장강, 왕안령 주필: 《공격: 중국정치체제 개혁연구보고》 신강건설병돤출판사 2008년판

237. 주현지: "경제입법하강과 경제입법 질의 제고에 관한 사고"《기남학보(철학사회과학)》 1999년 제5호

238. 추펑의: "발전은 확고한 도리이고 안정은 확고한 임무"《군중잡지》 2011년 제9호